O TEMPLO E A LOJA

O SURGIMENTO DA MAÇONARIA E A HERANÇA TEMPLÁRIA

Michael Baigent e Richard Leigh

O TEMPLO E A LOJA

O SURGIMENTO DA MAÇONARIA E A HERANÇA TEMPLÁRIA

Tradução:
Sergio M. Cernea

MADRAS

Editor:
Wagner Veneziani Costa

Produção e Capa:
Equipe Técnica Madras

Tradução:
Sergio M. Cernea

Revisão:
Bruna Maria Martins Fontes
Arlete Genari

Dados Internacionais de Catalogação na Publicação (CIP)
(Câmara Brasileira do Livro, SP, Brasil)

Baigent, Michael
O templo e a loja: o surgimento da maçonaria e a herança / Michael Baigent e Richard Leigh; tradução Sergio M. Cernea. — 2. ed. — São Paulo:
Madras, 2013.
Título original: The temple and the lodge.
Bibliografia.

ISBN 978-85-370-0882-9

1. Maçonaria - Grã-Bretanha - História
2. Maçonaria - História 3. Maçons - Grã-Bretanha -
História 4. Maçons - História I. Título.
13-10481 CDD-366.109

Índices para catálogo sistemático:
1. Maçonaria: Sociedades secretas: História
366.109

MADRAS EDITORA LTDA.
Rua Paulo Gonçalves, 88 — Santana
CEP: 02403-020 — São Paulo — SP
Caixa Postal: 12299 — CEP: 02013-970 — SP
Tel.: (11) 6959-1127 — Fax: (11) 6959-3090
www.madras.com.br

Dedicatória

Viens au jardin
Où le lapin
Promène sa bouteille
Que l'on sache à
Sourire dans les neiges
D'antan toujours
Sans besoin de gesne;
Car l'oeil d'or
Des woïvres rouges
Là revelera
La place où se cachent
Le mot oublié
Et la pierre perdue
Et la rejecton
De l'acacia
Qui rend temoignage
Par ses racines
*Déracinées et crues.**

Jehan l'Ascuiz

---

* N.T.: Mantido o texto original do poema, uma vez que qualquer tentativa de tradução haveria de deturpar e distorcer o seu lindo sentido.

Agradecimentos

Como sempre, gostaríamos de agradecer a Ann Evans por realizar, de uma maneira que as mais transcendentes agências poderiam invejar, as funções da Providência.

Por sua ajuda e cortesia em nos permitir o acesso a materiais de pouco acesso geral; queremos agradecer, particularmente, a: Robert e Lindsay Brydon, Neville Barker Cryer, Jenny Hall, John Hamill, Roberta Hankamer e Steven Patrick. Gostaríamos também de agradecer a: Colin Bloy, Brie Burkeman, Marion Campbell, Tony Colwell, Judith e Andrew Fisken, Denis Graham, Joy Hancox, Chris Horspool, Julian Lea-Jones, Ben Lewis, Pat Lewis, Alison Mansbridge, Tom Maschler, Joy Muir, George Onslow, John Saul, Lucas Siorvanes, James Watts, Pamela Willis, Anthony Wolseley, Lilianne Ziegel, o pessoal da British Library Reading Room e, desnecessário dizer, às nossas esposas.

Índice

Capítulo XIV

Parte 4

Capítulo XV

Capítulo XVI

Capítulo XVII

Capítulo XVIII

Capítulo XIV

Ilustrações

Pelas ilustrações deste livro, os autores e os editores gostariam de agradecer a: *Bodleian Library*, Oxford (23); *British Library*, Londres (24, 36); *Grand Lodge of Free and Accepted Masons of Pennsylvania* (34,35); Jack MacDonald, da *Visual Impact Portobello* (29, 30, 31); Museu da Grande Loja Unida da Inglaterra (32, 33); *Temple Local History Group* (13). Todas as demais ilustrações são de Michael Baigent.

Imagens

Entre as páginas 202 e 209

Entre as páginas 238 e 245

Entre as páginas 294 e 302

Mapas, tabelas e gráficos

Introdução

Na Grã-Bretanha, durante os últimos anos, a Franco-Maçonaria se tornou um dos assuntos preferidos de discussão e um estimado tema de debate. De fato, as propostas provocativas aos Maçons estão a caminho de se tornarem um esporte de caça, tal como o que acontece com as provocações aos padres na Irlanda. Sem quase nenhum disfarce e com um quase audível “Eia!”*, os jornais se atiram sobre cada novo “escândalo maçônico” e cada nova denúncia de “corrupção maçônica”. Os sínodos da Igreja ponderam sobre a compatibilidade da Franco-Maçonaria com o Cristianismo. Para estimular os oponentes políticos, os concílios locais fazem propostas para coagir franco-maçons a se declararem. Nos partidos, a Franco-Maçonaria surge com uma frequência, talvez, apenas superada pelos serviços de inteligência britânicos ou da CIA. Igualmente, a televisão também tem dado a sua contribuição, levando ao ar ao menos um debate na madrugada sobre o assunto e, de fato, conseguindo focalizar suas câmeras na principal toca da besta, a Grande Loja. Não conseguindo encontrar o temível dragão, os comentaristas parecem ficar menos aliviados do que uma aflita rabugice por terem sido, de alguma forma, trapaceados. Entretanto, é claro, as pessoas ficaram fascinadas. Basta que alguém pronuncie a palavra “Franco-Maçonaria” num bar, num restaurante, num saguão de hotel, ou em qualquer lugar público, para vermos testas franzidas, rostos se expressando em atenção, ouvidos atentos em espreita. Cada “novidade” ou “exposição” é devorada com avidez, até com uma certa alegria, que é, normalmente, reservada a fofocas da realeza, ou dos lascivos.

Este livro não é uma “exposição”. Ele não se refere ao papel ou às atividades, reais ou imaginárias, da Franco-Maçonaria na sociedade contemporânea; ele não tenta investigar alegações ou denúncias de conspiração ou de corrupção. E, certamente, também não é uma apologia à Franco-Maço-

* N. T.: Aqui o autor usa a interjeição “*Tally-ho!*”, que é uma interjeição dirigida aos cães durante uma caça à raposa quando esta é avistada pelos caçadores.

naria. Nós mesmos não somos franco-maçons, e não temos interesse ou procuração para desculpar a Instituição das acusações feitas contra ela. A nossa orientação foi totalmente de cunho histórico. Nós tentamos seguir os antecedentes da Franco-Maçonaria, estabelecer as suas verdadeiras origens, traçar sua evolução e seu desenvolvimento, avaliar sua influência nas culturas britânica e americana durante os seus próprios anos de formação, chegando até o século XVIII. Nós também tentamos abordar a questão de por que a Franco-Maçonaria, atualmente tão instintivamente encarada com desconfiança, com menosprezo e escárnio, com ironia e condescendência, chegou a gozar da reputação que gozou — e, nesse caso, ainda goza, apesar de seus detratores.

No entanto, neste processo nós tivemos que, inevitavelmente, confrontar-nos com o tipo de pergunta que hoje assombra as mentes das pessoas, e que tão frequentemente é levantado pela mídia. A Franco-Maçonaria é corrupta? Ainda mais sinistramente: é ela uma conspiração internacional dedicada a algum objetivo obscuro (se o sigilo e o segredo representam um barômetro de vilania) e nefasto? A Franco-Maçonaria é um canal para "confortos", favorecimentos, influência política e econômica no coração de instituições tais como o Estado e a polícia? Mais importante de tudo: a Franco-Maçonaria é, de fato, inimiga do Cristianismo? Perguntas como essas não são diretamente pertinentes às páginas que seguem, porém elas são de compreensível preocupação geral. Portanto, não será inapropriado se, aqui, lhes oferecermos respostas que apareceram ao longo de nossas pesquisas.

Alguém haverá de conseguir uma certa sapiência quando, em vez de exclamar "Até tu, Brutus!", menear a cabeça e disser: "Sim, parece!". Dado à natureza humana, seria de se surpreender se não houvesse algum grau de corrupção em instituições públicas e privadas, e se um pouco dessa corrupção não envolvesse também ela. No entanto, nós argumentaríamos que tal corrupção diz menos sobre a própria Franco-Maçonaria do que sobre os meios em que ela, tal como qualquer outro organismo, pode ser insultada e ofendida. A ganância, a cobiça, a autoexaltação, o favoritismo e outros males parecidos têm sido endêmicos no meio da sociedade humana desde o surgimento da Civilização. Eles se encontram em todos os lados e funcionam em todos os canais: parentescos consanguíneos, um passado compartilhado, laços formados nos tempos de escola ou do serviço militar, interesses mútuos, simples amizade, e também, é claro, raça, religião e afiliação política. A Franco-Maçonaria é acusada, por exemplo, de fazer dispensações especiais por si própria. Até muito recentemente, no Ocidente cristianizado, um homem poderia esperar de seus patrícios exatamente as mesmas dispensações especiais, simplesmente por ser integrante da "Franco-Maçonaria" do Cristianismo — em outras palavras, por não ser um hindu, um muçulmano, um budista ou um judeu. A Franco-Maçonaria é apenas um dos muitos canais por onde o favorecimento e a corrupção podem prosperar e florescer; mas, mesmo se a Franco-Maçonaria não existisse, a corrupção e o favoritismo floresceriam igualmente. A corrupção e o favoritismo podem ser encontrados nas escolas, nos regimentos, nas corporações, nos corpos governamentais, nos partidos políticos, nas seitas e nas igrejas, e em inúmeras outras organizações. Nenhuma dessas é, em si, intrinsecamente repreensível. Ninguém pensaria em condenar um partido político inteiro, ou uma igreja inteira, porque alguns de seus membros eram corruptos — ou mais simpáticos em relação a seus companheiros do que em relação a outros estranhos. Ninguém condenaria a família como uma instituição por ela tender a favorecer o nepotismo.

Em qualquer consideração moral sobre o assunto, é necessário exercer uma compreensão de psicologia elementar e uma pequena dose de bom senso. As instituições são tão virtuosas, ou tão culpadas, quanto forem os indivíduos que as compõem. Se uma instituição pode ser considerada corrupta em qualquer sentido, ela somente poderá ser assim considerada se tirar algum proveito da corrupção de seus integrantes. Isso poderia se aplicar a, digamos, uma ditadura militar, a certos estados totalitários ou de partido único; mas dificilmente poderia ser aplicado à Franco-Maçonaria. Ninguém jamais sugeriu que a Franco-Maçonaria tenha ganhado qualquer coisa por meio de alguma transgressão de seus membros. Ao contrário, as transgressões do indivíduo franco-maçom são, inteiramente, de caráter egoísta e de benefício próprio. A Franco-Maçonaria, como um todo, sofre com tais transgressões, tanto quanto o Cristianismo sofre com a transgressão de seus adeptos. Na questão de corrupção, então, a Franco-Maçonaria não é, em si, uma ré, mas, ao contrário, mais uma vítima de homens inescrupulosos dispostos e preparados para explorá-la para seus próprios fins.

Uma pergunta mais válida é a que aborda a compatibilidade, ou a falta dela, entre a Franco-Maçonaria e o Cristianismo. Essa questão, por sua própria natureza, implica, pelo menos, uma tentativa de acarear o que a Franco-Maçonaria é de fato, mais do que os meios pelos quais ela pode ser explorada ou maltratada. No entanto, afinal, essa questão também é espúria ou falsa. É bem sabido que a Franco-Maçonaria não pretende nem sustenta ser uma religião; ela está voltada a certos princípios ou "verdades" que podem, num certo sentido, ser interpretados como "religiosos" — ou, talvez, "espirituais". Ela pode oferecer uma espécie de metodologia, mas não tem a pretensão de oferecer uma teologia. Essa distinção se tornará mais clara nas páginas seguintes. Por ora é suficiente estabelecer dois pontos relacionados com a presente antipatia por parte da Igreja Anglicana pela Franco-Maçonaria. Entre as atuais preocupações da Igreja com a Franco-Maçonaria em suas fileiras, esses pontos são, geralmente, omitidos. Ambos são cruciais e decisivos.

Primeiramente, a Franco-Maçonaria e a Igreja Anglicana têm coexistido satisfatoriamente desde o início do século XVII. Na verdade, elas fizeram bem mais do que coexistir. Elas trabalharam paralelamente. Alguns dos mais importantes clérigos anglicanos dos últimos quatro séculos saíram de Lojas; alguns dos mais eloquentes e influentes franco-maçons saíram do ministério religioso. Até a uns dez ou 15 anos, jamais a Igreja investiu contra a Franco-Maçonaria, jamais percebeu qualquer incompatibilidade entre a Franco-Maçonaria e seus próprios princípios teológicos. A Franco-Maçonaria não mudou. A Igreja haverá de argumentar que também ela não mudou, ao menos em seus dogmas e princípios fundamentais. Então, por que é que, se nunca houve qualquer conflito no passado, deveria haver conflito agora? A resposta a essa pergunta, se pudermos sugerir uma, está menos com a Maçonaria do que com as atitudes, posturas e mentalidade de certos religiosos contemporâneos.

O segundo ponto que vale ser considerado é ainda mais decisivo. O chefe oficial da Igreja Anglicana é o monarca britânico. Desde a deposição de James II, em 1688, o *status* teológico ou as "credenciais" do monarca jamais foram questionados. E ainda assim, desde o início do século XVII, a monarquia britânica também tem estado envolvida, de forma bastante próxima, com a Franco-Maçonaria. Pelo menos seis reis, bem como diversos príncipes consanguíneos e príncipes consortes, foram franco-maçons. Será que isso seria possível se, de fato, houvesse alguma incompatibilidade teológica entre a Franco-Maçonaria e a Igreja? Discutir essa incompatibilidade seria o mesmo que, com efeito, impugnar a integridade religiosa da monarquia.

Por fim, poderíamos afirmar que a presente controvérsia acerca da Franco-Maçonaria é uma tempestade em copo d'água; uma quantidade de assuntos vazios ou espúrios, que são superinflacionados, indo muito além do *status* que atualmente merecem. É tentador ser petulante e irreverente e insinuar que as pessoas não têm nada melhor a fazer do que produzir esses vagos ambientes para controvérsias. Mas, infelizmente, elas têm, sim, coisas melhores a fazer. Certamente, a Igreja Anglicana, com incipientes cismas em suas fileiras e uma congregação em desastroso encolhimento poderia melhor empregar a sua energia, recursos e esforços de forma mais construtiva, do que orquestrar cruzadas contra um suposto inimigo que, na verdade, não é nenhum inimigo. Enquanto é perfeitamente adequado, cabível, e até desejável, que a mídia esmiúce todos os tipos e modalidades de corrupção, nós todos estaríamos muito melhor servidos se os próprios corruptos fossem chamados a prestar contas do que a instituição às quais eles pertencem.

Mas, ao mesmo tempo, devemos reconhecer que a própria Franco-Maçonaria tem feito muito pouco para melhorar a sua imagem junto à opinião pública. Na verdade, graças a seus obsessivos sigilo e discrição e obstinada defensiva, ela tem apenas reforçado a convicção de que teria algo a esconder. O quão pouco ela tem, de fato, a ocultar será mostrado neste livro. A Franco-Maçonaria tem muito mais do que se orgulhar do que tem para esconder.

Prelúdio

Há dez anos, na Primavera de 1978, enquanto realizávamos uma pesquisa sobre os Cavaleiros Templários para um documentário de televisão, ficamos intrigados com a História da Ordem na Escócia. A documentação disponível era escassa, mas a Escócia possuía uma riqueza de lendas sobre os Templários maior ainda do que se poderia encontrar em qualquer outro lugar. Havia, também, alguns mistérios bastante reais — enigmas ainda inexplicados que, na ausência de registros confiáveis, os historiadores mais ortodoxos raramente tentaram explicar ou justificar. Se pudéssemos penetrar nesses mistérios, se pudéssemos encontrar até mesmo um simples resquício de verdade por detrás das lendas e tradições, as implicações seriam enormes, não apenas para a História dos Templários, mas também muito além.

Uma senhora que conhecíamos mudou-se, recentemente, com o seu marido, para Aberdeen. Em uma de suas visitas a Londres, eles nos contaram uma história que tinham escutado de outra pessoa que, durante um certo tempo, trabalhou num hotel numa pequena comunidade turística que, antigamente, era um uma espécie de balneário vitoriano, situado no litoral Ocidental de Loch Awe[*], na região montanhosa de Argyll. Loch Awe é um grande lago, situado a cerca de 40 quilômetros de Oban. O lago tem, aproximadamente, uma extensão de 40 quilômetros e a sua largura varia entre 800 e 1.600 metros. Nele existem cerca de 24 ilhas de vários tamanhos; algumas naturais, outras artificiais, que estavam ligadas à margem por passarelas, agora já submersas, feitas de pedra e madeira. Tal como o Loch Ness, o Loch Awe tem a fama de ter em suas águas um monstro, o "Beathach Mor", descrito como uma criatura em forma de uma grande serpente, com cabeça de cavalo e dotada de 12 pernas encolhidas em forma de esquadro.

* N. T.: "Loch" — lago ou braço de mar.

Conforme a história que o nosso informante diz ter ouvido, em uma das ilhas havia uma quantidade de tumbas Templárias — mais do que faria sentido no contexto da história aceita, uma vez que não se tem notícia de que os Templários estivessem por aqueles lados, nas cercanias de Argyll ou nas montanhas ocidentais. Além do mais, na mesma ilha, haveria, supostamente, ruínas de uma Preceptoria Templária, a qual não figura em nenhuma de nossas listas de posses Templárias. Como tomamos conhecimento dessa história por terceiros, o nome dessa ilha nos pareceu ser algo como "Innis Shield", mas não podemos ter certeza se o nome e a pronúncia estão corretos.

Esses fragmentos de informação, embora não confirmados e, de forma frustrante, vagos, foram torturantes. Tal como já aconteceu com tantos e tantos pesquisadores que nos precederam, nós também estamos familiarizados com nebulosos relatos acerca de grupos de Templários que conseguiram sobreviver à perseguição e à dissolução de sua Ordem entre 1307 e 1314. Estamos familiarizados com histórias que nos dão conta de que um desses grupos de Cavaleiros, fugindo de seus algozes no Continente e na Inglaterra, encontraram refúgio na Escócia e, ao menos por algum tempo, perpetuaram um pouco de suas instituições originais. Porém, também tomamos conhecimento de que a maioria dessas tradições originou-se com os franco-maçons do século XVIII, que procuravam estabelecer para si uma linhagem que conduzia diretamente aos Templários de quatro séculos antes. Em consequência disso, tornamo-nos bastante céticos. Sabíamos bem que não havia qualquer prova, aceita ou reconhecida, sobre a sobrevivência de qualquer Templário na Escócia, e que mesmo a Maçonaria moderna tendia, em geral, a rejeitar qualquer alegação em contrário, taxando-a de pura invenção e de pensamento tendencioso.

E a história sobre a ilha no lago continuava a nos assombrar. Seja como for, planejamos uma viagem de pesquisa à Escócia para o verão seguinte, rumo ao leste. Será que não seria bom fazermos um rápido desvio a oeste, só para refutar a história que nos fora contada e, de uma vez por todas, exorcizá-la de nossas mentes? Ambos concordamos, decidimos prolongar nossa viagem por alguns dias e voltamos por Argyll.

Assim que descemos ao Loch Awe, vindo do norte, pudemos vislumbrar, já à sua cabeceira, camuflado por um denso pinheiral, o imponente Castelo Campbell de Kilchurn, datado do século XV. Continuamos descendo pelo lado oriental do lago. Cerca de 25 quilômetros margem abaixo, eis que aparece uma ilha à nossa direita, distante a não mais de uns 50 metros da beira. Ali estavam as ruínas do Castelo de Innis Chonnell, do século XIII, que era ocupado, por volta de 1308, por *Sir* Neil Campbell, que era o melhor amigo aliado de Robert Bruce, e que durante os 150 anos seguintes foi a morada principal do Clã dos Campbell. Depois, quando um novo castelo foi construído em Inverary, nos altos do Loch Fyne, Innis

Chonnell foi transformado em prisão para os inimigos dos Campbell — ou, como então se tornaram, os Condes de Argyll.

Cerca de dois quilômetros ao sul de Innis Chonnell, havia uma pequena ilha, que somente podia ser vista a partir da estrada, através das árvores e dos arbustos existentes na margem do lago. Quando paramos ali, pudemos ver a existência dos restos de uma estrutura qualquer, e pedras que pareciam ser lápides. Do lado oposto da estrada, estava a vila de Portinnisherrich. Aquela ilha, conforme os mapas que consultamos, ora era chamada de Innis Searraiche, ora de Innis Sea-ramhach. Prontamente ambos concordamos, de forma conclusiva, ser aquela a "Innis Shield" que estávamos procurando.

A ilhota está a cerca de 40 metros da margem, onde havia alguns barcos — a maioria parecendo estar condições de funcionamento normal. Na esperança de podermos alugar um daqueles barcos e remar até a ilha, fomos perguntar no comércio local em Portinnisherrich. No entanto, ali nos deparamos com uma estranha recepção. Embora a região fosse de uma beleza digna de um cartão postal, e devia contar com algum comércio turístico, nada fizeram para que nos sentíssemos bem-vindos. Cautelosamente nos foi perguntado por que é que queríamos alugar um barco. Para explorarmos a ilha, foi a nossa resposta. Disseram-nos que não havia nenhum barco disponível para locação; diziam que as pessoas não alugavam os seus barcos. Será que poderíamos, então, contratar alguém, com barco e tudo, para nos levar até a ilha? E, sem maiores explicações ou detalhes, responderam-nos que não, isso também não seria possível.

Frustrados, e cada vez mais convencidos de que Innis Searraiche deveria ter algo de relevante, pusemo-nos a caminhar pela margem do lago. Do outro lado daquela estreita faixa d'água, era como se a ilha nos acenasse em escárnio; ela estava apenas a uma distância de ser alcançada por uma pedra que atirássemos, mas ainda inacessível. Chegamos a pensar em irmos a nado, e discutíamos quanto à temperatura da água quando, ao norte do vilarejo, encontramos um casal de idosos com uma barraca montada ao lado de um trailer. Após uma troca de cumprimentos, eles nos convidaram para tomar uma xícara de chá com eles. Segundo nos deram a entender, eles também vinham de Londres. Durante o verão dos últimos quase 15 anos, eles vinham àquele lugar onde montavam o seu trailer e pescavam no Loch Awe.

No interior do trailer, tínhamos que nos espremer entre a borda da mesa e um longo banco. Em um dos lados, estava uma mesa menor, ou algo parecido, provavelmente usada para preparar a comida. Sobre ela estava um livro velho, aberto numa página onde havia uma ilustração que parecia ser um túmulo maçônico — tínhamos notado naquela ilustração alguns símbolos maçônicos e uma caveira com tíbias cruzadas. Logo em seguida percebemos que o que tínhamos visto poderia ter sido uma "Tábua de Delinear" maçônica, do tipo que era usado no século XVIII. De forma quase casual, indagamos sobre a prevalência da Franco-Maçonaria na região — ao que, rapidamente, porém de forma discreta, o livro foi fechado e a nossa pergunta foi desviada com um encolher de ombros.

Perguntamos aos nossos anfitriões se eles podiam nos contar alguma coisa sobre a ilha. 'Não muito', foi a resposta. Sim, havia na ilha algum tipo de ruínas. Sim, ali existiam algumas sepulturas, embora não fossem muitas. E não eram tão antigas assim. O casal nos disse que, na verdade, a maioria das sepulturas era bastante recente. Mas a ilha, disseram eles, parecia ter uma especial significância, mas eles não se atreveram a, sequer, insinuar qual seria ela. Conforme nos relataram, defuntos vindos de lugares distantes eram, às vezes, levados para a ilha para ali serem sepultados — muitos eram trazidos do outro lado do Atlântico, dos Estados Unidos.

É claro que aquilo nada tinha a ver com os Templários dos séculos XII e XIV. Apesar disso, aquilo era algo intrigante. Certamente, poderia não passar de uma tradição das famílias locais, cujos descendentes, em função de costumes ou rituais existentes, eram sepultados em sua terra natal. Por outro lado, poderia ser algo mais; algo que talvez estivesse relacionado com a Franco-Maçonaria, da qual os nossos anfitriões nitidamente relutavam em discutir. Eles tinham seu próprio barco que usavam para pescar. Perguntamos se eles poderiam nos alugar o barco, ou se poderiam nos levar até a ilha. Inicialmente, eles estavam um pouco relutantes, repetindo a sua alegação de que nada de interessante encontraríamos ali; porém, finalmente, talvez contaminado pela nossa curiosidade, o homem se ofereceu para nos levar à ilha enquanto a sua esposa preparava mais um bule de chá.

A ilha era decepcionante. Era extremamente pequena, com no máximo 30 metros. Ali estavam as ruínas de uma minúscula capela, que não eram mais do que alguns pedaços de paredes com alguns centímetros de altura. Não havia como afirmar se aquele monte de escombros fora outrora, de fato, uma capela Templária. Certamente, aquilo tudo era pequeno demais para poder ter sido uma preceptoria.

Quanto às sepulturas, a maioria delas era, como nos haviam dito, relativamente recente. A mais antiga datava de 1732, e as mais recentes datavam dos anos 1960. Alguns sobrenomes gravados eram: Jameson, McAllum, Sinclair. Em uma das lápides, da época da Primeira Guerra Mundial, estavam gravados o Esquadro e o Compasso maçônico. A ilha tinha, obviamente, algo a ver com as famílias locais, entre as quais, casualmente, havia algumas envolvidas na Franco-Maçonaria. Mas nada havia ali que pudesse ser interpretado como Templário; com certeza nada que pudesse sustentar a história que tínhamos ouvido de que aquele era um cemitério Templário. Se havia algum mistério sobre aquele lugar, ele nos pareceu, a ambos, ser de natureza local e sem importância.

Desanimados e frustrados, decidimos procurar um lugar para passarmos a noite, juntar as nossas ideias e, se possível, concluir como foi que as informações que tínhamos recebido poderiam ser tão distorcidas.

Continuamos descendo pela margem Oriental do Loch Awe, seguindo pela estrada que levava a Loch Fyne, e dali para Glasgow. Já estava anoitecendo. Resolvemos parar num vilarejo chamado Kilmartin, que ficava logo depois da ponta Sul do lago, e perguntamos onde poderíamos encontrar um lugar para passarmos a noite. Foi-nos indicado um enorme casarão adaptado em hospedaria, que ficava a poucos quilômetros da cidade, próximo a alguns antigos marcos e monumentos celtas. Registramo-nos e voltamos a Kilmartin para tomar um drinque na taberna da cidade.

Embora fosse maior do que Portinnisherrich, Kilmartin ainda era pouco mais do que um vilarejo, com um posto de gasolina, uma taberna, um recomendável restaurante e umas 20 ou 30 casas concentradas numa das margens da estrada. No outro lado da estrada havia uma grande igreja paroquial com uma torre. O edifício parecia ter sido construído, ou totalmente reformado, durante o século XIX.

Não tínhamos a mínima expectativa de encontrar algo em Kilmartin. Foi por pura curiosidade que entramos no cemitério existente no pátio da igreja. Ali, não numa ilha de um lago, mas no terreno de uma igreja paroquial, dispostas em ordenadas fileiras, alinhavam-se lápides bem desgastadas pelas intempéries. Havia agrupamentos de oito. Algumas tinham afundado tanto na terra que a grama já as estava encobrindo. Outras estavam ainda intactas e claramente definidas entre os túmulos e jazigos familiares construídos mais recentemente. Muitas das lápides, especialmente as mais recentes e em melhores condições, estavam enfeitadas com belas gravações — enfeites decorativos, inscrições de família ou clã, e uma quantidade de símbolos maçônicos. Outras lápides foram totalmente desgastadas pelo tempo e não permitem mais a identificação de suas inscrições. Mas as que nos interessaram mais eram aquelas que não tinham decoração, exceto uma única espada, simples e austera.

Aquelas espadas variavam em seu tamanho e, algumas vezes, ainda que de forma mínima, em seu desenho. De acordo com a prática da época, a espada do falecido era colocada sobre sua lápide. O seu contorno era desenhado sobre a pedra e, em seguida, gravada a cinzel. Assim, a gravação refletiria precisamente o tamanho, o formato e o estilo da arma original. Eram essas espadas anônimas que estavam gravadas nas lápides mais antigas, aquelas que estavam mais desgastadas e corroídas pelo tempo. Nas mais recentes, nomes e datas foram acrescentados à espada; algumas ainda foram decoradas com enfeites, inscrições de famílias e clãs, e símbolos maçônicos. Havia até alguns túmulos de mulheres. Parecia que tínhamos encontrado o cemitério Templário que vínhamos procurando.

A existência daquelas sepulturas em Kilmartin, certamente, deve ter suscitado perguntas a outros que, além de nós, visitaram aquele lugar. Quem seriam aqueles guerreiros ali sepultados? Por que será que tantos deles foram sepultados num lugar assim tão distante e fora de rota? Que explicações eram dadas pelas autoridades locais e pelos antiquários? A placa da igreja pouco esclarecia. Tudo o que ela dizia era que a primeira lápide datava de cerca de 1300 e a última do início do século XVIII. Segundo constava na placa, "a maioria das lápides é resultado do trabalho de um grupo de escultores dos arredores de Loch Awe, do final do século XIV e século XV". Que grupo de escultores era esse? Se eles eram considerados como integrantes de um "grupo", num sentido formal ou organizado, parecia ser o caso, certamente algo mais deveria ser conhecido sobre ele. Não era assim tão comum que escultores se congregassem em "grupos", a não ser que fosse para alguma finalidade específica, ou sob uma determinada égide — tal como, por exemplo, a corte real ou da aristocracia, ou de uma ordem religiosa. Seja como for, se a placa era vaga sobre quem havia esculpido as pedras, mais vago ainda era saber quem estava sepultado debaixo delas; elas nada diziam.

Quaisquer que sejam as impressões dadas pelos livros, filmes e histórias romanceadas, as espadas eram artefatos raros e caros no início do século XIV. Na verdade, não eram todos os guerreiros que possuíam uma espada. Muitos deles eram extremamente pobres e tinham que usar o arco e flecha. Também por causa disso, naquela época não havia uma indústria de armas na Escócia — e mais particularmente para aqueles lados da Escócia. A maioria das lâminas usadas naquela época no país tinha que ser importada, o que as tornavam ainda mais caras. Em função desses fatos, as sepulturas em Kilmartin não poderiam ser de "soldados rasos" — patente do século XIV que corresponde ao "artilheiro" moderno. Ao contrário, os homens homenageados pelas lápides deviam ter alguma proeminência social — pessoas bem-sucedidas, nobres influentes, ou destacados cavaleiros.

Mas, por outro lado, seria possível que pessoas poderosas e de alto *status* social fossem sepultadas anonimamente? Muito mais do que hoje em dia, as pessoas proeminentes do século XIV se envaideciam de suas famílias, de seus ancestrais, de sua linhagem, de suas origens, e isso era ainda mais pronunciado e vigente na Escócia, onde a pertinência aos clãs e parentescos gozavam de uma especial significância, e onde a identidade e a ascendência sanguínea eram, muitas vezes, alvos de uma obsessiva ênfase — tudo isso era insistentemente destacado em vida e devidamente lembrado na morte.

E, por fim, por que será que nas sepulturas mais antigas em Kilmartin — aqueles túmulos anônimos, que têm apenas a gravação de uma espada reta — faltam quaisquer símbolos cristãos, até mesmo algo como uma simples cruz? Numa época em que a hegemonia da Igreja na Europa Ocidental era virtualmente inatacável, somente túmulos com efígies sobre eles foram deixados sem qualquer adorno pela iconografia cristã, sendo que essas tumbas estavam, invariavelmente, em capelas ou igrejas. No entanto, os túmulos em Kilmartin estavam situados no lado externo, sem quaisquer efígies, e desprovidos de quaisquer enfeites religiosos. Seria o próprio cabo da espada um símbolo que denotava a cruz? Ou será que aqueles túmulos pertenciam a homens que, de uma forma ou de outra, não eram considerados exatamente cristãos?

A partir de 1296, *Sir* Neil Campbell — amigo de Bruce, seu aliado e, afinal, seu cunhado — foi um "Oficial Municipal" (um tipo de "Vereador") de Kilmartin e Loch Awe, e uma vez que a própria Kilmartin tenha sido uma de suas bases, seria razoável supor que as antigas sepulturas ali existentes pertencessem aos homens de *Sir* Neil. Porém, isso não explicaria o seu anonimato, nem a ausência de símbolos cristãos em suas lápides. A não ser que, é claro, os homens que teriam servido a *Sir* Neil não fossem nativos do lugar, nem fossem cristãos, e tivessem algum motivo para manterem as suas identidades ocultas, até mesmo na morte.

Ao longo de nossas pesquisas, exploramos a maioria das ruínas das Preceptorias Templárias que ainda existiam na Inglaterra, e muitas das existentes na França, na Espanha e no Oriente Médio. Nós estávamos plenamente familiarizados com todas as variedades de esculturas Templárias, artefatos e adornos usados pelos Templários, e com as sepulturas Templárias, nos poucos lugares em que ainda poderiam ser encontradas; sendo que elas possuíam as mesmas características daquelas em Kilmartin. Invariavelmente, elas eram simples, austeras, sem nenhum tipo de decoração ou enfeite. Frequentemente, embora nem sempre, elas tinham apenas a gravação de uma espada reta. Elas sempre eram anônimas. Aliás, era exatamente o anonimato das sepulturas Templárias que as diferenciava das demais pertencentes à nobreza, que eram cheias de elaboradas inscrições, decorações, monumentos e alegorias. Além do mais, os Templários eram integrantes de uma Ordem monástica, uma Sociedade de monges guerreiros, de soldados místicos. Mesmo que apenas em teoria, eles supostamente teriam renunciado, ao menos como indivíduos, aos aparatos e ornamentos, e às pretensões do mundo material. Quando a pessoa ingressava na Ordem do Tempo, ela efetivamente renunciava à sua identidade, tornando-se totalmente subordinada à Ordem. A simples e despretensiosa imagem da espada reta representava uma prova da abnegada e contemplativa piedade que era alcançada nos Graus da Ordem.

Os historiadores — especialmente os maçônicos — desde há muito, têm procurado provar, ou refutar, definitivamente, a alegada sobrevivência dos Templários na Escócia depois de a Ordem ter sido oficialmente extinta em todas as partes. No entanto, esses historiadores têm feito as suas buscas e pesquisas na documentação que procuravam, e não "em campo". Não é de se surpreender, pois, que não tenham encontrado nenhuma prova conclusiva, tanto na procura dos documentos como em suas análises, uma vez que a maioria dos documentos de relevância tinha sido destruída, suprimida, falsificada ou deliberadamente desacreditada. Por outro lado, os historiadores de Argyll, que tinham conhecimento da existência das sepulturas em Kilmartin, não tinham motivo para pensar nos Templários, uma vez que não se tem notícia de que os Templários tenham sido ativos, ou até mesmo que estivessem presentes naquela região. No que se refere às suas bases na Europa, os Templários eram fortes na França, Espanha, Alemanha,

Itália e Inglaterra. As propriedades tais como as que eles oficialmente possuíam na Escócia eram, pelo menos conforme os registros disponíveis, bem mais a Leste, nas proximidades de Edimburgo e Aberdeen. Não haveria nenhum embasamento para se supor que tivesse existido algum encrave da Ordem em Argyll, a não ser que alguém estivesse procurando especificamente por algum indício. Por isso, conforme nos parecia, as sepulturas de Kilmartin preservaram o seu segredo dos pesquisadores históricos em ambos os campos: por um lado os cronistas dos Templários e da Franco-Maçonaria e, por outro, os cronistas da região, os quais não tinham qualquer motivo para sequer pensar nos Templários.

Desnecessário dizer o quanto ficamos animados e estimulados com a nossa descoberta. E a achamos ainda mais significante por parecer não pertencer apenas aos Templários. Parecia haver um padrão coerente ligando as sepulturas mais antigas de Kilmartin (aquelas que, supostamente, eram Templárias) àquelas mais recentes, adornadas com brasões de famílias, objetos representativos dos clãs e símbolos maçônicos. As tumbas mais antigas pareciam migrar gradualmente nas mais recentes — ou melhor, as mais recentes pareciam ter "evoluído" das mais antigas, por meio de um processo de assimilação e acréscimo. Os temas principais que eram, essencialmente, os mesmos, apenas se tornaram mais elaborados e enfeitados com o passar dos anos; as decorações nas lápides mais recentes não substituíam a espada reta, mas eram colocadas em acréscimo a elas. As sepulturas em Kilmartin pareciam dar o seu próprio surdo, porém eloquente, testemunho de um continuado progresso — dando provas de uma história que durou quatro séculos, a partir do início do século XIV ao início do século XVIII.

Naquela mesma noite, na taberna, nós tentamos decifrar os registros daquelas lápides.

Será que tínhamos esbarrado, de fato, num reduto de refugiados Templários que, com a dissolução de sua Ordem, teriam encontrado um apanágio naquilo que era na época a despovoada e esquecida Argyll? Teriam eles levado consigo outros refugiados do exterior? Embora o acesso por terra a Argyll fosse difícil no início do século XIV, o lugar poderia ser facilmente acessado por mar, e os Templários possuíam uma considerável frota que jamais fora encontrada por seus perseguidores na Europa. Teriam aquelas montanhas, com suas verdes e densas florestas e vales que nos cercam, outrora abrigado uma comunidade inteira de Cavaleiros com os seus mantos brancos, tal como uma "tribo perdida" ou uma "terra perdida" de uma história de aventuras? Teria a Ordem aqui se perpetuado e preservado os seus Rituais e observâncias? Mas se era para se perpetuarem além de uma única geração, os Cavaleiros teriam que se secularizar — ou, ao menos, teriam que renunciar ao seu voto de castidade e se casarem. Seria essa, quiçá, uma parte do processo do qual aquelas lápides davam testemunho

— o gradual e progressivo matrimônio dos Templários refugiados com os membros do clã? E da união entre os Templários com os clãs de Argyll poderia ter surgido um dos grupos que levaria à Franco-Maçonaria mais recente? É provável que as lápides de Kilmartin não possam nos fornecer uma resposta concreta a uma das perguntas mais complicadas e desconcertantes na História Europeia — as origens e o desenvolvimento da própria Franco-Maçonaria.

Nós não incluímos nada daquilo que revelamos em nosso filme, o qual, à época, já havia sido parcialmente roteirizado. Ademais, a sua orientação foi primordialmente dirigida aos Templários na Terra Santa e na França. Se as nossas descobertas na Escócia forem provadas como válidas, nós imaginamos que poderiam justificar a criação de um filme à parte. No entanto, por enquanto, tudo o que tínhamos era uma teoria plausível, a qual, na ausência de documentação disponível, era difícil de ser confirmada.

Nesse ínterim, outros projetos e outros compromissos intervieram, e as descobertas que havíamos feito na Escócia foram ficando cada vez mais para adiante; porém nós nunca as perdemos de vista. Elas continuavam a nos assombrar e a dominar a nossa imaginação. Ao longo dos nove anos seguintes, nós continuamos, se bem que apenas de forma vaga, a juntar informações complementares e adicionais.

Nós consultamos o trabalho de Marion Campbell, talvez a mais famosa historiadora da região, e passamos a manter uma frequente correspondência com ela. Marion nos aconselhou a sermos cuidadosos e a não tirarmos conclusões precipitadas; porém, ela também ficou intrigada com a nossa teoria. Disse que o fato de não existirem quaisquer documentos que comprovassem as propriedades de Templários em Argyll parecia mais ser uma falta de registros do que a ausência dos Templários. Ela era de opinião que, de fato, a chegada dos Templários àquela região poderia explicar o repentino aparecimento daquelas anônimas espadas retas entre aqueles enfeites e adornos celtas que eram mais tradicionais e familiares.[1]

Também consultamos outras obras disponíveis que tratavam das lápides de Kilmartin, de pesquisas feitas por antiquários do século XIX a outras mais recentes, publicadas em 1977 sob o patrocínio da "*Royal Commission on the Ancient and Historical Monuments of Scotland*".[2] Para nossa decepção, a maior parte desse material se concentrava, principalmente, nas lápides mais recentes e elaboradas. As mais antigas, aquelas que tinham uma anônima espada reta, foram quase que totalmente ignoradas, talvez nada se soubesse sobre elas e ninguém tivesse muito a dizer.

1. Carta, 2 de novembro de 1978.

2. Stuart, *Sculptured Stones of Scotland*; Drumond, *Sculptured Monuments in Iona and the West Highlands*; Steer and Bannerman, *Late Medieval Monumental Sculpture in the West Highlands*; *The Royal Commission on the Ancient and Historical Monuments of Scotland: Argyll 1971-84* (em andamento).

Apesar disso, certos fatos importantes vieram à tona. Por exemplo, ficamos sabendo por Marion Campbell que, originalmente, os túmulos do cemitério de Kilmartin não estavam ali. Algumas das lápides estavam dentro da igreja — ou melhor, no interior de uma igreja anterior. Outras foram espalhadas pelas redondezas e somente mais tarde foram transladadas. Também ficamos sabendo que Kilmartin não era o único cemitério da região. Na verdade, havia cerca de 16 outros. Mas parecia que era em Kilmartin que havia a maior concentração de lápides mais antigas, gravadas com aquela mesma espada reta anônima.

Daí era possível chegar a apenas três conclusões. A primeira era que as origens das gravações, especialmente das mais antigas, continuavam constituindo um mistério. A segunda, sobre a qual praticamente todos concordavam, era que as gravações mais antigas datavam do início do século XIV — a época de Robert Bruce na Escócia e a extinção dos Cavaleiros Templários por toda a Europa. A terceira conclusão era que as sepulturas com a anônima espada reta representava um novo estilo, um novo desenvolvimento regional que teria aparecido, súbita e inexplicavelmente, embora as propriedades e os pertences Templários tivessem usado, por todas as partes, aquele desenho antes de seu repentino aparecimento em Argyll. Nós já a tínhamos visto, num contexto anterior, nas lápides mais antigas de Kilmartin, próximas ao Templo Garway, em Herefordshire, que era, indiscutivelmente, Templária.[3]

Em sua obra "*Incised Effigial Slabs in Latin Christendom*" (1976), F. A. Greenhill publicou os resultados de um trabalho de uma vida inteira na tabulação de sepulturas medievais existentes por toda a Europa, desde o Báltico até o Mediterrâneo, desde Riga até Chipre. Entre as 4.460 sepulturas por ele relacionadas e descritas, ele encontrou algumas que não tinham qualquer inscrição, mas que eram bastante raras. As lápides militares eram ainda mais raras. Na Inglaterra, por exemplo, ele conseguiu encontrar apenas quatro, sem contar a de Garway, da qual não tinha conhecimento. Na Irlanda, ele encontrou apenas uma. Em toda a Escócia, exceto Argyll, ele também encontrou somente uma. Em Argyll, ele encontrou 60 lápides militares anônimas. Assim, estava claro que a concentração de lápides em Kilmartin, e adjacências, era genuinamente singular. Quase que igualmente singular era a concentração de sepulturas maçônicas.

---

3. Quando o Templo foi extinto e os seus patrimônios outorgados aos Cavaleiros de São João, a igreja circular Templária em Garway foi demolida, enquanto as tumbas da Ordem foram, deliberadamente, mutiladas e profanadas (a Ordem de São João igualmente destruiu as igrejas circulares Templárias em Bristol, construindo, tal como em Garway, uma capela retangular convencional). No entanto, uma lápide trazendo a espada reta anônima foi derrubada e colocada no portal da estrutura que substituiu a igreja original. Assim, ela sobreviveu, escapando do desaparecimento — seja pelas intempéries, seja pela mão do homem, ou por ambos — que acabou sendo o destino comum dos túmulos Templários.

Outra importante fonte de evidências para nós foi a "*Israeli Archaeological Survey Association*", que havia feito escavações no antigo Castelo Templário de Athlit na Terra Santa.[4] Athlit fora construído em 1218, e finalmente abandonado, juntamente com todos os demais despojos dos Cruzados do Reino de Jerusalém, em 1291. Quando o castelo foi escavado, ele mostrou conter um cemitério com cerca de cem lápides. Certamente, a maioria delas estava seriamente deteriorada, e as gravações, superficiais, tais como as espadas retas que havíamos encontrado na Escócia, não sobreviveram às intempéries. Mas algumas gravações, que foram talhadas com mais profundidade, resistiram; essas eram particularmente interessantes. Uma estava sobre a lápide de um Comandante Naval Templário — quiçá um Almirante — e consistia de uma grande âncora. Outra, embora estivesse bastante desgastada, ainda ostentava a gravação de um Esquadro e um prumo de Maçom. Outra — que se acreditava tratar de um "Mestre dos Maçons Templários" — trazia uma cruz decorada, um Esquadro e um Malho de Maçom. Com apenas duas exceções, essas são as lápides com símbolos maçônicos mais antigas de que se tem conhecimento. Uma das exceções é Reims, e data de 1263. A outra, da mesma época, também está na França — uma antiga Preceptoria Templária de Bure-les-Templiers, em Côte d'Or. Eis aqui, então, uma convincente prova para dar suporte ao "registro em pedra" que tentávamos decifrar em Kilmartin — um registro que, se é que o deciframos corretamente, atestava uma importante conexão anterior entre os Templários e aquilo que viria mais tarde a evoluir na Franco-Maçonaria.

Devido ao entusiasmo de nossa descoberta, acabamos esquecendo do propósito original que nos levara a Argyll — o relato sobre a existência de um cemitério Templário numa ilha em Loch Awe. Nós tínhamos entendido que o relato nos chegou distorcido e que, de fato, referia-se a Kilmartin. O que nós não sabíamos naquela oportunidade foi que tínhamos visitado a ilha errada.

No outono de 1987, retornamos a Argyll e Loch Awe. Foi então que percebemos que a ilha que nos chamara a atenção em nossa visita anterior não era Innis Searraiche, mas Inishail, alguns quilômetros mais ao norte (na verdade, nós passamos por ela, sem a termos notado, na passagem anterior).

Mas, se Inishail era a ilha "certa", ela não se mostrou mais proveitosa do que a ilha "errada" que visitáramos nove anos antes — embora, desta vez, não tivéssemos encontrado maiores dificuldades em alugar um barco. Encontramos as ruínas de uma igreja daquele relevante período, o início do século XIV, mas a construção, claramente, não era Templária. Soubemos que o último serviço realizado ali fora em 1736 e, ao final daquele

4. Ronen e Olami, *Atlit Map*. A mais preservada tumba de um Templário Maçom está atualmente em exibição no Rockefeller Museum, Jerusalém.

século, a igreja já estava abandonada. Quando a vimos, o seu interior estava tomado por um emaranhado de mato, capim e espinheiros que cobriam uma quantidade de blocos de pedra quebrados e desgastados que se espalhavam pelo chão. Na parte externa havia mais pedaços de blocos de pedra, os mais antigos estavam tão afundados e encobertos que mal eram visíveis — embora outros, de épocas mais recentes, ainda estavam de pé. Entre as tumbas mais recentes estava a do 11º Duque de Argyll, que morreu em 1973, e do Brigadeiro Reginald Fellowes, CBE, MC, da Legião de Honra, que morreu em 1982. O homem de quem alugamos o barco nos disse que frequentemente atravessava para Inishail e explorava a ilha. Ele nos contou sobre uma pequena laje que acabara de descobrir e que ainda não fora registrada pela *Royal Commission*. Suspeitando que poderiam existir outras mais, pusemos-nos a cavar com os nossos canivetes e, de fato, encontramos algumas; mas nada havia nelas que pudesse ser deduzido. Se aquele local viesse a ser apropriadamente limpo, aquelas lajes poderiam ter muito a revelar. No entanto, o nosso próprio amadorismo e precário exame não nos deram qualquer indício de se tratar de algo Templário. Aquilo foi frustrante; mas, pelo menos, sabíamos finalmente a verdade sobre aquela ilha que, até então, nos era imprecisa.

Em todas as localidades nos arredores de Loch Awe não encontramos nada que fosse mais conclusivo do que aquilo que havia em Kilmartin — muito provavelmente eram vestígios de origem Templária, que podíamos sustentar, de forma bastante plausível, serem Templárias, mas que não podiam ser comprovados. No entanto, numa montanha a sudeste do lago, nas ruínas da igreja de Kilneuair do século XIII, encontramos algo curioso. No meio do capim haviam lápides parecidas com as outras lápides enfeitadas e ornadas de Kilmartin. Numa delas, o desenho estava encimado por uma inconfundível cruz Templária. Mas a cruz não fazia parte do original e meticulosamente gravado enfeite. Ele fora grosseiramente gravado na pedra numa época posterior, talvez por volta do século XVII ou XVIII. Dificilmente isso poderia ser considerado como uma evidência sobre a existência de Templários naquela área. No entanto, aquilo era um indício de que alguém por ali, algum tempo depois, teve algum tipo de interesse nos Templários.

Prosseguimos em nossa jornada, rumo a sudoeste, passando pelas imponentes fortificações de Castle Sween, à beira do lago de mesmo nome. No início do século XIV, Loch Sween fora um importante porto estratégico na rota marítima que ia de Ulster e passava pelas ilhas de Islay e Jura; e o seu castelo, sitiado e capturado por Bruce, por volta de 1308-1309, fora a mais importante e maior fortaleza da região. O próprio castelo, considerado o mais antigo castelo de pedra da Escócia continental, era obviamente uma cidadela, com o seu próprio ancoradouro para galeões. Blocos de pedras caídos, alguns deles trabalhados, indicavam claramente onde estavam situados o quebra-mar, um ancoradouro interno e um cais. Se, na época da extinção de sua Ordem, os Templários da Europa tivessem fugido por mar para a Escócia, esse seria o seu mais provável ponto de desembarque.

Atrás do castelo está o mar, com a ilha de Jura a oeste, com as suas montanhas encobertas pelas nuvens. Na margem estava a pequena capela de Kilmory, do século XIII, em ruínas, que outrora teria servido àquela próspera paróquia marítima. Dentro e ao redor da capela havia umas quarenta tumbas da mesma época e do mesmo tipo que tínhamos encontrado em Kilmartin. Porém, havia outros dois detalhes de maior significado, proporcionando uma prova que era, talvez, menos abundante do que gostaríamos que fosse, mas que era suficientemente forte para confirmar a nossa teoria.

Invariavelmente, as igrejas Templárias tinham uma cruz gravada acima da porta de acesso, ou enfiada no chão à sua entrada externa. A cruz, simples ou adornada, era sempre de desenho característico — com braços iguais, com a ponta de cada braço mais larga que a sua base. No interior da capela de Kilmory estava uma cruz assim, com data anterior ao século XIV. Se aquela cruz fosse encontrada em qualquer lugar da Europa, ninguém teria dúvida em reconhecê-la como Templária, atribuindo a capela à Ordem. Além do mais, dentro da igreja estava uma tumba do século XIV com a gravação de um galeão, um personagem armado, e mais uma cruz Templária, sendo esta trabalhada em desenho Floreado.

Mas havia mais ainda. Naquela mesma lápide do século XIV havia algo que nos convenceu de que a nossa decifração do "registro em pedra" não foi apenas sustentável, mas, em linhas gerais, bastante acurada. Acima da cabeça do personagem armado com a sua cruz Templária, estava gravado um Esquadro maçônico.

A partir daí, podíamos afirmar com segurança que haviam Templários em Loch Sween, e que Kilmory fora, quase que com absoluta certeza, uma capela Templária — não propositalmente construída para a Ordem, mas que, em alguma momento, foi por ela assumida. Dada essa prova, não era apenas possível, mas também bastante provável, que as sepulturas em Kilmartin, e nas demais localidades da região, fossem, de fato, Templárias.

Parte 1:

Robert Bruce
O Herdeiro da Escócia Celta

CAPÍTULO I

Bruce e sua Luta pelo Poder

Em 18 de maio de 1291, Acre, o último baluarte dos Cruzados Ocidentais na Terra Santa sucumbiu aos sarracenos e o Reino Latino de Jerusalém, nascido da Primeira Cruzada, cerca de 200 anos antes, final e irrevogavelmente, caiu. Assim acabava o grande sonho europeu de ver um Oriente Médio cristão. Os retumbantes e sagrados lugares das Escrituras — do Egito, ao longo da Palestina, até o Líbano e a Síria — ficariam em mãos islâmicas, efetivamente fora de alcance dos cristãos, até a época de Napoleão, cerca de cinco séculos mais tarde.

Com a perda da Terra Santa, os Cavaleiros Templários perderam não apenas a sua principal área de operações militares mas também a sua principal razão de ser. Pelo menos em termos militares, eles não tinham mais como justificar sua existência. As suas congêneres Ordens militar-religiosas tinham bases em todos os lugares e outras Cruzadas a combater. Os Cavaleiros Hospitalários de São João se estabeleceriam primeiramente em Rodes, depois em Malta, e passariam os três séculos seguintes exercendo controle no Mediterrâneo por uma Cristandade cada vez mais mercantil. Os Cavaleiros Teutônicos já tinham fundado sua nova profissão no Báltico, exterminando as tribos pagãs de toda a região e criando um predomínio cristão que se estendia desde a Prússia, seguindo pela Letônia, Lituânia e Estônia, até o Golfo da Finlândia. As Ordens Espanholas de Santiago, Calatrava e Alcântara ainda tinham que expulsar os mouros da Península Ibérica, enquanto os Cavaleiros de Cristo portugueses, crescentemente, dedicavam-se às explorações marítimas. Somente os Templários — os mais ricos, os mais poderosos e os mais prestigiados de todas as demais Ordens — ficaram sem ter uma finalidade e sem um lar. A sua própria ambição de estabelecer o seu domínio e supremacia no Langedoc foi frustrada e ficou insipiente.

Os 15 anos que sucederam à queda de Acre seriam um período de declínio para o Templo. Eis que, na madrugada de 13 de outubro de 1307, Philippe da França ordenou a prisão de todos os Templários em todo o seu reino. Ao longo dos sete anos seguintes, a Inquisição passou a ser o palco central para concluir aquilo que o rei francês havia começado. Os Templários espalhados por toda a Europa foram presos, colocados a provas, inquiridos, torturados e executados. Em 1312, a Ordem do Templo foi oficialmente extinguida pelo Papa. Em 1314, o último Grão-Mestre da Ordem, Jacques de Molay, foi cremado, e o Templo efetivamente deixou de existir.

A carreira de Robert Bruce atravessou exatamente esse período crucial. Ele apareceu primeiro numa posição de proeminência em 1292, um ano após a queda de Acre, ao se tornar conde de Carrik. A sua vida chegou ao auge em 1314, com a Batalha de Bannockburn, cerca de três meses depois da morte da Jacques de Molay. Em 1306, um ano antes do início da perseguição ao Templo, o próprio Bruce foi excomungado, e ficaria, pelos 12 anos seguintes, rompido com o Papado. Por não mais ser reconhecido pelo Papa, Roma ficou impossibilitada de negociar com ele, ou mesmo de impor-lhe a sua vontade em seus domínios. De fato, o mandado papal já não tinha mais vigência na Escócia — ou, ao menos, naquelas partes controladas por Bruce, e que, portanto, estavam "fora dos limites". E assim, naquelas partes da Escócia, o decreto que abolia o Templo em todos os lugares da Europa, conforme o exato teor da lei, não se aplicava. Se os Cavaleiros da Ordem, fugindo da perseguição no Continente, quisessem encontrar refúgio em algum lugar, este seria encontrado sob a proteção de Bruce.

Durante séculos, uma enxurrada de antigas lendas e tradições ligaram Bruce aos Templários, ainda que a associação entre eles não fosse satisfatoriamente definida. As sepulturas de Argyll proporcionaram convincentes provas dessas lendas e tradições: elas datavam daquele relevante período, e estavam localizadas numa região onde seria natural que os Templários refugiados encontrassem segurança. Quanto mais analisarmos Bruce, mais claro ainda fica que ele e os Templários tinham muito em comum.

O Reino Celta da Escócia

Bruce é geralmente visto como o personagem central na luta pela independência da Escócia medieval. Mas ele estava concentrado em algo mais — algo muito mais radical e muito mais ambicioso — do que, simplesmente, impedir ou frustrar o domínio inglês. O que ele buscava não era nada menos do que a restauração de um inigualável reino celta, composto de instituições e práticas especificamente celtas; entre elas poderiam até estar incluídos rituais de sacrifícios humanos.

Na Irlanda e Gales medievais, e mesmo nos lugares onde os Soberanos Normandos da Inglaterra não tinham estabelecido a sua influência, não existia uma autoridade centralizada. Ambos os países eram abalados por mortíferas e destrutivas brigas e disputas deflagradas entre uma multidão de principezinhos ou líderes e seus clãs locais. A Escócia era o "único Reino Celta composto por bem formadas e independentes instituições, no início da 'alta Idade Média'".[5]

Certamente, nos tempos romanos, a Escócia foi dominada pelos Pictos, que continuaram a exercer um importante papel na história escocesa até meados do século IX. Porém, ao final do século V, colonos celtas da Irlanda, particularmente de Ulster, começaram a se estabelecer no oeste do País, criando o que hoje é denominado Reino de Dalriada — um dos cujos antigos baluartes era Dunadd, situado a apenas cinco quilômetros de Kilmartin. Durante 350 anos, Dalriada, a oeste, e os pictos, pelas demais regiões, lutavam pela supremacia, que, a intervalos, conseguiam temporariamente para, logo em seguida, perdê-la novamente. Embora quase sempre violenta, a luta nem sempre era assim. Ela também tinha um cunho cultural e dinástico, havendo periódicos casamentos entre os altos escalões de ambos os grupos. No entanto, no ano de 843, Dalriada efetivamente triunfou. Os pictos não foram tão derrotados militarmente quando foram anexados e assimilados. O idioma e toda a cultura picta, embora de forma gradual, acabou desaparecendo, e a Escócia, sob a égide do rei de Dalriada, Kenneth MacAlpin, tornou-se um reino celta unificado. Por volta de 850, Kenneth foi instalado em Scone como o monarca de toda a Escócia. Ainda haviam as vicissitudes internas, intrigas, conflitos e discussões, daquele tipo tão bem imortalizado por Shakespeare em "Macbeth"; mas, sob o governo de David I, descendente de Kenneth MacAlpin, o reino feudal da Escócia finalmente emergiu em 1124 — um quarto de século depois de os Cruzados Ocidentais terem fundado o Reino Latino de Jerusalém.

Embora os normandos tivessem inicialmente se aventurado na Escócia sob a direção de William Rufus, filho de William — o Conquistador, não houvera uma penetração normanda em larga escala ou bem-sucedida até a época de David. O próprio David era propriamente celta, filho do rei celta, Malcolm III. No entanto, durante o seu reinado, um grande número de cavaleiros normandos — e também flandrinos — foram admitidos no país. O mesmo ocorreu com o monacato, sobretudo sob os auspícios dos cistercienses. Apesar disso tudo, a Escócia continuou sendo um Reino inteiramente celta; e existem evidências de que muito do pensamento celta — tanto pagão como cristão — persistiu ali, mesmo depois de muito tempo de seu desaparecimento da Irlanda. Entre as ímpares instituições de David estava o ofício, que depois passou a ser hereditário, de "Intendente Real" (*Royal Steward*) do Reino, mais tarde chamado *Stewart*, cargo do

5. Duncan, Escócia: *The Making of the Kingdom*, p. 111.

qual derivaria, mais tarde, a dinastia Stuart. O Intendente era uma espécie de gerente hereditário do patrimônio real, ou de um chanceler hereditário da corte, muito parecido com o assim chamado "Prefeito do Palácio" da França Merovíngia, três séculos antes. Assim como os Prefeitos do Palácio acabaram suplantando os Merovíngios e formaram a dinastia Carolíngia, também na Escócia os Intendentes (de forma mais pacífica) suplantariam a dinastia de David. O primeiro Intendente, Walter Fitz Alan*, era de descendência celta, filho de um certo Alan Fitz Flaald. Alan também pode ter sido descendente de um barão escocês, Banquo de Lochaber, cuja lenda teve algum destaque na obra de Shakespeare.

Fazia parte da comitiva do rei David um cavaleiro normando, Robert de Brus. David havia lhe confiado o Vale de Annan, que protegia as entradas na Escócia via Carlisle. Além disso, ele também era um amigo íntimo do rei inglês, Henry I, e era dono de grandes propriedades em Yorkshire. Acredita-se que a família de Robert era oriunda de Brus ou Bruis, atualmente Brix, logo ao sul de Cherbourg. No entanto, mais recentemente, tem sido sugerido que, na verdade, ele era de origem flandrina, descendente de Robert de Bruges, o poderoso castelão daquela cidade, três quartos de século antes.[6] Robert desaparecera de Bruges em 1053, o ano em que Matilde de Flandres se casou com William, duque da Normandia. Pode ter acontecido de ele tê-la acompanhado à França e, então, 30 anos depois, acompanhado o seu marido na invasão da Inglaterra.

Embora o Robert de Brus da época do Rei David fosse de descendência normanda (e, talvez, flandrina), o seu bisneto se casou com a bisneta de David, sobrinha dos reis celtas Malcolm IV e William I. O Robert Bruce que haveria de figurar mais tarde, de forma tão proeminente, na história escocesa, poderia, assim, alegar sua descendência consanguínea da antiga Casa Real Celta e, antes, a Kenneth MacAlpin de Dalriada. Quando a filha de Robert Bruce se casou com Walter, o Steward, ou Stewart, nascia ali a dinastia que, mais tarde, seria conhecida como Stuart.

O componente celta continuou prevalecendo na sociedade escocesa até o final do século XIII. Assim, por exemplo, os mais influentes nobres do reino eram os 13 condes que tinham a sua linhagem e autoridade oriundas diretamente do antigo reino de Dalriada. Entre esses condes, o mais famoso era o conde de Fife, que exercia o direito de hereditariedade para entronar o novo rei durante a Cerimônia de Coroação. A coroação era, tradicionalmente, realizada em Scone, situada a cerca de três quilômetros de Perth, acima do rio Tay, e o trono do reino foi construído ao redor da famosa Pedra de Scone, que, supostamente, fora trazida ao local por Kenneth

* N. T.: A palavra "fitz" é usada em nomes compostos para indicar a filiação, especialmente de filhos ilegítimos de reis e príncipes de sangue azul, como, por exemplo, Fitzroy, o filho do rei; ou Fitzclarence, o filho do duque de Clarence.

6. Platts, *Scotish Hazard*, p. 139-43.

MacAlpin, em 850. Scone era um lugar sagrado, ou meio sagrado, desde a época pré-celta dos pictos. O seu ponto central era a "Montanha da Fé", atualmente chamada *Moot Hill*. Ali, num ritual que remonta a tempos anteriores à História registrada, um novo monarca teria se sentado numa pedra e ali investido com os paramentos de seu cargo, entre os quais, provavelmente, incluía-se um bastão e um manto. Assim o rei estaria ligado às terras, ao povo que governava e à divindade terrena, que era sempre ilustrada com uma máscara de animal. Na versão irlandesa do rito, uma égua seria sacrificada e fervida em água; e era nesta água que o recém-instalado rei devia se banhar, enquanto ingeria uma sopa e a carne do animal sacrificado. Acreditava-se que, dessa forma, estaria assegurada a fertilidade da terra e do povo. Por volta do século XII, nos primórdios das Cruzadas, esse antigo preceito — a responsabilidade do monarca pela fertilidade da terra — seria amalgamado com alguns preceitos da tradição esotérica judaica-cristã, compondo a coleção de poemas hoje conhecida como os *Romances do Graal*. Estes, como veremos mais adiante, haveriam de ter uma pertinência bastante específica à Escócia.

A coroação de Alexandre III, em 1249, foi típica dos ritos celtas, que ainda eram vigentes na Escócia muito tempo depois de terem desaparecido por todas as partes. Quando Alexandre subiu ao Trono em Scone, um idoso poeta de Highlands* recitou formalmente, em gaélico, a genealogia do novo monarca, desde Dalriada até "o primeiro Escocês". Tal como era de se esperar de um governante celta, Alexandre sempre se fazia acompanhar de um harpista. Quando viajava, ele era precedido, conforme ditava a tradição a um chefe celta, por sete mulheres que cantavam em louvor à sua glória e linhagem — sem dúvida, primeiramente uma prática lisonjeira e envaidecedora, mas que rapidamente acabou se tornando algo barulhento e chato.

Não era de se surpreender que, num ambiente como esse, a Igreja exercesse não mais do que um tênue papel. Durante o século IX, a Escócia parece ter sido, brevemente, um refúgio para fragmentos de grupos sobreviventes da Igreja celta da Irlanda. Por um desses grupos, o "celi De" ou "Culdees", foi criado um sistema monástico; mas nunca chegou a exercer a influência que exercia ao longo do mar da Irlanda. Apesar da afluência de cistercienses no século XII, a Igreja Romana quase que desapareceu por completo. Em Lothian, por exemplo, nenhum bispado foi fundado depois de 950. Igualmente, nenhuma comunidade religiosa foi fundada em Strathclyde depois daquele mesmo ano.

Mas o reino celta da Escócia, que chegara à sua apoteose com Alexandre III, haveria de morrer junto com ele. Em março de 1286, durante uma noite de tempestade, retornando de um conselho realizado em

* N. T.: Região montanhosa da Escócia.

Edimburgo, o rei acabou se perdendo do resto de sua comitiva, tendo sido encontrado na manhã seguinte, com o seu pescoço quebrado. A sua morte haveria de não apenas precipitar uma enorme crise interna e uma amarga briga pelo trono mas também deu à Inglaterra uma desculpa para se intrometer nos assuntos escoceses, de uma forma até então sem precedentes.

A Emergência de Bruce

Alexandre morreu sem deixar filhos. A sua filha única, Margaret, casara-se com o rei da Noruega, e a Escócia não tinha a mínima disposição de ter um governante norueguês. De comum acordo, foi formado um governo provisório, composto por seis "Guardiões da Paz" — o conde de Fife como nobre Primeiro-Ministro, o conde de Buchan, James, o Stewart, John Comyn e os bispos de Glasgow e St. Andrews. Com poderes de regência, essa comissão decidiu outorgar a coroa à filha de Margaret da Noruega, cujo nome também era Margaret e que, na época, ainda era uma criança. Ficou decidido que, tão logo chegasse à maioridade, ela se casaria com o príncipe Edward, depois Edward II da Inglaterra. Porém, em 1290, a caminho da Noruega, a jovem Margaret morreu, e a questão da sucessão escocesa acabou imergindo em grande confusão.

Mais de uma dúzia de candidatos se apresentou para ter direito ao trono, entre eles John Baliol e o avô de Robert Bruce, conhecido como "o Competidor". Tão grande era o perigo de uma guerra civil que o bispo de St. Andrews convidou Edward I da Inglaterra para arbitrar a questão. Assim, a Monarquia normanda da Inglaterra recebeu um mandado de intervenção nos assuntos do Reino Celta da Escócia.

Edward não perdeu tempo em transformar esse mandado em seu benefício próprio. Ao se encontrar com os pretendentes escoceses, em 1291, ele passou a reclamar a suserania sobre a Escócia para si mesmo. Apesar dos protestos, os lordes escoceses ficaram intimidados a, ao menos em parte, reconhecer a autoarrogada condição do rei da Inglaterra. Tendo conseguido extorquir esse reconhecimento, ele decidiu que a sucessão deveria recair sobre John Baliol, possuidor de uma legítima pretensão; assim, ele foi devidamente coroado em Scone. Imediatamente, Edward renegou suas promessas de respeitar a independência escocesa, exigindo uma humilhante obediência e fidelidade daquele a quem acabara de entronar. Em 1294, as exigências do rei da Inglaterra acabaram levando os escoceses a se rebelarem. Formou-se uma aliança com a França e, em 1296, Baliol repudiou a sua obediência a Edward. No entanto, àquela altura, já era tarde demais — Edward já havia saqueado Berwick e avançou com seu exército sobre a Escócia. Os escoceses foram derrotados; Baliol, tendo se rendido, foi publicamente humilhado e, finalmente, mandado para o exílio.

Tendo a Escócia a seus pés, Edward deu início a uma campanha sistemática na erradicação de todos os vestígios, tanto políticos como religiosos, do antigo reino celta. Uma especial atenção foi dedicada à Pedra de Scone, o mais antigo e sagrado talismã celta. Por ordem de Edward, a inscrição nela gravada foi apagada, e a própria pedra foi tirada de Scone e levada para Londres.[7] O grande sinete da Escócia foi esmagado e os cofres e arquivos com documentos reais foram confiscados. Edward nomeou a si próprio defensor *ad hoc* da religião — o arquétipo rei cristão, promulgando o regulamento de Roma. Para sustentar essa imagem, era produtivo enfatizar os aspectos pagãos do velho reino celta, que era retratado como herético, pagão e satânico. Espalhando rumores de bruxaria e necromancia, Edward conseguiu mostrar justificativas morais e teológicas para a sua Cruzada na anexação da Escócia.[8]

Tendo reprimido toda e qualquer resistência no País, Edward deixou o seu governo nas mãos de seu próprio nomeado, o conde de Warenne. Warenne se tornou arrogantemente altivo de seu papel e, um ano depois, em 1297, William Wallace deu o sinal para um levante geral ao assassinar o xerife de Lanark; daí ele continuou, com William Douglas, a atacar o judiciário pró-Inglês em Scone. A insurreição de Wallace foi coordenada com semelhante atividade por outras localidades, sob a liderança do bispo de Glasgow e James Stewart.

Foi em oposição a esse turbulento panorama que a figura de Robert Bruce emergiu repentinamente, fomentando a rebelião no Sul. Bruce já fora feito conde de Carrick, um dos maiores, mais poderosos e mais profundamente feudos celtas do país e que abrangia a maior parte da região ocidental, conhecida como Galloway. Os seus seguidores e vassalos controlavam extensas e vastas áreas em Ulster, inclusive toda a North Antrim, parte da qual é, atualmente, County Londonderry e Rathlin Island, no litoral. Entre as propriedades de Bruce, além de Carrick, incluía-se um terço dos feudos de Huntington, Garioch e Dundee. Como já vimos, Bruce era de sangue azul, por ter o seu bisavô se casado com a linhagem descendente de David I.

No fim de 1297, Wallace deu um jeito de assegurar a eleição de William Lamberton, chanceler da catedral de Glasgow, como bispo de St.

7. A inscrição estava gravada em latim: "*Ni fallat vatum Scoti hunc quocunque locatum/ invenient lapidem, regnare tenentur ibidem*". ("Salvo erro dos profetas, o Reino dos Escoceses perdurará onde quer que esta pedra esteja colocada.") Veja Dart, *Westmonasterium*, III, cap. 1, p. 12.

8. O próprio Edward foi acusado pelos escoceses de necromancia:
"Dizem os homens que ele sustentava às escondidas
Um espírito que daria respostas
A quaisquer perguntas por ele pedidas."
Veja Barbour, *The Bruce*, p. 113.

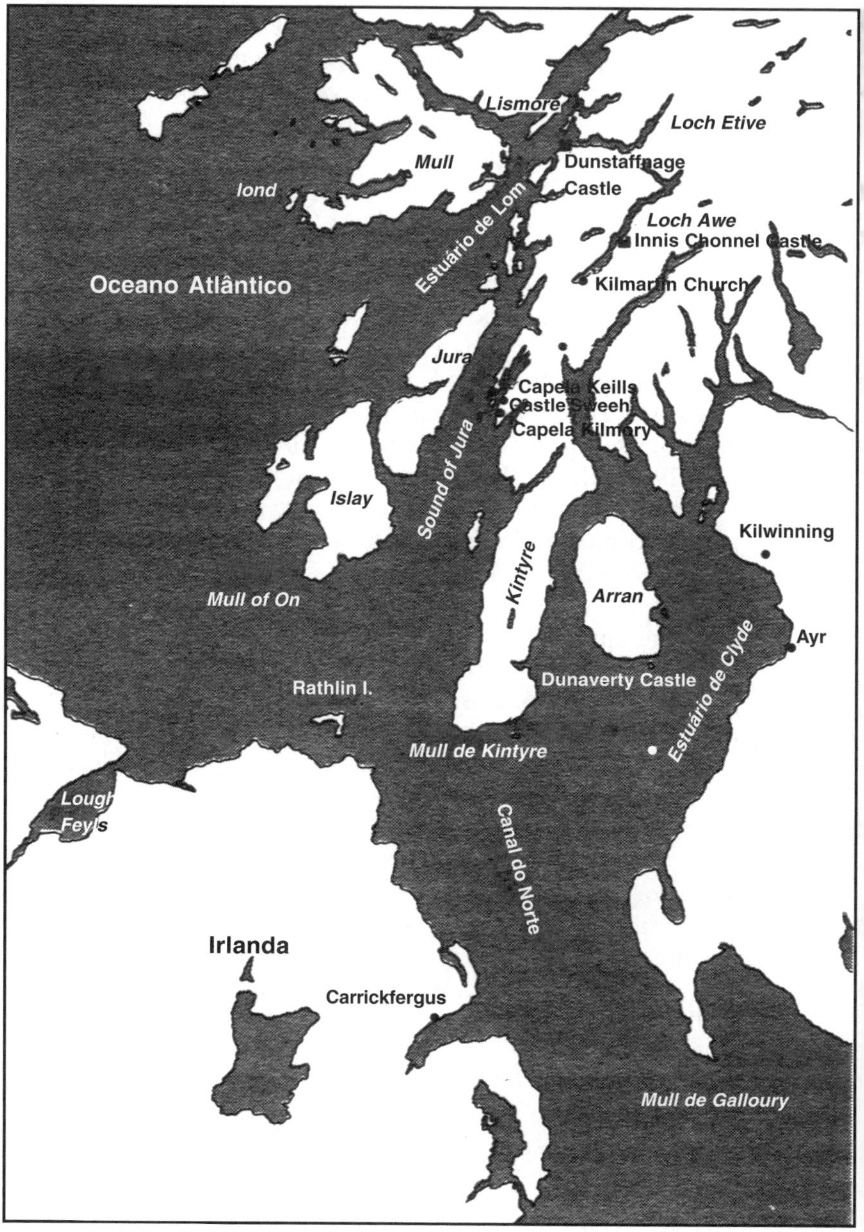
Lismore
Loch Etive
Mull
Dunstaffnage
Castle
Iond
Loch Awe
Innis Chonnel Castle
Estuário de Lom
Oceano Atlântico
Kilmartin Church
Jura
Capela Keills
Castle Sweeh
Capela Kilmory
Sound of Jura
Islay
Kilwinning
Kintyre
Arran
Mull of On
Ayr
Estuário de Clyde
Dunaverty Castle
Rathlin I.
Mull de Kintyre
Canal do Norte
Irlanda
Carrickfergus
Mull de Galloury

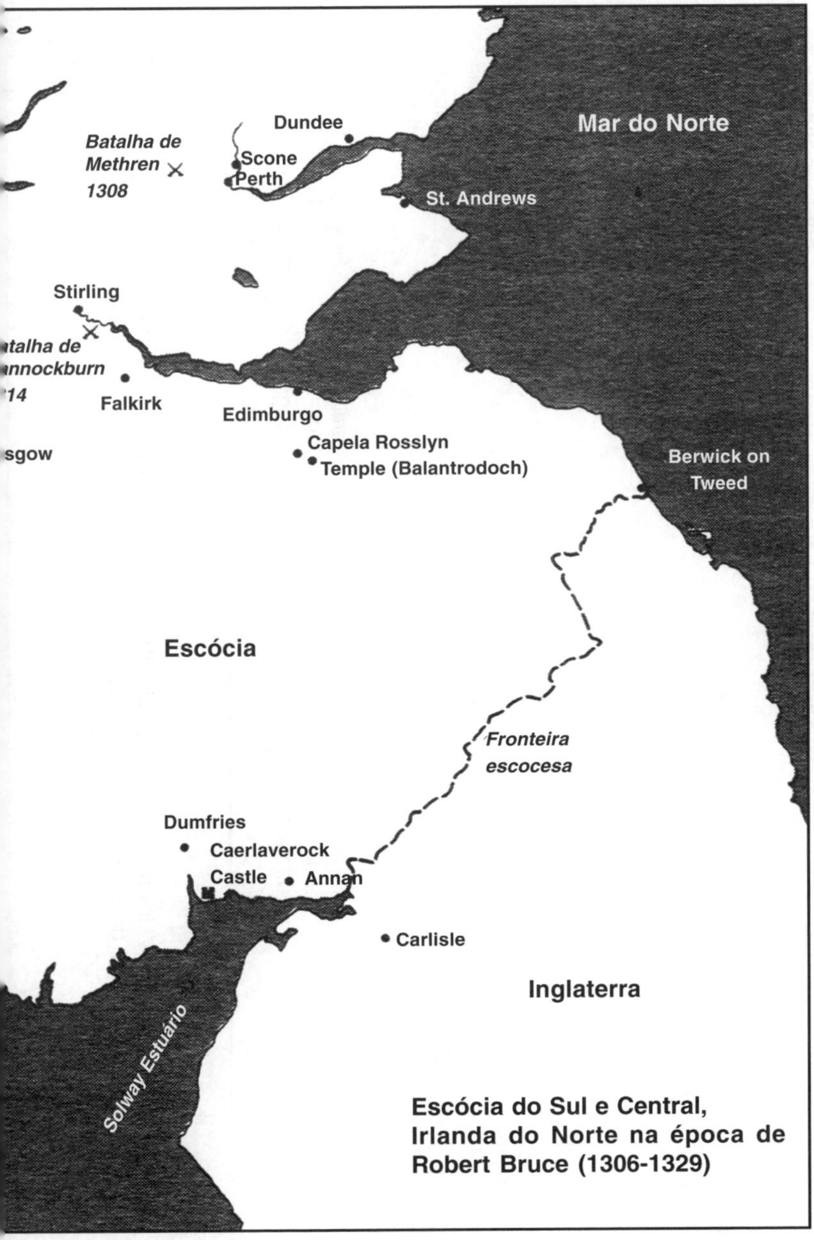

Escócia do Sul e Central, Irlanda do Norte na época de Robert Bruce (1306-1329)

Genealogia mostrando o parentesco de Robert Bruce com os antigos reis da Escócia

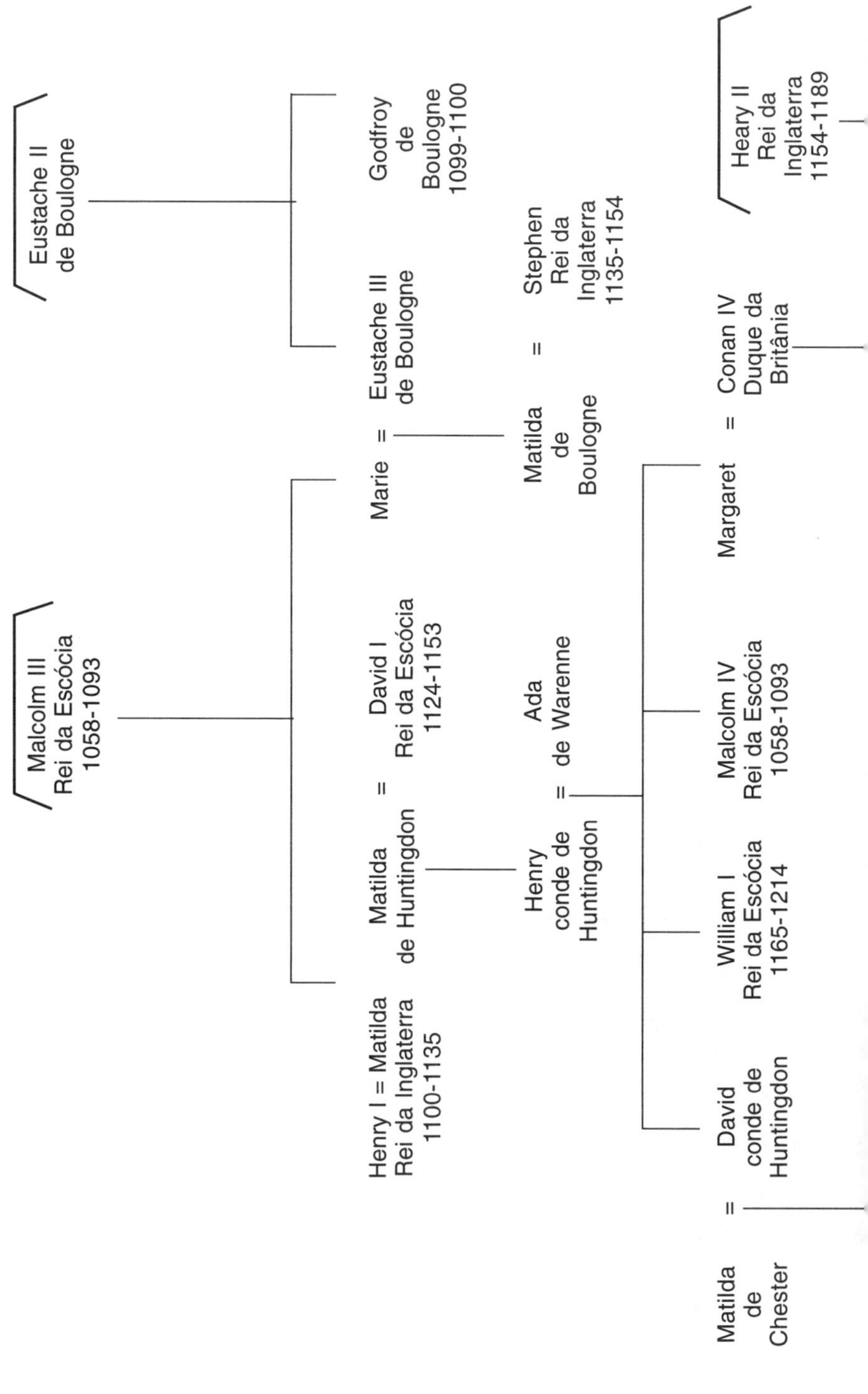

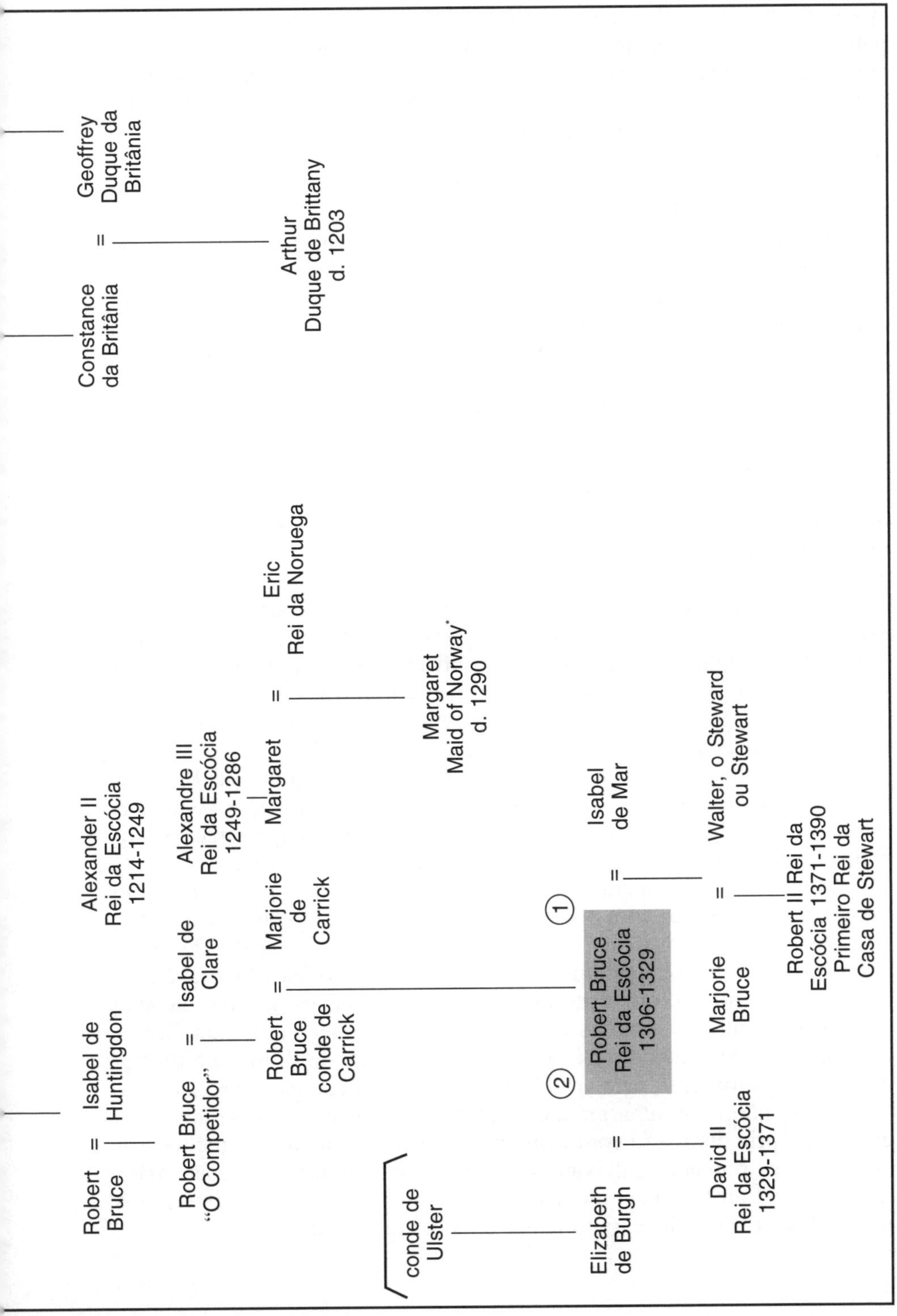

* N. T.: Título que seria correspondente a "Dama da Noruega"

Andrews, principal Bispado da Escócia. Sendo Lamberton um ferrenho patriota, era de se esperar que a sua investidura fortalecesse a causa escocesa. Imediatamente ele embarcou para Roma para ter sua eleição confirmada pelo Papa e para interceder em favor de seus camaradas. Enquanto isso, Wallace foi armado Cavaleiro por um proeminente conde Escocês — quiçá, o próprio Bruce — e, em 1298, foi eleito o único tutor do país.

No entanto, na primavera daquele mesmo ano, a rebelião acabou provocando uma nova invasão inglesa em grande escala. Em 19-20 de julho de 1298, o exército inglês, com 2 mil cavalos e 12 mil homens, acampou nas cercanias de Falkirk, nas terras Templárias de Temple Liston (atualmente o lugar onde está o Aeroporto de Edimburgo). As forças de Edward eram apoiadas por um contingente de Templários, que incluía, de forma bastante significativa, dois dos altos dignitários da Ordem: o Mestre da Inglaterra e o Preceptor da Escócia. Naquela época, o Templo ainda não estava sob perseguição e não tinha nenhum motivo para se sentir ameaçado. Ainda assim, o seu alinhamento com o rei inglês era altamente irregular, uma anomalia à qual os historiadores não deram nenhuma explicação satisfatória. Era terminantemente proibido aos Templários participar de operações militares seculares, e mais particularmente ainda contra um monarca cristão. Sua única razão de ser era a de se engajar num tipo de conflito bem específico, a Cruzada, que fora escrupulosamente definida como hostilidades contra os infiéis. Dificilmente os escoceses eram infiéis, sendo que a Escócia estava sob a proteção do Papa. De fato, o bispo Lamberton acabara de ter a indicação confirmada pessoalmente pelo Papa Bonifácio VIII. A única explicação para o envolvimento dos Templários é que as práticas pagãs e/ou celtas entre os rebeldes escoceses eram suficientemente elevadas para justificar em uma "mini-Cruzada".

Assim mesmo, na Batalha de Falkirk, em 22 de julho de 1298, os escoceses foram atacados com grande selvageria e inclemência. As baixas inglesas foram insignificantes. Na verdade, apenas dois importantes personagens morreram do lado inglês; ambos dignitários do Templo.

Após a sua derrota em Falkirk, Wallace foi forçado a renunciar como tutor, mas isso não fez com que a rebelião terminasse. No outono de 1298, os rebeldes nomearam John Comyn e Robert Bruce para presidir, de forma conjunta, como tutores, e continuar a luta. No entanto, eles logo começaram a brigar entre si, e o atrito entre eles não apenas os desviou da ação combinada contra os ingleses mas também quase chegou a matar Bruce. Assim, em 1299, quando o Bispo Lamberton voltou de Roma, ele foi nomeado o terceiro tutor, para arbitrar entre seus dois compatriotas. De fato, Lamberton não tinha uma grande simpatia por Bruce e logo se envolveu em sua própria discussão com Comyn. Desgostoso com todo aquele desacordo, Bruce renunciou, deixando a Escócia, temporariamente, nas mãos de Comyn e Lamberton, continuando a consolidar a sua posição por outros meios. Isso levou a duas importantes alianças dinásticas.

No início de 1290, Bruce se casou com Isabel, filha do conde de Mar, enquanto sua irmã Christina se casava com o irmão de Isabel, que sucedeu ao condado. De seu casamento com Isabel de Mar, Bruce teve uma filha, Marjorie que, em 1315, viria a se casar com Walter, filho de James Stewart. Mas, em 1302, com a morte de Isabel de Mar, Bruce empreendeu, com impressionante conveniência, a forjadura de uma aliança temporária com os ingleses. Ele se casa com Elizabeth de Burgh, filha do conde de Ulster, um leal protetor do rei inglês. Desde os dias da Dalriada, havia uma forte ligação, tanto cultural como política, entre Ulster e o próprio condado de Bruce, Carrick. Isso ainda é evidente nos dias de hoje, com a frequência com que "Carrick" aparece como prefixo de nomes de muitos lugares na Irlanda do Norte. Ao se casar com a filha do conde Ulster, Bruce teve a capacidade de reativar antigas alianças entre seu próprio feudo na Escócia e os irlandeses pertencentes aos antigos lordes de Carrick. Ele estava agora numa posição de reunir um considerável suporte e efetivo poderio por todo o Mar da Irlanda; e, com o apoio dos aliados em Ulster, uma importante rota marítima poderia ser mantida aberta para suprimentos e materiais.

Enquanto isso, a rebelião continuava sem ele. Na Batalha de Roslin, em 1303, Comyn derrotou um pequeno contingente inglês. No entanto, isso se mostrou de efêmero sucesso, pois, em 1304, Edward voltou a invadir a Escócia, forçando Comyn a se render e jurar aliança à Coroa inglesa. Em 1305, a questão da independência Escocesa se deteriorou mais ainda com a captura de Wallace. Com extrema barbaridade, mesmo para aqueles tempos da Idade Média, Wallace foi literalmente trucidado. Ele foi amarrado a um cavalo e arrastado por seis quilômetros, de Westminster a Smithfield, depois castrado, pendurado, esquartejado ainda vivo, estripado e decapitado. Seu corpo foi separado em quatro partes, e cada uma das partes expostas em diferentes lugares.

O Assassinato de John Comyn

Wallace estava morto, e Comyn firmemente sob o braço inglês. Porém, em março de 1304, um ano antes da captura de Wallace, o pai de Bruce morreu, deixando Bruce com um direito direto ao trono. Três meses mais tarde, em junho, ele celebrou um acordo secreto com o bispo Lamberton. O conteúdo desse acordo jamais foi tornado público ou explícito, mas, nas palavras de um dos biógrafos de Bruce, G. W. S. Barrow, "o acordo falava enigmaticamente de 'rivais' e de 'perigos'".[9] Hoje já é de consenso geral que o acordo envolvia planos para uma Escócia celta independente, sobre a qual Bruce, apoiado por Lamberton, governaria como monarca. No entanto, antes que qualquer parte desse projeto pudesse ser implementada, algo deveria ser feito com relação a John Comyn.

---

9. Barrow, *Robert the Bruce*, p. 184.

A família Comyn, que incluía os condados de Buchan e Monteith, era antiga e poderia se igualar à de Bruce, em prestígio e poder. O próprio John Comyn, o cabeça da linhagem, tinha, entre outros títulos, o de lorde de Lochaber, Badenoch e Tynedale. Embora tenha discutido com Bruce e Lamberton, sua integridade como um patriota escocês jamais fora impugnada antes. No entanto, com a sua submissão a Edward da Inglaterra, em 1304, ele se tornou objeto de ataque e bastante vulnerável.

Os acontecimentos subsequentes se mostraram desconcertantes: muito deixou de ser explicado, ainda naquela época; muito parece ter sido deliberadamente encoberto. Mas o que é certo é que em 10 de fevereiro de 1306, na Igreja de Grey Friars, em Dumfries, Bruce, com as suas próprias mãos, matou o seu adversário. Comyn foi apunhalado com um punhal diante do altar principal e ali deixado, esvaindo-se em sangue, até morrer no chão de pedra da igreja. Conforme os diversos relatos, ele não morreu imediatamente, e chegou a ser acudido pelos monges, que tentaram cuidar de seus ferimentos. Ao tomar conhecimento disso, Bruce voltou à igreja, arrastou-o de volta até o altar, esfaqueando-o novamente.[10] Quando o tio de Comyn tentou intervir, ele também foi esfaqueado pelo cunhado de Bruce, Christopher Seton.

Ao escrever sobre o acontecido, 69 anos depois, John Barbour, o cronista da época e primeiro biógrafo de Bruce, mostrou-se curiosamente vago sobre esse assunto — curiosamente, porque Barbour é, geralmente, exaustivamente prolixo em detalhes, sempre preciso em nomes, datas e estatísticas. Barbour descreve o assassinato com alguns detalhes, mas quase nada diz a respeito do que levou ao fato. Ele insinua, timidamente, que Bruce e Comyn teriam formado, juntos, um pacto contra os ingleses, o qual Comyn tentou renegar; ele também sugere que os dois homens teriam se encontrado, mais ou menos por acaso, na igreja, e que o assassinato teria ocorrido no calor do momento, numa repentina explosão de ânimos, em decorrência de acusações de traição. Porém, ele próprio admite a existência de outras explicações, embora intencionalmente não desejasse relatá-las.[11] Historiadores mais recentes reconhecem que deveria haver muito mais sobre esse assunto que pudesse se imaginar, mas que tais explicações, tal como foram dadas, são pouco adequadas. Existem certos aspectos do assassinato de Comyn que não podem ser inteiramente explicados ou justificados pela traição de um pacto, ou pela, desde há muito existente, antipatia entre ele e Bruce.

---

10. Ibid., p. 208, citando *The Chronicle of Walter of Guisborough*, p. 367.

11. Barbour, op. cit., p. 66.
"E ainda há quem diga
O conflito foi por outro caminho
Mas por mais que digam
Ele ali morreu, disso bem sei eu."

Em primeiro lugar, existe prova convincente de que o assassinato de Comyn não foi um espontâneo ato de raiva. Ao contrário, ele parece ter sido cuidadosamente premeditado; quiçá, até mesmo ensaiado. Aparentemente, Comyn foi intencionalmente atraído à igreja. Mais ainda, ele se fazia acompanhar de uma comitiva formada de seus próprios soldados que, com exceção de seu tio, tudo presenciaram sem nada fazer.

Também não é possível ignorar o local do assassinato. Afinal de contas, é de se supor que as igrejas fossem consideradas lugares sagrados, com as características de um santuário. Era terminantemente proibido o derramamento de sangue em qualquer igreja, e esse tabu era mantido com admirável respeito pelos mais poderosos homens da época. Mesmo naquelas raras ocasiões em que assassinatos eram cometidos nas igrejas — como, por exemplo, o de Thomas à Becket — eles eram praticados, em geral, de forma calculada, para não provocar derramamento de sangue. O fato de que Bruce tivesse utilizado um método tão sanguinolento quanto o uso de uma adaga ou punhal, para ter arrastado Comyn de volta ao altar depois de este ter sido socorrido pelos monges, e não ter demonstrado qualquer remorso ou penitência, demonstra algo mais do que uma explosão de ânimos. Ele também sugere uma provocação explícita, até mesmo extravagante — não apenas à autoridade inglesa, à qual Comyn jurara aliança, mas também a Roma. Mais ainda do que um repúdio a Edward, o assassinato de Comyn assinalava um repúdio ao Papado. Acima de tudo, o fato portava a indistinta marca de uma morte ritual — quase que uma morte cerimonial de um candidato ao trono, executado por algum outro pretendente, em campo sagrado, e em concordância com a antiga tradição pagã. Na época, ninguém pôde deixar de perceber o poderoso simbolismo que acompanhou o ato de Bruce — na verdade um simbolismo tão forte que acabou transcendendo o próprio ato, em si.

A reação do Papa foi exatamente a que dele poderia se esperar: Bruce foi sumariamente excomungado, e assim ficaria por mais de uma década. Ainda assim, de forma suficientemente significativa, isso não causou qualquer impressão no clero escocês. Lamberton não emitiu uma só palavra de crítica ou censura a seu amigo e aliado. Igualmente, não se manifestou o bispo Wishart de Glasgow, na época o segundo mais importante clérigo do país, em cuja diocese fora cometido o assassinato. Aparentemente, ambos os prelados tinham endossado o ato de Bruce — e esperado, já de antemão, aquele comportamento. E, voltando a G. W. S. Barrow: "Não nos parece ser precipitado imaginar que Wishart já sabia quando, aproximadamente, o golpe seria levado a cabo".[12]

Com Comyn morto, Bruce imediatamente pleiteou o trono. Lamberton o apoiou. Também Wishart o apoiou. De fato, logo que se livrou de seu

12. Barrow, op. Cit., p. 210, nota 3.

rival, Bruce foi para Glasgow, onde Wishart o recebeu para discussões de alto nível. E quando Bruce entrou numa nova campanha contra os ingleses, tanto Lamberton como Wishart, flagrantemente indiferentes a Roma, exaltaram-na como uma genuína Cruzada.

Com essa bênção eclesiástica, Bruce passou a se apoderar dos castelos que dominavam o Estuário de Clyde, protegendo, assim, as rotas que levavam a Ulster e às Ilhas Ocidentais. Como sinal, o Bispo Wishart esconjurou a ocultação dos antigos mantos e vestimentas reais, bem como um estandarte que ostentava as armas da antiga Casa Real celta. Enquanto isso, Lamberton, supostamente presidindo em Berwick o Conselho Inglês encarregado de governar a Escócia, escapuliu. Ele reapareceu em Scone, onde, seis semanas após a morte de Comyn, coroou formalmente Bruce como rei, celebrando uma missa ao novo monarca, prestando homenagem e a quem pediu fidelidade e lealdade. Todos os historiadores estão de pleno acordo que, quaisquer que tenham sido as circunstâncias envolvidas no assassinato de Comyn, todos esses acontecimentos deveriam estar previstos com antecedência.

Na verdade, houve duas coroações distintas. A primeira delas, da qual apenas uns poucos detalhes sobreviveram, que parece ter sido mais ou menos convencional, teria sido realizada em 25 de março de 1306, na Igreja de Abbey, em Scone; presidida por Lamberton, assistida por Wishart, pelo bispo Murray de Moray, os abades de Scone e Inchaffray, os condes de Lennox, Monteith, Athol e, provavelmente, de Mar.

A segunda coroação foi realizada dois dias depois, tendo sido Bruce colocado sobre o Trono de Scone, em conformidade ao antigo costume celta. Tradicionalmente, ele deveria ter sido conduzido ao trono real pelo Primeiro-Ministro do país, o conde de Fife, que, durante séculos, tinha desempenhado esse papel de coroar os reis escoceses. Naquela época, porém, o conde de Fife não tinha idade condizente, e fora investido de poder por Edward da Inglaterra. Assim sendo, a função do menino foi desempenhada por sua irmã, Isabel, esposa do conde de Buchan, um dos primos de Comyn, que viajou ao Norte, vinda de seus Estados na Inglaterra, especialmente para celebrar a cerimônia.

No passado, os historiadores tendiam a encarar a trajetória de Bruce, bem como a sua campanha pela independência da Escócia, algo essencialmente político, e não cultural. Consequentemente, o elemento celta foi bastante ignorado, e Bruce foi retratado como um típico potentado normando da época: "é somente nos tempos, referencialmente, mais recentes que se tem reconhecido a contribuição da Escócia 'celta' na luta".[13] De fato, agora torna-se claro que a contribuição da Escócia celta foi decisiva. Como um líder especificamente celta, com a intenção de restaurar um antigo reino celta,

13. Mackay, *Robert Bruce*, p. 93.

a campanha de Bruce não foi meramente política, mas também cultural e étnica. Assim, por exemplo, em 1307, com Edward deitado em seu leito de morte, os propagandistas de Bruce espalharam histórias acerca de uma suposta profecia de Merlin. De acordo com essa profecia, os celtas, após a morte de Edward, haveriam de se unir, conseguir sua independência, criar o seu próprio Reino (presumivelmente se estendendo por todo o mar da Irlanda) e vivendo juntos em plena paz.[14]

No entanto, essas profecias eram, decididamente, prematuras demais. Inglaterra e Roma prontamente reagiram à coroação de Bruce; a Inglaterra via na restauração da monarquia celta uma ameaça política, e Roma a via como algo ainda mais sinistro — uma possível ressurreição na Escócia da antiga, e potencialmente herética, Igreja celta ou, pior ainda, um retrocesso ao paganismo pré-cristão. A generalizada indiferença na Escócia pela excomunhão de Bruce era alarmante. Igualmente alarmante era a despreocupação com que eram recebidas as demais fulminações papais.

Mais difícil de ser menosprezada foi a reação inglesa. Naquela época. O apoio a Bruce era considerável. Ele incluía, além dos mais proeminentes condes da Escócia, famílias importantes tais como: os Fraser, os Hay, os Campbell, os Montgomery, os Lindsay e os Seton, muitos dos quais aparecerão mais adiante nesta História. Porém, este apoio ainda não era suficiente para frear o avanço do exército inglês quando este novamente se pôs em campo. Em 19 de junho de 1306, na Batalha de Methven, Edward surpreendeu os escoceses antes da alvorada, infligindo-lhes uma esmagadora derrota. O conde de Athol foi capturado e executado, tal como também o foram: Simon Fraser, Neil Bruce, Christopher Seton e o seu irmão John. Nem as senhoras simpatizantes à causa de Bruce escaparam à ira inglesa. Isabel, condessa de Buchan, que participara da coroação celta de Bruce, foi encarcerada numa jaula e pendurada do lado de fora de um dos muros do Castelo de Berwick, e ali mantida durante quatro anos, até 1310. A irmã de Bruce, Mary, foi aprisionada numa jaula parecida numa torre do Castelo de Roxburgh, da qual somente foi libertada em 1314. Marjorie, a filha de Bruce, com 12 anos de idade, foi inicialmente sentenciada a ser encarcerada numa terceira jaula, a ser colocada na Torre de Londres, mas o bom senso ou influência prevaleceram e, em substituição àquela pena, ela foi confinada num convento. Para muitos historiadores, a "maníaca qualidade da vingança de Edward sempre pareceu ser mais chocante e pronunciada em seu tratamento dispensado às suas prisioneiras femininas". Mas é importante lembrarmos da distinta condição que as mulheres desfrutavam nas sociedades celtas. Como sacerdotisas, profetisas, recipiendárias e transmissoras do sangue real. Na cabeça de Edward, as mulheres da sociedade de Bruce menos pareciam ser castelãs normandas do que as bruxas de *Macbeth*.

14. Ibid., p. 102.

Com o seu exército desmantelado, o próprio Bruce se viu forçado a fugir; primeiro procurando refúgio nas montanhas de Perthshire, depois em Argyll. De Argyll ele escapou por Kintyre, e dali, por mar, para a ilha de Rathlin, próxima à costa de Ulster. Sabe-se que ali ele teria passado uma parte do inverno de 1306-1307, mas os seus outros movimentos e atividades, até fevereiro de 1307, são incertos. No entanto, é de se supor que ele tenha passado ao menos algum tempo em Ulster, capitalizando sobre a antiga aliança Ulster-Carrick e reunindo um apoio irlandês. Certamente essa ajuda haveria de chegar em breve, pois quando ele reapareceu, vinha acompanhado de muitos nobres irlandeses e seus seguidores.

Bruce retornou a Carrick em fevereiro de 1307, com uma considerável força. E retomou suas operações contra os ingleses. Contrariamente às profecias, a morte de Edward, em julho, não interrompeu as hostilidades por muito tempo. Durante os sete anos seguintes — exatamente o período durante o qual os Templários eram devastados no Continente e na Inglaterra — a guerra na Escócia haveria de continuar, interrompida, apenas, por esporádicas pausas. Durante uma assembleia do Parlamento de St. Andrews, em 1309, Bruce foi oficialmente designado "Rei dos Escoceses". Daí em diante, ele passou a ser, efetivamente, o soberano de toda a Escócia, e como tal reconhecido — por seu próprio povo, por outros chefes de Estado e por todos enfim, exceto pelo Papa, que o havia excomungado, e pelo novo rei da Inglaterra, Edward II. Este era tão obstinado quanto fora o seu pai, em pôr de joelhos os escoceses e anexar o seu reino a seus próprios domínios.

No inverno de 1310-1311, Edward lançou uma nova ofensiva. Da experiência que teve em Methven, Bruce aprendeu a não enfrentar o seu adversário numa batalha montada. Invariavelmente, ele estaria em desvantagem. Faltavam-lhe, particularmente, cavaleiros, soldados montados, fortemente armados e blindados que, com uma ordem concentrada no momento certo, poderiam forçar a sua passagem por meio das mais tenazes das oposições. Por isso, ele recorreu a incursões relâmpago, realizadas por homens protegidos por leves armaduras, montados em leves, porém velozes e ágeis, montarias — na verdade, o tipo de tática empregada pelos sarracenos na Terra Santa. Além disso, ele contava ainda com hábeis arqueiros.

Ao mesmo tempo, os escoceses começavam a demonstrar uma resistência mais rígida, uma disciplina muito mais rigorosa e uma experiência marcial muito mais sofisticada. Mais ainda, em janeiro de 1310, eles estavam recebendo grandes embarques de armamentos, equipamentos e materiais vindos da Irlanda. Esse tráfego acabou ficando tão intenso, que Edward se viu obrigado a emitir uma irada proclamação:

> "O rei ordena ao chanceler e ao tesoureiro da Irlanda que proclamem em todos as cidades, vilas, portos... a proibição, sujeita às mais pesadas penalidades, de todas as exportações de provisões, cavalos,

armaduras e outros suprimentos... aos insurgentes escoceses, que é sabido estar sendo realizado por comerciantes na Irlanda".[15]

E ainda, tal como apontado de forma justificada por diversos historiadores perplexos, a Irlanda não tinha capacidade industrial bélica de grande escala, maior do que a Escócia. Quaisquer que fossem as armas e armaduras existentes na Irlanda, elas somente poderiam chegar lá vindas do Continente.

Certamente, é possível que o aprimoramento do exército escocês fosse uma consequência natural do prolongado conflito, com seus homens se tornando progressivamente amadurecidos e experimentados. Porém, também é possível que contingentes das forças escocesas já estivessem sendo treinados e forjados por refugiados Templários — que, afinal, eram, na época, os soldados mais disciplinados e profissionais de toda a Europa, e que podem ter trazido consigo, ao virem da Terra Santa, o tipo de táticas sarracenas que agora Bruce passava a adotar. Quanto às armas do Continente, vindas pela Irlanda, e dali para a Escócia, é difícil imaginar um canal que seja mais parecido para um tal tráfico do que o Templo — cujas instalações na Irlanda, quando atacadas pelas autoridades reais, provaram, como veremos mais adiante, estar totalmente desprovidas de quaisquer armamentos.

Bonnockburn e os Templários

A Batalha de Bonnockburn, que haveria de, finalmente, decidir a questão da independência da Escócia, aconteceu não em resultado de quaisquer manobras estratégicas, mas de uma quase singular questão de honra medieval. No fim de 1313, uma pequena guarnição inglesa se viu sitiada por Edward, irmão de Bruce, em Stirling Castle, o portal de acesso a Highlands e Argyll. O assédio avançou pesadamente. Por não querer desperdiçar seus recursos num indefinido prolongamento, Edward Bruce aceitou os termos propostos pelos defensores: caso até meados do verão do ano seguinte, nenhum exército inglês aparecesse num raio de cinco quilômetros ao redor do castelo, aquela guarnição se renderia. Aquele era o tipo de desafio de que o rei Edward da Inglaterra não poderia, de forma alguma, honrosamente declinar. Assim, Robert Bruce se comprometeu, por meio de seu irmão, exatamente com aquele tipo de batalha do qual se esquivava desde Methven, em 106.

O aparente e ostensivo objetivo do monarca inglês era o de libertar Stirling. No entanto, o impressionante tamanho de seu exército indicava

15. 14 de janeiro, Berwick. Veja *Calendar of Documents Relating to Scotland*, vol, III, p. 190.

que os seus verdadeiros objetivos eram bem maiores — incluíam a aniquilação dos escoceses, derrotar Bruce de uma vez por todas e impor uma ocupação militar na Escócia. Os cronistas contemporâneos falam de um exército inglês composto de 100 mil homens. Obviamente este é mais um exagero típico da Idade Média. Ainda assim, os dados reunidos daquela época mostram que Edward convocou 21.640 soldados de infantaria.[16] É claro que nem todos eles chegariam à Escócia, após os inevitáveis atritos resultantes da deserção e das doenças. Porém, aqueles que conseguiram chegar foram complementados por cerca de 3 mil cavaleiros montados, cada um deles acompanhado de sua própria treinada comitiva. Os historiadores modernos concordam que as forças inglesas deveriam contar com, pelo menos, 20 mil homens. Esses números ter-lhes-iam dado uma superioridade numérica, numa proporção de três por um — uma proporção que encontra eco nos comentários, registros e crônicas de então. Acredita-se que os escoceses somavam entre 7 mil e 10 mil homens, com, talvez, 500 nobres ou "cavaleiros" montados — muito menos armados e blindados do que os seus equivalentes ingleses.

Ainda se discute sobre qual foi o exato local onde se deu a Batalha de Bannockburn, mas sabe-se que ocorreu a cerca de quatro quilômetros de Stirling Castle. O principal enfrentamento ocorreu em 24 de junho de 1314. Trata-se de uma interessante data, pois 24 de junho é o dia de São João, um dia de particular significado aos Templários.

Os exatos detalhes do que aconteceu em Bannockburn são vagos. Nenhum depoimento de testemunhas oculares sobreviveu, e os testemunhos existentes, dados em segunda ou terceira mão, são distorcidos e confusos. É consensualmente aceito que algumas escaramuças tenham ocorrido na véspera. Também é de aceitação consensual que Bruce, num clássico combate individual, abateu o cavaleiro inglês Henry de Bohun. A maioria dos historiadores concorda que o exército escocês era inteiramente composto de soldados a pé, armados com lanças, arpões e machados. Eles também concordam que somente os homens montados das fileiras escocesas carregavam espadas, e que Bruce contava com muito poucos desses guerreiros — certamente, não suficientes em quantidade, em peso de armamento e em montarias, para enfrentar os cavaleiros ingleses. Ainda assim, paradoxalmente, o cronista do século XIV, John Barbour, afirma que Bruce "... desde os baixios (*Lowlands*) pode ostentar, de homens em armaduras, um grande exército".[17] Das informações sobre a batalha, conforme nos chegaram, de fato parece ter havido, a certa altura, um ataque contra os arqueiros ingleses desfechado por soldados montados que, até então, haviam sido mantidos como reserva, fazendo parte da divisão pessoal de Bruce. Porém,

16. Barrow, op. cit., p.293.
17. Barbour, op. cit., p. 269.

o que é mais surpreendente nas crônicas é a intervenção decisiva — quando todas as unidades escocesas já estavam engajadas e a batalha inteira estava por um fio — daquele que os ingleses consideravam como um "grupo de iniciantes", que de repente irrompeu com esvoaçantes estandartes, vindo da retaguarda escocesa.

De acordo com alguns relatos, esse contingente de "iniciantes" era composto de camponeses, jovens, ruralistas e outros grupos de pessoas não militarizadas que os ingleses haviam tomado por combatentes e guerreiros. Supostamente, eles teriam elegido um capitão dentre suas próprias fileiras, tinham confeccionado estandartes e bandeirolas a partir de seus próprios lençóis, tinham-se armado com armas de fabricação caseira e, como uma coluna de voluntários, atiraram-se no conflito. É uma história emocionante e romântica, que aporta muito ao patriotismo escocês, mas não soa como muito viável. Se a intervenção foi assim tão espontânea, tão improvisada e tão inesperada, eles haveriam de ter tomado os próprios escoceses com a mesma surpresa que tomou os ingleses. O fato de isso não ter causado maiores confusões entre as fileiras escocesas sugere que aquela intervenção havia sido planejada. Também não é fácil imaginar os bem guarnecidos cavaleiros ingleses — mesmo que eles tenham, muito improvavelmente, confundido uma horda de camponeses e ruralistas com soldados profissionais — fugindo mesmo antes de um ataque deflagrado a pé. Todas as evidências indicam que a decisiva intervenção tenha vindo de uma reserva de homens montados. Quem poderiam ter sido aqueles cavaleiros?

A repentina chegada de uma nova força, qualquer que fosse a sua identidade, após um dia de combate que deixara exaustos ambos os lados, ingleses e escoceses, determinou o desfecho da batalha. O pânico assolou as fileiras inglesas. O Rei Edward, junto com 500 de seus cavaleiros, subitamente fugiu do campo de batalha. Desmoralizada, a Infantaria inglesa imediatamente seguiu a fuga, e a retirada rapidamente se deteriorou numa derrota e num tumulto generalizado, com todo o exército abandonando e deixando para trás seus suprimentos, sua bagagem, seus haveres, suas identidades de ouro e prata, suas armas, armaduras e equipamentos. Mas, enquanto alguns cronistas falam de uma horrenda carnificina, os registros sobre as baixas inglesas, aparentemente, não mostram terem sido muito significativas. São relatadas as mortes de um só conde, e de apenas 38 barões e cavaleiros. A derrota inglesa parece ter sido causada não pela ferocidade do ataque escocês, que eles tentavam suportar, mas simplesmente pelo medo.

É difícil acreditar que camponeses e ruralistas poderiam ter despertado tamanho pavor. Por outro lado, esse pavor poderia ter sido despertado, sim, por um contingente de Templários, ainda que fosse um pequeno contingente. Quem quer que fossem aqueles misteriosos estranhos, eles parecem ter sido imediatamente reconhecidos — o que aconteceria caso se tratassem de Templários, por suas barbas, seus mantos brancos, ou seus estandartes em preto-e-branco conhecidos por '*Beauséant*' (*gallicà línguá Bienseánt*). Se eles foram assim reconhecidos, e se a notícia de sua identificação tivesse se espalhado por entre as fileiras inglesas, certamente o resultado teria sido exatamente aquele tipo de pânico observado.

Mas, se os Templários desempenharam um papel assim tão crucial em Bonnockburn, por que será que nenhuma menção a eles é feita pelos cronistas? Na verdade, teria havido uma boa quantidade de motivos para tal reticência. Sob o ponto de vista inglês, aquilo que aconteceu foi por demais vergonhoso para ser discutido, e os relatos ingleses são, como seria de se esperar, bastante discretos. Pelo lado escocês, eles tinham a intenção de descrever Bonnockburn como um triunfo de seu povo, de sua cultura, de seu nacionalismo, e esse triunfo teria sido, de certa forma, empanado por sugestões de alguma intervenção externa. Também Bruce tinha razões políticas bastante específicas para ocultar a presença de refugiados Templários em seus domínios. Embora ainda estivesse excomungado, em 1314, ele estava bastante ansioso pelo apoio da Igreja, e não podia arriscar continuar alienado ou se indispondo com o Papado. Menos ainda poderia ele arriscar continuar instigando o Papa a recomendar uma Cruzada, em larga escala, contra a Escócia. Algo parecido já tinha acontecido no Languedoc, exatamente um século antes, e as depredações que se seguiram, e que se estenderam por cerca de 40 anos, ainda estava fresco na memória das pessoas. Ademais, o seu principal apoiador europeu era Philippe IV da França, exatamente aquele que primeiro instigou a perseguição aos Templários.

Após a batalha, um especial reconhecimento foi conferido a um dos vassalos de Bruce, em especial, Angus Óg MacDonald:

> "Dizem que a tradicional reivindicação dos MacDonald de combater na asa direita do Exército Real — uma posição de honra — deve-se à garantia outorgada por Bruce a Angus Óg em reconhecimento à parte desempenhada por ele e por seus homens no sucesso alcançado em Bonnockburn."[18]

Sobre o território ao redor de Kilmartin, Loch Awe e Loch Sween, uma parte era de domínio real, sob a administração do meirinho real, *Sir* Neil Campbell, cunhado de Bruce. Todo o resto pertencia aos MacDonald. Quaisquer Templários estabelecidos naquela região teriam, logicamente, combatido sob o comando nominal de Angus Óg.

Bonnockburn foi uma das cinco ou seis batalhas mais decisivas da Idade Média e, provavelmente, a maior a ser realizada em solo britânico. Efetivamente, essa batalha pôs fim aos anseios ingleses sobre a Escócia, e que pelos 229 anos seguintes haveria de permanecer como um reino independente. No início do século XVII, quando os dois países foram unidos

18. MacDonald, *The History of Argyll*, p. 141.

sob um mesmo monarca, isso não se deu por conquista, mas por hereditariedade.

No entanto, apesar de Bonnockburn, os 15 anos restantes do reinado de Bruce ainda haveriam de ser tormentosos. Pelo fato de não ter filhos varões, havia particulares dificuldades sobre quem deveria ser designado como seu sucessor. Em 1315, cerca de dez meses depois de Bonnockburn, a sucessão foi finalmente definida sobre o seu irmão, Edward. Um mês depois, Edward Bruce embarcou para a Irlanda, onde, em Dundalk, em maio do ano seguinte, foi coroado como rei daquele país. Assim, em concordância ao antigo sonho celta, ele estaria em posição de unir a Escócia e a Irlanda. No entanto, em 1318, ele veio a falecer, e a sucessão de ambos os tronos voltou a ficar vacante. Em dezembro, ficou acordado que, com a morte de Bruce, o trono da Escócia passaria para o seu neto, Robert, o filho de Marjorie Bruce e Walter Stewart.

Em 6 de abril de 1320, um extraordinário documento foi divulgado — a assim chamada Declaração de Arbroath. O documento tinha o formato de uma carta comissionada e assinada por oito condes e 31 nobres, entre os quais se incluíam representantes das famílias Seton, Sinclair e Graham. Essa carta esboçava a lendária história dos escoceses, sobre suas supostas origens na Cítia e a sua conversão, ali, por St. Andrew. Ela descrevia Robert Bruce como seu Libertador ou Salvador, e o aclamava (com comparações Bíblicas tradicionalmente prezadas aos Templários) como um "segundo Macabeu ou Josué". No entanto, ainda mais importante é a sua proclamação de Independência da Escócia, e a notável sofisticação moderna de sua definição sobre o relacionamento entre o rei e o seu povo:

> "A Divina Providência, o direito de sucessão pelas leis e costumes do reino... e o devido e legítimo consentimento e aprovação de todo o povo, fê-lo nosso rei e príncipe. Por ele estamos obrigados e resolvidos a aderir a todas as coisas, seja devido ao seu direito, seja devido ao seu mérito, sendo ele aquele que restaurou a segurança do povo, em defesa de suas liberdades. Porém, afinal, caso esse príncipe abandone esses princípios que com tanta nobreza conquistou, e consinta que nós, ou nosso reino, se submeta ao rei ou ao povo da Inglaterra, nós trataremos, imediatamente, de expulsá-lo como nosso inimigo e como o subversor de nossos direitos e os seus próprios direitos, e faremos um outro rei que haverá de defender as nossas liberdades.[19]"

Em outras palavras, Bruce não era rei por "direito Divino". Ele era rei apenas enquanto desempenhasse os deveres incumbidos por seu ofício. Sob o contexto da idade, essa era uma incomum e avançada definição de reinado.

19. Barrow, op. cit., p. 428, citando uma cópia publicada em 1688.

Em 1322, Edward II desfechou a sua última e bastante desanimada expedição contra a Escócia. A iniciativa não deu em nada, e Bruce retaliou com incursões e Yorkshire. Em 1323, os dois países acordaram aquilo que se esperava ser uma trégua de 13 anos, e que, na verdade, durou apenas quatro. Entrementes, Bruce acabou se envolvendo numa nova briga com o Papado, já então na agonia de sua própria dissidência, o assim chamado "Cativeiro de Avignon". Durante algum tempo, Edward da Inglaterra ansiava por livrar a Igreja escocesa de seus poderosos bispos nacionalistas — prelados como Lamberton de St. Andrews, Wishart de Glasgow e William Sinclair de Dunkeld (irmão de *Sir* Henry Sinclair de Rosslin, signatário da Declaração de Arbroath). Para tanto, o rei inglês atormentou sucessivos Papas para que deixassem de consagrar à Igreja escocesa, novos bispos nativos. Na base de Avignon do Papa João XXII, ele encontrou um eco simpatizante. No entanto, Bruce se alinhou com os seus próprios Bispos, desafiando os votos e as vontades do Pontífice e, assim, em 1318, ele foi novamente excomungado, com James Douglas e o conde de Moray. Um ano depois, o Papa ordenou que os bispos de St. Andrews, Dunkeld, Aberdeen e Moray comparecessem diante dele para se explicarem. No entanto, eles o ignoraram e, em junho de 1320, eles também foram excomungados. Ao longo de todo esse tempo, o Papa continuou se recusando a reconhecer Bruce como rei, sempre se referindo a ele apenas como "governante do reino da Escócia". Foi somente em 1324 que o Papa João XXII enterneceu-se e, finalmente, reconheceu o monarca aos olhos da Igreja.

Em 1329, Bruce morreu, devendo ser sucedido, conforme havia sido predeterminado, por seu filho David II. Antes de sua morte, ele expressou o seu desejo para que o seu coração fosse removido de seu peito, colocado numa pequena urna, levado para Jerusalém e sepultado na Igreja do Santo Sepulcro; assim, em 1330, *Sir* James Douglas, *Sir* William Sinclair, *Sir* William Keith e pelo menos dois outros Cavaleiros embarcaram para a Terra Santa, sendo que Douglas carregava o coração de Bruce numa urna de prata, pendurada em seu pescoço. O seu itinerário levou-os a passar pela Espanha, onde deram conhecimento ao rei Alfonso XI de Leão e Castela, acompanhando-o em sua campanha contra os mouros de Granada. Em 25 de março de 1330, na Batalha de Tebas de Ardales, os escoceses, marchando na vanguarda, foram cercados. Conforme a crônica do século XIV, Douglas tirou de seu pescoço a urna que continha o coração de Bruce e atirou-a ao exército atacante, gritando:

> "Bravo coração, que sempre à frente conduziu,
> Avante! como se aqui estivestes. E eu
> Haverei de segui-lo, ou se assim não for, morrerei!"[20]

20. Barbour, op. cit., p. 468.

Se Douglas, no frigir da batalha, teve tempo ou inspiração para transformar os seus pensamentos em poesia é, de certa forma, algo questionável. No entanto, o fato de ter atirado o coração de Bruce à turba inimiga fez com que ele e os seus companheiros escoceses se pusessem a acompanhá-lo, investindo com tudo contra seus adversários. Todos eles morreram, exceto *Sir* William Keith, que tinha quebrado seu braço antes da batalha e, por isso, não participou dela. Dizem que ele conseguiu resgatar, no campo de batalha, o coração de Bruce, miraculosamente intacto em sua urna, levando-o de volta consigo para a Escócia. Ele foi sepultado em Melrose Abbey, sob a janela oriental da capela-mor.

No início do século XIX, a sepultura de Bruce em Dunfermline Abbey foi descerrada. Em conformidade às tradições populares vigentes na época de *Sir* Walter Scott,* ele foi encontrado com os ossos de suas pernas cuidadosamente cruzados logo abaixo de seu crânio. Na verdade, não foi bem assim; aparentemente, nada de incomum foi notado no cadáver.[21] Mas as tradições são indicativas. Está claro que existe um forte interesse em ligar Bruce com a caveira e as tíbias cruzadas da Maçonaria.

---

* N. E.: De Sir Walter Scott, sugerimos a leitura de seu clássico *Ivanhoé*, lançado pela Madras Editora.

21. Relato de Henry Jardine em *Transactions of the Society of Antiquaries of Scotland*, vol. II (1822), p.442-3.

CAPÍTULO II

Monges Militares: Os Cavaleiros Templários

Mesmo antes de sua extinção, os Cavaleiros Templários foram envolvidos em extravagantes mitos e lendas, sombrios rumores, suspeitas e superstições. Ao longo dos séculos que se seguiram ao seu desaparecimento, a mística que os cercava se intensificou e o verdadeiro mistério se tornou ainda mais envolto em mistificação espúria. Como veremos mais adiante, durante os séculos XVIII e XIX, certos ritos da Franco-Maçonaria assiduamente procuram estabelecer uma linhagem que os liga aos Templários. Outra organizações, neotemplárias, começaram a surgir, igualmente reivindicando ser a sua linhagem oriunda da Ordem original. Atualmente, existem pelo menos cinco organizações alegando um ou outro tipo de descendência direta dos monges guerreiros, vestidos com seus mantos brancos, da Idade Média. Apesar do cinismo e do ceticismo de nossa época, há algo, até para os estranhos, de fascinante e, até mesmo, romântico aos místicos soldados de 700 anos atrás, com seus estandartes em preto-e-branco e a sua característica cruz vermelha. Eles passaram a fazer parte da herança do nosso folclore e da nossa tradição; eles atraem a imaginação não apenas como Cruzados, mas como algo muito mais enigmático e evocativo — como conspiradores e destruidores de poder, como guardiões de fabulosos tesouros, como bruxos, feiticeiros e arcanos iniciados, como zeladores e guardas de um conhecimento secreto. O tempo tem lhes servido muito melhor do que eles, na agonia de suas últimas provações, poderiam jamais ter imaginado.

No entanto, o tempo também obscureceu a identidade e o caráter dos seres humanos que estavam por detrás daquele exótico véu romântico — os seres humanos e a verdadeira natureza da Instituição por eles criada. Muitas perguntas subsistem; por exemplo, o quão ortodoxas, ou hereges eram, de fato, as crenças dos Templários. Perguntas ainda continuam sendo formuladas acerca de até que ponto eles eram culpados das acusações contra eles levantadas. Continuam os questionamentos sobre as atividades internas de alto nível da Ordem, os seus grandes esquemas secretos, o seu projeto para a criação de um Estado Templário, a sua política de reconciliar o Cristianismo, o Judaísmo e o Islamismo. Permanecem as dúvidas sobre as influências que moldaram a Ordem, a "contaminação" da heresia cátara e o impacto de antigas, não Paulinas, formas de pensamento cristão encontradas pelos Cavaleiros na Terra Santa. Existem ainda as perguntas sobre o que teria acontecido ao enorme patrimônio e riquezas acumulados por esses supostamente pobres "Soldados de Cristo" — tesouros que muitos reis tentaram saquear e que acabaram evaporando sem deixar qualquer vestígio. Subsistem as questões acerca dos Rituais Templários e do misterioso "ídolo" a quem, supostamente, eles adoravam sob o críptico nome de "Bafomet". E continuam sendo formulados os questionamentos sobre o suposto conhecimento secreto ao qual somente os mais elevados escalões da Ordem teriam privado acesso. Qual era a natureza desse conhecimento? Seria ele verdadeiramente "oculto", no sentido em que se baseavam as acusações feitas pela Inquisição e envolvia práticas de magia proibidas, além de ritos obscenos e irreverentes de blasfêmia? Seria ele de caráter político e cultural — pertencente, por exemplo, às origens do Cristianismo? Ou seria ele de cunho científico e tecnológico, abrangendo coisas como drogas, venenos, medicamentos, arquitetura, cartografia, navegação e rotas comerciais? Quanto mais de perto examinarmos os Templários, mais perguntas como essas tendem a continuar sem resposta e a proliferarem.

Como já vimos, a História dos Templários é quase que exatamente contemporânea à história do reino feudal celta da Escócia, desde David I até Bruce. Superficialmente, poderia parecer haver muito pouco em comum entre a Monarquia Escocesa e a Ordem religiosa-militar criada na Terra Santa. Mas existe uma grande quantidade de ligações observadas entre ambas; algumas determinadas pelos aspectos geopolíticos do mundo Medieval, outras por fatores mais imprecisos que jamais chegaram a ser apropriadamente registrados. Em 1314, essas ligações tornariam bastante provável uma presença Templária em Bannockburn.

A Ascensão dos Templários

Conforme a maioria das fontes, os Cavaleiros Templários — os Pobres Cavaleiros do Templo de Salomão — foram criados em 1118, embora existam significantes provas que sugerem terem eles já existido pelo menos quatro anos antes.[22] A sua aparente e ostensiva razão de ser era a de

22. Ao que parece, eles existiam em 1114, ano em que o bispo de Chartres escreveu sobre a "milícia de Cristo", que acarretou a castidade a Hugues, conde de Champagne, antes de sua saída para a Terra Santa. Hugues estava relacionado como um dos membros da Ordem em 1124, após a sua fundação oficial. Veja Baigent, Leigh, Lincoln, *The Holy Blood and the Holy Grail*, p. 57-62.

proteger os peregrinos na Terra Santa. No entanto, as evidências e as provas denotam que esse objetivo declarado era apenas uma fachada e que os Cavaleiros estavam empenhados num projeto geopolítico muito mais ambicioso e mais grandioso, que envolvia a Ordem Cisterciense, São Bernardo e Hugues, conde de Champagne e um dos primeiros patrocinadores e patronos dos Cistercienses e dos Templários. O próprio conde tornara-se um Templário, em 1124, e o primeiro Grão-Mestre da Ordem foi um de seus próprios vassalos, Hugues de Payens. Entre outros membros fundadores estava o tio de São Bernardo, André de Montbard.

Até 1128 — quatro anos depois de David I ter se tornado rei da Escócia —, dizia-se que os Templários se compunham de apenas nove Cavaleiros, embora os verdadeiros registros mostrem diversos outros Neófitos. Além de Hugues de Champagne, estava Fulk, conde d'Anjou, pai de Geoffroy Plantagenet e avô de Henry II da Inglaterra. Contudo, o alistamento inicial à Ordem parece ter sido relativamente pequeno. Daí, no Concílio de Troyes, realizado sob os auspícios de São Bernardo, foi dada uma regra monástica aos Templários, o equivalente, por assim dizer, a uma Constituição e, assim, foram formalmente instituídos. Eles representavam um novo fenômeno: "Pela primeira vez na história cristã, soldados viveriam como monges".[23]

A partir de 1128, a Ordem passou a se expandir com extraordinária rapidez, não só recebendo um maciço contingente de "recrutas" mas também consideráveis doações, em dinheiro e em propriedades. Em apenas um ano, eles possuíam terras na França, na Inglaterra, na Escócia, na Espanha e em Portugal. Em uma década, as suas posses se estenderam à Itália, à Áustria, à Alemanha, à Hungria e a Constantinopla. Em 1131, o rei de Aragão legou-lhes um terço de seus domínios. Em meados do século XII, o Templo já tinha começado a se estabelecer como a mais poderosa e rica instituição isolada em toda Cristandade, com exceção do Papado.

Nos anos que sucederam o Concílio de Troyes, Hugues de Payens e outros membros fundadores da Ordem viajaram por toda a Europa, divulgando e propagando tudo sobre eles próprios, até as qualidades dos feudos compartilhados na Palestina. Sabe-se que Hugues e pelo menos mais um de seus camaradas estiveram pela Inglaterra e Escócia. De acordo com o *The Anglo-Saxon Chronicle*, quando Hugues visitou Henry I:

> "... o rei recebeu-o com muita honra e ofereceu-lhe ricos presentes em ouro e prata. A seguir, enviou-o à Inglaterra, e ali ele foi recebido por todos os homens de bem, tendo sido presenteado por todos eles, e o mesmo aconteceu na Escócia;... E ele convidava todos a irem a Jerusalém; e para lá foram com ele, e depois dele muitos, mais do que nunca.[24]"

23. Seward, *The Monks of War*, p. 37.
24. *The Anglo-Saxon Chronicle*, AD 1128 (p. 202).

Em sua primeira visita, Philip de Harcourt conferiu à Ordem a sua Preceptoria de Shipley, em Essex. Acredita-se que também a Preceptoria de Dover (ainda pode ser visto atualmente o que sobrou de sua igreja) seja dessa mesma época.

Como Grão-Mestre, Hugues de Payens continuou a nomear Mestres regionais em cada uma das "Províncias" Templárias, como eram chamados os seus encraves de propriedades em cada País. O primeiro Mestre da Inglaterra, sobre quem pouco se sabe, foi Hugh d'Argentein. Este foi sucedido por um jovem cavaleiro normando, Osto de St. Omer, que presidiu entre 1153-1154 e foi sucedido por Richard de Hastings. Sob o governo desses dois Mestres, os Templários da Inglaterra se envolveram num dos mais inovadores empreendimentos: a tradução para o vernáculo de parte do Velho Testamento. Essa versão do Livro de Juízes tinha o formato de romance cavalheiresco — "Josué e seus Impetuosos Cavaleiros".[25]

As relações entre os Templários e os governantes daqueles reinos e domínios onde eles possuíam terras eram variadas. Na França, por exemplo, o relacionamento nem sempre era fácil. Por outro lado, na Espanha, o relacionamento era consistente e muito bom. Também na Inglaterra, para a maioria, a Ordem gozava de um relacionamento cordial com a Monarquia. Como já vimos, Henry I recebeu os primeiros Cavaleiros de braços abertos, embora Stephen, que assumiu o poder em 1135, fosse o filho do conde de Blois, um dos líderes da primeira Cruzada e, por isso, particularmente solidário às atividades dos Templários na Terra Santa. Sob os seus auspícios, a rede de Preceptorias começou a se espalhar por toda a Inglaterra. O conde de Derby doou Bisham; o conde de Warwick doou terras para uma Preceptoria em Warwick mesmo; Roger de Builli ofereceu a localidade de Willoughton em Lincolnshire. A esposa do próprio Stephen, Mathilda, doou pedaços de terras em Essex e Oxford, as quais se tornaram, respectivamente, Temple Cressing e Temple Cowley, duas das primeiras mais importantes Preceptorias.

Ainda durante o reinado de Stephen, os Templários construíram as suas instalações centrais na Inglaterra. Este — o "Antigo Templo" — localizava-se em Holborn. Ele se compunha dos edifícios da Preceptoria, uma igreja, um jardim, um pomar e um cemitério, tudo cercado por um fosso e, acredita-se, por uma muralha. Os seus alicerces estavam no lugar onde agora está a Estação Subterrânea de High Holborn. No entanto, esta não continuou sendo por muito tempo a sede da Ordem em Londres. Em 1161, os Cavaleiros já tinham se estabelecido no "Novo Templo", o lugar que ainda hoje mantém o seu nome e que contém não apenas a sua igreja redonda original mas também uma quantidade de sepulturas. Em "Barram Novi Templi", ou Temple Bar, onde a Fleet Street encontra a Strand, localizava-se

25. Veja Melville, *La vie des templiers*, p. 93-96.

o portão de entrada à propriedade da Ordem. Em seu apogeu, o "Novo Templo" estendia-se desde Aldwych até Strand até a metade da Fleet Street e, daí, até o Tâmisa, onde possuía o seu próprio cais. Uma vez por ano era convocado um Capítulo Geral que se reunia naquelas instalações, e dele participavam o Mestre da Inglaterra e todos os demais Oficiais da Ordem na Grã-Bretanha, inclusive os Priores da Escócia e da Irlanda.

Henry II deu continuidade à estreita associação da monarquia inglesa com o Templo e foi muito ativo na tentativa de reconciliá-lo com Thomas à Becket. Porém, foi sob o governo de Richard Coeur de Lion (Ricardo Coração de Leão), filho de Henry, que a associação ficou mais estreita. Na verdade, tão boas eram as relações de Richard com o Templo, que muitas vezes ele era tido como um tipo de Templário honorário. Ele se consorciava regularmente com os Cavaleiros, viajava em seus navios e morava em suas preceptorias. Quando, por ter contrariado seus potentados aliados, foi obrigado a fugir para a Terra Santa, ele o fez disfarçado de Templário, sendo acompanhado por uma comitiva de autênticos Templários. Ele esteve intimamente envolvido nas transações entre os Templários e os seus correspondentes islâmicos — os *Hashishim* ou "Assassinos". Ele também vendeu o Chipre para a Ordem, e a ilha se tornou mais tarde, durante algum tempo, sua sede oficial.

Ao mesmo tempo, o Templo havia se tornado suficientemente influente e poderoso para impor o respeito, a obediência e a fidelidade do irmão de Richard e arquirrival, o rei John. Tal como Richard, John ficava regularmente na preceptoria de Londres, fazendo dela a sua residência temporária durante os últimos quatro anos de seu reinado (1212-1216). O Mestre da Inglaterra, Aymeric de St. Maur, era o Conselheiro mais chegado a John, e foi principalmente devido à persuasão de Aymeric que o rei assinou a Carta Magna em 1215. Quando John assinou o documento, Aymeric estava ao seu lado e também assinou. Posteriormente, Aymeric foi nomeado um dos executores do testamento de John.

Oficialmente, o principal raio de ação deveria ser o reino latino de Jerusalém. A Europa deveria ser apenas uma base de apoio, para o suprimento de homens e de materiais, e um canal para o seu transporte para a Terra Santa. Certamente, os Templários nunca perderam o seu foco sobre o "Outremer" — os países de além-mar, que é como eles chamavam o Oriente Médio. As suas atividades se estendiam desde o Egito, quiçá a pontos ainda mais a Oeste, até Constantinopla. Poucas decisões eram tomadas nos Principados Cruzados, e pouco acontecia por aqueles lados em que os Templários não estivessem envolvidos. No entanto, ao mesmo tempo, tal como indica a Carta Magna, os Cavaleiros eram logo profundamente envolvidos nos assuntos internos da maioria dos reinos europeus. Na Inglaterra, em particular, eles gozavam de muitos privilégios e prerrogativas. Assim, por exemplo, o Mestre do Templo tinha assento no Parlamento como Barão

Primeiro-Ministro do Reino. Certamente, a Ordem também estava isenta de taxas e impostos, e cruzes Templárias de metal assinalavam as suas casas e propriedades nas maiores cidades e países, mantendo a distância os coletores de impostos. Alguns exemplares dessas cruzes, antes existentes na Rua dos Templários em Leeds, podem ser atualmente vistos no Museu da Ordem de São João, em Clerkenwell. Nesses encraves, os Cavaleiros eram uma lei sobre si próprios. Eles tinham os seus próprios santuários, tal como qualquer igreja. Eles reuniam e convocavam suas próprias cortes e tribunais para julgar casos e crimes locais. Geriam os seus próprios mercados e feiras. Estavam isentos de todos os pedágios em estradas, pontes e rios.

Eram muitas e extensas as posses dos Templários na Inglaterra, atravessando os quatro cantos do país. Muitas dessas propriedades da Ordem — embora nem todas — são identificadas hoje em dia pelo prefixo "Temple", tal como no Distrito Londrino de Temple Fortune, ao norte de Golders Green. É consensualmente aceito que onde quer que esse prefixo apareça em qualquer uma das Ilhas Britânicas, é porque ali já existiu algum tipo de instalação Templária. É absolutamente impossível compilar nos dias de hoje uma lista completa do patrimônio da Ordem; porém, mesmo as estimativas mais conservadoras mostram, pelo menos, 74 principais propriedades, inclusive 30 Preceptorias completas[26] e, literalmente, centenas de propriedades menores — vilarejos, aldeias, vilas, igrejas e fazendas. Em determinadas ocasiões, as atividades comerciais da Ordem chagavam a levá-los a fundar cidades inteiras que lhes pertenciam. Baldock, por exemplo, perto de Letchworth, em Hertfordshire, foi fundada pelos Templários por volta de 1148; o seu nome deriva de Bagdá.

Uma boa parte da Bristol de hoje já foi propriedade Templária. Na verdade, Bristol era um dos mais importantes portos que serviam à Ordem, sendo que as embarcações trafegavam regularmente entre a cidade e a principal base Templária no Atlântico, La Rochelle, na França. O *Close Rolls* de Henry III cita o nome de dois navios Templários: *La Templere* e *Le Buscard*.[27] Um dos privilégios mais lucrativos dos Templários era o de exportar a lã por eles mesmos produzida. Isso, bem como o transporte de peregrinos e de romeiros, aportou-lhes importantes receitas, e também polpudas rendas vinham das terras pertencentes à Ordem. Somente em Yorkshire, durante o ano de 1308, as propriedades do Templo produziram

26. Knowles e Hadcock, *Medieval Religious Houses: England and Wales*, p. 292-97. Essa é a lista oficial, mas está incompleta; ela não inclui, por exemplo, Bristol. As contas e números também são incertos, uma vez que são apresentados os valores dados por St. John em 1338, sendo que muitas propriedades já naquela época estavam bastante deterioradas.
27. *Close Rolls of Henry III*, vol. I, p. 368 (1230), e p. 477 (1231).

uma receita de £1.130[28] (naquela época, um modesto castelo poderia ser construído por cerca de £500. Um Cavaleiro e um Escudeiro poderiam ser empregados por um salário anual de £55; um besteiro, atirador de besta, por £7; e um cavalo custava £9).

Na Irlanda, o complexo de propriedades Templárias era igualmente espalhado, embora fosse menos documentado.[29] Havia pelo menos seis Preceptorias, uma em Dublin, pelo menos três na costa Sul em Waterford County e Wexford County. Assim como na Inglaterra, haviam muitas propriedades rurais, fazendas, igrejas e castelos. A preceptoria de Kilsaren, em County Louth, por exemplo, era dona de 12 igrejas e coletava dízimos de outras oito. Havia pelo menos uma propriedade rural, Temple House, em Sligo, na costa oeste. Como veremos mais adiante, a questão de outras instalações Templárias no Oeste da Irlanda é de suma importância.

No que diz respeito à Escócia, os registros são particularmente remendados e irregulares, em parte devido à desordem existente no Reino ao final do século XIII, e em parte por terem sido, ao que parece, deliberadamente ocultados. Havia, pelo menos, duas Preceptorias principais.[30] Uma delas, Maryculter, ficava perto de Aberdeen. A outra, Balantrodoch — palavra gaélica que significa "Lugar dos Guerreiros" — era maior e considerada a principal base da Ordem na Escócia. Situada perto de Edimburgo, é atualmente denominada Temple. No entanto, a compilação das propriedades Templárias na Escócia se baseia no testemunho de um Cavaleiro, William de Middleton, interrogado pela Inquisição. Ele mencionou Maryculter e Balantrodoch como dois dos lugares onde servira pessoalmente. Certamente, isso não exclui a possibilidade, na verdade a probabilidade, da existência de outras nas quais ele próprio não havia servido; seja como for, ele tinha todas as razões para ser "econômico" nas verdades reveladas. De fato, as crônicas fazem referência a propriedades Templárias em Berwick (naquela época ainda parte da Escócia) e em Liston, perto de Falkirk. Além de Argyll, há indícios de propriedades Templárias em, pelo menos, outras dez localidades na Escócia; porém, não há como saber se elas eram grandes ou pequenas — se eram Preceptorias, propriedades rurais, ou apenas fazendas.

---

28. Knowles e Hadcock, op. cit.. Os Templários tinham, pelo menos, 13 Preceptorias em Yorkshire e duas outras fazendas. Todas elas com vários patrimônios agregados. Temple Newsom, por exemplo, também tinha propriedades em cerca de quatro cidades, além de seis igrejas. Veja Martin, *The Templars in Yorkshire*.

29. Gwinn e Hadcock, *Medieval Religious Houses: Ireland*, p. 327-31. Embora essa seja a relação oficial de bens, não pode ser considerada definitiva.

30. Easson, *Medieval Religious Houses: Scotland*, p. 131-2. Embora seja uma lista oficial, não está completa.

A Influência Financeira dos Templários

Em virtude de suas posses e patrimônio, de seu potencial humano, de suas habilidades diplomáticas e a sua perícia marcial, o Templo exercia uma enorme influência política e militar. E não era menos influente na área financeira, produzindo profundas mudanças nos fundamentos econômicos da época. Geralmente, os historiadores atribuem a evolução e o desenvolvimento das instituições econômicas da Europa Ocidental aos financistas judeus, às grandes redes e aos consórcios comerciais italianos. No entanto, de fato, o papel dos financistas judeus foi menor quando comparado com o do Templo; e o Templo não apenas precedeu as redes italianas, mas instituiu os mecanismos e procedimentos que aquelas redes haveriam de, mais tarde, imitar e adotar. Na verdade, as origens do sistema bancário moderno podem ser atribuídas à Ordem do Templo. No auge de seu poder, os Templários manipulavam uma boa parte, se não a maior parte, do capital disponível na Europa Ocidental. Eles foram os pioneiros do conceito de facilidades creditícias, bem como a alocação de crédito para o desenvolvimento e expansão comercial. A rigor, eles virtualmente realizavam todas as funções de um banco mercantil do século XX.

Teoricamente, a lei canônica proíbe os cristãos de se envolverem na usura, a cobrança de juros em empréstimos. Seria de se esperar que essa proibição fosse aplicada de forma ainda mais rigorosa a uma instituição tão ostensivamente respeitosa como o Templo. Ainda assim, o Templo emprestava dinheiro e cobrava juros em grande escala. Num comprovado caso, a taxa de juros cobrada nos pagamentos de dívidas atrasadas era de 60% ao ano — o que era 17% superior àquela que era permitida aos financistas judeus cobrar. Escapava-se das proibições impostas pelas leis canônicas contra a usura por meio de elaborada semântica, eufemismos e subterfúgios.[31] É possível apenas especular acerca dos termos usados pelos próprios Templários para evitar falar, explicitamente, de "juros", pois são poucos os documentos que sobreviveram; porém, os tomadores dos empréstimos feitos pelos Templários, em suas instruções de pagamento dos empréstimos feitos, não estão sujeitos a nenhuma dessas restrições. Para citar um dos exemplos, ao fazer o reembolso ao Templo de um empréstimo feito, Edward I menciona o capital principal e, especificamente, o "juro" cobrado.[32]

Na verdade, a Coroa Inglesa estava, de forma crônica, em dívida com o Templo. O rei John, incessantemente, tomava empréstimos à Ordem. Igualmente o fazia Henry III que, entre 1260 e 1266, com os seus tesouros exauridos pelas expedições militares, chegou a penhorar as joias da Coroa aos

31. Ferris, *The Financial Relations of Knights Templars to the English Crown*, p. 15-16.
32. Ibid., p. 16, nota 1, citando Rymer, *Foedera*, vol. I, p. 514. Isso se refere ao pagamento, em 1274, de um empréstimo feito a Edward I, na Terra Santa.

Templários, tendo a própria rainha Eleonor as levado, pessoalmente, à Preceptoria de Paris. Nos anos que precederam a chegada de Henry ao Trono, os Templários também haviam emprestado dinheiro ao futuro Edward I. Durante o primeiro ano de seu reinado, Edward devolveu 2 mil marcos de uma dívida com a Ordem, que chegava a £28.189.[33]

Uma das atividades financeiras mais importantes do Templo era fazer arranjos para pagamentos a distância, sem ter que, efetivamente, fazer a transferência de fundos. Numa época em que viajar era algo perigoso e incerto, quando as estradas eram desprotegidas e apresentavam um permanente risco, as pessoas se sentiam, compreensivelmente, relutantes em viajar portando valores consigo. As lendas sobre Robin Hood prestam um eloquente testemunho da constante ameaça que assombrava os ricos comerciantes, mercadores e, até mesmo, os nobres. Em consequência, o Templo emitia cartas de crédito. A pessoa depositava uma determinada soma, por exemplo, no Templo em Londres, e recebia uma espécie de nota ou recibo. A pessoa podia, então, viajar a outras partes da Grã-Bretanha, por todo o continente, e até para a Terra Santa. Ao chegar a seu destino, tudo o que ela precisava fazer era apresentar aquela nota e, imediatamente, recebia o valor em espécie, qualquer que fosse a moeda local ou desejada. O roubo dessas cartas de crédito, bem como suas falsificações, era impedido por um elaborado sistema de códigos, exclusivos e privados aos Templários.

Além dos empréstimos e das cartas de crédito, os Templários ofereciam, em sua rede de preceptorias, locais para depósitos seguros. Na França, o Templo de Paris era também o mais importante tesouro real que guardava as riquezas do Estado, bem como as da Ordem, e o Tesoureiro dos Cavaleiros era também o Tesoureiro do rei. Todas as finanças da Coroa francesa eram assim atreladas ao Templo, e dele dependentes. Na Inglaterra, a influência da Ordem não era assim tão grande. No entanto, como já assinalamos antes, durante o reinado do rei John, as joias da Coroa eram guardadas no Templo de Londres — o qual, sob os reinados de Henry II, John, Henry III e Edward I servia como um dos quatro tesouros reais. Na Inglaterra, os Templários também atuavam como coletores de impostos. Eles não se limitavam a cobrar os impostos papais, os dízimos e os donativos; eles também cobravam impostos, taxas e rendas para a Coroa — e parece terem sido ainda mais temíveis nessa tarefa do que a Receita Federal dos dias de hoje. Em 1294, eles organizaram a conversão da moeda antiga na nova moeda. Frequentemente, eles atuavam como depositários de fundos ou propriedades colocados sob sua custódia, como intermediários, agentes, corretores e cobradores de dívidas. Eles eram árbitros e mediadores nas disputas, discussões e brigas que envolviam resgate de pagamentos, dotes, pensões e uma variedade de outras transações.

---

33. Ibid., p. 10.

No auge de seu poder, os Templários foram acusados de soberba, orgulho, arrogância, crueldade, desumanidade e de um comportamento imoderado, devasso e imoral. "Beber como um Templário" era um frequente jargão na Inglaterra Medieval, e, apesar do seu voto de castidade, parece que os Cavaleiros se envolveram em atividades sexuais com o mesmo entusiasmo com que bebiam. Porém, qualquer que tenha sido o seu comportamento nesse sentido, a sua reputação de retidão, honestidade e integridade nas questões financeiras continuou imaculada. Podia acontecer que alguém não gostasse deles, mas a pessoa sabia que podia confiar neles. E eles eram extremamente duros e severos com qualquer membro de sua própria Ordem que se mostrasse vil ou indigno. Certa vez, o Prior do Templo na Irlanda foi considerado culpado de fraude e desfalque. Ele foi preso numa cela penitenciária da igreja Templária em Londres — uma cela pequena até para nela deitar-se, e que ainda pode ser vista nos dias de hoje — ali ficando até morrer pela inanição; dizem que ali morreu depois de oito semanas de reclusão.

Tal como acontece hoje em dia com os bancos suíços, o Templo mantinha uma variedade de linhas de crédito e consórcios de longo prazo, fundos para os desprovidos e seguros de vida. Não é de se surpreender que monarcas e outros potentados tentassem, ocasionalmente, pôr as mãos nesses recursos. Assim, por exemplo, certa vez, Henry II exigiu dos Templários o dinheiro que lhe havia sido confiado por um desonrado e difamado lorde. Em resposta, foi-lhe dito que "os valores a eles custodiados em confiança não seriam entregues a nenhuma outra pessoa sem a expressa autorização daquele que confiou a sua guarda ao Templo".[34]

"A mais duradoura realização dos Pobres Cavaleiros... foi na área econômica. Nenhuma outra Instituição Medieval fez mais pelo crescimento do capitalismo."[35] Porém, foi exatamente a riqueza tão efetivamente gerenciada por eles que haveria de torná-los numa irresistível isca de um monarca, cuja temeridade era igual a sua ganância e cobiça.

34. Addison, *The History of the Knights Templars*, p. 112.
35. Seward, op. cit., p. 213.

CAPÍTULO III

Prisões e Torturas

Em 1306, o Templo se tornou o foco da particular atenção do rei Philippe IV da França, conhecido como Philippe, o Belo. Ele era extremamente ambicioso. Tinha grandiosos projetos para seu país e pouca compunção em esmagar quem quer que fosse, ou qualquer coisa que se interpusesse em seu caminho. Ele já tinha arquitetado o rapto e o assassinato de um Papa, Bonifácio VIII, e acredita-se que tenha orquestrado a morte, provavelmente por envenenamento, de outro Papa, Benedito XI, seu sucessor. Em 1305, ele instalou seu próprio "marionete" no trono papal — Bertrand de Goth, antigo arcebispo de Bordeaux, e que se tornou Papa Clemente V. Em 1309, Philippe sequestrou o próprio Papa, tirando-o de Roma, levando-o para a França, em Avignon, onde se transformou, com efeito, num mero apêndice da Coroa francesa. Isso deu início ao assim chamado Cativeiro de Avignon, um cisma que haveria de produzir Papas rivais e dividir a Igreja Católica ao longo dos 68 anos seguintes, até 1377. Assim, tendo o Papado em seu bolso, Philippe tinha o espaço que precisava para agir contra o Templo.

Ele tinha muitos motivos para fazer isso, além de ter um rancor pessoal em relação aos Cavaleiros. Ele havia pedido para ser admitido à Ordem como Templário Honorário — o mesmo *status* conferido anteriormente a Richard I —, o que lhe foi negado de forma ultrajante. Então, em junho de 1306, uma alvoroçada turba o forçou a buscar refúgio no Templo em Paris, onde pôde testemunhar, pela primeira vez, o assombroso tamanho das riquezas e recursos da Ordem. Philippe precisava desesperadamente de dinheiro, e os tesouros Templários devem ter-lhe reluzido aos olhos. Na postura do rei contra os Cavaleiros, a sua ganância foi, por isso, perigosamente mesclada com humilhação e vingança. Afinal, os Templários ofereciam — ou, pelo menos aos olhos de Philippe, pareciam oferecer — uma real ameaça à estabilidade do reino. Como já vimos, em 1291, Acre, o último baluarte dos Cruzados Ocidentais na Terra Santa, sucumbiu aos sarracenos, e o reino latino de Jerusalém estava irremediavelmente perdido. Isso deixou os Templários — a força militar mais bem treinada, melhor equipada e mais profissional do mundo ocidental — sem qualquer razão de ser e, mais sinistramente para Philippe, sem um lar.

Eles já tinham criado uma base provisória em Chipre, mas alimentavam projetos mais ambiciosos. Não era de surpreender que eles sonhassem com um Estado, ou com um principado próprio, semelhante ao *Ordenstadt*, criado por sua Ordem congênere, os Cavaleiros Teutônicos, na Prússia e no Báltico. Porém, o *Ordenstadt* estava à extrema margem da Europa cristã, muito além do alcance do Papado e do poder de qualquer potentado secular. Ademais, o *Ordenstadt* poderia ser explicado e justificado como uma outra forma de Cruzada — uma Cruzada contra as tribos pagãs do noroeste europeu, contra os pagãos prussianos, bálticos e lituanos, contra as cidades-estado Ortodoxas (e, portanto, hereges) do noroeste da Rússia, tais como Pskov e Novgorod. Por outro lado, os Templários, que já exerciam uma imensa influência na França, pensaram em criar o seu próprio *Ordenstadt* exatamente no coração da cristandade europeia — no Languedoc, que, durante o século anterior, tinha sido efetivamente anexado à Coroa francesa.[36] Para Philippe, a possibilidade de um principado à sua porta de entrada meridional — um principado que abrangia um território ao qual reclamava direito — podia apenas criar e alimentar mais ressentimento e alarme.

Philippe planejou meticulosamente o seu estratagema. Uma enorme lista de acusações foi compilada, uma parte por espiões do rei que se infiltraram na Ordem, e outra pela voluntária confissão de um suposto Cavaleiro renegado. Armado com tais acusações, Philippe estava livre para agir; quando aplicou o seu golpe, foi repentino, rápido e mortífero. Numa operação digna de um secreto assalto policial, o rei deu ordens lacradas a seus senescais e meirinhos por todo o país. Essas ordens deveriam ser abertas em todos os lugares, de forma simultânea, e imediatamente implementadas. Na madrugada da sexta-feira, 13 de outubro de 1307, todos os Templários da França deveriam ser pegos e levados prisioneiros pelos homens do rei, as suas Preceptorias colocadas sob sequestro real, e todos os seus bens seriam confiscados. Porém, embora o objetivo do fator surpresa preconizado por Philippe tenha sido alcançado, a presa mais atraente de todas — a lendária riqueza da Ordem — o enganou. Ela jamais foi encontrada, e aquilo que foi feito do fabuloso "tesouro dos Templários" acabou continuando um mistério.

Na verdade, é questionável se o fator surpresa almejado por Philippe foi assim tão inesperado quanto ele, ou os historiadores subsequentes, acreditavam.

Há suficientes indícios que sugerem que os Templários teriam recebido alguma informação de aviso antecipadamente. Por exemplo, um pouco

36. Mazière, *La venue et le séjour de templiers du Rousillon*, p. 235 e 245.

antes da queda, o Grão-Mestre, Jacques de Molay, juntou uma porção de livros e de leis existentes sobre a Ordem e ateou-lhes fogo. A um cavaleiro que se retirou do Templo por aquela época foi dito pelo Tesoureiro que ele era extremamente "sabido" e "sensato" em se retirar, pois algum tipo de crise era iminente. Um Edital oficial foi distribuído a todas as Preceptorias francesas, enfatizando que nenhuma informação sobre os ritos ou rituais da Ordem deveriam ser divulgados ou revelados.

Seja como for, seja por terem sido os Templários alertados antes, ou se eles, simplesmente, sentiram o que havia no ar, certas precauções foram definitivamente tomadas. Em primeiro lugar, muitos cavaleiros fugiram, e aqueles que foram capturados parecem ter se entregado passivamente, como se estivessem obedecendo a instruções para assim proceder — não existe nenhum registro de que Templários franceses tenham oferecido qualquer resistência ativa aos senescais do rei. Em segundo lugar, há indícios de uma fuga organizada de um determinado grupo de Cavaleiros, sendo que quase todos desse grupo estavam de alguma forma ligados ou associados ao Tesoureiro da Ordem.[37]

Em função dessas manifestações de prontidão, não é de se surpreender que os tesouros do Templo, juntamente com quase toda sua documentação e registros, tenham desaparecido. Sob o interrogatório da Inquisição, um Cavaleiro disse que o tesouro fora contrabandeado da preceptoria de Paris, pouco antes das prisões. A mesma testemunha declarou que o preceptor da França também havia deixado a capital, com 50 cavalos, lançando-se ao mar — não há registros para onde, exatamente, teria ido — com 18 galeões, sendo que nenhum deles jamais voltou a ser visto.[38] Verdadeiro ou falso, o fato é que a frota Templária parece ter escapado às garras do rei. Não há registros ou relatos de que qualquer embarcação da Ordem tenha sido apanhada — nem então, nem nunca. Ao contrário, os navios parecem ter literalmente desaparecido, junto com o quer que seja que estavam transportando.

Na França, os Templários presos foram inquiridos, testados e muitos submetidos a hediondas torturas. As acusações se tornavam cada vez mais agressivas e selvagens. E estranhas confissões lhes eram arrancadas. Cruéis e sinistros rumores começaram a circular pelo país. Dizia-se que os Templários adoravam um poder demoníaco, chamado "Bafomet". Supostamente, em suas cerimônias secretas eles se prostravam diante de uma cabeça masculina barbada, que lhes falava e os investia de poderes mágicos. Dizem que testemunhas impróprias de tais cerimônias teriam desaparecido. Havia

37. Hugues de Châlons, Pierre de Modies e Falco de Milly, todos aparentados. Hugues de Châlons, e provavelmente Pierre de Modies, eram sobrinhos do Tesoureiro Templário em Paris, Hugues de Pairaud. Veja Barber, *The Trial of the Templars*, p. 66 e 266, nota 8.

38. Barber, op. cit., p. 101, citando Finke, *Papsttum und Untergang des Templerordens*, vol. II, p. 339. Neste testemunho, o Preceptor Templário afirma que Hugues de Châlons fugiu com todo o "tesouro" de Hugues de Pairaud.

outras acusações ainda mais vagas. Os Templários eram acusados de infanticídio, de ensinar a prática do aborto às mulheres, de beijos obscenos na iniciação de candidatos e de homossexualismo. Mas, entre todas as acusações formuladas contra eles, uma se sobressai como a mais bizarra e aparentemente improvável. Esses Soldados de Cristo, que guerrearam e puseram a sua vida em risco pela cristandade, eram acusados, às centenas, de ritualmente negarem Cristo, de repudiar Cristo, pisoteando e cuspindo sobre a Cruz.

Este não é o lugar nem o foro para explorar ou discutir a procedência, ou não, dessas acusações. Nós mesmos já as consideramos em detalhe em algum outro lugar.[39] O mesmo já fizeram tantos outros comentaristas. Na verdade, livros inteiros têm sido escritos sobre essas provações, testes e interrogatórios feitos aos Templários, e sobre a questão da culpabilidade ou inocência da Ordem. No presente contexto, basta simplesmente reconhecer que os Templários eram, quase que certamente, "maculados" pela heterodoxia religiosa, quando não por uma bem disfarçada heresia. No entanto, a maioria das demais acusações contra eles formuladas eram, provavelmente, forjadas, inventadas, fabricadas ou exageradas, fora de quaisquer proporções. De todos os cavaleiros interrogados e submetidos a tortura, por exemplo, apenas dois, conforme consta dos registros da Inquisição, se confessaram praticantes de homossexualismo. Se a homossexualidade existia no seio da Ordem, não nos parece ter sido numa escala maior do que possa existir em qualquer outra comunidade masculina fechada, militar ou monástica.

Os interrogatórios foram iniciados seis dias após as primeiras prisões. No início, os processos acusatórios do Templo eram empreendidos pelos oficiais legais do rei. Porém, Philippe também tinha um Papa em seu bolso, e rapidamente intimidou o seu marionete a apoiá-lo com todo o seu augusto peso de autoridade papal. A perseguição iniciada pela Coroa francesa se espalhou, rapidamente, para bem além das fronteiras francesas, e foi assumida pela Inquisição. E assim continuaria ao longo dos sete anos seguintes. O que pode nos parecer hoje um pequeno e, geralmente, obscuro fragmento da História Medieval se transformaria no único e mais dominante tema de sua época, eclipsando dramaticamente os acontecimentos da distante Escócia, galvanizando opiniões e reações em todo o mundo cristão e produzindo abalos em toda a cultura Ocidental. Devemos lembrar que o Templo era, com a única exceção feita ao Papado, a instituição mais importante, mais poderosa, mais prestigiada e, aparentemente, a mais inabalável de sua época. Na ocasião do ataque de Philippe, ela já tinha perto de dois séculos de existência, e era tida como um dos principais pilares da Cristandade Ocidental. Para a grande maioria de seus contemporâneos, ela parecia ser tão imutável, tão duradoura e tão permanente quanto a própria

39. Baigent, Leigh, Lincoln, *The Holy Blood and the Holy Grail*, p. 45f.

Igreja. Parecia que um edifício assim jamais poderia ser tão sumariamente demolido, estando tão fortemente fundamentado nas crenças e nos alicerces da época. Por isso, por exemplo, Dante* em sua "A Divina Comédia", expressa o seu choque e sua simpatia pelos perseguidos "Mantos Brancos". Na verdade, acredita-se que a superstição que acompanha as sextas-feiras 13, dando-lhes o estigma de ser um dia de azar, tenha se originado do dia 13 de outubro de 1307, dia em que Philippe deflagrou seus primeiros ataques.

A Ordem do Templo foi oficialmente extinta, por Decreto Papal, em 22 de março de 1312, sem ter chegado a nenhum veredicto definitivo, pronunciando-a como culpada ou inocente. No entanto, na França, os Cavaleiros ainda seriam assolados e atormentados por outros dois anos mais. Finalmente, em março de 1314, Jacques de Molay, o Grão-Mestre, e Geoffroi de Charnay, o Preceptor da Normandia, foram queimados até a morte sobre um fogo baixo, na Île de la Cité, no Sena. Uma placa em memória do evento foi colocada no local.

A Inquisição

A aplicação com que Philippe afligiu os Templários é muito mais do que uma pequena e mera suspeita. Há quem possa até entender a sua tentativa de extirpar a Ordem de seus próprios domínios, mas, ir tão longe para exterminar todo e qualquer Templário de toda a Cristandade é, certamente, um tanto quanto obsessivo. Estaria ele temendo uma vingança da Ordem? Dificilmente ele poderia estar motivado por um fervor moral. Também parece pouco provável que um monarca que tenha planejado a morte de pelo menos um Papa e, provavelmente, a de um segundo Papa, teria melindres sobre a pureza da fé; pois, por lealdade à Igreja, a Igreja, efetivamente, tornou-se sua; assim, ele não tinha que ser leal a ela: podia definir a sua própria lealdade.

Seja como for, Philippe conseguiu fazer com que seus colegas monarcas se juntassem a ele em sua perseguição ao Templo. Nessa empreitada, ele encontrou apenas sucesso qualificado. Em Lorraine, por exemplo, que naquela época fazia parte da Alemanha, os Templários eram apoiados pelo duque governante. Apenas alguns foram interrogados e rapidamente perdoados. Parece que a maioria tenha obedecido a seu Preceptor, que supostamente os teria instruído a se barbearem, a trajarem vestimentas seculares e a se misturarem com a população local — que, de forma bastante significativa, não os traiu.

Na própria Alemanha, os Templários desafiavam abertamente os seus pretensos juízes, comparecendo ao tribunal bem armados e ostensivamente preparados para se defenderem. Intimidados, os juízes prontamente os

* N. E.: Sugerimos a leitura de *Dante, o Grande Iniciado* de Robert Bonnell, lançamento da Madras Editora.

consideravam inocentes, e quando a Ordem foi oficialmente dissolvida, muitos Templários alemães foram acolhidos pela Ordem de São João ou pela Ordem Teutônica. Também na Espanha os Templários resistiram a seus perseguidores e encontraram abrigo em outras Ordens, especialmente a de Calatrava. Daí, uma nova Ordem foi criada, Montesa, primordialmente como refúgio para os Templários fugitivos.

Em Portugal, os Templários foram dissolvidos por um inquérito e, simplesmente, modificaram o seu nome, tornando-se os Cavaleiros de Cristo. Eles sobreviveram sob esse título até o século XVI, com as suas explorações marítimas deixando marcas indeléveis na História (Vasco da Gama era um Cavaleiro de Cristo; o Príncipe Henrique — o Navegador, era um Grão-Mestre da Ordem. As embarcações dos Cavaleiros de Cristo navegavam sob a conhecida cruz vermelha Templária. E foi sob essa mesma cruz que as três caravelas de Colombo atravessaram o Atlântico rumo ao Novo Mundo. O próprio Colombo era casado com a filha de um Grão-Mestre anterior da Ordem e teve acesso aos mapas e diários de seu sogro).

Se Philippe encontrou pouco apoio na perseguição aos Templários por todo o continente, ele tinha motivos para esperar uma cooperação maior da Inglaterra; afinal de contas, Edward II era seu genro. Porém, inicialmente, Edward estava relutante. Na verdade, o monarca inglês deixa bem claro em suas cartas não apenas que achava incríveis as acusações feitas aos Templários como também colocava em dúvida a integridade daqueles que as formularam. Assim, em 4 de dezembro de 1307, menos de um mês e meio após o início das primeiras prisões, ele escreveu aos reis de Portugal, Castela, Aragão e Sicília:

"Ele (o enviado de Philippe) ousou divulgar diante de nós... certas horrendas e detestáveis atrocidades repugnantes à religião católica, em prejuízo dos mencionados Irmãos, tentando nos persuadir (para que) à obrigação de prender todos os Irmãos..."[40]

E ele concluía a missiva solicitando que o destinatário:

"... não dê ouvidos às calúnias e difamações feitas por doentes mentais, estimulados, acreditamos, não por zelo ou entusiasmo pela retidão e integridade, mas por cobiça e inveja..."[41]

No entanto, dez dias depois, Edward recebeu do Papa uma bula oficial sancionando e dando justificada provisão às prisões. Esse documento o obrigou a agir; mas, ainda assim, ele cumpriu a determinação com marcante relutância e uma clara falta de fervor. Em 20 de dezembro, ele escreveu a todos os altos oficiais militares da Inglaterra, instruindo-os, três semanas depois, a convocar "dez ou 12 homens de sua confiança" e prender todos os integrantes do Templo em suas jurisdições. Na presença de pelo menos

40. Addison, *The History of the Knights Templars*, p. 206.
41. Ibid.

uma testemunha confiável, teria de ser feito um inventário de todos os bens encontrados nas instalações Templárias. Todos os Templários deveriam ser conduzidos sob custódia, mas não "sob áspera e infame prisão".[42]

Os Templários ingleses foram detidos na Torre de Londres, bem como nos castelos de York, Lincoln e Canterbury. As ações contra eles continuavam de uma maneira decididamente vagarosa. Assim, por exemplo, o Mestre inglês, William de la More, foi preso em 9 de janeiro de 1308 e alojado no Castelo de Canterbury, com dois Irmãos e suficientes facilidades para lhe proporcionar um considerável conforto ou, até mesmo, um certo luxo. Em 27 de maio, ele foi solto e, dois meses depois, passou a receber rendas oriundas de seis propriedades Templárias, que lhe garantiam o sustento. Apenas em novembro, em resultado de uma nova pressão, ele foi novamente preso e submetido a uma disciplina mais dura e rigorosa. No entanto, já àquela altura, a maioria dos Templários ingleses já havia tido todas as oportunidades de escapar, seja misturando-se à população civil, seja encontrando refúgio em outras Ordens, ou fugindo do país.

Em setembro de 1309, os inquisidores papais chegaram à Inglaterra, e os Templários que eram presos eram levados a interrogatório, para Londres, York ou Lincoln. Ao longo do mês seguinte, Edward, como se induzido por uma reflexão tardia, escreveu a seus representantes na Irlanda e na Escócia, ordenando-lhes que todos os Templários que "ainda não tinham sido presos" fossem detidos e levados aos castelos de Dublin e Edimburgo.[43] Isso deixa bastante claro que muitos Templários ainda estavam soltos, e com a aquiescência do rei.

Entre 20 de outubro e 18 de novembro de 1309, cerca de 47 Templários foram interrogados, em Londres, acerca de uma lista de 87 acusações. Nenhuma confissão foi extraída além do reconhecimento de que Oficiais da Ordem, tal como os Sacerdotes, reivindicavam direito de outorgar absolvição do pecado. Frustrados, os inquisidores decidiram recorrer às torturas. É claro de, como emissários itinerantes do Papa, eles não tinham aparelhagem nem material humano próprios para administrar as torturas, e, para tanto, tiveram que fazer pedidos formais às autoridades seculares. Eles assim fizeram na segunda semana de dezembro. Edward deu-lhes autorização apenas para "torturas limitadas"; mas isto, igualmente, não conseguiu arrancar-lhes quaisquer confissões.

Em 14 de dezembro de 1309 — mais de dois anos depois das primeiras prisões na França, e um ano depois da ordem para medidas mais rigorosas na Inglaterra — Edward voltou a escrever a seus Oficiais. Segundo dizia, ele ouvira dizer que ainda havia Templários "vagando trajando vestimentas

42. *Callendar of Close Rolls 1307-1313*, 20 de dezembro de 107, p. 14.
43. Ibid., p. 179 e 181.

seculares, cometendo apostasia",[44] No entanto, uma vez mais, nem ele nem os seus oficiais se dedicaram ao assunto com vigor. Em 12 de março de 1310, ele escreveu ao xerife de York: "Por entender o rei que ele (o xerife) permite que os Templários... vagueiem pelos lugares em desrespeito e desacato à ordem do rei,[45] eles devem ser mantidos no interior do castelo". E, novamente, em 4 de janeiro de 1311, Edward escreveu ao xerife de York, assinalando que, apesar de todas as ordens anteriormente dadas, ainda era permitido aos Templários circularem livremente.[46] Entrementes, enquanto ocorria todo esse rebuliço em relação aos Templários já cativos, nada foi feito em relação aos muitos Cavaleiros na Inglaterra que tinham escapado à prisão. Os esforços mais diligentes da Inquisição levaram à descoberta e à prisão de apenas nove desses fugitivos. O Papa queixou-se ao arcebispo de Canterbury e a outros proeminentes prelados, de que muitos Templários se integraram tão completamente à população civil, que chegaram até a se casarem — o que não podiam ter feito sem ter contado com um mínimo de cooperação das autoridades inglesas.

Nessa época, a tortura já estava sendo aplicada aos membros da Ordem custodiados. No entanto, em 1310, a Inquisição produziu um documento no qual detalhava o seu insucesso. Os inquisidores reclamavam, alegando as dificuldades que tinham em aplicar correta e eficientemente as torturas. Segundo justificavam, aquilo parecia não fazer parte da justiça inglesa nativa e, embora o rei tivesse, relutantemente, consentido naqueles procedimentos, os carcereiros não ofereciam mais do que uma tímida cooperação. Muitas sugestões foram feitas para tornar os interrogatórios mais eficientes e eficazes. Entre elas, havia a recomendação para que os Templários presos fossem transferidos para a França, onde eles poderiam ser "apropriadamente" torturados por homens dotados de requintes e experiência para tais passatempos.

Em 6 de agosto de 1310, o Papa escreveu uma carta de protesto censurando o rei inglês por sua recusa em permitir torturas mais severas. Finalmente, Edward capitulou e deu instruções para que os Templários que estavam na Torre fossem levados aos inquisidores para aquilo que era eufemicamente chamado de "aplicação da lei eclesiástica". No entanto, mesmo esse expediente se mostrou de pouco sucesso, pois o rei teve que, em outubro, por duas vezes, repetir o seu decreto.

Finalmente, em junho de 1311, a Inquisição na Inglaterra conseguiu fazer a penetração há tanto tempo ansiada. Essa quebra não se deu, absolutamente, como resultado das torturas adicionais aplicadas aos Templários já presos, mas em função de um Templário fugitivo que, apenas pouco tempo

44. Ibid., p. 189.
45. Ibid., p. 206.
46. Ibid., p..295.

antes, fora capturado em Salisbury, um certo Stephen de Stapelbrugge. Stephen acabou sendo o primeiro Templário da Inglaterra a confessar práticas hereges na Ordem. Conforme relatou, durante a sua iniciação, mostraram-lhe um crucifixo e instruíram-no a negar que "Jesus era Deus e homem, e que Maria era a sua mãe".[47] Ainda segundo o seu depoimento, mandaram que ele cuspisse sobre a cruz. Stephen ainda confessou muitas outras acusações feitas contra os Templários. Declarou, também, que os "erros" da Ordem se originaram da região de Agen, na França.

Essa última afirmação acrescenta uma certa plausibilidade ao testemunho de Stephen. Durante os séculos XII e XIII, Agen fora um dos lugares onde mais rapidamente cresceu a heresia albigense ou cátara, e os cátaros sobreviveram naquela região pelo menos até 1250. Existe um inegável indício de que os Templários se "infectaram" — para usar um termo clerical — pelo pensamento cátaro, chegando até a oferecer abrigo aos cátaros que fugiam da Inquisição.[48] De fato, um dos mais importantes e influentes Grão-Mestres da Ordem, Bertrand de Blanchefort, vinha de uma tradicional família cátara. Ademais, Agen está situada na Província Templária de Provence. Entre 1248 e 1250, o Mestre de Provence era um certo Roncelin de Fos. Depois, entre 1251 e 1253, Roncelin foi Mestre da Inglaterra. Em 1260, ele voltou a ser o Mestre de Provence, ficando nesse cargo até 1278. Assim, é bem possível que Roncelin tivesse trazido consigo alguns aspectos do pensamento herege cátaro de sua terra natal na França para a Inglaterra. Essa suposição é apoiada pelo testemunho dado perante a Inquisição de Geoffroy de Gonneville, preceptor de Aquitaine e Poitou. De acordo com Geoffroy, certos anônimos alegaram que todas as regras e inovações más e perversas praticadas no Templo foram introduzidas por um certo Irmão Roncelin, um antigo Mestre da Ordem.[49] O Irmão Roncelin em pauta parece ter sido o mesmo Roncelin de Fos.

Talvez um tanto quanto conveniente demais, a confissão de Stephen de Stapelbrugge foi rapidamente seguida por duas outras que a substanciaram: a confissão de Thomas Tocci de Thoroldeby e a de John de Stoke. De acordo com Thomas, um antigo Mestre da Inglaterra, Brian de Jay, teria dito que "Cristo não era o verdadeiro Deus, mas, simplesmente, um homem comum". O depoimento de John de Stoke foi particularmente importante, uma vez ter sido ele o Tesoureiro do Templo em Londres. Na qualidade de Tesoureiro, ele teria sido o mais elevado Oficial não militar da Ordem na Inglaterra; como o Templo de Londres era também o depositário real, ele seria igualmente conhecido pessoalmente por ambos, Edward I e Edward II. Ele deveria ser, portanto, o mais importante Templário da Inglaterra a confessar o que quer que fosse.

47. Addison, op. cit., p. 263; veja Barber, op. cit., p. 200.
48. Baigent, Leigh, Lincoln, op. cit., p.44-5.
49. Oursel, *Le process des templiers*, p. 28.

Em seus depoimentos anteriores, John de Stoke havia negado todas as acusações. No entanto, agora, ele declarava que, durante uma visita ao Templo Garway em Herefordshire, o Grão-Mestre Jacques de Molay afirmava que Jesus era "o filho de uma certa mulher, e, quando disse que era o Filho de Deus, ele foi crucificado".[50] De acordo com John de Stoke, o Grão-Mestre naquela base o havia instruído a negar Jesus. Daí, os inquisidores perguntaram-lhe em que, ou em quem, ele acreditava. Ainda segundo John, o Grão-Mestre mandou-lhe que dissesse acreditar no "Grande e Onipotente Deus, que criou os Céus e a Terra, e não no Crucifixo".[51] Isso não é, sequer, cátaro: para os cátaros, Deus, o Criador, era mau. Aquilo podia ser mais explicado como mais ou menos simililar ao Judaísmo ortodoxo ou Islamismo; e, certamente, durante os muitos anos de atividades na Terra Santa, o Templo absorvera uma boa parte do pensamento e da filosofia judaica e islâmica.

A Inquisição foi rápida em explorar as confissões de Stephen de Stapelbrugge, Thomas de Thoroldeby e John de Stoke. Em poucos meses, a maioria dos Templários presos na Inglaterra fez, essencialmente, as mesmas confissões. Em 3 de julho de 1311, a maioria deles se reconciliou com a Igreja, seja confessando certos crimes específicos e deles se retratando, seja admitindo uma fórmula geral de culpa e concordando em se penitenciarem. A essa altura, os procedimentos se limitavam, com efeito, a um tipo de "culpa negociada", ou mesmo a um "acordo extrajudicial". Em retribuição à sua cooperação, os Templários ingleses passaram a ser tratados mais suavemente. Não houve cremações "por atacado", tal como acontecia na França. Em vez disso, os "penitentes" eram entregues aos monastérios, para que as suas almas fossem reabilitadas. Consideráveis fundos e recursos foram providenciados para o seu sustento e subsistência.

No entanto, vale a pena destacar que das confissões conseguidas na Inglaterra, a maioria foi feita por Cavaleiros idosos e enfermos. Afinal, a Inglaterra não era nem um posto avançado para atividades militares, nem, no que tange à Ordem, um importante centro político ou comercial como a França. Assim, a Inglaterra era mais uma espécie de "casa de repouso". Veteranos idosos ou doentes da Terra Santa seriam, por assim dizer, incuráveis "pensionistas" das Preceptorias na Inglaterra.[52] Na época de seus interrogatórios, muitos deles já estavam fracos demais para se deslocarem para muito além de onde estavam encarcerados. Conforme relata um escrivão que registrou os procedimentos: "Eles estavam tão velhos e tão fracos que sequer podiam se manter em pé".[53] Eram estes os homens que os Oficiais de Edward prenderam quando o rei, finalmente, curvou-se às

50. Barber, op. cit., p. 202.
51. Ibid.
52. Havia, por exemplo, um hospital para Templários idosos e enfermos na Preceptoria de Denney, em Cambridgeshire. Em 1308, dez ou mais desses Templários foram presos ali.
53. Addison, op. cit., p. 274.

pressões feitas sobre ele. Como já vimos, naquela época, os Templários mais jovens e mais ativos teriam tido um bom tempo para escapar. E, como veremos, a sua quantidade teria aumentado bastante pelos refugiados vindos de todas as partes.

A Fuga da Perseguição

Na época Medieval, os homens não tinham a mesma paixão, ou mesmo a exatidão, pelas estatísticas. Quando os cronistas da época falavam, por exemplo, de exércitos, grosseiras estimativas eram realizadas, e mais exageradas ainda quando tinham finalidades propagandistas. As quantidades mostrando milhares, ou mesmo dezenas de milhares, são apresentadas rotineiramente e, frequentemente, mostram números pouco plausíveis e demonstram uma irritante indiferença à exatidão ou mesmo à credibilidade. Consequentemente, não há uma compilação confiável ou definitiva do poderio numérico Templário em qualquer época de sua História. Ainda com referência a esse assunto, igualmente não sobreviveu nenhuma listagem (imaginando que já existira alguma fora dos arquivos da própria Ordem) relacionando os patrimônios Templários, seja na Inglaterra, seja em qualquer outra localidade. Como já vimos, os documentos oficiais e listagens sempre omitem uma porção de instalações — Preceptorias, propriedades rurais, imóveis, casas, fazendas e outros bens — que, vindas de outras fontes, sabem-se ter sido Templárias. Assim, por exemplo, as principais instalações da Ordem em Bristol e Berwick — ambas, quase que com absoluta certeza, dotadas de cais e instalações portuárias — não aparecem em nenhuma listagem oficial.

De acordo com as contas medievais, o Templo, à época de sua extinção, contava com muitos milhares de empregados espalhados por toda a Europa. Alguns relatórios chegam a mencionar até 20 mil, embora desse total dificilmente mais do que uma pequena fração seria referente a aparelhados Cavaleiros montados. Ao mesmo tempo, havia um procedimento estabelecido na Idade Média que determinava que cada Cavaleiro devia ser assistido por uma comitiva — um supervisor de montaria ou escudeiro e, quando em batalha, pelo menos por mais três soldados de infantaria ou soldados montados; os registros franceses indicam que essa política também era aplicada no Templo. Assim, muito do poderio da Ordem se basearia em guerreiros que não eram Cavaleiros.

Porém, o Templo, como seria de se esperar de uma instituição como essa, também se baseava num imenso grupo de apoio — burocratas, administradores, escreventes, uma considerável quantidade de capelães, serventes, servos, artesãos, artífices, pedreiros — e está pouco claro quantos destes estão incluídos nesses registros oficiais que chegaram até nós. Existem outras áreas, ainda, sobre as quais não existem quaisquer documentos, em que até mesmo grosseiras estimativas são impossíveis de serem feitas.

Sabe-se, por exemplo, que os Templários tinham uma considerável frota marítima — com naus tanto mercantes como para outros fins navais — que operavam não apenas no Mediterrâneo, mas também no Atlântico. Os relatórios medievais mostram inúmeras passagens fazendo referência aos portos Templários, navios Templários e recursos navais Templários. Existem até documentos assinados e selos de oficiais navais Templários. Contudo, nenhuma informação detalhada, de espécie alguma, acerca das atividades marítimas dos Templários, sobreviveu. Em lugar algum existe qualquer registro sobre o poderio da frota, ou o que aconteceu com ela depois que a Ordem foi extinta. Igualmente, um relatório inglês, datado do final do século XII, fala de uma mulher que foi admitida ao Templo como uma Irmã, e parece bastante claro que isso implica algum tipo de ramificação feminina ou adjunta à Ordem. Porém, nenhuma elaboração ou esclarecimento dessa questão jamais foi encontrada. Essas informações, mesmo que estivessem contidas nos registros oficiais da Inquisição, há muito desapareceram ou foram suprimidas.

Uma meticulosa análise dos documentos, tanto ingleses como os da Inquisição, e um detalhado estudo dos trabalhos de outros historiadores, levam-nos a concluir que, em 1307, as forças dos Templários na Inglaterra totalizavam cerca de 265 homens. Entre estes, cerca de 29 seriam cavaleiros habilitados, 77 seriam soldados e 31 seriam capelães. Se omitirmos os capelães e os demais integrantes da equipe de apoio, o número de Templários combatentes será de, no mínimo, 32 e, no máximo, 106. Entre estes, apenas dez foram, com certeza, presos e relacionados pela Inquisição, embora outros três Templários aprisionados também fossem, provavelmente, militares. Assim, chegamos a cerca de 93 Templários militares soltos — homens que conseguiram escapar ilesos da Inquisição e que jamais foram encontrados.[54] Esses números não incluem os combatentes da Ordem que escaparam da perseguição na Escócia e na Irlanda.

54. Em suma, este é o nosso resumo: como as prisões na França, diferentemente das ocorridas na Inglaterra, foram repentinas, nós entendemos que a proporção relativa de Templários dos variados níveis aprisionados refletiriam a proporção geral ocorrida na Ordem. Daqueles relacionados nos relatórios franceses, 11% eram cavaleiros, 29% eram sargentos e 12% eram capelães. A proporção de três sargentos para cada cavaleiro reflete exatamente a observada nos exércitos medievais. Certamente, na Inglaterra houve bastante tempo para que os Templários ativos fugissem; assim, enquanto a proporção de capelães aprisionados de 11% era parecida com a observada na França, a dos Cavaleiros e sargentos era bem inferior. No entanto, está claro que muitos conseguiram escapar: havia, pelo menos, 74 importantes propriedades e Preceptorias da Ordem na Inglaterra, apesar de que apenas 14 preceptores foram presos, entre os quais, apenas um era Cavaleiro. Nenhum preceptor foi preso nos grandes centros de recrutamento de Faxfleet, no Humber nem em Willoughton, em Lincolnshire — uma das maiores bases na Inglaterra. Também nenhum foi encontrado em Wetherby, Temple Bruer ou Foulbridge, para mencionar apenas alguns. Todas essas bases teriam que ter ao menos dois, chegando a 12 Irmãos como residentes. Certamente, as

A população da Europa na Idade Média não passava de uma fração do que é hoje; embora esses números, conforme os padrões modernos, possam parecer muito reduzidos, no contexto daquela época, eles eram, proporcionalmente, mais elevados. Ademais, devemos lembrar que a eficiência dos exércitos medievais, quiçá de forma ainda mais pronunciada do que em épocas posteriores, era determinada não pela superioridade numérica, mas pela superioridade de treinamento. Em Omdurman, no Sudão, em 1898, 23 mil homens das tropas britânicas e egípcias derrotaram mais de 50 mil daroeses, infligindo-lhes cerca de 15 mil baixas, enquanto que eles próprios perderam, no máximo, 500 homens. Na ação que foi levada às telas no filme "Zulu", em Rorke's Drift, em 1879, 139 soldados britânicos encurralaram cerca de 4 mil zulus, infligindo-lhes 400 baixas, contra 25 sofridas. No Cerco de Malta, em 1565, menos de mil cavaleiros de São João, com seus auxiliares, repeliram um exército turco formado por 30 mil homens, infligindo-lhes 20 mil baixas. As estatísticas poderiam ser igualmente desiguais durante a Idade Média, no que se refere ao peso das montarias, das armaduras, ao rigor da disciplina e à sofisticação das táticas, que provaram ser tão preponderantes quanto foi, mais tarde, o poderio de fogo. Na Terra Santa, durante as Cruzadas, uma força composta de 12 Cavaleiros bem armados e protegidos por armaduras completas, cavalgando pesadas montarias, tinha um funcionamento igual ao de um tanque do século XX, dispersando com facilidade uma força de 200 ou 300 sarracenos. Um ataque em massa feito por algo como cem Cavaleiros montados era capaz de esmagar dois ou três mil adversários.

Assim, a possibilidade de haver, talvez, uns 93 Templários à solta na Grã-Bretanha não deve ser menosprezada. Com a sua disciplina profissional, seus armamentos atualizados e sua perícia marcial, eles poderiam, facilmente, ter sido um fator decisivo contra os soldados amadores e os camponeses recrutados envolvidos na maioria das campanhas europeias.

Uma campanha como esta estava, então, sendo realizada na Escócia.

---

nossas estimativas de uma quantidade de 93 Templários, militarmente ativos, em liberdade depois das prisões na Inglaterra, devem ser consideradas conservadoras. A título de orientação, podemos notar que Waterman MS relaciona, para 1338, pelo menos 55, talvez 60, Cavaleiros e Sargentos da Ordem de St. John na Inglaterra, e devemos lembrar que a Ordem de St. John era bem menor que a do Templo. Custa acreditar que os Templários teriam menos que isso, e, assim, as estimativas correntes na literatura, declarando entre dez e 20 Templários militares na Inglaterra, podem ser desconsideradas.

CAPÍTULO IV

O Desaparecimento da Frota Templária

Edward II estava, inicialmente, pouco propenso a agir contra os Templários em seus domínios. Quando as pressões externas — pressões exercidas por Philippe da França, pela Inquisição e pelo Papa — finalmente o levaram a agir, ele o fez de forma bem lenta. A mesma apatia com a qual os Templários foram perseguidos na Inglaterra foi também observada na Escócia e na Irlanda.

Na Irlanda, os Templários eram donos de, pelo menos, 16 propriedades, das quais um mínimo de seis eram Preceptorias completas. Sabe-se, também, que eles possuíam pelo menos quatro castelos, além de prováveis outros sete. Segundo as nossas estimativas, para administrar e guarnecer essas instalações, seria necessária a presença de, no mínimo, 90 homens, entre os quais cerca de 36 teriam de ser militarmente ativos.

Em fevereiro de 1308 — cerca de quatro meses depois das primeiras prisões na França, e um mês depois das feitas na Inglaterra —, as prisões começaram a acontecer na Irlanda. Ao todo, cerca de 30 membros da Ordem foram detidos e levados para Dublin — aproximadamente um terço de todo o contingente. Ao que tudo indica, não parece ter havido nenhuma brutalidade maior na Irlanda. Certamente não houve cremações ou execuções. O Mestre da Irlanda foi solto sob fiança, e acredita-se que os seus subordinados tenham sido tratados com semelhante indulgência. Não há registros de que qualquer Templário Irlandês tenha sido levado a qualquer monastério para penitência. Então, na Irlanda, em 1314, quase que todo o contingente da Ordem estaria à solta, alguns tendo escapado às primeiras prisões; outros, colocados em liberdade após terem sido interrogados.

Devido à demora antes de serem tomadas as ações contra eles, os Templários irlandeses teriam tido tempo suficiente e oportunidade para aprovisionarem-se, e eles, nitidamente, assim o fizeram. Quando as suas terras foram sitiadas e as suas propriedades inventariadas, virtualmente nenhuma arma foi encontrada. De acordo com um historiador, é "muito surpreendente encontrar as instalações de uma Ordem militar tão parcamente equipadas com armamentos".[55] Na sede principal, em Clontarf, existiam apenas três espadas. Em Kilclogan foram encontradas apenas duas lanças, um elmo de ferro e um arco. Ainda assim, com Edward II se queixando de que as armas irlandesas tinham sido levadas para a Escócia, certamente não havia escassez de equipamentos no país. Desse modo, parece evidente que a maioria dos Templários Irlandeses não apenas escapou de serem presa mas também levou consigo o grosso de seus armamentos e equipamentos.

Refugiados Templários

Em 6 de outubro de 1309 — dois anos depois das primeira prisões na França —, Edward ordenou a seus oficiais que "fossem presos todos os Templários na Escócia que ainda estivessem soltos, que deviam ser mantidos em custódia segura".[56] Na verdade, apenas dois foram presos, embora um deles fosse o Mestre da Escócia, Walter de Clifton. Mas em 1309, Edward não estava mais em posição de impor os seus decretos na Escócia, uma vez que a maior parte do país já se encontrava nas mãos de Bruce. Em março daquele ano, Bruce foi declarado governante "por direito consanguíneo" e, com o "consentimento do dito povo, foi o escolhido para ser rei". Por ocasião do Decreto de Edward, ele estava em combate em Argyll. Ao final do ano, ele teria sob seu controle dois terços de toda a Escócia e as guarnições Inglesas em Perth, Dundee e Banff teriam que ser supridas por via marítima.

Envolvido em sua própria guerrilha contra Edward, dificilmente Bruce haveria de observar os éditos do rei inglês. E, tendo sido excomungado, também não haveria de respeitar os do Papa — que, conforme já vimos, não seriam, de qualquer forma, aplicáveis na Escócia. Naquelas circunstâncias, Bruce só poderia estar feliz em acolher aqueles fugitivos que também eram guerreiros profissionais. E aqueles, por sua vez, estariam espontaneamente de prontidão para corresponder, alinhando-se com a sua causa.

Não há registros sobre o que possa ter acontecido aos dois Templários presos na Escócia. É provável que eles tenham sido libertados. No entanto, sob interrogatório, eles prestaram seu depoimento alegando que alguns de seus colegas, entre os quais o preceptor de Balantrodoch, teriam "abandonado os seus hábitos" e fugido "mar afora".[57] Por outro lado, os interrogatórios dos Templários na Escócia foram conduzidos por não mais

55. Wood, *The Templars in Ireland*, p. 348.

56. Bain, *Calendar of Documents Relating to Scotland*, p. 103.

57. Wilkins, *Concilia magnae britanniae*, vol. II: Testemunho de Walter de Clifton, p. 380-1, e de William de Middletown, p. 381.

que o Bispo Lamberton de St. Andrews. Lamberton, como já vimos, estava habilmente fazendo um complicado jogo duplo; mas a sua principal obediência estava com Bruce. Ele era perfeitamente capaz de agir como um oficial recrutador para aquele a quem reconhecia como o genuíno rei de seu país. É possível que, de fato, alguns Templários fugitivos tenham escapado por mar, mas eles podem muito bem ter navegado acima e ao redor da Escócia para juntar-se ao exército de Bruce em Argyll. Além do mais, eles não tinham que, necessariamente, ter fugido por mar.

Mas não teriam sido apenas os Templários da Escócia que engrossaram as fileiras de Bruce. Como já vimos, havia também um grande número de Cavaleiros soltos na Inglaterra que tinham escapado da prisão. E eles tinham que ir para algum lugar. Certamente, é razoável supor que pelo menos alguns deles tenham ido para a Escócia — também é de se supor que alguns irmãos irlandeses tivessem feito o mesmo. De fato, durante o interrogatório ao qual foi submetido, um Templário inglês declarou, explicitamente, que os seus colegas tinham fugido para a Escócia. Na realidade, a questão não é se os Templários ingleses procuraram abrigo no Norte, mas quantos deles o fizeram.

Qualquer que seja o número, que pode ter chegado a 93, ele foi, provavelmente, aumentado pelos fugitivos vindos da França e de outras localidades do Continente. Como já vimos, os Templários na França tinham sido avisados, com suficiente antecedência, sobre o ataque a ser desfechado contra eles, dando-lhes tempo para se aprovisionarem. Assim, o tesouro da Preceptoria de Paris acabou desaparecendo, tendo igualmente desaparecido muitos dignitários franceses, detentores dos mais altos Graus da Ordem, que supostamente fugiram a bordo de 18 barcos. O fato de o Grão-Mestre e outros Oficiais terem ficado não significa que eles estavam despreparados ou que tivessem sido pegos de surpresa. Isso apenas sugere que eles tenham tido, até o último instante, toda a esperança de poder impedir o destino que finalmente os acometeu — isto é, toda a esperança de poder defender a Ordem contra as acusações levantadas contra ela, e de poder restaurar-lhe o *status* de que desfrutava antes.

Devemos lembrar que enquanto os ataques iniciais de Philippe contra os Templários na França eram ligeiros e repentinos, o processo que se seguiu foi bastante prolongado. Seriam cinco anos de discussões legais, negociações, intrigas, altercações e agitação geral antes que a Ordem fosse dissolvida; e sete anos antes da execução de Jacques de Molay. Ao longo de todo esse tempo, uma grande quantidade de Templários estava em liberdade, vagando por toda a Europa. Eles tinham toda a oportunidade de fazer planos, coordenar os seus esforços, organizar as suas rotas de fuga e encontrar refúgio.

Segundo os mapas existentes, havia, no mínimo, 556 Preceptorias completas na França, além de inúmeras outras propriedades menores. O contingente da Ordem no País era de, pelo menos, 3.200 homens, entre os quais, presumivelmente, 350 eram cavaleiros e 930 soldados Templários — perfazendo um total de 1.280 guerreiros. Durante os procedimentos legais na França, os registros da Inquisição mostram que 620 Templários foram presos; a manter-se a mesma proporção, deduzimos que cerca de 250 destes eram guerreiros. Assim, um mínimo de 1.030 militares, membros da Ordem, ainda estavam soltos — Templários que jamais foram presos, pegos ou encontrados.

Com certeza, uma boa quantidade teria permanecido na França. Embora os números sejam, quase que certamente, exagerados, dizia-se que as montanhas ao redor de Lyon chegaram a esconder mais de 1.500 refugiados Templários — uma situação séria, tanto para Inquisidores como para o rei da França. Porém, se muitos Templários ficaram na França, um considerável número teria procurado refúgio no exterior. Logo depois das primeiras prisões, por exemplo, sabe-se que Imbert Blanke, Mestre de Auvergne, seguiu para a Inglaterra, aparentemente para aconselhar os Irmãos ingleses sobre como deveriam se conduzir durante os iminentes procedimentos legais. Finalmente, Imbert foi preso na Inglaterra, porém sob condições bem mais amenas do que as que os seus colegas tiveram de passar na França. Em abril de 1313, ele foi tirado da Torre de Londres e enviado ao arcebispo de Canterbury para penitência. Apenas um mês depois, foi-lhe outorgada uma pensão por Edward II, para o seu sustento. Deve ter havido muitos Templários que, assim como Imbert, vieram para a Inglaterra, mas que jamais chegaram a ser detidos. Alguns teriam chegado atravessando, diretamente, o Canal. Outros, ao que tudo indica, teriam chegado através de Flandres, que continuava simpática a eles, mantendo constante tráfego marítimo com as Ilhas Britânicas. Como a Inglaterra, ao longo dos sete anos seguintes, tornava-se cada vez menos adequada como um refúgio, os fugitivos vindos do Continente, junto com os seus irmãos ingleses e irlandeses, teriam gravitado em direção ao Norte — onde, fora do alcance do Papado e da Inquisição, poderiam esperar ter imunidade.

A Frota Templária e as suas Rotas de Fuga

Qualquer êxodo em massa de Cavaleiros, mais ainda, se o transporte do tesouro da Ordem também for considerado, teria, quase que certamente, de envolver a frota Templária — aquela frota que desapareceu tão misteriosamente, e sobre a qual tão pouco sabemos. Na verdade, é na frota Templária que podem estar as respostas a muitas das perguntas que se referem aos últimos dias da Ordem. Ela também pode indicar uma possível presença em Argyll. Essa é uma área virtualmente inexplorada.

Em meados do século XIII, a frota Templária acabou se tornando não apenas uma necessidade, mas uma importante vantagem. Para os Templários, tal como para a sua Ordem congênere, os Cavaleiros de São João, era muito mais barato transportar homens, cavalos e materiais para a Terra

Santa utilizando as suas próprias embarcações do que contratar os navios de outros mercadores e comerciantes. Além do mais, a frota também podia ser usada para o transporte de outro pessoal e equipamentos, bem como de peregrinos, o que se mostrou ser uma lucrativa fonte de renda. Os Templários chegaram a transportar 6 mil peregrinos por ano para a Palestina, partindo de seus portos na Espanha, França e Itália. Os seus navios eram, geralmente, os preferidos em detrimento dos outros, por fazerem as suas viagens com uma escolta de galeras armadas. Além disso, a Ordem também "era merecedora de toda confiança por não vender os seus passageiros como escravos nos portos muçulmanos, tal como faziam certos mercadores".[58] E por serem isentos dos impostos alfandegários, os navios Templários também comercializavam diversas mercadorias tais como tecidos, especiarias, tinturas e corantes, porcelanas e vidros. Como já vimos, os Templários tinham licença para exportar a sua própria lã.

O comércio Templário era tão ativo que os armadores civis de Marselha, já em 1234, trataram de banir a Ordem de seu porto. A partir de então, Templários e Hospitalários estavam restritos a um navio cada, e que podiam realizar apenas duas viagens por ano; eles tinham permissão para transportar tanta carga quanto pudessem, mas estavam limitados a um máximo de 1.500 passageiros. No entanto, essas medidas não restringiram as atividades marítimas de ambas as Ordens. Simplesmente, ambas passaram a se utilizar de outros portos.

De modo geral, a frota Templária se concentrava em operações no Mediterrâneo — mantendo a Terra Santa abastecida com homens e equipamentos e importando mercadorias do Oriente Médio para a Europa. No entanto, ao mesmo tempo, a frota operava também no Atlântico. Diversas atividades mercantis eram realizadas com as Ilhas Britânicas e, muito provavelmente, com cidades do Báltico da Liga Hanseática. Por isso as Preceptorias Templárias na Europa, particularmente na Inglaterra e na Irlanda, estavam, geralmente, localizadas no litoral ou próximas às margens de rios navegáveis. O principal porto marítimo no Atlântico para os Templários era La Rochelle, que também tinha uma boa comunicação terrestre com os portos do Mediterrâneo. Os tecidos, por exemplo, poderiam ser trazidos da Inglaterra em embarcações Templárias até La Rochelle, transportados por terra para um porto no Mediterrâneo, tal como Collioure, e então reembarcados em navios Templários e transportados para a Terra Santa. Dessa maneira, era possível evitar a sempre arriscada passagem através do Estreito de Gibraltar, normalmente controlado pelos sarracenos.

Parece pouco provável que o pessoal do Templo em Paris que conseguiu evitar as garras de Philippe tenha escapado por terra, uma vez que os homens do rei patrulhavam muito bem toda a região que circundava Paris

58. Seward, *The Monks of War*, p. 50.

(dois Templários que tentaram fugir pelo Norte foram capturados em Chaumont, no alto Marne, justamente quando estavam prestes a sair do território francês). Uma viagem por terra até o litoral, em La Rochelle, seria enormemente difícil, se não impossível. Mas, enquanto o principal porto Templário pudesse ter sido La Rochelle, sabe-se que a Ordem mantinha um frota de embarcações menores no Sena e lá, de fato, havia uma porção de casas e Preceptorias Templárias espalhadas ao longo do rio, desde Paris até o litoral — pelo menos 12, incluindo uma em Rouen e uma perto de onde hoje se situa Lê Havre. Ademais, além da isenção de impostos da qual gozavam os Templários, seus navios não estavam sujeitos a buscas. Assim, nos meses que antecederam as primeiras prisões, tanto o pessoal como os tesouros poderiam ter sido, facilmente, transportados pelo Sena abaixo, até a costa. Ali, tanto homens como cargas teriam sido transferidos para navios maiores, zarpando de La Rochelle ou de qualquer outro porto. Mesmo depois de terem se iniciado as prisões e a perseguição, parece que as principais rotas de escape para os Templários fugitivos teriam sido pelo rio e pelo mar, e não por terra.

Mas, tendo saído dos portos litorâneos franceses, para onde poderia ter ido a frota Templária? Lembremos que nenhum tipo de registro sobreviveu — o que, por si só, é um indicativo que representa uma importante pista. Se Philippe tivesse tomado, capturado ou se apropriado dos navios Templários, certamente haveria de existir algum registro. Ainda que a documentação oficial tivesse sido censurada ou suprimida, o conhecimento popular teria se espalhado. Uma tamanha movimentação jamais poderia ter sido mantida em segredo.

Igualmente, na Espanha e em Portugal, uma atracação Templária não poderia passar despercebida. Certamente, os Templários saídos da França teriam sido muito bem acolhidos por seus irmãos portugueses e espanhóis. Eles podiam contar com uma cordial recepção em lugares como Majorca, onde a Ordem era dona da cidade e do porto de Pollensa, bem como muitos outros territórios, e onde o rei, Jaime II, lhes era muito amigo. Mas, naquela época, os portos marítimos da Espanha e de Portugal eram grandes centros urbanos e comerciais, com uma atribulada vida de negócios e uma grande população civil. Em meio à sensação causada pelas primeiras prisões na França, é difícil acreditar que os navios Templários tenham aportado em cidades como, por exemplo, Palma sem ter deixado qualquer vestígio nos registros históricos. E é claro que os próprios Templários não poderiam correr o risco de atrair uma tal atenção sobre si mesmos.

Com efeito, poderiam existir apenas três possíveis destinos para a frota Templária. Um deles, muitas vezes cogitado pelos historiadores, teria sido algum lugar do mundo islâmico — seja no Mediterrâneo, seja na costa Atlântica do Norte da África. Mas as circunstâncias depõem em contrário. Em primeiro lugar, os Templários, em 1307, ainda esperavam poder provar a sua inocência quanto às acusações contra eles impetradas. Procurar refúgio entre os "infiéis" equivaleria a admitir as acusações de heresia e de deslealdade. Além do mais, também é pouco provável que, caso a frota Templária tivesse encontrado abrigo sob o Islã, os comentaristas muçulmanos não tivessem assinalado qualquer registro. Afinal de contas, este seria um enorme golpe publicitário. De fato, quando os pequenos grupos de Templários na Espanha e no Egito procuraram refúgio naqueles lados e se converteram, pelo menos nominalmente, ao Islã, os escritores muçulmanos capitalizaram muito sobre o assunto. Dificilmente eles teriam ficado em silêncio caso a frota Templária e, quiçá, o tesouro da Ordem, tivesse passado por seus campos.

Também cogita-se que a frota Templária teria procurado segurança na Escandinávia. Como já vimos, os dois Templários interrogados na Escócia declararam que seus irmãos escaparam por mar, e isso levou alguns historiadores a entenderem que eles teriam ido para a Dinamarca, a Suécia ou, mais provavelmente, a Noruega. Essa possibilidade não pode ser absolutamente descartada, mas é bastante improvável. Naquela época, a população da Escandinávia era minúscula, e seria muito difícil que qualquer presença naquela região deixasse de ser notada. Os Templários não tinham nenhuma preceptoria ali, nenhuma base operacional, e não tinham quaisquer conexões ou ligações, comerciais ou políticas, seja com a população, seja com os governos. Além do mais, depois que a Ordem foi oficialmente dissolvida, em 1310, eles estariam sujeitos às prisões e perseguições na Escandinávia, tanto quanto em qualquer outro lugar. Também neste caso, seria de se esperar que existissem registros.

Além disso, a fortaleza oferecida pelas vastidões nórdicas — em nada pior do que as regiões "colonizadas" pelos cavaleiros teutônicos — teria proporcionado um refúgio medíocre e pouco adequado. Aqueles lados poderiam até parecer atraentes, caso não houvesse nenhuma outra alternativa. Porém, havia uma alternativa. Havia a Escócia, um país com o qual os Templários já mantinham cordiais relações, um País cujo rei tinha sido excomungado e, acima de tudo, um país que clamava por aliados e, particularmente, por homens bem treinados militarmente. Se os cavaleiros estivessem em busca de um refúgio ideal, nenhum outro lugar seria mais adequado do que a Escócia.

A frota de Edward, baseada na costa Leste da Inglaterra, efetivamente bloqueou as rotas mercantis existentes entre os portos de Flandres e Escócia, tais como Aberdeen e Inverness. Os navios Templários, saindo de La Rochelle ou da foz do Sena, navegando para o Norte, não poderiam arriscar transpor o Canal e o Mar do Norte. Eles também não podiam prosseguir pelo Mar da Irlanda que, igualmente, estava bloqueado pelas naus Inglesas baseadas em Ayr e em Carrickfergus, no Lago Belfast. Mas uma importante rota foi aberta — a que ia da costa setentrional da Irlanda, incluindo a foz dos rios Foyle e Londonderry, até os domínios de Bruce em Argyll, Kintyre e o Estreito de Jura. O bom amigo e aliado de Bruce, Angus

Og MacDonald de Islay, tinha Islay, Jura e Colonsay, que garantia uma rota direta entre Ulster, a noroeste, e a Escócia, a sudoeste. Essa era a rota que, por algum tempo, supriu Bruce com armas e equipamentos.

Se grandes contingentes de Templários do Continente e/ou parte da própria frota Templária encontraram refúgio na Escócia, eles somente o poderiam ter feito por esta rota — indo de Donegal, do Foyle, da costa noroeste de Ulster, para o Estreito de Jura e arredores. Mas como poderia uma frota Templária ter acesso a essa rota sem transpor o Mar da Irlanda e se arriscando a ser interceptada por navios ingleses?

Hoje em dia tendemos a ver a Irlanda como uma das Ilhas Britânicas, cujo principal centro é Dublin, e cujos principais portos, exceto um ou dois situados no sul, estão localizados na costa leste, de frente para o Mar da Irlanda e o "continente" Britânico. Certamente, assim vem sendo desde o século XVII, mas não era assim na Idade Média, ou antes. Na época de Bruce, o comércio principal não era com a Inglaterra, mas com o Continente. Consequentemente, Dublin e outros portos Orientais eram insignificantes se comparados aos principais portos do sul, em Wexford, Waterford e Cork. Mais importante ainda, o oeste da Irlanda, hoje visto como uma região interiorana, despojada e despovoada, contava com pelo menos dois portos com consideráveis proporções — Limerick e, o mais crucial de todos, Galway. Ambas, Limerick e Galway, eram cidades prósperas e florescentes durante a Idade Média, mantendo um crescente comércio não somente com a França, mas também com a Espanha e o norte da África. Na verdade, os mapas antigos ilustram a Irlanda estando mais próxima da Espanha do que da Inglaterra. As rotas comerciais, que iam da Espanha para Galway, e de centros litorâneos franceses, tais como Bordeaux e La Rochelle, eram tão ativas e bem estabelecidas quanto quaisquer outras da época. De Galway, a rota continuava rumo ao Norte, ao redor da costa de Donegal, passando a foz do Foyle e o que é hoje Londonderry, até a costa oeste da Escócia. Quase que certamente, esta teria sido a rota percorrida por qualquer embarcação Templária em fuga. Era uma rota segura, conveniente e familiar, e a frota inglesa não tinha como interceptá-la.

Como vimos, as localidades modernas que trazem em seu nome o prefixo "Temple" são reconhecidas pelos historiadores como antigas propriedades Templárias. Como também já vimos, os Templários, graças à sua considerável atividade marítima e comercial, tendiam a construir suas principais instalações junto ao litoral ou às margens de rios navegáveis. Assim, por exemplo, Maryculter, na Escócia, estava no Dee; Balantrodoch e Temple Liston estavam no Estuário de Forth. Na Inglaterra, Temple Thornton estava no Tyne, Westerdale no Esk, Faxfleet no Humber, além de diversas outras instalações portuárias em Londres, Dover e Bristol. Os registros irlandeses são, decisivamente, mais vagos e incompletos; muitos, sem dúvida, foram perdidos ou destruídos nos cataclismos dos séculos seguintes. No oeste da Irlanda, onde a maior parte da população falava gaélico até o século XX, o tipo de documentação encontrado em diversos lugares pode nunca ter sido compilado. Os documentos existentes na Irlanda mostram um padrão parecido com o que prevalecia em outras localidades das Ilhas Britânicas, com Preceptorias e instalações Templárias situadas no litoral ou às margens de rios navegáveis. Porém, esses registros mostram que a concentração de propriedades Templárias estava mais ao longo do litoral leste, desde Ulster até a base principal de Clontarf em Dublin, por Kilcloggan e Templebryan, até Cork. A principal exceção conhecida é Limerick, onde a Ordem também possuía importantes propriedades.

E quanto ao oeste? Nada jamais foi dito sobre ele, uma vez que, ao que parece, ninguém nada sabe. No entanto, nós descobrimos nada mais, nada menos, do que outras sete localidades na costa noroeste da Irlanda, que não são mencionadas em qualquer mapa, mas que, baseado em todas as provas existentes, parecem ter sido Templárias. Na Donegal de hoje, estão Templecrone, perto da Ilha de Aran, e Templecavan na Península de Malin. Há também Templemoyle, perto de Greencastle, no Foyle. Mais para dentro de Donegal Bay, estão Templehouse, Templerushin e Templecarne. Mais ao interior, ainda, está Templedouglas. É possível que tenha existido alguma instalação da Ordem em Lifford, hoje County Tyrone, bem ao norte de Strabane. Nenhuma dessas localidades parece ter tido maior significado religioso, seja cristão ou pré-cristão, que pudesse explicar o prefixo "Temple" em seus nomes. Na maioria delas, existem ruínas de capelas da época medieval. Tudo leva a crer que também aquelas localidades fossem antigas propriedades Templárias. Elas não apareceriam nos registros por estarem longe e muito isoladas daqueles que eram então (e, em alguns casos, ainda são) centros com grandes populações. De fato, as autoridades eclesiásticas e seculares da época — o Papa em Avignon, Philippe em Paris, e Edward em Londres — podem não ter, sequer, ter tomado conhecimento de sua existência. Além do mais, aquelas localidades possuem o mesmo padrão das edificações Templárias; elas serviriam de valiosos portos de apoio e teriam guarnecido as rotas mercantis.

De tudo isso, poderíamos depreender que a frota Templária, escapando das garras do rei da França, parece ter seguido pelo Oeste e ao redor do litoral norte da Irlanda. Muito possivelmente, em seu caminho, a frota teria feito uma série de escalas para se abastecer de armas, equipamentos e, talvez, alguns outros Irmãos igualmente fugitivos. Uma vez chegando às cercanias do Foyle, os refugiados estariam a salvo em territórios dos aliados de Bruce. E, a partir de Foyle e da margem oeste de Ulster, haveria uma conexão direta com a rota existente, na qual armas eram contrabandeadas para Argyll, sob os auspícios e a proteção de Angus Og MacDonald. Assim, as embarcações Templárias, as armas e os materiais Templários, guerreiros Templários e, muito provavelmente, o tesouro Templário, teriam encontrado caminho aberto para a Escócia, proporcionando um vital reforço e recursos à causa de Bruce.

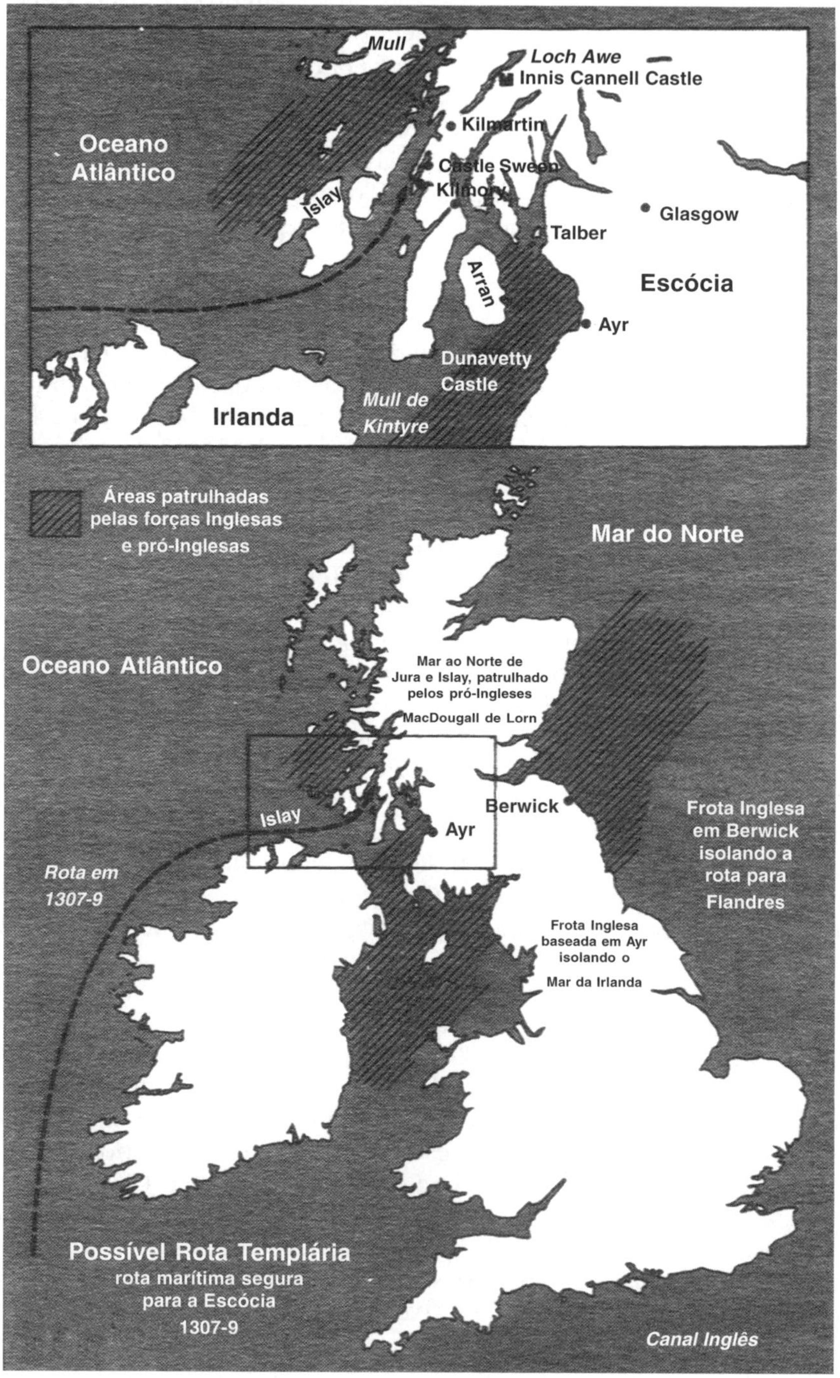
Mull
Loch Awe
Innis Cannell Castle
Kilmartin
Oceano
Atlântico
Castle Sween
Kilmory
Islay
Glasgow
Talber
Arran
Escócia
Ayr
Dunavetty
Castle
Mull de
Kintyre
Irlanda
Áreas patrulhadas
pelas forças Inglesas
e pró-Inglesas
Mar do Norte
Oceano Atlântico
Mar ao Norte de
Jura e Islay, patrulhado
pelos pró-Ingleses
MacDougall de Lorn
Islay
Berwick
Ayr
Frota Inglesa
em Berwick
isolando a
rota para
Flandres
Rota em
1307-9
Frota Inglesa
baseada em Ayr
isolando o
Mar da Irlanda
Possível Rota Templária
rota marítima segura
para a Escócia
1307-9
Canal Inglês

Lendas da Sobrevivência Templária

Ao escrever, em meados do século XIX, um historiador dos Templários afirma:

> "No entanto, muitos (Templários) ainda estavam soltos, conseguindo escapar da prisão apagando todos os vestígios de sua profissão, e alguns escaparam disfarçados, fugindo para as matas e montanhas de Gales, Escócia e Irlanda."[59]

Ao final do século, outro historiador escreve:

> "Os Templários... talvez tenham encontrado refúgio no pequeno exército do excomungado rei Robert, cujo medo de ofender o monarca francês seria, sem dúvida, vencido pelo seu desejo de conseguir alguns capacitados guerreiros como recrutas".[60]

Um historiador moderno, ao escrever em 1972, é mais preciso:

> "Todos escaparam, exceto dois irmãos escoceses; como políticos astutos e espertos, é bem possível que eles tenham encontrado refúgio junto aos guerrilheiros de Bruce — certamente o rei Robert jamais ratificou legalmente a dissolução do Templo escocês".[61]

Alguns historiadores maçônicos e escritores de orientação maçônica são ainda mais explícitos e mais precisos em suas alegações:

> "... dizem... que tendo desertado o Templo, eles se alinharam sob a égide de Robert Bruce e combateram a seu lado em Bannockburn... A lenda nos conta que após a decisiva batalha de Bannockburn... Bruce, em retribuição aos seus elevados serviços, reuniu aqueles Templários, constituindo-os num novo corpo".[62]

> "Em 1309, quando se iniciaram as perseguições, foi realizada uma Inquisição em Holyrood, à qual apenas dois Cavaleiros compareceram; os demais estavam legitimamente em combate, juntando-se ao exército de Bruce, que se encontrava em marcha contra a Inglaterra".[63]

É incerto e duvidoso se declarações, tais como as duas últimas citadas, oriundas de fontes maçônicas, são baseadas em informações verídicas ou em lendas. De qualquer forma, não há dúvida de que abundam as lendas sobre uma possível sobrevivência Templária na Escócia. Na verdade, existem pelo menos duas diferentes estruturas de lendas.

---

59. Addison, *The History of the Knights Templars*, p. 213.
60. Aitken, *The Knights Templars in Scotland*, p. 34.
61. Seward, op. cit., p. 205.
62. Haye, *The Persecution of the Knights Templars*, p. 114.
63. Bothwell-Gosse, *The Knights Templars*, p. 105.

Uma delas, talvez a que primeiro apareceu na História, foi inicialmente propagada nas atividades de um importante franco-maçom do século XVIII, o Barão Karl Von Hund, e do rito maçônico dele derivado — um rito conhecido como "Rito da Estrita Observância", e que sustenta ser a "restauração" da Ordem do Templo. De acordo com a Estrita Observância, Pierre d'Aumont, Preceptor de Auvergne, juntamente com sete cavaleiros e dois outros Preceptores, fugiu da França em 1310, escapando primeiro para a Irlanda, e dois anos depois para a Escócia — mais exatamente para a Ilha de Mull. Dizem que em Mull eles juntaram suas forças a outros Templários, provavelmente refugiados da Inglaterra e da Escócia, liderados por um Preceptor cujo nome é citado como George Harris, um antigo oficial da Ordem em Caburn e Hampton Court; sob o patrocínio conjunto de Harris e Pierre d'Aumont foi tomada a resolução de perpetuar a Instituição. Uma relação de Grão-Mestres Templários produzida pelo Barão Von Hund mostra Pierre d'Aumont como sucessor de Jacques de Molay.[64]

Na "Parte 3" deste livro, examinaremos em detalhe a plausibilidade dessas afirmações e declarações, bem como o específico contexto histórico do qual se originaram e no qual elas devem ser inseridas. Avaliaremos a credibilidade do próprio Hund, bem como a das fontes das quais ele afirma ter obtido as suas informações. No momento, basta simplesmente comentar alguns detalhes dos relatos da Estrita Observância.

De qualquer forma, em certos aspectos, os detalhes não apenas são duvidosos como também comprovadamente errados. Por exemplo, a Estrita Observância declara que Pierre d'Aumont foi preceptor de Auvergne. No entanto, de fato, o Preceptor de Auvergne não foi Pierre d'Aumont, e sim Imbert Blanke que, como já vimos, fugiu para a Inglaterra em 1306, e ali foi preso. Ademais, é muito improvável que refugiados Templários possam ter encontrado abrigo na Ilha de Mull. Naquela época, Mull pertencia e era ocupada por Alexander McDougall de Lorn, um dos aliados de Edward II e um dos mais ferrenhos adversários de Bruce. Mesmo depois de ser derrotado por Bruce, ele ainda tinha muitos simpatizantes em Mull, os quais não seriam reticentes sobre qualquer atividade clandestina dos Templários na ilha.

Por outro lado, havia duas localidades pertencentes a aliados de Bruce onde fugitivos Templários poderiam, de fato, ter encontrado abrigo ou, de qualquer forma, um porto seguro em sua jornada. Uma delas serviu, durante um breve período, de refúgio ao próprio Bruce durante as fases adversas de suas campanhas e tinha um castelo fortemente guarnecido e que continuava,

64. A melhor revista sobre von Hund e o sistema da "Estrita Observância" está em Le Forestier, *La franc-maçonnerie templière et occultiste*, vol. I, p. 103-238. A lenda "*Mull*" se encontra às p. 160-1. A lista de Hund dos Grão-Mestres dos Templários se encontra em Thory, *Acta latomorum*, vol. I, p. 282-3.

incondicionalmente, leal a ele. Ambas localidades estavam estrategicamente situadas na crucial rota marítima entre Ulster e as bases de suprimentos de Bruce em Argyll. Essas localidades eram Mull de Kintyre e Mull de Oa.

Assim, a avaliação da Estrita Observância pode estar errada em algumas de suas particularidades, mas fica fácil perceber quantas concepções erradas podem ter ocorrido. Em sua própria administração, Hund ouviu a sua história dos informantes escoceses. Os detalhes podem muito bem ter sido deturpados, falsificados ou mutilados ao longo de cerca de quatro séculos e meio. E, com certeza, eles teriam sido ainda mais deturpados e distorcidos pela transmissão e tradução. Se um inglês de hoje é capaz de confundir a Ilha de Mull com Mull de Kintyre ou Mull de Oa, essa confusão é ainda mais compreensível em se tratando de um nobre alemão do século XVIII, que pouco ou nada sabia sobre a geografia escocesa, e confrontado por uma confusão e miscelânea de dados e informações que, sequer, estavam em seu próprio idioma. Apesar de que as interpretações da Estrita Observância possam, assim, estar erradas em algumas particularidades, o seu conteúdo geral é eminentemente plausível. Um dos fortes detalhes, em particular, é a afirmação de que os Templários fugitivos foram, primeiramente, para a Irlanda. Isso, como já vimos, soa como verdadeiro, e não haveria necessidade alguma para que fosse incluída numa história fabricada.

A segunda lenda sobre a sobrevivência dos Templários apareceu pela primeira vez na França por volta de 1804, mais de meio século depois de Hund. Sob o regime de Napoleão, um indivíduo chamado Bernard-Raymond Fabré-Palaprat escreveu uma carta em 1324, dez anos após a execução de Jacques de Molay. Se essa carta é merecedora de crédito, Jacques de Molay, pouco antes de morrer, deixara instruções para a perpetuação da Ordem. Para sucedê-lo como Grão-Mestre, ele teria nomeado um dos Templários deixados para trás em Chipre, um palestino chamado John Mark Larmenius. Com base no assim chamado "*Larmenius Charter*", Fabré-Palaprat criou (ou tornou público) uma Instituição não maçônica, neo-cavalheiresca, a "Antiga e Soberana Ordem Militar do Templo de Jerusalém", e que ainda existe nos dias de hoje. De acordo com declarações não confirmadas por seus atuais membros, o "*Larmenius Charter*", embora tivesse se tornado público em 1804, já estava em circulação um século antes, em 1705, e dizem que a reconstituição da Ordem de Fabré-Palaprat remonta àquele ano.[65]

Nós mesmos não podemos nem confirmar nem refutar a veracidade do "*Larmenius Charter*". Para os nossos propósitos, o seu interesse principal é a declaração nele contida: "Eu, em conclusão... direi e ordeno que

---

65. A História do "*Larmenius Charter*", com uma transcrição e tradução, encontra-se em Crowe, *The "Charta Transmissionnis" de Larmenius*. Os assim chamados "Estatutos" foram editados em Bruxelas, em 1840, como *Statuts dês chevaliers de l'ordre du temple*, pelo *Convent-Général* de Versailles.

os Templários escoceses desertores da Ordem, sejam destruídos pela excomunhão e por uma maldição."[66] É interessante esta singular fulminação, na verdade provocativa, e, quiçá, reveladora. Se o "*Larmenius Charter*" é autêntico e, de fato, datar do século XIV, a fulminação poderia confirmar a sobrevivência dos fugitivos Templários na Escócia. Além disso, ele sugere que tais fugitivos adotaram uma posição contrária a Larmenius e seu grupo que, segundo podemos concluir, buscavam a exoneração de todas as acusações, e um tipo de reconciliação com a Igreja. Porém, caso, como ao que tudo indica, o "*Larmenius Charter*" seja de data posterior — do século XVIII ou XIX — ele sugere uma violenta antipatia pelas declarações promulgadas por Hund e a Franco-Maçonaria da Estrita Observância; ou para alguma outra Instituição Templária conhecida, que tenha sobrevivido na Escócia naquela época.

Qualquer que seja a validade das lendas, não há dúvidas, como já vimos, de que pelo menos alguns Templários foram para a Escócia, enquanto que outros, que ali já estavam, jamais foram presos. No entanto, a rigor, nem mesmo os números exatos importam. A questão é que os Templários, fossem eles muitos ou poucos, eram guerreiros treinados — os melhores combatentes de sua época, os reconhecidos mestres marciais. A Escócia era um reino em desesperada luta por sua independência, pela sobrevivência de sua identidade nacional e cultural. Ademais, a Escócia estava sob interdição papal, e o seu rei fora excomungado. Em tais circunstâncias, obviamente Bruce teria acolhido qualquer ajuda que pudesse obter; e uma ajuda tal como a que os Templários podiam oferecer, teria recebido a maior acolhida. Como experientes e maduros veteranos, eles seriam de valor inestimável no treinamento de soldados escoceses, no estabelecimento de disciplina, emprestando profissionalismo a homens empenhados em combater um inimigo numericamente superior e mais bem equipado. A sua larga experiência em estratégia e logística teria sido vital. Se eles, de fato, compuseram o "grupo de amadores" que tão decisivamente interveio em Bonnockburn, isto é algo que, provavelmente, jamais saberemos. Mas eles não precisaram ter, de fato, composto aquele grupo de intervenção. Bastaria um punhado deles para liderá-lo, e ainda assim teria produzido o efeito que produziu no exército Inglês.

66. Crowe, op. cit., p. 189.

CAPÍTULO V

A Escócia Celta e as Lendas do Graal

Se, nos anos que se seguiram a Bannockburn, um encrave de Templários de fato se estabeleceu em Argyll e se uniu por casamento ao sistema de clãs, a região teria se constituído como um hábitat natural, e dos mais agradáveis e adequados para eles. Em certos aspectos, poderia quase representar algo como uma volta ao lar. Certamente, os Templários eram "uma lenda em seu própria vida". No entanto, na Escócia e, particularmente, em Argyll, havia outros lendários antecedentes com os quais a Ordem, aos olhos da população, se identificava. Na verdade, Argyll oferecia um contexto de lenda ao qual os Templários teriam sido facilmente incorporados.

No final do século XII, o primeiro dos assim chamados Romances do Graal apareceu na Europa Ocidental. No início do século XIV — na época de Bruce e da extinção do Templo — os Romances do Graal, como um gênero literário, ainda estavam muito em voga, e geraram uma imensa quantidade de literatura colateral. O conceito de cavalheirismo, tal como apresentado em tais obras, estava chegando ao seu apogeu. Os governantes cristãos aspiravam ser como os imponentes modelos de Parsival, Gawain, Lancelot e Galahad — ou, pelo menos, procuravam produzir tais imagens de si para os seus súditos. Assim, por exemplo, Edward I procurou se retratar como o tradicional Arthur, chegando, até, a realizar sessões da "Távola Redonda". Assim, na véspera de Bannockburn, enquanto os dois exércitos se alinhavam para a batalha, Bruce e o cavaleiro inglês Henry de Bohun se encontraram em combate individual — aquele tipo de duelo mortal pessoal, tão famoso nos romance cavalheirescos.

Os Romances do Graal, embora condenados pelas autoridades eclesiásticas em toda a Europa, gozavam de uma particular acolhida na Escócia. Devemos lembrar que Bruce estava tentando restabelecer na Escócia um reino celta, cujas tradições remontavam, passando por David I, a Dalriada.

E os Romances do Graal continham um importante elemento celta, uma coleção de costumes, tradições e lendas celtas que não podia ser encontrada em literaturas recentes da Inglaterra Normanda ou do Continente.

Tal como os conhecemos hoje, os Romances do Graal representam um peculiar gênero híbrido que reflete um complicado processo de fertilização cruzada. Como já apresentamos em outra obra anterior[67], eles contêm um importante conjunto de materiais judaico-cristão, encobertos ou disfarçados por elaboradas formas dramáticas. Porém, esse material foi enxertado num corpo de lenda e de saga, de caráter unicamente celta. Muito antes de o próprio Graal aparecer na literatura, com a sua específica carga cristã, já havia poemas e narrativas celtas registrando uma procura cavalheiresca de um misterioso objeto sagrado, dotado de propriedades mágicas, de um distante castelo que abrigava um rei aleijado ou impotente, situado em desoladas terras inférteis, que sofriam do mesmo mal e praga de seu governante. Assim, alguns recentes estudiosos cuidadosamente fazem distinção entre o "Graal Cristão" e aquele Graal que acabamos de mencionar, e o "Graal pagão" de seus precursores. De fato, foi a confusão feita entre o milagroso caldeirão citado nas obras mais antigas e o "Graal" mais confuso e nebuloso citado nas obras mais recentes, que levaram à definição do Graal como sendo uma xícara, um copo, um cálice ou um vaso — tudo muito diferente do "Sangue Real" ao qual, na verdade, ele se refere.[*]

Sobre os fundamentos das antigas sagas celtas — as sagas dos perigos do caldeirão, do deserto, do castelo — foi acrescentada uma superestrutura judaico-cristã para chegar ao que agora é chamado "Romance do Graal". E essa superestrutura judaico-cristã é repetitivamente associada aos Templários. Assim, por exemplo, em "Parsival" — quiçá a única maior e a mais importante de todas as histórias sobre o Graal — Wolfram von Eschenback retrata os Templários como "os guardiões do Graal" e "a família do Graal". Wolfram alega, também, ter ouvido a história do Graal de um tal "Kyot de Provence", que pode ser identificado como Guiot de Provins, um propagandista e escriba Templário.[68] Mais significante ainda é o fato de o Romance do Graal conhecido como *Perlesvaus*, que perde em importância apenas à versão de Wolfram, conter inconfundíveis e inequívocas alusões à Ordem — não somente em sua descrição dos Cavaleiros, envergando os seus mantos brancos adornados com cruzes vermelhas, presidindo sobre um segredo sagrado, mas também pelo teor de seus conceitos e valores. O *Perlesvaus* é profuso no conhecimento meticuloso e exato sobre armas e armaduras, técnicas de combate e características de ferimentos. Obviamente não se trata de uma obra composta por um trovador ou

67. Baigent, Leigh, Lincoln, *The Holy Blood and the Holy Grail*, p. 245-76.
* N. E.: Leia mais sobre este assunto em *A Linhagem do Santo Graal*, de Laurence Gardner, Madras Editora.
68. Ibid., p. 256.

romancista, mas por um guerreiro. Tão penetrante é a influência Templária nessa obra, que se acredita que o seu autor anônimo tenha sido um Templário. Em obras tais como *Parsival* de Wolfram e *Perlesvaus*, o leitor é colocado diante de um acréscimo sincrético de duas tradições diferentes: uma judaico-cristã e uma celta. E o "adesivo", por assim dizer, a estrutura metafórica que une esses dois componentes, é, implícita ou explicitamente, Templário.

Na época de Bruce, a tradição celta, a mística do Graal e os valores Templários fundiram-se num único, frequentemente confuso, amálgama. Assim, por exemplo, há o famoso "culto à cabeça" — a antiga crença celta de que é na cabeça que está a alma, e que, assim sendo, as cabeças dos adversários derrotados deveriam ser decapitadas e preservadas. De fato, a cabeça decapitada é tida, hoje, como uma das marcas patentes da antiga cultura celta. Ela figura, talvez de forma mais notável, no mito de Bran, o Abençoado, cuja cabeça, segundo a tradição, foi enterrada como um talismã de proteção, fora de Londres, com o rosto voltado para a França. Ela não apenas protegia a cidade contra ataques; garantia a fertilidade das terras vizinhas e as protegia das pragas em toda a Inglaterra. Em outras palavras, ela tinha funções incrivelmente semelhantes àquelas exercidas pelo Graal nos romances que vieram depois. Ela aparece, mais tarde, como o assim chamado "Homem Verde", o deus do mundo vegetal e a deidade padroeira da fertilidade.

Ao mesmo tempo, os Templários tinham o seu próprio "culto à cabeça". Entre as acusações prediletas contra eles, e uma à qual alguns cavaleiros se confessaram culpados, era a de adoração a uma misteriosa cabeça decepada, algumas vezes conhecida por "Bafomet". Além disso, quando os oficiais do rei da França irromperam no Templo de Paris, em 13 de outubro de 1307, ali foi encontrado um relicário de prata com forma de cabeça, que continha a caveira de uma mulher. Ela trazia um rótulo identificando-a como "Caput LVIIIm" — "Cabeça 58m".[69] À primeira vista, isto poderia parecer uma mera e horrenda coincidência. Porém, na lista de acusações produzida pela Inquisição contra os Templários, em 12 de agosto de 1308, consta o seguinte:

> "Item, que em cada província eles tinham ídolos, a saber: cabeças...
> Item, que eles adoravam e veneravam esses ídolos...
> Item, que eles diziam que tal cabeça podia salvá-los.
> Item, que (ela poderia) fazer riquezas...
> Item, que ela fez as árvores florescerem.
> Item, que ela (fez) a terra germinar..."[70]

69. Oursel, *Le process des templiers*, p. 208. O relatório original da Inquisição relatava que a Lenda se referia à "cabeça de uma das Onze Mil Virgens". Esse é um forte indício de que o "M" era, na verdade, o signo astrológico de "Virgem" — o qual parece muito semelhante.

70. Barber, *The Trial of the Templars*, p. 249.

Esses atributos são exatamente — tão precisamente quanto podiam ser nas palavras da época — os atributos consignados pelos romances ao Graal, e pela tradição celta à cabeça degolada de Bran, o Abençoado. Assim, fica claro que ambos, os Romances do Graal e os Templários, apesar de sua orientação cristã, incorporaram resíduos cruciais da tradição celta. Esses resíduos, assombrosos e horripilantes como possam parecer hoje, teria ativado uma corda atávica familiar no reino celta que Bruce estava tentando restabelecer.

Assim, embora os protótipos celtas para os Romances do Graal não caracterizassem o próprio Graal, ao menos sob essa denominação, outros componentes da história posterior certamente estavam presentes. O próprio Graal fez a sua "estreia" aparecendo pela primeira vez numa longa narrativa poética intitulada "*Le Conte du Graal*" de Chrétien de Troyes, escrita no último quarto do século XII. As obras *"Parsival"* de Wolfram e a anônima *"Perlesvaus"*, datadas de, pelo menos, um quarto de século depois, proporcionaram materiais e fontes de informação das quais Chrétien, aparentemente, não estava informado; porém, ainda é do poema de Chrétien que essas obras, e todos os demais Romances do Graal, em maior ou menor escala, derivam principalmente.

Pouco se conhece sobre Chrétien, e muito pouco se pode dele recolher, exceto das consagrações a suas obras e suas evidências textuais. O que se depreende é escasso e insuficiente, mas, pelo menos, parece estar claro que Chrétien trabalhou sob a tutela e o patrocínio da Aristocracia — mais especificamente, sob os auspícios das cortes de Champagne e de Flandres. Essas cortes estavam intimamente associadas entre si, e também associadas com atitudes e posturas religiosas heterodoxas, entre as quais um emaranhado de conceitos cátaros heréticos. Ambas as cortes também tinham um relacionamento muito próximo com os Templários. De fato, cerca de três quartos de século antes de Chrétien, o conde de Champagne havia sido um personagem-chave na criação da Ordem. Hugues de Payens, primeiro Grão-Mestre do Templo, era um vassalo de confiança do conde de Champagne e existem fortes indícios de que tenha agido conforme as suas instruções. Subsequentemente, o próprio conde acabou sendo (o que se constitui num estranho paradoxo) o vassalo de seu próprio vassalo.

Uma boa parte da obra inicial de Chrétien está dedicada a diversos membros da Corte de Champagne e, particularmente, à Condessa Maria. Mas a sua versão da história do Graal, composta entre 1184 1190, é dedicada a Philippe d'Alsace, conde de Flandres. Chrétien declara, explicitamente, que a narrativa do Graal lhe fora contada por Philippe, que então o instruíra a compor qualquer romance que conseguisse criar a respeito dele.

Infelizmente, Chrétien morreu antes de poder concluir a obra. Porém, naquilo que existe sobre seu poema, há uma quantidade de pontos interessantes. Por exemplo, ali consta que a capital de Arthur é chamada pela primeira vez de Camelot. E, repetidamente, Chrétien chama Parsival por um nome que seria, mais tarde, adotado por Wolfram e outros romancistas, e que, finalmente, viria a ser usado pela Franco-Maçonaria — "O Filho da Viúva". Esse "nome" ocultava um significado legível na época de Chrétien, mas que foi, subsequentemente, perdido.

É importante notar para os nossos propósitos em particular, que Chrétien, nos elementos celtas de seu poema, aponta algum fundo de informação diferente daquela estabelecida pelas fontes inglesas e as de Welsh. Certamente, não se trata de que ele ignore essas fontes; ao contrário, ele muito deve a elas. Ele se baseia bastante na *History of the Kings of Britain* de Geoffrey de Monmouth, um relato quase lendário, escrito por volta de 1138, que pela primeira vez trouxe Arthur ao conhecimento público. Além deste, ele também se baseia bastante em contos arcaicos tais como *Peredur*, e outras narrativas do *Mabinogion* de Welsh. Porém, há outros aspectos do poema de Chrétien que nada devem a essas fontes tradicionais — aspectos que são, específica e unicamente, escoceses. De fato, fica claro que Chrétien tem alguma fonte independente de informação sobre a Escócia, e alguns especialistas concluem ter sido da Escócia que Chrétien tirou certas características-chave da geografia e da topografia de seu poema.

Assim, por exemplo, poderíamos supor, inicialmente, que o herói de Chrétien, "Percival, o Galês", tenha vindo de Gales. No entanto, de fato, a palavra *Gualeis* (gaulês) ou *Galois* (galês) era usada, na época de Chrétien, para os nativos de Galloway, na Escócia. No poema de Chrétien, os Cavaleiros do Graal defendiam *les pors de Galvoie* — "os portões de Galvoie" — sendo a terra onde eles operavam. Os estudiosos dos Romances do Graal concordam que *Galvoie* deve ser *Galloway*.[71]

Em Geoffrey de Monmouth, há referências a um *Castellum Puellarum* que, em alguns dos últimos Romances do Graal, mas não nos de Chrétien, torna-se o famoso "Castelo Perigoso". O comentarista e Tradutor Robert de Brunne, ao escrever em 1338, diz que o *Castellum Puellarum* é, de fato, o Castelo Real de Caerlaverock, em Galloway. Como observa um biógrafo moderno de Chrétien, Robert de Brunne "pode muito bem estar repetindo uma tradição acreditada, pois em sua juventude, em Cambridge, ele conhecera o futuro rei Robert Bruce".[72] Seja como for, Caerlaverock estava a apenas quinze quilômetros de Annan, a sede da família Bruce, os quais foram feitos lordes de Annandale por David I em 1124. Insistentemente dizem que ambos os Castelos de Annan e de Caerlaverock "guardavam os portões que davam a Galloway". Embora Chrétien não fale, especificamente, do *Castellum Puellarum* ou do "Castelo

71. Veja Roach em sua edição do *Chrétien de Troyes*, *Le conte de graal*, p. 306; e Ritchie, *Chrétie de Troyes and Scotland*, p. 18.
72. Ritchie, op. cit., p. 10.

Perigoso", ele fala de um *Roche de Canguin* — que, de acordo com pelo menos um estudioso, "deriva de uma corruptela de Caerlaverock".[73] No poema de Chrétien, de forma bastante clara, é esse o local que "*guarde les pors de Galvoie*".

No poema de Chrétien, a segunda residência de Arthur, depois de Camelot, é chamada *Cardoeil*. Até 1157, a Capital da Escócia era Carlisle, que, na época da *Anglo-Saxon Chronicle*, era chamada de *Cardeol*, evoluindo depois para *Carduil*. Chrétien também menciona um local religioso chamado *Mont Dolerous*. Acredita-se tratar-se de Melrose Abbey em Roxburghshire, fundada em 1136 e conhecida na época de Chrétien como *Mons Dolorosus*. Foi ali que, cerca de dois séculos mais tarde, o coração de Bruce viria a ser sepultado.

Por isso e muitas outras provas semelhantes, fica óbvio que Chrétien, em cuja obra o Graal aparece pela primeira vez, enxerta o seu próprio conceito cristão sobre o Graal no conteúdo e no corpo do material muito mais antigo, o qual se refere, muito precisamente, à Escócia. Mas por que será que um romancista, trabalhando sob o patrocínio das cortes de Champagne e de Flandres, se concentraria, de forma tão pontual, em localidades escocesas quando a superestrutura judaico-cristã de seu poema derivava de fontes tão diferentes?

Chrétien alegava ter recebido os esboços da história do Graal de Philippe d'Alsace, conde de Flandres, que lhe havia pedido para fazer com aqueles esboços qualquer coisa que fosse possível. E os contatos que Philippe tinha com a Escócia eram muitos e íntimos. Como lorde de Flandres, ele mantinha muitos negócios com a Escócia e um considerável conhecimento do país, de seu povo e de suas tradições. De fato, ao longo do século XII, certos laços foram deliberadamente estabelecidos entre a Escócia e Flandres. Durante os reinados de David I (1124-1153) e Malcolm (1153-1165), foi estabelecida uma política sistemática de assentamento de imigrantes flandrinos na Escócia. Os recém-chegados eram instalados em amplos assentamentos organizados no interior de Lanarkshire, de Clydesdale, no oeste de Lothian e no norte de Moray. Segundo um Comentarista, o "assentamento Flandrino parece ser uma tentativa sistemática para implantar no interior de Clydesdale e de Moray, às custas da aristocracia e da Igreja local, uma nova aristocracia".[74] Como já vimos, acredita-se que a própria família de Bruce tenha sido de descendência flandrina, e não normanda. Semelhante origem foi atribuída para outras proeminentes famílias escocesas, tais como Balliol, Cameron, Campbell, Comyn, Douglas, Graham, Hamilton, Lindsay, Montgomery, Seton e Stewart.[75] Algumas dessas famílias já

73. Ibid., p. 23.
74. Duncan, Escócia: *The Making of the Kingdom*, p. 141.
75. Platts, *Scottish Hazard*, p. 127-77.

apareceram em nossa história; essas e outras famílias aparecerão de forma ainda mais importante logo mais adiante.

O propósito do assentamento flandrino na Escócia parecia ser o de construir centros urbanos nas zonas rurais. Flandres já havia se tornado uma região urbanizada e mercantil, com grandes centros comerciais, tais como os de Bruges e Ghent, operando as rotas mercantis ao Reno, ao Sena e às Ilhas Britânicas. Também incluídas em seus territórios estavam Boulogne e Calais. A monarquia escocesa, necessitada das rendas oriundas das locações rurais, encarava Flandres como um modelo de desenvolvimento urbano. Assim, os colonos flandrinos eram incentivados ativamente a virem para a região, estabelecendo centros metropolitanos nos moldes flandrinos. Eles também eram bem-vindos por sua perícia e experiência na agricultura, na tecelagem e no comércio de lã.

A associação entre a Escócia e Flandres começou com David I e Malcolm IV e continuou ao longo do sucessor de Malcolm, William "o Leão". Quando William invadiu a Inglaterra em 1173, ele teve as suas forças reforçadas por um contingente flandrino — um contingente que lhe foi enviado por Philippe d'Alsace. E os escoceses aprenderam muito dos flandrinos nas questões militares e no desenvolvimento urbano. Em 1302, os burgueses da cidade flandrina de Courtrai se levantaram em revolta. Usando a assim chamada formação *schilltron* — homens postados em formação de um quadrado, com lanças fixadas no chão, apontadas para fora — eles conseguiram derrotar um grande e poderoso exército francês. Pela primeira vez na Europa Ocidental, Courtrai quebrou o até então invencível poderio dos cavaleiros montados e blindados com armaduras. E Bruce aprendeu com a batalha. Foi exatamente a formação *schilltron* que ele empregou com tanto sucesso em Bannockburn, até o aparecimento dos misteriosos "amadores" que reverteram a contenda.

Houve uma grande miscigenação e influência recíproca entre a Escócia e Flandres. Em consequência da afluência dos colonos flandrinos, as cidades escocesas adotaram certas características flandrinas distintivas, ao passo que elementos da antiga herança celta na Escócia voltavam a Flandres — onde eles apareceram (entre outras coisas) nos Romances do Graal. Quando estes começaram a evoluir, tornando-se um gênero literário, os Romances do Graal foram levados de volta para a Escócia, onde o seu componente original celta foi devidamente reconhecido e apreciado.

Não é difícil imaginar o quão familiar os refugiados Templários teriam achado a Escócia, essa paisagem para as aventuras dos Cavaleiros do Graal e imaginados Templários. Por assim dizer, era um "prato feito" para eles. Apresentando-se como "verdadeiros e reais" Cavaleiros do Graal, eles podiam ajudar Bruce em suas campanhas e ainda serem recepcionados como cavaleiros da salvação. Onde mais poderia ser encontrado um clima tão hospitaleiro para os sobreviventes da Ordem, desejosos de se secularizarem, de se integrarem e se perpetuarem, seguramente isolados dos seus perseguidores?

Ter sido este, de fato, o caso, está nitidamente apresentado no poema *Morte Arthure*, do século XIV, entre as linhas 3531 e 3534: "Ele (Mordred) reuniu legiões de repulsivos estrangeiros,... e muitos mercenários pictos e pagãos, e experientes Cavaleiros da Irlanda e de Argyll, homens fora-da-lei".

Parte 2:

A Escócia e uma Tradição Oculta

CAPÍTULO VI

O Legado Templário na Escócia

Um dos erros da cultura e da erudição convencional é insistir numa distinção rigorosa e artificial entre "História" e "Mito". Segundo essa distinção, "História" é somente aquilo que é um fato documentado — dados passíveis de serem submetidos a uma investigação e exame quase científico, que resistirão a diversos testes e, por meio deles, provarão que algo "aconteceu de fato". Nesse sentido, a "História" consiste de nomes, datas, batalhas, tratados, movimentos políticos, conferências, revoluções, mudanças sociais e outros fenômenos "objetivamente reconhecíveis". Por outro lado, os "Mitos" são rejeitados como irrelevantes ou incidentais à "História". Os "Mitos" são consignados ao reino da fantasia, à poesia e à ficção. Os "Mitos" estão fadados a serem o falso embelezamento ou a falsificação de um fato, uma distorção da "História" e, portanto, algo a ser implacavelmente excluído ou extirpado. Acredita-se que "História" e "Mito" devem ser mantidos em separado antes que a verdade sobre o passado possa ser revelada.

Mas, para as pessoas que originalmente criaram aquilo que mais tarde poderá vir a ser considerado "Mito", não havia essa distinção. Em sua época, e ao longo dos séculos seguintes, a *Odisseia* de Homero, que abordava as, provavelmente fictícias, aventuras de um homem, não teve importância histórica menor do que a *Ilíada*, que abordava uma ocorrência presumivelmente "verdadeira" ou "real", o Cerco de Troia. Passagens do Velho Testamento — como, por exemplo, a separação das águas do Mar Vermelho, ou Deus outorgando a Moisés as Tábuas da Lei — são consideradas por muitos, nos dias de hoje, como "Mitos"; no entanto, existem também muitas outras pessoas que, ainda hoje, acreditam que tais eventos aconteceram de fato. Na tradição celta, acreditava-se, durante séculos, que as sagas de, por exemplo, Cuchulain e dos "Cavaleiros" do Galho Vermelho, eram historicamente exatas; e, ainda nos dias de hoje, não há como saber se elas eram reais, ou se não passavam de floreios de acontecimentos históricos, ou se eram totalmente fictícias. Para citar um exemplo mais recente, o "Velho Oeste" do século XIX dos Estados Unidos, tal como retratado primeiramente pelas "novelas de cordel", e depois por Hollywood, hoje é reconhecido, em geral, como "mítico". Apesar disso, Jessé James, Billy the Kid, Wild Bill Hickok, Doc Holliday e os irmãos Earp, existiram de fato. O lendário tiroteio em OK Corral aconteceu de verdade, apesar de não ter acontecido daquela mesma forma como normalmente é descrita. Até muito recentemente, os "Mitos" criados sobre tais personagens e episódios eram, virtualmente, inseparáveis da "História". Assim, na época da "Lei Seca", homens como Eliot Ness de um lado, e John Dillinger e "Legs" Diamond do outro, fantasiaram-se ao serem transformados em protagonistas de um drama do Velho Oeste, historicamente existente, envolvendo corajosos e decididos "mocinhos" e românticos "bandidos". E, ao longo do processo, eles criaram uma nova "História" em torno da qual novos "Mitos" seriam criados.

Conforme a extensão com que eles inflamam a imaginação e permanecem vivos na vida imaginativa das pessoas, os personagens e os acontecimentos históricos migram, imperceptivelmente, para mitos. Nos casos como o do Rei Arthur ou Robin Hood, o mito efetivamente subordinou qualquer "realidade" histórica que possa ter, outrora, acontecido. No caso de Joana d'Arc, a "realidade" histórica, embora não totalmente eclipsada, ficou em segundo plano, enquanto o primeiro plano é dominado pelo exagero, pelo floreio e pela pura invenção. Em casos mais recentes — por exemplo, Che Guevara, John Kennedy ou Marilyn Monroe, John Lennon ou Elvis Presley — a "realidade" histórica pode ser discernida entre os elementos do mito, mas não pode, afinal, ser separada dele. São exatamente os elementos do mito que nos tornam interessados na "realidade" histórica.

Pode argumentar-se — como de fato se argumenta — que toda história escrita ou registrada é, essencialmente, uma forma de mito. Qualquer relato histórico é orientado em direção às necessidades, às atitudes e aos valores da época na qual ele é composto, e não da época à qual ele se refere. Qualquer relato histórico é, necessariamente, seletivo, incluindo alguns elementos e omitindo outros. Qualquer relato histórico, ainda que em virtude de sua seletividade, enfatiza certos fatores e negligencia outros. Daí, ele é parcial ou tendencioso e, por ser assim, inevitavelmente, falsifica "o que aconteceu na realidade". Se a mídia moderna não pode concordar com a interpretação de acontecimentos acontecidos apenas ontem, o passado está sujeito a uma maior amplidão de interpretação.

Por razões como essas, os novelistas pós-guerra — de Carlos Fuentes e Gabriel García Marques na América Latina, a Graham Swift, Peter Ackroyd e Desmond Hogan na Inglaterra e na Irlanda — têm insistido numa reavaliação do significado daquilo que chamamos "História". Para tais novelistas, a história não consiste apenas dos "dados" externos e passíveis de prova, mas também do contexto mental sob o qual esses dados e informações estão embutidos — e nos quais, nas mãos das gerações vindouras, eles são interpretados. Para tais novelistas, a única "História" verdadeira é a vida psíquica de um povo, de uma cultura, de uma civilização — e aí incluem-se não apenas os dados e as informações externas mas também os exageros imaginativos, os floreios e as interpretações do mito. Ivo Andrié, novelista iugoslavo, vencedor do Prêmio Nobel de 1961, insiste na necessidade de os historiadores de reconhecerem a subjacente "verdade das mentiras". Andrié sustenta que as "mentiras" de um povo ou de uma cultura — a hipérbole, o exagero e o floreio, e mesmo a absoluta falsificação e invenção — não são puramente gratuitas. Ao contrário, elas dão testemunho às necessidades subjacentes, às querências subjacentes, às lacunas subjacentes, aos sonhos subjacentes e às supercompensações; nesse sentido, elas são, exatamente em sua falsidade, não apenas verdades mas também declarações reveladoras e informativas, que contêm indícios e pistas vitais ao entendimento. E, no sentido de servirem para cristalizar uma identidade coletiva ou de autodefinição, elas criam uma nova verdade — ou algo que se torna verdade.

Um exemplo simples e tristemente relevante bastaria para ilustrar o tipo de processo descrito por Andrié — o processo pelo qual "verdades" e "mentiras", "História" e "Mito" tornam-se irmanados para criar uma nova realidade histórica. Em 1688, os cidadãos protestantes de Londonderry, mais por pânico do que por real necessidade, fecharam e obstruíram os portões da cidade com barricadas contra um contingente de tropas católicas enviadas por James II para guarnecer o lugar. O ato de rebeldia produziu uma previsível reação por parte do rei, e, sem que nenhuma das partes quisesse ou planejasse, Londonderry se viu cercada. No âmbito da história europeia, o Cerco a Londonderry não passou de uma questão de menos importância, até trivial em comparação com as operações militares que, depois de quase dez anos, seriam conduzidas no Continente. Além disso, ele foi inconsequente, sem a nada levar, e nada resolver. Ele não foi determinado por qualquer necessidade militar, bem como não foi decisivo num sentido estritamente militar. Porém, em um nível menos tangível, ele foi, de fato, decisivo. Ele moldou e criou atitudes, posturas, valores e direcionamentos, e tudo isso se transformou, subsequentemente, em acontecimentos.

Como reação não ao que "de fato aconteceu" em Londonderry, mas ao que se acreditava ter acontecido, os moldes de conceito protestantes e católicos na Irlanda congelaram. Foi em estrita concordância com tais moldes de pensamento que as duas comunidades continuaram a atuar. Essas atuações haveriam de determinar o curso dos assuntos irlandeses ao longo do século seguinte. E quando, em 1798, a Irlanda católica irrompeu em revolta, a conduta e o curso daquela revolta foram condicionados não pelos acontecimentos ocorridos cem anos antes por ocasião do cerco, mas pelos mitos que cercaram aqueles acontecimentos. E a História — nesse caso, a rebelião de 1798 — gerou novos mitos de si própria. Esses novos mitos, por sua vez, propiciaram novos desenvolvimentos na assim chamada história que, também por sua vez, alimentaram novos mitos. O auge do processo é a Irlanda do Norte de hoje, onde o verdadeiro conflito não é tanto um choque de religiões, mas um choque de mitos conflitantes, de interpretações conflitantes da História.

A Batalha de Blenheim (em 1704, apenas 15 anos depois do Cerco de Londonderry) foi uma verdadeira grande batalha. E ela também foi decisiva. Ela alterou o equilíbrio do poder na Europa e transformou, radicalmente, o curso da história europeia. Porém, Blenheim, hoje, está nas cabeças das pessoas principalmente como uma imponente mansão em Oxfordshire, que também é o lugar onde Churchill nasceu. Por outro lado, o Cerco de Londonderry e a rebelião de 1798, e todos os demais marcos, meio míticos e meio históricos, da história irlandesa, estão todos reunidos no presente, sendo regularmente comemorados, reencenados, ritualizados — e, consequentemente, ainda capazes de moldar atitudes e valores, de determinar a identidade tribal e de polarizar comunidades. Aí está o poder do mito. E aí está a inseparabilidade entre o mito e tudo aquilo que chamamos de História.

A História não consiste apenas de fatos e eventos. Ela também consiste dos relacionamentos entre fatos e eventos e a interpretação, quase sempre imaginativa, de tais relacionamentos. Em qualquer ato de interpretação como esse, um elemento mítico, necessariamente, entra em jogo. Assim, o mito não é tão diferente da história. Ao contrário, o mito é uma parte inseparável da história

A Exploração do Mito Templário

Desde os seus primórdios, os Templários se envolveram em mito, capitalizaram sobre ele e o exploraram. A absoluta obscuridade e o mistério que cercam as suas origens possibilitou-lhes que se cercassem, eles próprios, de uma igualmente potente mística. Essa mística foi ainda mais salientada pelo patrocínio não apenas de nobres líderes mas também por romancistas, tais como Wolfram von Eschenbach e luminares da Igreja, tais como São Bernardo. Nas mentes de seus contemporâneos, foi muito fácil aos Templários se tornarem "lendas em suas próprias vidas", e eles nada fizeram para desencorajar o processo pelo qual foram levados a essa condição. Ao contrário, eles sempre o incentivam ativamente. Entre os textos bíblicos, constantemente eles invocavam Josué e os macabeus, promovendo-se como os avatares do exército daqueles dias que derrubaram as muralhas de Jericó, o exército que quase chegou a derrotar Roma nos poucos anos que antecederam a era cristã. Eles estimulavam a imagem que a população tinha sobre eles de estarem, de alguma forma, associados aos Romances do Graal, como "guardiões" daquele misterioso objeto ou entidade conhecido como o Santo Graal.

Em meio à mística que cercava a Ordem do Templo, muitos ecos e imagens acabaram, assim, fundindo-se. O exército de Josué, os macabeus e os Cavaleiros do Graal fundiram-se com outros antecessores históricos e/ ou lendários — os nobres e fidalgos de Carlos Magno, os Cavaleiros da Távola Redonda do rei Arthur e, particularmente nas Ilhas Britânicas, o "Galho Vermelho" de Ulster. Também não foram a coragem e a bravura marcial as únicas virtudes que a mística que cercava os Templários lhes conferiu. Os Templários aparecem no *Perlesvaus* não apenas como militares mas também como iniciados altamente místicos. Isso é muito sugestivo, pois os Templários estavam muito empenhados em reforçar a imagem popular que tinham, como magos, bruxos ou feiticeiros, necromânticos, alquimistas, sábios com acesso privado a elevados segredos misteriosos. E, de fato, foi exatamente essa imagem que repercutiu sobre eles e que muniu os seus inimigos com os meios de destruí-los.

Mesmo no legado da Ordem, o processo de produção mítica continuou ativo e inseparável da realidade histórica. Teria Jacques de Molay, o último Grão-Mestre, ao ser queimado vivo em fogo brando, de fato, pronunciado uma maldição ao Papa e ao rei da França, ordenando-lhes que o acompanhassem, comparecendo perante o Trono de Deus naquele mesmo ano? Verdadeiro ou não, o fato é que ambos morreram no prazo de um ano, em circunstâncias bastante suspeitas. É muito fácil hoje atribuir as suas mortes a Cavaleiros refugiados ou a simpatizantes, utilizando a perícia da Ordem no manuseio de venenos, mas a mentalidade medieval se contentou em enxergar no fato mais uma prova do poder oculto. O monarca francês começou a se ver, ele próprio, como acusado, com a maldição de Jacques de Molay pendendo sobre a sua cabeça, tal como uma espada de Dâmocles. E a maldição haveria de continuar associada ao trono francês, independentemente das mudanças de dinastias. Assim, em 1793, quando Luís XVI foi guilhotinado, mais um evento histórico se tornou enredado com mito e lenda: dizem que um franco-maçom francês saltou sobre o cadafalso e mergulhou a sua mão no sangue do rei, espargindo-o sobre a multidão e gritou: "Jacques de Molay, a sua arte está vingada!".

Assim, em toda a sua vida, os Templários se revestiram em lenda e mito. Em seu desaparecimento, eles geraram novos mitos, novas lendas, que foram traduzidos e interpretados por outros como "fatos históricos". Como veremos mais adiante, uma das traduções mais poderosas, em particular, foi a Franco-Maçonaria. Porém, havia outras manifestações anteriores ao fenômeno — manifestações sobre as quais a própria Franco-Maçonaria haveria de se arvorar e nas quais ela própria estava enraizada. De fato, pouco depois de a Ordem do Templo ter sido destruída, ela ressurgiu, tal como a Fênix, renascendo das próprias cinzas, assumindo uma nova cara mítica.

No decorrer de um quarto de século após a dissolução da Ordem do Templo, uma enxurrada de Ordens neo-Templárias começou a aparecer — e assim continuariam a surgir ao longo dos séculos seguintes. Assim, por exemplo, em 1348, Edward III da Inglaterra criou a Ordem da Jarreteira, composta de 26 Cavaleiros, divididos em dois grupos, com 13 membros em cada grupo. Certamente, a Jarreteira continua até os nossos dias, sendo a principal Ordem de Cavalaria do mundo. Na França, em 1352, Jean II criou uma instituição quase idêntica, a Ordem da Estrela. No entanto, ela teve uma vida bem mais breve do que a Jarreteira, tendo sido todo o seu quadro aniquilado em 1356, na Batalha de Poitiers. Em 1430, Philip, duque de Burgundy, criou a Ordem do Tosão de Ouro. Em 1469, Luís XI da França criou a Ordem de São Miguel. Entre os membros que a compunham estavam Claude de Guise, Charles (Connétable) de Bourbon, François de Lorraine, Federico de Gonzaga e Louis de Nevers — bem como os comandantes e oficiais de uma instituição que logo aparecerá em nossa história, a Guarda Escocesa.

Certamente, tais Ordens eram, quantitativamente, muito menores do que os Templários, e muito menos pretensiosas. Elas jamais chegaram a exercer influência histórica notável. Elas não tinham terras, Preceptorias, nenhum tipo de patrimônio e nenhuma renda. Faltava-lhes autonomia, estando subordinadas a um ou a outro potentado ou soberano. Embora compostas, inicialmente, por combatentes, estes não eram, exatamente, militares. Eram, por exemplo, desprovidos de qualquer treinamento militar; não estavam organizados em nenhuma hierarquia militar; não atuavam sob as diferentes formações e unidades militares, dentro ou fora dos campos de batalha. Estavam, principalmente, mais interessados no prestígio do que no poder, veículos do patrocínio real, o domínio da lisonja; seus uniformes, equipamentos e títulos logo se tornaram tão metafóricos quanto, digamos, os do Exército da Salvação. Mas em seu início, em seus ritos e rituais, na mística que eles procuravam reivindicar para si, eles viam o Templo como um modelo.

Essa particular herança do Templo era mais heráldica do que qualquer outra coisa; porém, havia outro legado que não apenas transformou a cara do Catolicismo Europeu, mas projetou-o para além-mar — tal como, a oeste, à longínqua América e, a leste, ao Japão. Em 1540, um antigo militar chamado Inácio de Loyola,* desgostoso com os avanços do protestantismo, ressuscitou o ideal Templário original do monge-guerreiro, o soldado de Cristo, e criou sua própria armada nesses moldes. No entanto, diferentemente dos Templários, os soldados de Loyola fariam a sua Cruzada não apenas com a espada (embora estivessem perfeitamente preparados para deixar que outros o fizessem em seu nome), mas com a palavra.

* N. E.: Sugerimos a leiturabde *Os Exercícios Espirituais de Inácio de Loyola*, Madras Editora.

Foi assim que nasceu aquilo que Loyola chamou de Companhia de Jesus* — até que o Papa, recuando das explícitas conotações da palavra "Companhia", insistiu para que o nome fosse mudado para "Sociedade". Em sua estrutura e organização marcial, em sua rede de "Províncias" de longo alcance, em sua rígida disciplina, os Jesuítas, conforme o próprio Loyola reconhecia, espelhavam-se nos Templários. De fato, eles frequentemente atuavam como conselheiros militares e especialistas em material bélico e artilharia, bem como diplomatas e embaixadores de alto nível. Tal como os Templários, os Jesuítas se reportavam e estavam, nominalmente, subordinados apenas à Igreja; porém, também como os Templários, eles acabaram se tornando uma lei para si próprios. Em 1773, em circunstâncias que lembravam a extinção do Templo 461 anos antes, o Papa Clemente XIV, "em segredo", extinguiu os Jesuítas. Subsequentemente, em 1814, eles foram ressuscitados. Porém, ainda nos dias de hoje, os Jesuítas são, em muitos aspectos, uma instituição autônoma e, não raro, às voltas em discussões com o Papado, a quem, supostamente, eles devem obediência.

As Ordens Cavalheirescas e os Jesuítas eram, de maneiras distintas, herdeiros do Templo que finalmente esqueceram, ou deliberadamente repudiaram, as suas origens. No entanto, na Escócia, uma herança Templária, mais direta e tangível, haveria de sobreviver, devidamente reconhecida como tal, e transmitida pelos mais sólidos canais de propriedade e de linhagem sanguínea. Em primeiro lugar, conluios e conveniências, encobrimentos, negociações e entendimentos garantiram que os patrimônios da Ordem na Escócia fossem preservados intactos, mantidos como uma unidade separada e administrada, ao menos por um certo tempo, pelos próprios Templários "destituídos" — e, subsequentemente, por alguns de seus prepostos. As propriedades Templárias na Escócia não haveriam de ser desmembradas ou fracionadas, tal como ocorreu nos outros lugares. Ao contrário, elas foram mantidas em confiança, como que à espera do ressurgimento de seus antigos donos.

Também surgiria na Escócia uma rede de famílias engrenada para servir de repositório e de conduto. À medida em que uma autêntica tradição Templária sobreviveu na Escócia, ela sobreviveu sob os auspícios daquelas famílias e daquela formação militar que elas patrocinaram, a Guarda Escocesa, quiçá a mais genuína instituição neo-Templária entre todas as demais. Além disso, devido à Guarda Escocesa às famílias que proveram a Guarda com os seus filhos, uma nova energia haveria de ser importada pela Escócia a partir do Continente. Essa energia — expressa originalmente em uma variedade de disciplinas "misterosas", bem como por meio da arquitetura e da pedraria — haveria de se fundir com o resto das tradições Templárias, insuflando-lhes um novo fôlego. E assim, das cinzas da antiga Ordem

* N. E.: Sobre o tema, sugerimos a leitura de *Instruções Secretas dos Jesuítas*, de Charles Sauvestre, Madras Editora.

religiosa-militar, uma centelha de tradição seria introduzida na instituição que se cristalizou e consolidou como a Maçonaria moderna.

As Terras Templárias

Em 1312, um mês após a dissolução oficial do Templo, decretada pelo Papa, todas as terras, Preceptorias e demais instalações pertencentes à Ordem foram distribuídas a seus antigos aliados e rivais, os Cavaleiros Hospitalários de São João. Na Terra Santa, os Hospitalários foram quase tão corruptos quanto os Templários, quase tão propensos à quebra de poder, intriga, brigas cheias de parcialidade e busca de seus próprios interesses às custas do bem-estar dos Cruzados do Reino. Tal como os Templários e os Teutônicos dos meados do século XIII, os Hospitalários também estavam envolvidos com a área bancária, o comércio, numa variedade de outras atividades que iam bem além de sua condição original de monges-guerreiros. No entanto, na Europa e, particularmente, em seus relacionamentos com o Papado, os Hospitalários mantiveram a aparência escrupulosamente limpa. Eles permaneceram à prova de qualquer "infecção" por heresia, de qualquer transgressão que pudesse sujeitá-los a perseguições. Além disso, eles não chegavam a representar uma ameaça a qualquer monarca europeu.

Sem dúvida, os Hospitalários eram tão arrogantes e autocratas quanto os Templários e os Cavaleiros Teutônicos. Mas a sua hospitalaria funcionava, e a sua inabalável lealdade a Roma neutralizava, de longe, essas impressões adversas que provocavam. Consequentemente, eles desfrutavam uma respeitabilidade, tanto junto ao Papado como à opinião pública, que as Ordens rivais não desfrutavam. De fato, nos anos que antecederam 1307, chegava-se a falar em "purificar" os Templários fundindo-os com os Hospitalários numa só Ordem unificada. Entre 1307 e 1314, enquanto os julgamentos dos Templários estavam em curso, os Cavaleiros Teutônicos foram incursos em semelhantes acusações e, temendo serem alvo das mesmas perseguições, mudaram o seu quartel-general de Veneza para Marienburg, onde hoje está a Polônia, bem longe do alcance tanto do Papa como das autoridades seculares. Os Hospitalários permaneceram em ditosa posição, beneficiando-se do infortúnio de seus dois rivais.

Apesar disso, a aquisição dos patrimônios Templários pelos Hospitalários não foi assim tão simples e direita como poderíamos imaginar. Em alguns casos, por exemplo, chegaram a se passar 30 anos até que eles conseguissem, de fato, ter a transferência de propriedade conferida para si; e então, é claro, a propriedade em questão já estava, em geral, em ruínas, abandonada, inutilizada e inviável, a não ser que consideráveis investimentos fossem gastos em sua recuperação. Em duas ocasiões — em 1324 e, novamente, em 1334 — os priores de São João recorreram ao Parlamento inglês para confirmar seu direito às terras Templárias.[76] Ainda assim,

76. Addison, *The History of the Knights Templars*, p. 285-6.

não foi antes de 1340 que eles conseguiram obter o título do London Temple. Também, em muitas oportunidades, os Hospitalários se viram às voltas em conflitos com proprietários seculares — homens que, para não deixarem que a propriedade passasse às mãos de São João, procuraram reivindicar a propriedade conferida ao Templo por seus antepassados um ou dois séculos antes. Em muitos casos, esses magnatas seculares, ainda que não suficientemente poderosos para ganhar a causa, conseguiram prolongar o processo com litígios.

Essa era a situação na Inglaterra. Na Escócia, as coisas estavam ainda mais confusas e, muitas vezes, deliberadamente também escondidas. Talvez o mais forte indício dos desdobramentos na Escócia não esteja naquilo que foi dito, mas naquilo que não foi dito. Assim, seis meses depois de Bannockburn, Bruce emitiu um Certificado aos Hospitalários, confirmando todas as suas propriedades no Reino.[77] Nenhuma menção foi feita a quaisquer terras ou propriedades Templárias, embora tais patrimônios devessem ter sido passados às mãos dos Hospitalários dois anos antes. Simplesmente foi confirmado aos Hospitalários tudo aquilo que já lhes pertencia. É interessante notar que nem os Hospitalários nem a Coroa, tampouco os proprietários seculares, tentaram reivindicar direito à propriedade Templária. De fato, com apenas uma única exceção, não há registro de que alguém tenha conseguido qualquer propriedade Templária, ou mesmo que tivesse tentado obtê-la. Tão completo e absoluto era o silêncio em torno da questão que, durante toda a vida de Bruce, tal propriedade pode jamais ter, sequer, existido.

Em 1338, nove anos após a morte de Bruce, o Grão-Mestre dos Hospitalários requisitou uma lista de todas as propriedades do Templo adquiridas por sua Ordem em todo o mundo. Cada um dos Priores regionais ou nacionais foi instruído a fazer um inventário de todo o patrimônio Templário em sua esfera de atuação. Durante o último século, um documento, citando a resposta do Prior inglês, foi encontrado na biblioteca da Ordem de São João em Valetta. Depois de relacionar um considerável número de propriedades Templárias adquiridas pelos Hospitalários na Inglaterra, o manuscrito assim diz:

> "Quanto às terras, edifícios... igrejas e todas as demais propriedades que eram Templárias na Escócia, a resposta foi nada existir de valor... tudo foi destruído, incendiado e reduzido a nada pelas continuadas guerras que se sucederam ao longo dos muitos anos".[78]

Assim, até 1338, os Hospitalários ainda não tinham colocado suas mãos em qualquer propriedade Templária na Escócia. Por outro lado,

77. Cowan, Mackay e Macquarrie, *The Knights of St. John of Jerusalem in Scotland*, p. 47-48.

78. Larking, *The Knights Hospitallers in England*, p. 201.

claramente ocorreram alguns tipos de irregularidades, pois se as propriedades Templárias não figuravam em quaisquer transações dos Hospitalários, da Coroa ou dos nobres seculares, muitas delas jamais chegaram, afinal, a serem vendidas — sem que tenham sido inseridas ou mencionadas em quaisquer registros oficiais. Assim, por exemplo, dizem que, antes de 1329, um Oficial da Ordem de São João, um certo Rodulph Lindsay, teria disposto das terras Templárias de Temple Liston.[79] Mas essa transação não está mencionada em quaisquer documentos ou arquivos da Ordem. Sob que autoridade teria, então, agido Lindsay? Para quem estaria ele agenciando a negociação?

A transação de Lindsay é apenas uma entre as muitas que enevoaram, para os historiadores mais recentes, toda a questão das terras Templárias na Escócia durante o período em questão. Em resultado disso, nenhuma ideia clara pode ser conseguida:

> "Desconhece-se como foi que as propriedades Templárias foram passadas aos Hospitalários; parece ter sido um imperfeito processo feito em partes, e há provas de que bem no século XIV os Hospitalários ainda encontravam dificuldades em conseguir a posse das antigas propriedades Templárias".[80]

O mesmo escritor conclui: "Não há nenhum outro período na História das Ordens Militares na Escócia que seja mais obscuro do que o século XIV".[81]

Apesar das obscuridades, um certo padrão se torna patente: depois de 1338, os Hospitalários começaram a adquirir os patrimônios Templários na Escócia, embora de uma maneira decididamente equivocada; no entanto, antes de 1338, nenhuma propriedade Templária foi passada a terceiros, e, fora a exceção que acabamos de citar, não há nenhum registro, em lugar algum, quanto ao que teria acontecido com tais propriedades. Além do mais, as terras Templárias, ao serem finalmente recebidas pelos Hospitalários, foram guardadas em separado. Elas não foram fracionadas, integradas aos demais patrimônios dos Hospitalários e administradas adequadamente. Ao contrário, eram merecedoras de uma condição especial e administradas como unidades autônomas. Na verdade, eram tratadas não como se, de fato, fossem de propriedade de São João, mas como se fossem, simplesmente, conforme seus agentes ou gerentes, a eles depositados em confiança. No final do século XVI, nada menos do que 519 localidades na Escócia foram relacionadas pelos Hospitalários como *Terrae Templariae*

79. Robertson, *An Index drawn up about the year 1629*, p. 11, nº 36.
80. Ibid., p. XXVI.
81. Ibid., XXX.

— isto é, uma parte do patrimônio Templário autônomo e administrado em separado![82]

De fato, a disposição das terras Templárias na Escócia envolveu algo bastante extraordinário — algo que foi quase que inteiramente desprezado pelos historiadores e que possibilitou que o Templo mantivesse, ao menos em certa medida, a sua existência póstuma. Ao longo de mais de dois séculos na Escócia — desde o início do século XIV até meados do século XVI —, parece que os Templários, de fato, fundiram-se com os Hospitalários. Assim, durante o período em questão, existem frequentes referências feitas a uma única Ordem unida — a "Ordem dos Cavaleiros de São João e a do Templo".[83]

É uma situação estranha, e levanta algumas torturantes perguntas. Teriam os Hospitalários previsto algum ressurgimento futuro do Templo e, talvez em virtude de algum acordo secreto, comprometeram-se a cuidar do patrimônio Templário em confiança? Ou será que a Ordem de São João na Escócia abrigou em suas fileiras Templários fugitivos em quantidade suficiente para administrar as suas próprias terras?

Ambas as respostas soam viáveis e não são mutuamente excludentes. Qualquer que seja a verdade sobre a questão, está claro que as terras Templárias gozavam de uma condição incomum, a qual não foi oficialmente definida nos registros históricos. E as propriedades continuaram mantendo o mesmo *status*. Em 1346, um Mestre dos Hospitalários, Alexander de Seton, presidiu a Sessão Ordinária na antiga Preceptoria Templária em Balantrodoch. Naquela ocasião, o lugar já tinha, finalmente, passado às mãos dos Hospitalários. Apesar disso, a propriedade ainda era administrada em separado, conservando seu próprio *status* como parte do patrimônio Templário. Duas das Cartas atestadas por Alexander de

82. Maidment, *Abstract of the Charters and Other Papers*, relaciona três propriedades baroniais, previamente Templárias, e outras 514. Durante dois séculos, todo o patrimônio do *Terrae Templariae* foi mantido e administrado pela Ordem de São João — ou combinados entre aquela Ordem e a do Templo. As propriedades foram alugadas e um oficial nomeado atuava como supervisor e cobrador de aluguéis. Esse oficial era, normalmente, chamado de "Depositário Templário". Ao que parece, cada região da Escócia tinha o seu próprio "Depositário Templário", que se reportava ao Priorado de São João em Torphichen. Assim, por exemplo, um certo Alexander Spens foi nomeado "Depositário Templário" para Fife, em 1490. Outras pessoas, chamadas de "Depositários das terras do Templo", são citadas por Lennox, Angus, Gowrie, Berwick e Ayr. Veja Cowan, Mackay e Macquerrie, op. cit., p. LXVIII.

83. Veja, por exemplo, Maidment, *Templaria*, "Certificado outorgado pelo rei James IV da Escócia". O uso de *Fratibus Hospitalis Hierosolimitani, Multibus Templi Solomonis....* Curiosamente, nesse Certificado, datado de 1488, James IV "reafirmou" todos os antigos direitos e privilégios não apenas da Ordem de São João mas também dos Templários. Isso deve servir como prova de que, até o século XV, os Templários tiveram alguma existência legal.

Seton sobreviveram.[84] Elas indicam que, apesar da data, 34 anos depois da dissolução dos Templários, os "Temple Courts" ainda continuavam existindo.

Lugares como esses, conservando o mesmo nome — "Temple Courts", continuaram em uso por mais de dois séculos. Mais uma vez somos colocados diante de uma prova de que a Ordem de São João, embora detentora de autoridade sobre as propriedades Templárias na Escócia, foi, por razões que jamais foram explicitamente declaradas, incapaz de absorvê-las legalmente. E, uma vez mais, somos confrontados com a impressão de uma presença Templária invisível, aparecendo nos bastidores, aguardando uma oportunidade para reaparecer e reivindicar, legalmente, o seu legado. E toda a Escócia — a Monarquia, os poderosos senhorios e proprietários, a própria Ordem de São João — parece ter conspirado nesse velado projeto.

O Esquivo Cavaleiro — David Seton

No início do século XIX, um famoso advogado especializado em genealogia e antiquário, chamado James Maidment, descobriu um cartulário — um rolo ou volume encadernado, de registros imobiliários — das *Terrae Templariae* na Ordem de São João entre 1581 e 1596. Além das duas conhecidas Preceptorias, em Balantrodoch e Maryculter, esse documento relacionava outras três — em Auldisten, Denny e Thankerton.[85] Também dele faziam parte outras mais de 500 propriedades Templárias, desde sítios e campinas, moinhos e fazendas, até castelos e quatro municípios inteiros. Estimulado por sua descoberta, Maidment realizou outras pesquisas. As suas conclusões finais foram tabuladas e transcritas num manuscrito, ora guardado pela Biblioteca Nacional da Escócia, onde estão relacionados, e nominalmente especificados, nada menos do que 579 propriedades Templárias.[86]

O que teria acontecido com essas terras? Como foi que delas dispuseram, e por que será que os respectivos registros desapareceram da crônica histórica? Pelo menos algumas respostas a essas perguntas podem ser encontradas junto a uma família que estava entre as mais importantes e influentes na Escócia na época de Bruce — a família Seton.

84. *Scottish Record Office*, RH6/114 e 115. Este último (115) está publicado em Cowan, Mackay e Macquarrie, op. cit., p. 51-3.
85. Maidment, *Abstract of the Charters*, p. 8-9. Os seis baronatos relacionados como estando em mãos da Ordem de São João eram: Torphichen, Thankerton, Denny, Auldliston, Ballintrado (Balantrodoch) e Maryculter. O primeiro, Torphichen, foi a única Preceptoria da Ordem de São João mantida na Escócia antes da extinção dos Templários, ao passo que, conforme se sabe, as três últimas foram mantidas pelos Templários. Assim, podemos supor que as outras duas também faziam parte do patrimônio dos Templários na Escócia.
86. Maidment, *A Rental of all the Annual Rentsand Temple Lands*.

Como já vimos antes, *Sir* Christopher Seton se casou com a irmã de Bruce. Ele estava presente quando Bruce assassinou John Comyn, sendo ele próprio quem matou o tio de Comyn, quando este tentou intervir. Ele também esteve presente na coroação de Bruce em Scone, em 1306. Mais tarde, na Batalha de Methven, foi capturado e, por ordem de Edward I, executado. Um semelhante destino teve o seu irmão, *Sir* John Seton. Na verdade, ambos morreram ao lado do irmão de Bruce, Neil. Em 1320, o filho de Christopher Seton, Alexander, com representantes de outras famílias igualmente eminentes, tais como os Sinclair, assinaram a Declaração de Arbroath.

Pelos 400 anos seguintes, os Seton haveriam de continuar proeminentes nos negócios e nas atividades nacionais escocesas. Assim, não é de se surpreender, e tampouco vão, que, em 1896, um outro Seton — George, viesse a se encarregar de uma pormenorizada crônica de seus antepassados. Nessa monumental obra — *História da Família de Seton (A History of the Family of Seton)* —, o autor relaciona muitos de seus ancestrais portando títulos, que vão desde os mais irrelevantes aos mais ilustres. Ele também relaciona muitos outros Seton que não figuram das genealogias comuns da nobreza. Alguns não passam de humildes artesãos e burgueses. Entre essa emaranhada floresta de árvores genealógicas, encontra-se um relevante e particularmente enigmático registro:

> "c.1560. Quando os Cavaleiros Templários foram destituídos de sua participação patrimonial, por instrumento de seu Grão-Mestre, *Sir* James Sandilands, eles se retiraram em bloco, com David Seton, Grão-Prior da Escócia (sobrinho de Lorde Seton?), no comando. Essa transação está aludida num curioso poema satírico da época, intitulado:
>
> ***Haly kirk and her Theeves****
>
> *Fye upon the traitor then,*
Quhas has brocht us to sic pass,
Greedie als the knave Judas!
Fye upon the churle quhat solde
Haly erthe for heavie golde;
Bot the temple felt na loss,
Quhan David Setoune bare the crosse.
>
> David Seton morreu no exterior, em 1581, e dizem que ele foi sepultado na igreja de Scotch Convent, em Ratisbon (agora Regensburg, perto de Nuremburg".[87]

* N. T.: Algo como "A Santa Igreja e os seus Ladrões". Mantido o texto original do poema, composto em dialeto, uma vez que qualquer tentativa de tradução haveria de deturpar e/ou distorcer o seu sentido.

87. Seton, *A History of the Family of Seton*, vol. II, p. 751.

Essa explícita alusão ao Templo é estarrecedora. E mais estarrecedora ainda por sua data. Dois séculos e meio depois de os Templários terem sido oficialmente extintos, conforme sugere o poema, eles estavam em plena atividade na Escócia e suportando uma nova crise. Mas quem era, exatamente, David Seton? E quem era *Sir* James Sandilands?

Quanto a este último, pelo menos, é razoavelmente fácil saber. James Sandilands, primeiro Barão Torphichen, nasceu em 1510, o segundo filho de nobre família latifundiária em Midlothian. O pai de Sandilands era um amigo de John Knox que, após o seu retorno à Escócia, vindo de Genebra em 1555, morou na propriedade da família em Calder. Apesar da associação de seu pai com um reformista protestante, o jovem James Sandilands foi admitido na Ordem de São João pouco antes de 1537. Em 1540, ele solicitou a James V um salvo conduto para viajar para Malta e ali obter do Grão-Mestre uma confirmação oficial de seu direito de sucessão à Preceptoria de Torphichen após o falecimento do encarregado, Walter Lindsay. O direito de sucessão de Sandilands foi devidamente confirmado pelo Grão-Mestre dos Hospitalários, Juan d'Omedes, em 1541. De volta para casa, vindo de Malta, o ambicioso jovem se deteve em Roma para ter a sua prometida condição ratificada pelo Papa.

Cinco anos mais tarde, em 1546, Walter Lindsay morreu. Em 1547, o Mestre em Malta reconheceu oficialmente Sandilands como Prior de Torphichen. No Parlamento escocês, ele ficou conhecido como lorde São João, com assento no Conselho Privado. Em 1557, de volta para Malta, ele se envolveu numa prolongada e tola contenda com um parente putativo, também Membro da Ordem, acerca de uma questão de nobreza certificável. Para descrédito e desgaste de ambos, a briga acabou numa rixa pública, e o parente putativo acabou sendo preso.[88] Em 1558, Sandilands voltou para a Escócia. Então, junto com o seu pai, ele apoiou a Reforma e ativamente fez oposição à rainha regente — Marie de Guise — a irmã mais velha de François, Duque de Guise, e de Charles, Cardeal de Lorraine — que, em 1538, havia se casado com James V.

Deve ter parecido desconcertante, no início, como e por que Sandilands pode apoiar a Reforma Protestante contra um resoluto governante católico, enquanto continuava membro, em destacada posição, de uma Ordem Militar católica. Apesar disso, ele conseguiu conciliar essas obediências conflitantes, e suas segundas intenções haveriam de, logo, se tornar horrivelmente claras. Em 1560, por ato do Parlamento escocês, a autoridade do Papa foi

88. Cowan, Mackay e Macquerrie, op. cit., p. LIV, p. 184-5. O parente, John James Sandilands, finalmente se viu em meio a sérios problemas: em 1564, quando já tinha sido expulso da Ordem e perdido o hábito, ele e mais dois companheiros roubaram e fundiram um cálice, um relicário, um crucifixo e outras peças de uma igreja. Sob tortura, ele confessou e, aparentemente, foi executado naquele mesmo ano. Veja ibid., p. 190.

abolida no País, e os direitos da Ordem de São João à Preceptoria de *Torphephen* (sic) *Fratibus Hospitalis Hierosolimitani, Militibus Temple Salomonis* foram anulados.[89] Assim, na qualidade de Prior de São João, Sandilands foi obrigado a restituir à Coroa todas as propriedades que ele administrava para a Ordem. E ele não se opôs a isto. Certa vez, em 1564, ele se apresentou à nova monarca, Mary — rainha dos escoceses, como sendo o:

> "... atual possuidor dos Domínios e Preceptorias de Torphephen (sic) que jamais estiveram, até então, subordinados a qualquer Capítulo ou Convento, exceto apenas os Cavaleiros de Jerusalém e o Templo de Salomão".[90]

Com uma quantia de 10 mil Coroas, mais um aluguel mensal, Sandilands conseguiu negociar para si um arrendamento perpétuo das propriedades que tinha, anteriormente, administrado para os Hospitalários. Como parte da transação, ele também conseguiu o título hereditário de barão de Torphichen.

Com um espírito empresarial, que era de dar inveja a qualquer *yuppie* de nossos tempos, Sandilands efetivamente defraudou os Hospitalários, dispondo ilicitamente de suas terras, em seu próprio benefício, e desfrutando com grande proveito da negociação. É quase certeza de que é a toda essa negociata, ou a uma parte dela, que o poema citado anteriormente se refere — pois os patrimônios apropriados por Sandilands não eram apenas dos Hospitalários, mas também parte do patrimônio Templário.

Em 1567, Sandilands assistiu à coroação de James VI, depois James I da Inglaterra. Em 1579, ele morreu. O seu herdeiro era o seu sobrinho-neto, nascido em 1574, e também chamado James Sandilands, que se tornou o segundo barão de Torphichen. Porém, muito cedo, o jovem se viu pressionado financeiramente, e passou a vender as propriedades que havia herdado. Em 1604, essas propriedades tinham passado para as mãos de um certo Robert Williamson que, 11 anos depois, vendeu-as a Thomas, lorde Binning, depois conde de Haddington. Depois disso, elas passaram por diversas mãos, até que, finalmente, no início do século XIX, as que restaram foram compradas por James Maidment.

Se é relativamente fácil rastrear e documentar James Sandilands, já David Seton é muito mais impreciso. Não apenas existem muitas perguntas sobre quem exatamente ele era; há dúvida se ele, de fato, existiu.[91] A única prova de sua existência é o fragmento do poema citado anteriormente,

---

89. Maidment, *Templaria*, "Informações a John Lorde Torphichen", p. 3.
90. Ibid., p. 5.
91. Cowan, Mackay e Macquerrie, que documentaram cada um dos conhecidos membros escoceses da Ordem de St. John, não mencionam David Seton. Também não existe registro algum quanto à sua existência nos arquivos do Monastério de Ratisbon (Veja Dilworth,

que levou George Seton a conferir-lhe uma intrigante nota de rodapé na genealogia da família, feita em 1896. Assim, os estudiosos levaram o poema suficientemente a sério para aceitá-lo como depoimento sobre algo que, ao que parece, tanto a história como as ações humanas, tramaram esconder.

Como vimos, a família Seton estava entre as mais distintas e influentes da história escocesa. E assim continuaria sendo pelos três séculos seguintes. Mas o que não está claro é onde, precisamente, o misterioso David Seton se encaixa na árvore genealógica da família. O genealogista de 1896 sugere, de maneira bastante plausível, que ele era neto de George, sexto lorde Seton, que sucedeu ao título em 1513 e que morreu em 1549.[92]

Como já comentamos há pouco, Sandilands era hostil a Marie de Guise e a seu consorte James V. Ele se opunha à aliança dinástica que ligava os Stuarts à Casa de Lorraine no Continente. George Seton estava do lado contrário. Em 1527, ele tinha se casado com uma certa Elizabeth Hay e com ela teve dois filhos, sendo que o mais velho sucedeu o seu título, tornando-se o sétimo lorde Seton, um íntimo amigo de Mary — rainha dos escoceses. Porém, em 1539, George Seton se casou pela segunda vez. A sua segunda esposa foi Marie du Plessis, uma integrante da comitiva que havia chegado à Escócia com Marie de Guise, e, assim, o casamento de Seton com ela colocou-o em íntimo relacionamento com a Corte Real. Com Marie du Plessis, Seton teve mais três filhos: Robert, James e Mary. Mary Seton viria a ser a dama de honra de Mary — rainha dos escoceses, e haveria de ser cantada em verso e em prosa como uma das "três Marias" que acompanharam a rainha para seu casamento com o Delfim,* depois François II, em 1558. No entanto, pouco se sabe sobre Robert e James Seton, salvo que James Seton morreu por volta de 1562, e que Robert Seton ainda estava vivo um ano depois. Ambos teriam tido tempo de gerar filhos, e os genealogistas concluíram que David Seton deve ter sido filho de um dos dois. Assim, ele seria o neto do sexto lorde Seton e o sobrinho do sétimo lorde Seton.

Se David Seton é assim tão elusivo, onde foi que o cronista da família Seton, escrevendo em 1896, conseguiu obter qualquer informação, por

---

The Scots in Franconia). Os arquivos malteses publicados por J. Mizzi também não mencionam o seu nome. No entanto, parece ser consenso que se deve dar o benefício da dúvida. Ninguém insinuou que o poema não passasse de uma invenção ou fantasia, e o Dr. Macquarrie, numa correspondência que nos enviou (em 14 de fevereiro de 1988), confessa ter ficado intrigado com o poema e a menção de David Seton. Ele conclui, sugerindo que poderia haver alguma verdade na história, mas que não foi capaz de seguir adiante. Ele agradeceria mais informações.

92. Seton, op. cit., vol. II, p. 751.

* N.T.: Título da nobreza que, entre os anos de 1349 e 1830, era dado ao filho mais velho do rei da França.

menor que fosse? Inicialmente, tínhamos conhecimento de apenas uma fonte impressa mais antiga, a do historiador do século XIX, Withworth Porter, que tinha conseguido acesso aos arquivos dos Hospitalários em Valetta. Ao escrever em 1858, Porter menciona apenas que: "dizem que David Seton teria sido o último Prior da Escócia, e que teria se retirado, com a maior parte de seus irmãos escoceses, entre 1572-1573".[93] Ele acrescenta, ainda, que Seton morreu em 1591 — dez anos depois da data atribuída pelo genealogista de 1896 — e que foi sepultado na Igreja dos Beneditinos Escoceses, em Ratisbone. Porter também cita o poema *Haly Kirk and her Theeves* — com uma variante em sua penúltima linha. Nessa linha, na versão de 1896, lê-se: "*Bot the Tempel felt na loss*"; enquanto que Porter a cita como: "*Bot the Order felt na losse*".[94]

Disso se depreende com muita clareza que, mesmo até o século XIX, esse assunto ainda era muito suscetível. A palavra *Tempel* ("Templo") é inequívoca mas a palavra *Order* ("Ordem") poderia, de imediato, tanto se referir aos Hospitalários como aos Templários e, neste contexto, é assim que mais nos parece. Teria o genealogista de 1896, deliberadamente, falsificado ou modificado o texto? Se o fez, por que o fez? Se ocorreu alguma modificação, seria mais provável que ela tivesse sido feita na versão mais antiga. Nada seria ganho e não haveria qualquer vantagem em trocar "Ordem" por "Templo". Porém, trocar "Templo" por "Ordem" seria eliminar qualquer suspeita sobre os Cavaleiros de São João de que estivessem abrigando os Templários em seu meio.

A questão teria ficado na incerteza não fosse uma versão mais antiga do poema, que apareceu publicada em 1843, 15 anos antes de ser citada por Withworth Porter. Ela não vem dos arquivos de Valetta, mas de fontes escocesas. Nós teremos a oportunidade de analisar essas fontes mais adiante. Por agora, basta notar que o texto desse poema, em sua versão de 1843 — o mais antigo do qual temos conhecimento — cita aquela penúltima linha, exatamente como está na versão citada pelo genealogista Seton, em 1896: "*Bot the Tempel felt na loss*".[95]

93. Porter, *A History of Knights of Malta*, vol. II, p. 303-4.
94. Ibid.
95. *Statutes of the religious and military Order of the Temple*, p. XV. As pesquisas efetuadas nos arquivos da National Library of Scotland, Aberdeen University Library, St. Andrews University Library, Edinburgh University Library e na British Library Manuscripts Department, até agora, deixaram de apresentar uma cópia deste poema.

CAPÍTULO VII

A Guarda Escocesa

Quem quer que tenha sido David Seton, e o que quer que se tenha feito dos "Templários" que, segundo alegam, teriam fugido ou se escondido com ele, já havia, naquela época, outro repositório para os nobres escoceses reivindicarem o legado Templário. Esse repositório pode até ter se sobreposto ao quadro elusivo de Seton. Se foi assim ou não, ainda seriam preservadas, pelo menos, algumas tradições Templárias que seriam transmitidas, embora obliquamente, a desenvolvimentos posteriores, tal como a Franco-Maçonaria. Embora unicamente escocês, esse repositório estaria baseado na França. Assim foi para que pudesse ser pavimentado o caminho para o refúgio que os últimos Stuart encontraram na França, e para o tipo de Franco-Maçonaria Jacobita — especialmente a Franco-Maçonaria de orientação Templária — que se aglutinava ao seu redor.

Nos anos que se seguiram a Bannockburn em 1314, a Escócia e a França, unidas pela hostilidade que ambas tinham em relação à Inglaterra, desenvolveram ligações militares ainda mais próximas. Em 1326, Bruce e Charles IV da França assinaram um importante tratado, renovando a *auld alliance* (antiga aliança). Essa aliança seria consolidada pela Guerra dos Cem Anos. Assim, por exemplo, ao esgotarem-se as suas fortunas, o Delfim, depois Charles VII, planejou fugir para a Escócia; certamente, assim o faria, não tivesse aparecido Joana d'Arc para inverter os eventos. Os soldados escoceses desempenharam um papel preponderante nas campanhas de Joana d'Arc, inclusive no famoso levante do Cerco de Orléans; de fato, o bispo de Orléans da época era um escocês, John Kirkmichael. O "Grande Estandarte" de Joana — o famoso Estandarte branco em torno do qual o seu exército se reunia — fora, de fato, pintado por um escocês, e entre os seus comandantes em Orléans estavam *Sir* John Stewart e dois irmãos Douglas.[96]

Em decorrência da dramática série de vitórias de Joana, a França, embora triunfante, estava exausta e em estado de desordem interna. A ordem

96. Forbes-Leith, *The Scots Men-at-Arms and Life-Guards in France*, p. 35-46.

doméstica estava mais ameaçada ainda pelos bandos de mercenários mobilizados — soldados treinados e sem uma guerra onde combater. Pela inexistência de qualquer outra fonte que lhes permitisse subsistir, muitos desses veteranos acabaram se tornando bandidos e passaram a saquear as zonas rurais, ameaçando quebrar a recém-restabelecida, e ainda precária, ordem social. Em consequência, o Delfim, agora já Charles VII, conseguiu criar um exército permanente. Nessa época, os Hospitalários haviam transferido os seus recursos para as atividades marítimas no Mediterrâneo. Assim, o exército de Charles se tornou o primeiro exército permanente na Europa, desde os Templários, e o primeiro, desde a Roma Imperial, a estar subordinado a um Estado específico — ou, mais exatamente, a um Trono específico.

O novo exército criado por Charles VII, em 1445, era composto de 15 *compagnies d'ordonnance* ("companhias de ordenança"), com 600 homens, cada uma — um total de 9 mil soldados. Destes, a Companhia Escocesa — a *Compagnie des Gendarmes Ecossois* — tinha muito orgulho. A Companhia Escocesa era incontestável em seu *status* de reconhecida elite do exército. A ela foi, explicitamente, outorgado o primeiro lugar sobre todas as demais unidades e formações militares; era ela que, por exemplo, desfilava à frente das demais em todas as paradas e desfiles. Ao Oficial Comandante também era outorgado o título de "Primeiro Principal Mestre de Campo da Cavalaria Francesa".[97] Esse pesado e portentoso título era mais do que honorário.* Ele conferia ao seu portador uma enorme autoridade e influência, fosse em campo, fosse na Corte e na política doméstica.

Mas mesmo antes da criação do exército permanente e da Companhia Escocesa, um quadro militar, ainda mais elitizado e mais exclusivo, de escoceses foi criado. Na sangrenta Batalha de Verneuiil, em 1424, os contingentes escoceses tiveram um excelente desempenho, com demonstrações de particular bravura e autossacrifício. Na verdade, eles quase foram aniquilados, junto com o seu comandante, John Stewart, conde de Buchan, e outros nobres tais como: Alexander Lindsay, *Sir* William Seton e os condes de Douglas, Murray e Mar. Um ano mais tarde, em reconhecimento a essa ação, uma unidade especial de escoceses foi criada para servir como permanentes guarda-costas pessoais do rei da França. Inicialmente, essa unidade era composta de 13 homens-de-arma (ou soldados) e 20 arqueiros, num total, portanto, de 33. Um destacamento desse quadro estava incumbido da permanente proteção do monarca, a ponto de até dormir no mesmo aposento do rei.[98]

---

97. Daniel, *Histoire de la milice Françoise*, vol. II, p. 170.

* N. E.: Sugerimos a leitura de *A Cavalaria — A Origem dos Nobres Guerreiros da Idade Média*, de Jean Flori, Madras Editora.

98. Forbes-Leith, op. cit., vol. II, p. 156.

A unidade de elite se dividia em duas sub-formações: a *Garde du Roi* ("Guarda do Rei") e a *Garde du Corps du Roi* ("Guarda-costas do Rei"). Juntos, eles eram conhecidos, coletivamente, como a Guarda Escocesa. Em 1445, quando foi criado o exército permanente, a quantidade de integrantes da Guarda Escocesa foi consideravelmente aumentada — e aumentado em significantes múltiplos de 13. Em 1474, os números foram definitivamente fixados — 77 homens, mais o seu comandante, na Guarda do rei, e 25 homens, mais o seu comandante, na Guarda-costas do rei.[99] Com marcante coerência, os Oficiais e os Comandantes da Guarda Escocesa também eram feitos Membros da Ordem de São Miguel, uma ramificação mais tarde fundada na Escócia.

Com efeito, a Guarda Escocesa era uma instituição neo-Templária, muito mais do que outras Ordens puramente de Cavalaria, tais como as da Jarreteira, da Estrela e do Tosão de Ouro. Assim como os Templários, a Guarda tinha uma *raison d'être* que era, primordialmente, militar, política e diplomática. Tal como os Templários, a Guarda oferecia treinamento militar e uma hierarquia militar — bem como uma oportunidade para "dar seu sangue" em batalha, para "fazer um nome" e para adquirir experiência e perícia. Tal como os Templários, a Guarda funcionava como uma distinta formação militar, tal como um batalhão de elite de nossos dias. E, embora eles não possuíssem campos próprios e jamais tivessem competido, quantitativamente, com os Templários, a Guarda Escocesa tinha uma quantidade suficiente de integrantes para desempenhar um papel decisivo no tipo de combate que prevalecia na Europa daquela época. Eles se diferenciavam dos Templários, principalmente, pela ausência de qualquer orientação religiosa explícita, e pela sua não obediência ao Papa, mas sim à Coroa Francesa. Mas as obrigações religiosas dos Templários sempre foram heterodoxas e a sua obediência ao Papa era pouco mais do que nominal. E a lealdade da Guarda Escocesa à Coroa Francesa também era, como veremos mais adiante, menos fervorosa do que poderia ter sido. Assim como os Templários, a Guarda Escocesa se dedicava às suas próprias políticas, seus próprios projetos, em favor de diferentes interesses.

Durante uma boa parte de um século e meio, a Guarda Escocesa desfrutava um inigualável *status* nos negócios franceses. Eles atuavam não apenas nos campos de batalha mas também na arena política, como cortesãos e conselheiros em assuntos domésticos, como emissários e embaixadores nas

99. Ibid., vol. II, p. 52. O grupo de 13 era bastante significativo em muitas organizações Cavalheirescas — os Cavaleiros da Jarreteira talvez sejam os mais conhecidos entre os primeiros. Na Guarda Escocesa, os 25 homens, somados ao comandante, perfazem dois grupos de 13. Os 77 homens da "Guarda", somados a seus comandantes, formam seis grupos de 13. Havia um capitão-geral da Guarda, somando 105 no contingente. Essa combinação é mantida até 1568, quando pequenas variações novamente começaram a aparecer.

relações exteriores. Normalmente, os Comandantes da Guarda se desdobravam no papel de camareiros reais, e, muitas vezes, também tinham alguns outros postos, de caráter honorário ou prático. Assim, não é de se estranhar que, para a época, eles ganhassem salários extremamente elevados. Em 1461, um Capitão da Guarda Escocesa, por exemplo, recebia algo como 167 *livres tournois* por mês, pouco mais de 2 mil por ano.[100] Esse valor era equivalente a, aproximadamente, metade da renda de uma propriedade nobre. Os Oficiais da Guarda podiam, assim, manter padrões de vida de considerável nível e prestígio.

Assim como os Templários eram recrutados entre a aristocracia da época, a Guarda Escocesa buscava os seus oficiais e comandantes entre as mais augustas e distintas famílias da Escócia, cujos nomes figuram em toda a história do país, e que ainda ressoam nos dias de hoje — Cockburn, Cunningham, Hamilton, Hay, Montgomery, Seton, Sinclair e Stuart (ou Stewart). Entre 1531 e 1542, havia três Stuart na Guarda Escocesa, sendo um deles o Capitão da Unidade. Entre 1551 e 1553, nada menos do que cinco membros da família "Montgommery" (sic) estavam na Guarda Escocesa, sendo um deles o seu capitão, e mais quatro Sinclair. Em 1587, a época do misterioso David Seton, havia outros quatro Seton, três Hamilton, dois Douglas e um Sinclair. Está claro que a Guarda Escocesa tinha uma especial função não apenas para o trono francês mas também às famílias que proviam os seus recrutas. Com efeito, o quadro constituía uma combinação de "rito de passagem" e de campo de treinamento para jovens nobres escoceses — um meio especial pelo qual eles eram iniciados nas artes marciais, na política, nas questões da Corte, nas maneiras, costumes e hábitos estrangeiros, e, ao que parece, também a alguns tipos de ritualísticas. Durante uma entrevista pessoal, um membro da atual família Montgomery nos contou do orgulho que ele e seus parentes ainda têm da filiação de seus ancestrais à Guarda Escocesa. Ele também nos informou que havia, na família, uma espécie de Ordem Privada, meio maçônica, meio cavalheiresca, à qual todos os homens da linhagem Montgomery tinham direito de admissão. Segundo ele, essa Ordem que, aparentemente, datava da época da Guarda Escocesa, era chamada Ordem do Templo.[101]

Como já vimos, na teoria, a Guarda Escocesa devia obediência ao trono francês — ou, mais especificamente, à dinastia Valois que, naquela época ocupava o trono Francês. Porém, a legitimidade dos Valois também estava sendo seriamente desafiada na época por uma quantidade de outros poderosos interesses. O principal deles era a Casa de Lorraine e o seu ramo caçula, a Casa de Guise. De fato, uma boa parte da história da França do

100. Ibid., vol. II, p. 27. O custo anual à Coroa Francesa para toda a Guarda era de 25.691 *livres* — o que significava um enorme custo. Veja ibid., vol. II, p. 30.
101. Comunicação pessoal, 2 de dezembro de 1987.

século XVI está cercada de mortíferas hostilidades entre os familiares dessas duas dinastias rivais. As Casas de Guise e de Lorraine estavam implacavelmente determinadas a depor os Valois — por meios políticos, se possível; por assassinato, se necessário — e se estabelecerem, eles próprios, no trono. Até 1610, nada menos do que cinco monarcas franceses haveriam de morrer, fosse por morte violenta, fosse por suspeita de envenenamento; e as próprias facções dos Guise e dos Lorraine haveriam de desaparecer por assassinato.

A Guarda Escocesa desempenhou um papel ambíguo nesse mutuamente mortífero conflito. Na verdade, ela foi colocada numa posição equívoca ou duvidosa. Por um lado, a sua obediência nominal era devida aos Valois, a quem ela prestava segurança pessoal como guarda-costas e o núcleo de um exército. Por outro lado, seria impossível que ela não tivesse algum laço com as Casas de Guise e de Lorraine. Como já vimos, em 1538, Marie de Guise se casara com James V da Escócia, firmando uma união dinástica crucial entre suas respectivas Casas. Quando a filha de Marie, Mary — rainha dos escoceses, ascendeu ao trono, o monarca da Escócia era, portanto, meio Stuart e meio Guise-Lorraine, e isso era algo ao qual os aristocratas da Guarda Escocesa dificilmente podiam ficar indiferentes. Em 1547, Henri II, o Valois rei da França, aumentou, ainda mais, o seu *status* e os seus privilégios. No entanto, apesar disso, muitas vezes eles agiam — e nem sempre de forma secreta — em favor dos Guise-Lorraine, rivais de Henri. Em 1548, por exemplo, a jovem Mary Stuart, então aos 6 anos de idade, foi trazida para a França sob a escolta da Guarda Escocesa. Dez anos mais tarde, um destacamento da Guarda encabeçou o exército de François, duque de Guise, quando, numa ação que o tornou um herói nacional, ele arrebatou das mãos dos ingleses o desde há muito contestado Porto de Calais.

Como já vimos, entre as famílias escocesas que contribuíram com seus membros para a Guarda Escocesa, estavam os Montgomery. Em 1549, havia cinco Montgomery servindo na unidade ao mesmo tempo. Entre 1543 e 1561, durante um período de quase 20 anos, a Guarda foi comandada, primeiro por James de Montgomery, depois por Gabriel, e depois, novamente, por James. Em junho de 1559, aconteceu um dos mais famosos e dramáticos eventos do século XVI, no qual Gabriel de Montgomery inscreveu para si, para a sua família e para a Guarda Escocesa um lugar permanente nos livros de História — e, intencionalmente ou não, desferiu um importantíssimo golpe nas Casas de Guise le de Lorraine.

Como parte das festividades realizadas por ocasião do casamento de duas de suas filhas, Henri II da França programou um torneio de gala, assistido pela nobreza de toda a Europa. O próprio rei era famoso pelo amor que tinha por torneios e estava ansioso em participar, pessoalmente, do evento. A população e os dignitários reunidos viram-no entrar nas fileiras. De lança em punho, primeiro enfrentou o duque de Savoia; depois, contra François, duque de Guise. O terceiro combate deve ter parecido, aos espectadores, particularmente seguro. Ele colocava o rei contra seu velho amigo e seu ostensivamente leal servidor, Gabriel de Montgomery, capitão da Guarda Escocesa. Como nenhum dos dois contendores caiu de suas selas, Henri considerou insatisfatório o primeiro enfrentamento de lanças. Apesar dos protestos de sua comitiva, ele exigiu um segundo combate, que Montgomery aceitou. Ambos voltaram a se armar e, dessa vez, as lanças se despedaçaram como deveria ser. Porém, Montgomery "não quis jogar fora a lança quebrada", que golpeou o elmo do rei, quebrando a sua viseira e introduzindo um pontudo fragmento de madeira em sua cabeça, bem acima do olho esquerdo.[102]

É claro que houve uma consternação geral. Uma meia dúzia de criminosos foi imediatamente decapitada e submetida a semelhantes ferimentos, que os médicos se apressaram em examinar, tentando encontrar o melhor meio de tratamento. Essas tentativas caíram por terra, e Henri, após 11 dias de agonia, morreu. Muitos chegaram a suspeitar, mas a ação de Montgomery não poderia ser provada de forma diferente de um acidente, o que fez com que ele não fosse oficialmente culpado pela morte do rei. No entanto, o tato e a diplomacia, levou-o a se retirar do cargo de capitão da Guarda Escocesa e voltar para as suas terras na Normandia. Mais tarde, na Inglaterra, ele se converteu à religião protestante. Quando voltou para a França, ele veio como um dos líderes militares da facção protestante durante as Guerras Religiosas. Feito prisioneiro, ele foi executado em Paris, em 1574.

A morte de Henri II atraiu mais atenção e comentários do que teria acontecido de outra forma, principalmente por ter sido prevista. Na verdade, ela fora prevista duas vezes — sete anos antes, por Luca Gaurico, um prestigiado astrólogo[103], e quatro anos antes, por Nostradamus, que, em 1555, publicara a primeira coleção de suas célebres profecias, chamadas "As Centúrias", que continha a ambígua, mas sugestiva, quadra:

> *"Le lyon ieune le vieux surmontera;*
> *En champ bellique par singulier duelle;*
> *Dans cayge d'or les yeux luy crevera,*
> *Deux classes une puis mourir mort cruelle".*[104]

---

102. Forbes-Leith, op. cit., vol. I, p. 101-2.

103. Laver, *Nostradamus*, p. 45-48. Veja Cimber, *Archives curieuses de l'histoire de France*, 1ª série, vol. 3, p. 295. Em 5 de fevereiro de 1556, chega um despacho vindo de Roma, contendo um horóscopo do rei produzido por Luca Gaurico; este já havia aparecido antes, em seu livro publicado em 1552, mas não fora levado a sério até a ocorrência do acidente.

104. Em 1555, Nostradamus publicou as três primeiras de suas "Centúrias" e uma parte da quarta. A quadra que foi considerada para referir à morte de Henri II, é a Centúria 1:35. Hautin (*Les prophéties dês Nostradamus*, p. 124) menciona a rara edição de 1558, cujo texto foi por nós seguido.

"O jovem leão ao velho sobrepujará;
Em campo bélico num singular duelo;
Em jaula de ouro seus olhos atravessará,
Dois choques um, depois uma morte cruel".

Essas linhas vieram às mentes de muitas pessoas, que as tinham presentes durante todo o torneio. A morte de Henri na arena parecia provar a capacidade de Nostradamus de "prever o futuro", tornando-o o maior profeta da Europa, não apenas em sua própria época, mas também aos olhos da posteridade. Mas nós, assim como tantos outros comentaristas recentes, sustentamos que a morte do rei francês pelas mãos de Gabriel de Montgomery não foi, em absoluto, acidental, mas parte de um bem elaborado plano.[105] À luz das provas de que hoje dispomos, a "profecia" de Nostradamus parece não ter sido mesmo uma "profecia", mas uma espécie de plano de ação, talvez um tipo de instrução ou sinal de código. De quem, ou para quem? Das, ou para as Casas de Guise e Lorraine, em nome de quem Nostradamus agora parece agir como um agente clandestino? E, se assim for, Gabriel de Montgomery teria sido o seu coconspirador — ou, de qualquer forma, o instrumento escolhido pela facção Guise-Lorraine para a execução de seu plano, de forma tal que ninguém pudesse ser acusado de ter praticado um crime.

Certamente, a morte de Henri não poderia ter sido mais oportuna aos interesses de Guise-Lorraine. No entanto, apesar dos crescentes esforços em tirar proveito do ocorrido, eles não conseguiram capitalizar para si com o mesmo efeito que desejavam. Ao longo da década seguinte, uma virtual anarquia predominou na França quando as facções beligerantes — Valois e Guise-Lorraine — conspiraram e manobravam pelo trono. Em 1563, François, Duque de Guise, foi assassinado. A Guarda Escocesa se tornou cada vez mais pública em seu apoio aos interesses dos Stuart, os quais coincidiam com os interesses dos Guise-Lorraine; e, assim, eles incorreram num crescente descrédito da Monarquia Valois, até que o filho de Henri II, Henri III, recusou-se a continuar provendo-lhes o sustento. Embora eles tenham sido depois, finalmente, reconstituídos, eles nunca mais conseguiram ter o *status* que tinham antes.

Na Escócia e na França, tudo estava prestes a arrebentar de uma vez. Em 1587, Mary — rainha dos escoceses foi executada por sua parente, Elizabeth I. Em 1588, o ano da Armada Espanhola, o filho de François de Guise, o novo duque de Guise, junto com seu irmão, o cardeal de Guise, foi, por ordens de Henri III, assassinado em Blois. Um ano depois, Henri foi assassinado, em vingança, por simpatizantes de Guise-Lorraine. Foi somente sob o governo de Henri IV, um monarca aceito por todas as facções, que uma aparente ordem voltou à França.

105. Baigent, Leigh, Lincoln, *The Holy Blood and the Holy Grail*, p. 139 e 417, nota 6.

No entanto, nessa época, as Casas de Guise e de Lorraine tinham perdido duas gerações de dinâmicos e carismáticos, embora cruéis, jovens. Com a dinastia, Valois foi pior ainda: ela foi totalmente extinta, e jamais voltaria a ocupar o trono da França. Ao longo dos dois séculos seguintes, a França seria governada pelos Bourbon.

Quanto à Guarda Escocesa, mesmo depois de reconstituída, ela ficou bastante reduzida em número e, em 1610, ela já havia perdido praticamente todos os seus privilégios, tornando-se mais um mero regimento do exército francês. Durante o século XVII, dois terços de seu pessoal era composto de franceses, e não de escoceses. Apesar disso, um tênue vestígio de seu antigo prestígio ainda lhe era atribuído. Em 1612, eles eram comandados pelo Duque de York, e depois por Charles I da Inglaterra. Interessante notar que os registros da Guarda de 1624 mostram três Seton, sendo que um deles tinha o nome de David.[106] Em 1679, ele se tornou brigadeiro da Guarda. A própria Guarda esteve em serviço pela última vez em 1747, durante a Guerra da Sucessão Austríaca, na Batalha de Lauffeld.

A Guarda Escocesa, apesar de tristemente diminuída, como já vimos, em função dos acontecimentos, constituía algo parecido com uma Instituição neo-Templária. Ela também serviu de crucial condutora de transmissão. Os nobres que compunham a Guarda eram herdeiros das tradições Templárias originais. Ela foi, assim, o meio pelo qual essas tradições voltaram para a França, e ali plantadas, produzindo frutos cerca de dois séculos mais tarde. Ao mesmo tempo, o seu contato com as Casas de Guise e de Lorraine a expôs na França a um outro conjunto de tradição misteriosa. Uma parte desse conjunto já encontrara o seu caminho de volta na Escócia com o casamento de Marie de Guise com James V, mas uma parte do conjunto também foi levada de volta pelas famílias que compunham a Guarda Escocesa. A fusão resultante haveria de se tornar o verdadeiro núcleo de uma Ordem que viria a surgir — a Franco-Maçonaria.

106. Forbes-Leith, op. cit., vol. II, p. 189.

CAPÍTULO VIII

Rosslyn

A cerca de cinco quilômetros ao sul de Edimburgo está a aldeia de Roslin. Ela se compõe de uma única rua, com uma fileira de lojas e casas, e, no final dela, duas tabernas. O vilarejo começa na margem de um íngreme desfiladeiro arborizado, o vale do North Esk. A dez quilômetros, onde o North Esk encontra o South Esk, está a antiga Preceptoria Templária de Balantrodoch, ora simplesmente chamada de "Temple".

O vale do North Esk é um lugar misterioso e aparentemente mal-assombrado. Encravada numa grande pedra coberta de musgo, uma agressiva cabeça pagã olha fixamente os que por ali passam. Mais rio abaixo, numa caverna por detrás de uma queda d'água, está algo que parece ser outra enorme cabeça com olhos cavernosos — talvez uma corrosão natural pelas intempéries, quiçá um produto natural. O caminho que atravessa o vale passa por diversas edificações em pedra e também por um rochedo parecido com um peitoril de pedra. Por detrás desse peitoril está um verdadeiro emaranhado de túneis, suficiente para esconder uma grande quantidade de pessoas, e acessível apenas por meio de uma entrada secreta — para passar por ela, a pessoa tinha que descer até um poço. De acordo com a lenda, foi ali que Bruce encontrou refúgio durante uma das muitas crises que se abateram sobre as suas campanhas.

Empoleirado à beira do desfiladeiro, vemos um lúgubre e estranho edifício, A Capela Rosslyn.* A primeira impressão que ela dá é de ser uma catedral em miniatura. Não por ser particularmente pequena, mas ela é tão sobrecarregada, tão cheia de esculturas góticas e enfeites com intricados motivos florais, que, de alguma forma, parece ser uma parte truncada de algo maior — como um fragmento de Chartes, transplantado para o topo de uma montanha escocesa. O edifício dá a impressão de uma opulência cortada, como se os seus construtores, depois de terem prodigalizado suas mais deslumbrantes técnicas e habilidades, e aplicado os mais caros materiais em suas estruturas, simplesmente pararam repentinamente.

* N. E.: Sobre essa capela, sugerimos a leitura de *A Espada e o Graal*, de Andrew Sinclair, Madras Editora.

De fato, foi isso mesmo que aconteceu. As suas reservas se esgotaram. A Capela Rosslyn foi originalmente projetada para ser uma parte de algo muito maior, a "Lady Chapel" de uma enorme igreja colegiada, uma suntuosa catedral nos moldes das catedrais francesas. Em virtude da falta de fundos, o projeto jamais chegou a ser realizado. Da existente parede ocidental, maciços blocos de pedra se projetam para fora, esperando por outros blocos que jamais chegaram.

O interior da capela é uma febrenta alucinação em pedra, uma luxuriante explosão de imagens esculpidas e formações geométricas empilhadas umas sobre as outras, literalmente entrando e se sobrepondo umas às outras. São abundantes os temas que viriam a ser os da Franco-Maçonaria. A pessoa se sente como se estivesse num lugar semelhante a um compêndio petrificado de mistério.

Como seria de se esperar de um lugar assim, A Capela Rosslyn é um centro de segredos e de lendas. A mais famosa dessas lendas está ligada à extraordinária coluna na ponta oriental do edifício, ora chamada de "Coluna do Aprendiz". Um relato publicado em 1774 fala de:

> "... uma história tradicional que foi passada, de pai para filho, na família Roslin, é a de que um modelo desta bela coluna foi mandado para Roma, ou para algum lugar no estrangeiro; o mestre-pedreiro, ao vê-la, não queria, de forma alguma, dela se desfazer ou abrir mão, até que ele fosse para Roma, ou para outra parte no estrangeiro, para examinar e fazer uma precisa inspeção da coluna da qual aquele modelo havia sido tirado; que, em sua ausência, qualquer que fosse a ocasião, um Aprendiz acabou a coluna tal como agora está; e o Mestre, ao voltar, vendo a coluna assim tão esmeradamente concluída, indagou sobre quem a tivera acabado; e, cheio de inveja, matou o Aprendiz."[107]

Acima da porta ocidental está entalhada a cabeça de um jovem que ostenta um talho em sua têmpora direita. Dizem que se trata da cabeça do Aprendiz assassinado. Oposta a essa, vê-se a cabeça de um homem com barba, o Mestre que o havia assassinado. À sua direita, está outra cabeça, a cabeça, de uma mulher, chamada "Mãe Viúva". Assim, fica claro que o precoce jovem sem nome era — usando uma terminologia familiar a todos os franco-maçons — um "Filho da Viúva". Como já vimos anteriormente, o mesmo nome foi dado para designar Percival, ou Parzival, nos Romances do Graal.

As conotações maçônicas da capela e o seu simbolismo dificilmente podem ser classificados como mera coincidência; pois Rosslyn foi construída pela família que, talvez mais do que qualquer outra na Grã-Bretanha, ficou associada à Franco-Maçonaria posteriormente — os Saint-Clair ou, como são agora conhecidos, os Sinclair.

---

107. Philo-Roskelynsis, *An Account of the Chapel of Roslin*, p. 28.

Sir William Sinclair e a Capela Rosslyn

Como já vimos, famílias nobres tais como os Hamilton, os Montgomery, os Seton e os Stuart contribuíram com sucessivas gerações de seus filhos para a Guarda Escocesa. O mesmo se deu com os Sinclair. No fim do século XV, três Sinclair estavam servindo à Guarda ao mesmo tempo. Em meados do século XVI — na época de Gabriel de Montgomery — havia, pelo menos, quatro Sinclair na Unidade. Ao todo, entre 1473 e a morte de Mary Stuart em 1587, os registros da Guarda Escocesa mostram o engajamento de dez membros da família da Escócia. E, certamente, havia também o ramo francês da família, a normanda Saint-Clair-sur-Epte, que era particularmente ativa na política francesa da época.

Enquanto certos membros da família Sinclair seguiam carreiras militares e diplomáticas no Continente, outros estavam igualmente ocupados em casa — como, de fato, estavam desde os tempos de Bruce. Nos primeiros anos do século XIV, William Sinclair fora o bispo de Dunkeld. Junto com os bispos Wishart de Glasgow, Lamberton de St. Andrews, Mark das Ilhas e David de Moray, William Sinclair foi um dos cinco líderes eclesiásticos escoceses a se reunir a Bruce na sua causa. O sobrinho do bispo, também com o mesmo nome, William, foi um dos mais chegados amigos e adeptos de Bruce. Quando Bruce morreu, em 1329, foi *Sir* William Sinclair, junto com *Sir* James Douglas, quem partiu para a Terra Santa levando o seu coração, morrendo na Espanha.

Já no fim do século XIV, cem anos antes de Colombo, outro Sinclair estaria embarcando numa exploração ainda mais audaciosa. Por volta de 1395, *Sir* Henry Sinclair, conde (ou "príncipe", como às vezes ele é citado) de Orcadas, junto com o explorador veneziano Antonio Zeno, tentou atravessar o Atlântico. Certamente ele chegou à Groenlândia, onde o irmão de Zeno, também um explorador, alegava ter descoberto um monastério em 1391; recentes estudos sugerem que ele pode ter chegado ao lugar que seria mais tarde chamado de Novo Mundo.[108] De acordo com certos relatos, existem algumas intrigantes provas que indicam ter sido o México o seu destino.[109] Caso isso seja verdade, estaria explicado por que, quando

108. Veja o recente estudo desse material feito por Michael Bradley, *Holy Grail Across the Atlantic*. Outras discussões sobre esse material são: Major, *The Voyages of the Venetian Brothers Zeno to the Northern Seas in the Fourteen Century*; e Pohl, *Prince Henry Sinclair*.

109. O informante de Sinclair, um pescador, afirmou que, 26 anos antes, ele naufragara numa ilha no "Novo Mundo". Ao longo dos seus muitos anos de cativeiro, ele foi levado para o sul, onde existia uma grande civilização: "... eles são mais civilizados em direção a sudoeste, onde o clima é mais ameno, e eles têm cidades e templos dedicados a seus ídolos, nos quais eles sacrificam pessoas, após o que as ingerem. Naqueles lugares, eles conhecem o ouro e a prata." (Major, op. cit., p. 14). Sinclair queria que aquele pescador o acompanhasse na planejada viagem atlântica. Infelizmente, o pescador morreu pouco antes de sua saída.

Cortés chegou em 1520, ele foi associado pelos astecas não apenas ao deus Quetzalcoatl mas também a um homem branco, loiro e de olhos azuis, que, presumivelmente, muito tempo antes, o havia precedido.

O neto do "príncipe" Henry, *Sir* William Sinclair, também tinha atividades marítimas. O marido da sobrinha de *Sir* James Douglas, e cunhado do próprio *Sir* James, foi nomeado Grande Almirante da Escócia em 1436 e, mais tarde, haveria de se tornar também Chanceler. A sua grande fama e prestígio, que haveria de ligá-lo para sempre com a tradição maçônica e outras tradições misteriosas, estava associada à arquitetura. Foi sob os auspícios de *Sir* William que, em 1446, os alicerces de uma imponente igreja colegiada foram assentados em Rosslyn.* Em 1450, a estrutura foi formalmente dedicada a St. Matthew, e a obra, propriamente dita, foi iniciada. Enquanto ela era realizada, outro William Sinclair — provavelmente o sobrinho do construtor de Rosslyn — tornou-se o primeiro membro de sua família a engajar-se na Guarda Escocesa, ali atingindo uma posição de destaque.

A construção de Rosslyn levaria 40 anos para ser finalizada. Ela foi, finalmente, concluída por volta de 1480, pelo filho de *Sir* William, Oliver Sinclair, um íntimo aliado do lorde George Seton, que, então, jurara fidelidade vitalícia a Oliver Sinclair. Mas Oliver Sinclair jamais deu prosseguimento à construção do resto da igreja, provavelmente porque, ao que parece, à época, as energias de Sinclair estavam sendo direcionadas para outras finalidades. O neto de *Sir* William, também de nome Oliver, era um oficial militar, íntimo confidente de James V e seu Mestre da Casa Real. Em 1542, ele comandava o exército escocês em Solway Moss, onde foi capturado. Ao dar a sua palavra de que ajudaria a causa inglesa, ele foi libertado; mas, ao que parece, não manteve a sua palavra. Em 1545, recebeu ordens para voltar à prisão na Inglaterra — depois do que ele desaparece da história, presumindo-se que tenha se embrenhado no sertão escocês, ou talvez no exterior.

O irmão de Oliver, Henry Sinclair, era o bispo de Ross. Em 1541, ele foi nomeado abade de Kilwinning — um nome que, mais tarde, haveria de figurar, de forma marcante, na Franco-Maçonaria. Em 1561, ele foi nomeado para o Conselho Privado de Mary — Rainha dos Escoceses. Não é de se surpreender que ele tenha mantido contatos íntimos com os Guise e os Lorraine na França, passando uma boa parte de seu tempo em Paris. O seu irmão mais novo, também irmão de Oliver, John, tornou-se bispo. John era conselheiro de Mary — rainha dos escoceses e, em 1565, celebrou o seu casamento com Henry Stewart, lorde Darnley, em Holyrood.

Assim, nos séculos XV e XVI, os Sinclair estavam no coração dos negócios escoceses. Eles frequentavam os mesmos círculos em que circulavam os Seton e os Montgomery. Tal como os Seton e os Montgomery,

* N. E.: Hay, *Genealogie of the Sainteclaires of Rosslyn*, p. 27.

eles estavam próximos à Monarquia Stuart, contribuíram com membros de sua família para a Guarda Escocesa e mantinham íntimas ligações com as facções de Guise e Lorraine na França. Na verdade, as suas ligações com as facções de Guise e Lorraine seriam, provavelmente, ainda mais próximas em virtude do ramo francês de sua família. Ao mesmo tempo, e mais ainda do que outras Casa-Escocesas, os Sinclair já estavam se tornando associados com aquilo que, mais tarde, a Franco-Maçonaria viria a encarar como linhagem.

Como já vimos, os alicerces da Capela Rosslyn foram assentados em 1446, e a obra, propriamente dita, foi iniciada quatro anos depois. Estes estão entre os poucos fatos definitivos e confirmados. As informações que temos sobre quase todo o resto, embora não impossíveis ou pouco plausíveis, mas, certamente, não refutadas ou invalidadas, devemos à tradição posterior — em alguns casos, um século e meio depois; em outros casos, até três séculos ou mais.

De acordo com essa tradição, *Sir* William Sinclair, nas preparações para a construção de sua capela, trouxe do Continente vários pedreiros e artesãos.[110] Supõe-se que o próprio vilarejo de Roslin tenha sido criado para acomodar os recém-chegados. A tradição também menciona:

> "... que em 1441, James II, rei da Escócia, nomeou St. Clair como Patrono e Protetor dos maçons escoceses; que o Ofício era hereditário; que após a sua morte, por volta de 1480, seus descendentes realizavam reuniões anuais em Kilwinning,... a nomeação dos Administradores da Arte (*Craft Office-Bearers*) continuava como prerrogativa dos reis da Escócia; que isso foi abandonado por James VI ao se tornar rei da Inglaterra..."[111]

É importante notar que a "Maçonaria", nesse contexto, não implica em Franco-Maçonaria tal como a conhecemos hoje. Ao contrário, ela se refere à comunidade ou comunidades (guilda ou guildas) dos profissionais obreiros e construtores em pedra. Como veremos mais adiante, esses homens não eram apenas simples artesãos, analfabetos ou trabalhadores braçais desamparados mas também filósofos místicos que entre uma construção e outra se reuniam em conclaves secretos, realizavam iniciações clandestinas com significativas palavras de passagem e apertos de mão, e discutiam os mistérios do Cosmos. Na terminologia que surgiria mais tarde, esses homens eram tidos como praticantes de "Maçonaria Operativa" — em outras palavras, a aplicação prática da Matemática e da Geometria na Arte da Arquitetura.

Assim, a nomeação de William Sinclair em 1441 atesta simplesmente o seu envolvimento na arte da construção — e, talvez, nos princípios da

110. Ibid.
111. Waite, *A New Encyclopaedia of Freemasonry*, vol. II, p. 28. Veja ibid., p.v..

Matemática e da Geometria associados com a arquitetura. Mas isso, por si só, é incomum. Ordinariamente, um lorde, um monarca, um edil ou qualquer outro patrono teria incumbido uma completa equipe de arquitetos e pedreiros, que eram os responsáveis por todo o trabalho. O chefe dessa equipe, chamado de "Mestre de Obra", baseava o seu projeto numa determinada geometria, e toda a construção subsequente seria executada em harmonia com aquele projeto básico. O "Mestre" proveria pranchas de madeira com os modelos a serem aplicados ao seu projeto, e os pedreiros trabalhariam em conformidade às pranchas.

No entanto, em Rosslyn, *Sir* William Sinclair parece ter projetado sua própria capela, atuando ele mesmo como "Mestre de Obra". No início do século XVIII, o enteado de um Sinclair — que teve acesso a todos os registros e arquivos da família antes que fossem destruídos por um incêndio em 1722 — assim escreve:

> "... ele (*Sir* William Sinclair) teve a ideia de erigir uma casa para o serviço a Deus, de distinta construção, para ser feita com maior glória e esplendor; trouxe artífices de outras regiões e de reinos do estrangeiro... para que, no final, a obra pudesse ser a mais rara. Primeiro ele fez com que os desenhos fossem feitos em tábuas vindas do Oriente, e mandou que os carpinteiros as recortassem conforme os desenhos gravados, e deu os moldes aos pedreiros, que os reproduziram em pedra."[112]

Assim, parece que *Sir* William Sinclair era bem mais conhecedor e possuía maior perícia técnica do que os nobres típicos da época; sua nomeação como "Patrono e Protetor dos Maçons Escoceses" parece ter sido mais do que algo meramente honorário. E assim, conforme atestam registros subsequentes, a nomeação pode ter-lhe sido conferida pelo rei, mas ela também foi conferida — ou, de qualquer forma, ratificada — pelos próprios pedreiros. Num desses registros consta que: "Os proprietários de terras em Roslin jamais tinham sido patronos e protetores, nossos e de nossos privilégios".[113] E uma carta datada do final do século XVII, declara:

> "Os proprietários de Roslin têm sido, por muitas gerações, grandes arquitetos e patronos da construção. Eles eram obrigados a receber a Palavra do Maçom, que é um sinal secreto que os pedreiros têm para se reconhecerem em todo o mundo..."[114]

112. Hay, op. cit., p. 27

113. Ibid., p. 157-8. Esse Certificado é datado de c. 1600-1601. Veja Thory, *Acta latomorum*, vol. II, p. 15-17.

114. *The Manuscripts of his Grace the Duke of Portland*, vol. II, p. 56. Essa carta não tem assinatura nem data, mas Rylands, *The Mason Word: the Earls of Roslin and Freemasonry*, alega uma data no ano de 1678.

Em 1475, enquanto Rosslyn ainda estava sendo construída, foi outorgado aos pedreiros de Edimburgo um certificado de incorporação como guilda, estabelecendo regulamentos comerciais. Tomando o seu nome do lugar onde o documento fora ratificado, essa aparentemente rotineira transação da época medieval se tornou conhecida mais tarde como a Incorporação da Capela de Mary (*Incorporation of Mary's Chapel*).[115] Mas, rotineira ou não, ela viria a desfrutar de um grande significado e importância para a futura Franco-Maçonaria. Quando essa Franco-Maçonaria surgiu na Escócia, ela inicialmente girava ao redor de uma Loja, conhecida como "Lodge nº 1", também chamada de "Mary's Chapel".

Outros certificados de incorporação se seguiram, mas o relevante documento seguinte apareceu somente mais de um século depois. Em 1583, William Schaw, um confidente de James VI (depois James I da Inglaterra), recebeu do rei o cargo de Mestre de Obra e "Guardião Geral dos Maçons". Uma cópia de seus estatutos, datados de 1598, e escritos de próprio punho, sobrevive até hoje, e está no Livro de Atas da *Mary's Chapel Lodge nº 1*, em Edimburgo.[116] É claro que a nomeação de Schaw não implicou em qualquer desafio ou usurpação do *status* dos Sinclair. Aquilo fora uma questão interna entre os próprios pedreiros, e já se tornara um de seus princípios aceitos. Por outro lado, a nomeação de Schaw foi uma questão totalmente externa, estabelecendo-o como um Oficial na Administração Real, tal como se fosse, nos dias de hoje, um Secretário Permanente. Ele agiria como um tipo de elo, ou um *ombudsman* entre os pedreiros e a Coroa.

A autoridade de Schaw acabou em 1602. Pouco tempo antes, ou depois, outro importante documento foi expedido, conhecido como *The Saint Clair Charter* (O Estatuto Saint Clair). O texto lamentava que: "... nossa pobre Arte foi destituída de um patrono, protetor e feitor, que detectou muitas falsas corrupções e imperfeições".[117] Daí, poderia parecer que os Sinclair, qualquer que fosse a sua hereditariedade, eram relapsos, negligentes, ou ainda pior que isso. E, ainda assim, o documento reafirma a antiga obediência e fidelidade pelo reconhecimento de William Sinclair e seus herdeiros como feitores, patronos e juízes da Arte e de seus integrantes. As assinaturas apostas nesse documento vinham de Lojas já existentes em Edimburgo, Dunfermline, St. Andrews e Haddington.

Em 1630, um segundo Estatuto foi redigido. Ele repetia os princípios do documento anterior e os desenvolviam. As assinaturas apostas dão prova a novas Lojas em Dundee, Glasgow, Ayr e Stirling.[118] Assim, existem

115. Pick e Knight, *The Pocket History of Freemasonry*, p. 178-9.
116. Ibid., p. 179. Para uma biografia de Schaw e de outros Mestres Maçons da Coroa, veja MacBean, *The Master Masons to the Crown of Scotland*. Veja também Stevenson, *As Origens da Franco-Maçonaria*, lançado no Brasil pela Madras Editora.
117. Hay, op. cit., p. 157-8.
118. Hay, ibid., p. 159-63; Thory, op. cit., vol. II, p. 18-22.

sensíveis indícios de uma crescente disseminação de Lojas e, ao mesmo tempo, de um processo de crescente centralização. Certamente, há também algo de importante na reafirmação da duradoura relação entre a Maçonaria e os Sinclair, qualquer que tenham sido as falhas destes. Podemos apenas concluir disso que a associação da família com a Arte adveio do que era então de conhecimento geral, ou de uma tradição tão profundamente estabelecida e tão profundamente enraizada que não podia ser alterada. Também podemos concluir que ambos, Maçonaria e os Sinclair, no início do século XVII, acharam por bem promulgar sua afinidade. Naquela época, a Maçonaria tinha adquirido um certo prestígio que — como qualquer observador da época podia divisar — estava destinado a crescer. Por razões que logo haveriam de se tornar claras, a associação conferia a ela um prestígio ainda maior. Ninguém, nem mesmo outras importantes famílias escocesas, presumiu desafiar ou refutar a pretensão dos Sinclair, ou tentou reivindicá-la para si. Os Seton, os Montgomery, os Hamilton e demais famílias, inclusive os Stuart, haveriam, todos, de se envolver profundamente com aquilo que já surgia como Franco-Maçonaria. De fato, conforme um manuscrito datado de 1658, um certo John Mylne, "Mestre da Loja em Scone, e por vontade do próprio rei, iniciou James VI como '*frieman, meason e fellow craft*".[119] No entanto, o lugar de maior destaque continuava sendo conferido aos Sinclair.

Rosslyn e os Ciganos

Os Sinclair não eram apenas patronos e protetores hereditários dos pedreiros. Durante o século XVI, eles também se estabeleceram como patronos e protetores dos ciganos, que "desfrutavam do favor e da proteção da família Roslin até o primeiro quarto do século XVII".[120] A legislação escocesa contra os ciganos sempre foi muito severa, e durante a Reforma ela ficou ainda mais dura. Em 1574, o Parlamento escocês decretou que todos os ciganos detidos deveriam ser açoitados, marcados a ferro na orelha ou na face, ou ter a orelha direita cortada.[121] Mais severa ainda, foi a legislação introduzida em 1616. Ao final do século XVII, os ciganos estavam sendo deportados em massa para a Virgínia, Barbados e Jamaica.

Em 1559, *Sir* William Sinclair era o Lorde da Justiça Geral da Rainha Mary. Embora os seus esforços pareçam não ter sido bem-sucedidos, ele se opôs às medidas que estavam sendo implantadas contra os ciganos. Dizem que ele, valendo-se de seu *status* na área judicial, interveio numa grave ocasião e salvou um cigano do cadafalso. Dali em diante, os ciganos faziam visitas anuais às terras de Sinclair, que lhes oferecia um abrigo seguro.

119. Lyon, *History of the Lodge at Edinburgh*, p. 98.
120. MacRitchie, *Scottish Gypsies under the Stewarts*, p. 56.
121. Ibid., p. 63.

Todos os meses de maio e junho, eles se reuniam nos campos abaixo do Castelo de Rosslyn, onde representavam as suas peças. Dizem até que *Sir* William Sinclair teria disponibilizado duas torres do castelo para que eles ali se acomodassem durante a sua estada pelas vizinhanças. Essas torres acabaram sendo conhecidas como "Robin Hood" e "Little John" (o João Pequeno).[122] Os nomes contêm um certo significado, pois *Robin Hood and Little John* era uma das peças teatrais favoritas das temporadas de maio, encenada na época pelos ciganos ingleses e escoceses; e, tal como com os ciganos, a peça fora oficialmente banida, com o Parlamento escocês decretando em 20 de junho de 1555 que "ninguém poderia representar *Robin Hood, Little John, Abbot of Unreason* ou *Queen of May*".[123]

Desde há muito, os ciganos têm a reputação de serem dotados de especiais "intuições" ou de "premonições". Por volta do início do século XVII, essa mesma faculdade foi atribuída também aos franco-maçons. Uma das mais antigas e mais famosas referências à Franco-Maçonaria, tal como a conhecemos hoje, apareceu em um poema escrito em 1638 por Henry Adamson de Perth, chamado *The Muses Threnodie*. Este poema contém as seguintes linhas:

> "Por sermos irmãos Rosa-Cruz:
> Nós temos a palavra do Maçom, e premonição,
> Coisas que estão por vir, podemos sim prever..."[124]

Certamente, essa é a primeira insinuação conhecida de que os franco-maçons eram dotados de "poderes ocultos". Os poderes em pauta são inconfundivelmente ciganos, e o denominador comum entre os ciganos e a Franco-Maçonaria era *Sir* William Sinclair.

No entanto, mais importante para a evolução e o desenvolvimento da Franco-Maçonaria é o fato de que os ciganos vinham a Rosslyn para encenar suas peças. Na verdade, uma importante autoridade sobre este assunto afirmou que os grupos recebidos em Rosslyn nos meses de maio e junho não eram, em absoluto, de ciganos, mas "na realidade uma companhia de saltimbancos".[125] Se eles eram ciganos ou não, o que importa é que eles representavam regularmente, na casa do Chefe de Justiça da Escócia, uma peça proibida e banida por lei.

Mas por que será que ela foi banida? É claro que, em parte, pelo próprio assunto abordado pela peça — a aprovação de um lendário "fora-da-lei" — poder ser vista como "subversiva". Em parte, porque o austero protestantismo calvinista, então sendo propagado na Escócia por John Knox, encarava — tal como fariam os puritanos de Cromwell, um século depois,

122. Hay, op. cit., p. 135-6.
123. MacRitchie, op. cit., p. 57-8.
124. Adamson, *The Muses Threnodie*, p. 32.
125. MacRitchie, op. cit., p. 57.

na Inglaterra — todo o teatro como algo "imoral". Porém, o principal motivo fica evidente nos termos do decreto pelo qual a peça foi proibida: "ninguém pode representar *Robin Hood, Little John, Abbot of Unreason* ou *Queen of May*". O *Abbot of Unreason* é, naturalmente o Frei Tuck da lenda; a *Queen of May* é a personagem mais conhecida como Lady Marion. Porém, ambos os personagens eram, originalmente, bem diferentes daqueles retratados pelas tradições mais recentes. Na verdade, *Robin Hood*, durante toda a Idade Média na Inglaterra e Escócia, era secundariamente o "fora-da-lei" da história subsequente. Ele era, primeiramente, um tipo de "duende" originário, principalmente, do deus da fertilidade ou deidade da vegetação dos antigos celtas e saxões, chamado "Homem Verde", ao passo que *Robin Hood*, no folclore popular, era intercambiável com "Robin Verde", "Robin de Greenwood", "Robin Goodfellow", o "Puck" em "Sonho de uma Noite de Verão", de Shakespeare, que, no Solstício de Verão, governa a fertilidade, a sexualidade e as núpcias.

Com efeito, a lenda de *Robin Hood* forneceu um conveniente disfarce em que os ritos de fertilidade do antigo paganismo foram reintroduzidos no seio do assim chamado cristianismo britânico. A cada *May Day*, realizava-se uma festividade de nítida origem pagã. Os rituais eram encenados ao redor do *May Pole*, símbolo tradicional da antiga deidade da sexualidade e da fertilidade. No dia do Solstício de Verão, cada uma das virgens do lugar se tornaria, metaforicamente, uma *Queen of May*. Muitas delas eram levadas para a "floresta" (*greenwood*), onde realizariam a sua iniciação sexual nas mãos de um jovem que estaria representando o papel de *Robin Hood* ou *Robin Goodfellow*, enquanto o Frei Tuck, o *Abbot of Unreason*, oficiava a cerimônia de "bênção" sobre os casais, numa paródia de núpcias formais. Em virtude dessas encenações, os limites que separam a máscara teatral e o ritual da fertilidade, efetivamente, desapareciam. O *May Day* seria, de fato, um dia de orgias. Nove meses depois, em todas as Ilhas Britânicas, acontecia o nascimento da maior quantidade anual de crianças. Foi nesses "filhos de Robin" que se originaram muitos sobrenomes tais como: Robinson e Robertson.

Assim, no contexto daquela época, uma peça teatral intitulada *Robin Hood and Little John* — encenada em Rosslyn, todos os meses de maio e junho, fosse por ciganos, fosse por uma companhia teatral de atores itinerantes ou saltimbancos, que envolvia um orgíaco *Abbot of Unreason* e uma insinuante *Queen of May* — não seria considerado um drama teatral convencional, tal como o concebemos nos dias de hoje. Ao contrário, seria um ritual pagão da fertilidade ou a dramatização de um rito pagão da fertilidade que o Cristianismo de todas as vertentes — fosse calvinista ou católica romana — somente podia considerar escandalosa, obscena e pecaminosa. Mas era exatamente isso que o "teatro" normalmente significava, ou implicava, para a população rural da época. Portanto, não é de se surpreender que os sombrios e todo-poderosos legisladores puritanos da Escócia do século XVI e da Inglaterra do século XVII tivessem abominado essa "peça teatral".

O que é mais significativo nessa questão é que os Sinclair não apenas autorizavam essas práticas, mas também as acolhiam e protegiam. E Rosslyn não apenas lhes proporcionava um excelente ambiente; ela pode ter sido, intencional e propositadamente, projetada para eles. O tema predominante da capela, subjacente a todos os trabalhados revestimentos cristãos, é nitidamente de cunho pagão e celta. O personagem que aparece com maior frequência é o "Homem Verde" — uma cabeça humana com ramos de videira saindo de sua boca e, algumas vezes, de suas orelhas, espalhando-se num emaranhado por sobre as paredes. Na verdade, o "Homem Verde" está espalhado por toda a Capela Rosslyn, surgindo de cada alça daquele emaranhado cipoal, gerado por ele mesmo. A sua cabeça — pois nunca aparece um corpo a ela ligado — é parecida com as cabeças que os Templários eram acusados de venerar, ou com as cabeças decapitadas na antiga tradição celta, sendo que, em ambos os casos, elas eram tidas como talismãs da fertilidade. Assim, Rosslyn invoca ambos, os Templários e o antigo reino celta da Escócia que Bruce tentou restaurar. Na Capela Rosslyn, uma quantidade de elementos críticos, em alguns casos de muitas diferentes origens, converge. Resquícios e enraizadas tradições do passado são colocados lado a lado com os do presente, muitas vezes inovadores. Por exemplo, deve ter havido uma produtiva interação entre os Sinclair, os pedreiros "operativos" que construíram sob os seus auspícios, e os ciganos ou saltimbancos que atuavam sob sua proteção. A fusão desses elementos representaram um passo crucial na futura aglutinação da Franco-Maçonaria. Porém, outros elementos — por exemplo, o legado dos antigos Templários — ainda teriam que ser reassimilados. E certos novos elementos, supremamente importantes, ainda teriam que ser acrescentados.

Como já vimos, para a população rural a ideia de "teatro" foi representada por obras tais como *Robin Hood and Little John*. No entanto, nos centros urbanos da Grã-Bretanha havia outro tipo de teatro, mais familiar aos nossos tempos, e com um lugar na tradição cultural mais prontamente conferido. Referimo-nos às peças teatrais de mistério ou suspense; um estilo que se iniciou no começo do século XII, atingindo o seu pleno desenvolvimento nos séculos XIV e XV. Derivada principalmente da missa e de fontes litúrgicas, a peça de mistério era uma combinação de drama e de pompa. A maioria das peças de mistério e de milagres foi reunida em sequências ou épocas, quatro das quais sobrevivem até os nossos dias — os de York, de Chester, de Wakefield e outra que é, às vezes, atribuída a Conventry. Saindo das zonas da igreja para o mercado, essas épocas procuravam, nos dias de festividade, envolver toda a população de uma cidade numa recriação e nova representação de material bíblico. Episódios das Escrituras — tais como o assassinato de Abel, Noé e a sua Arca, a Natividade ou, até mesmo, a

Crucificação — seriam retratados em formas dramáticas simplificadas e facilmente digeríveis. Frequentemente, Deus e Jesus "apareciam em cena". O Mal — geralmente representado sob a forma de um Diabo fantasiado ou vestido de palhaço — era devidamente castigado. Às vezes, assuntos cotidianos eram abordados e fontes contemporâneas de injustiças ou queixas, satirizadas. As apresentações eram encenadas sobre enormes carroças, tais como os modernos carros alegóricos de carnaval, localizados em vários pontos ao redor da cidade, e os espectadores iam de um ponto ao outro seguinte como se estivessem em procissão religiosa, indo de uma parada para a seguinte. Os atores eram integrantes das diversas guildas — a dos curtidores de couros, os rebocadores que trabalhavam com estuque e gesso, os construtores navais, os Encadernadores, os ourives, os negociantes de tecidos, os açougueiros, os estalajadeiros — e cada guilda era responsável pela representação de um determinado episódio ou passagem bíblica.

Num importante artigo publicado em 1974, o Reverendo Neville Barker Cryer demonstrou como as peças de mistério e milagre foram uma importante e rica fonte para os rituais que, mais tarde, seriam encontrados na Franco-Maçonaria, fornecendo materiais que, de outra forma, seriam amorfos em estrutura e forma.[126] Certamente, as guildas de pedreiros "operativos" eram particularmente ativas na encenação dessas peças teatrais. Porque uma boa parte de seu trabalho consistia na construção de igrejas, abadias e outras edificações religiosas, eles desfrutavam uma especial relação com a instituição eclesiástica. Isso, mais do que as demais guildas, tornou-os mais familiarizados com as técnicas litúrgicas de dramatização, bem como com certos conteúdos de materiais bíblicos.[127] E como a Reforma encurtou o programa de construção religiosa, as guildas de pedreiros tiveram mais oportunidade para desenvolver suas técnicas e talentos nos dramas rituais, e, aos poucos, evoluindo os seus próprios ritos que ficavam ainda mais distantes dos tabus do Catolicismo.

Como já assinalamos antes, cada guilda de uma cidade era, tradicionalmente, responsável pela dramatização de conteúdos específicos de materiais bíblicos, de incidentes e episódios específicos das Escrituras. Em alguns casos, a incumbência de um assunto em particular dada a uma determinada guilda era mais ou menos arbitrária. Seria difícil, por exemplo, encontrar algo nas Escrituras de especial relevância aos, digamos, fabricantes de luvas ou, como eram chamados, "luveiros" (*Gaunters*). Por outro lado, havia certas narrativas bíblicas de especial relevância aos pedreiros e artesãos em pedra. Ademais, sua proximidade com as instituições eclesiásticas possibilitava-lhes escolher e eventualmente monopolizar as narrativas

126. Barker Cryer, *Drama and Craft*. Esta foi prestada como a "*Prestonian Lecture*", em 1974, tendo sido editada por um particular no mesmo ano.
127. Ibid., p. 26 e 33.

que eles preferissem encenar. O reverendo Cryer sugere que este teria sido, de fato, o caso. As guildas dos pedreiros teriam, gradualmente, arrogado para si a prerrogativa de dramatizar materiais de particular pertinência à sua própria especialidade profissional — tal como a construção do Templo de Salomão.[128] Assim, a dramática lenda principal da futura Franco-Maçonaria — o assassinato de Hiram Abiff — teria sido encenada inicialmente pelos pedreiros numa peça teatral como essa.[129]

128. Ibid., pgs 35-7.

129. Parece que a encenação do assassinato de João, o Batista, foi algo que contribuiu para o drama final envolvendo Hiram Abiff. Veja ibid., p. 32.

CAPÍTULO IX

Franco-Maçonaria: Geometria Sagrada

A própria Franco-Maçonaria tem profundas incertezas quanto às suas origens. Ao longo de seus quase quatro séculos de existência formal, ela vem tentando, às vezes de maneira até desesperada, estabelecer a sua linhagem — o seu "pedigree". Escritores maçônicos escreveram muitos livros, empenhando-se e esforçando-se para registrar a história de sua Arte. Alguns desses esforços não foram apenas espúrios, mas, às vezes, positivamente cômicos em sua extravagância, ingenuidade e imaginação. Outros não apenas foram plausíveis mas também abriram novas importantes portas à pesquisa histórica. No entanto, no final, a maior parte dessas pesquisas acabou em incertezas e dúvidas; e, não raro, elas têm provocado mais perguntas do que respostas. Um dos problemas é que os próprios franco-maçons sempre procuraram uma única herança coerente, um único fio da meada que ligue a tradição dos tempos pré-cristãos ao presente. Na verdade, a Franco-Maçonaria mais parece um novelo de lã emaranhado por um gato brincalhão. Ela se compõe de muitas alças e nós, que devem ser desemaranhados antes de ser possível discernir as suas várias origens.

A lenda maçônica argumenta que a Franco-Maçonaria, pelo menos na Inglaterra, descende do rei Saxão Athelstan. Dizem que o filho de Athelstan ingressou numa Fraternidade de Maçons já existente, tornando-se ele próprio um maçom entusiasta e, em função de seu *status*, conseguiu obter uma "Carta Constitutiva gratuita" para os seus irmãos. Em consequência desse reconhecimento real, supõe-se que um conclave maçônico tenha sido convocado em York, onde foram esboçados os regulamentos e estatutos que viriam a formar as bases da Franco-Maçonaria inglesa.

Os historiadores maçônicos posteriores investigaram exaustivamente esse relato. O consenso é que pouco, ou quase nenhuma provas existe para dar suporte a essa versão. Mas, ainda que fosse verdade, ela deixaria as perguntas mais importantes ainda sem resposta. De onde teriam vindo os maçons supostamente patrocinados por Athelstan e seu filho? Onde foi que eles aprenderam a sua Arte? O que havia de tão especial nela? Por que teria ela exigido do trono a proteção que de fato teve?

Alguns escritores maçônicos tentaram responder a essas perguntas invocando os assim chamados *Comacine Masons* ("Maçons Comancinos", "Maçons Itinerantes"). Segundo esses autores, teria existido, durante os últimos dias do Império Romano, um colégio de arquitetos que eram iniciados naqueles que seriam mais tarde chamados de mistérios maçônicos. Dizem que, quando Roma caiu, o colégio, situado às margens do lago Como, fugiu e, silenciosamente, perpetuou seus ensinamentos às gerações que se seguiram; também dizem que os seus seguidores se espalharam por diversos centros europeus, inclusive a Corte de Athelstan.

Nenhuma dessas duas origens é de todo implausível. Algum tipo de plano de construção parece ter sido seguido durante o reinado de Athelstan, do qual York é uma prova. Talvez esse tenha sido o programa mais ambicioso do gênero na Europa da época, e pode muito bem ter envolvido alguma nova perícia técnica ou uma recém-redescoberta tecnologia. Ademais, foram encontrados exemplares de Bíblias antigas, datadas da Inglaterra Saxônica, que retratam Deus no papel, caracteristicamente maçônico, de arquiteto. E, de fato, existe algum indício de que algum tipo de colégio de Arquitetos teria existido em uma ilha do Lago Como durante os últimos dias do Império Romano. É perfeitamente provável que alguns desses ensinamentos do Colégio tenham sido preservados e, posteriormente, disseminados por toda a Europa Ocidental.

Porém, nem Athelstan e seu filho nem os Maçons Comancinos servem para explicar ou justificar um dos mais relevantes aspectos da Franco-Maçonaria posterior — o fato de ela conter um importante elo da tradição judaica, filtrada pelo Islã. O conteúdo da Lenda central da Franco-Maçonaria — inclusive, é claro, a construção do Templo de Salomão — deriva, básica e principalmente, do Velho Testamento, ambos: canônico e apócrifo, bem como dos respectivos comentários judaicos e islâmicos. Vale a pena analisarmos a mais importante dessas lendas — o assassinato de Hiram Abiff — de forma mais detalhada.

A história de Hiram está enraizada no contexto do Velho Testamento. Ela aparece em dois livros: Reis I e Crônicas II.

Assim está escrito em Reis I, 5;1-6:

> "Hiram, rei de Tiro, soube que Salomão fora ungido rei em lugar de seu pai, e enviou-lhes embaixadores, pois Hiram fora sempre amigo de Davi. Salomão enviou também uma embaixada a Hiram dizendo... 'Por isso, penso edificar um templo em nome do Senhor... Ordena, pois, aos teus servos, que me cortem cedros do Líbano'."[130]

130. Todas as citações bíblicas foram extraídas da *The Jerusalem Bible*, editada pelo Padre Roland de Vaux. Edição em inglês por Alexander Jones (Londres, 1966).

A seguir, o Livro descreve, em detalhe, a construção do Templo pelos operários construtores de ambos, Salomão e Hiram. O recrutamento da mão de obra para o projeto estava a cargo de Adoniram — nome que poderia parecer uma variação do nome do próprio Hiram. Depois que a construção do Templo foi concluída, o monarca israelita desejou adorná-lo com duas enormes colunas de bronze e outros enfeites.

Assim está escrito em Reis I: 7;13-15:

> "Depois disso, o rei Salomão mandou vir de Tiro um homem chamado Hiram; filho de uma viúva da tribo de Neftali, cujo pai era de Tiro, que trabalhava em bronze. Apresentou-se ao rei Salomão e executou todos os seus trabalhos. Fundiu duas colunas de bronze..."

No livro Crônicas II: 2;3-14, o relato é um pouco diferente:

> "Mandou, também, dizer a Hiram, rei de Tiro... 'a fim de que possa edificar um templo em nome do Senhor, meu Deus... Envia-me um homem experiente no trabalho do ouro, da prata, do bronze, do ferro, da púrpura azul e violeta, um homem que entenda suficientemente da escultura, para dirigir os meus artífices...' Hiram, rei de Tiro, respondeu: 'Envio-te, portanto, um homem hábil e entendido, Hiram Abiff, filho de uma mulher da tribo de Dan e de um pai de Tiro. Sabe trabalhar o ouro, a prata, o bronze, o ferro, a madeira... todos os tipos de esculturas, e elaborar qualquer plano que lhe confie...'"

Em seu trato ao Mestre construtor do Templo, o Velho Testamento é um tanto quanto superficial. Porém, a Franco-Maçonaria — baseando-se em outras fontes e/ou criando algumas outras por si só — elabora e aperfeiçoa os escassos detalhes e os desenvolve resultando naquilo que, numa estrutura de uma religião convencional, poderia ser considerada uma completa e fechada teologia. A história, em sua forma final, contém pequenas variações em seus pormenores, parecidas com as variações observadas nos Evangelhos; porém, o seu teor permanece o mesmo, firme e consistente, qualquer que seja a Loja, o Rito ou a época.

O protagonista da lenda é geralmente conhecido por Hiram Abiff* ou, talvez mais corretamente, Adoniram. "Adoniram" é, nitidamente, derivado de "Adonai", a palavra que em hebraico é usada para "Senhor", mais ou menos como as palavras "Kaiser" ou "Czar" derivam de "Caesar". Assim, o Mestre construtor seria "Senhor Hiram" — embora também se tenha pensado que "Hiram" não fosse um nome próprio, mas um título que, talvez, denotasse um rei ou alguém ligado à Casa Real. A palavra "Abiff" é uma derivação da palavra hebraica para designar "pai". Assim, "Hiram Abiff" poderia ser o próprio rei, o pai simbólico de seu povo, ou ele poderia ser o pai do rei — o ex-rei, ou o rei aposentado, que pode ter abdicado

---

* N. E.: Sugerimos a leitura de *O Livro de Hiram* e de *Girando a Chave de Hiram*, de Christopher Knight e Robert Lomas, Madras Editora.

depois de um determinado número de anos. Seja como for, a questão é que poderia parecer que ele teria um parentesco consanguíneo com a realeza fenícia de Tiro, sendo um "mestre" versado nos segredos da arquitetura — os segredos dos números, formas, medidas, bem como de suas aplicações práticas pela Geometria. As pesquisas arqueológicas modernas confirmam que o Templo de Salomão, tal como está descrito no Velho Testamento, encerra uma inconfundível semelhança com os templos construídos pelos fenícios. É até mesmo possível ir um pouco mais adiante. Os templos tirianos eram erigidos à deusa-mãe fenícia, Astarte (que, sujeitada a uma forçosa mudança de sexo pela Antiga Igreja, entrou na tradição cristã como o demônio masculino Ashtaroth). Na antiga Tiro, Astarte era conhecida pelo apelido de "Rainha do Paraíso" e "Estrela do Mar" ou "Stella Maris" — apelidos que também foram, é claro, tomados pelo Cristianismo e atribuídos à Virgem. Astarte era venerada, convencionalmente, "nos lugares altos"; nos cumes e topos de montanhas — como, por exemplo, o Monte Hermon — abundavam com santuários dedicados a ela. E qualquer que fosse a sua dedicação ao Deus de Israel, Salomão era um de seus adoradores.

Assim está escrito em Reis I: 3;3:

> "Salomão amava o Senhor e seguia os preceitos de Davi, seu pai. No entanto, continuava a oferecer sacrifícios e a queimar incenso nos lugares altos."

Em Reis I: 11;4-5, isso está mais explícito ainda:

> "Sendo já velho, elas seduziram o seu coração para seguir a outros deuses, de sorte que o seu coração já não pertencia sem reservas ao Senhor, seu Deus, como o de Davi, seu pai. Salomão prestou culto a Astarte, deusa dos Sidônios...".

De fato, o famoso "Cântico de Salomão" é um hino a Astarte, e uma invocação a ela:

> "Vem do Líbano, ó esposa,
> vem do Líbano,
> vem dos cumes de Amaná,
> dos cumes de Sanir e de Hermon..."[131]

Tudo isso levanta suspeitas sobre o Templo de Salomão, construído por um Mestre construtor fenício. Teria sido ele, de fato, dedicado ao rei de Israel, ou teria sido a Astarte?

De qualquer forma, Hiram, perito em arquitetura, é trazido de Tiro por Salomão para presidir a construção do Templo — assim o "Templo de Salomão" é, num estrito sentido, o "Templo de Hiram". É claro que, na verdade, a enorme massa de mão de obra envolvida num empreendimento

131. *Cântico dos Cânticos* (Cânticos de Salomão), IV:8.

assim tão ambicioso haveria de ser composta principalmente, se não exclusivamente, de trabalho escravo. No entanto, no ritual e tradição maçônicos, pelo menos alguns dos construtores são descritos como homens livres, ou pedreiros livres, que eram, provavelmente, profissionais tirianos, pagos por seu trabalho. Eles estão organizados em três níveis ou graus: Aprendizes, Companheiros e Mestres. Por serem tão numerosos, é impossível que Hiram conheça pessoalmente todos eles. Assim sendo, a cada nível ou Grau é dada uma Palavra individual. Aos Aprendizes é dada a Palavra "Boaz", o nome de uma das duas imensas colunas ou pilares de bronze que sustentavam o pórtico do Templo. Aos Companheiros é dada a Palavra "Jachim", o nome da segunda coluna ou pilar. Aos Mestres é dada, ao menos inicialmente, o nome "Jeová". Cada uma dessas três Palavras é também acompanhada de um Sinal característico, ou de um posicionamento das mãos, um peculiar "aperto de mãos" ou "Toque". Ao serem pagos os respectivos salários, cada um dos trabalhadores se apresenta a Hiram, dá a Palavra, sinaliza e dá a mão conforme o seu grau e, em seguida, recebe o pagamento que lhe cabe.

Certo dia, enquanto Hiram fazia as suas orações no interior de seu quase concluído edifício, ele foi abordado por três patifes — Companheiros conforme alguns, e Aprendizes de acordo com outros — que esperavam dele obter os Segredos de um Grau superior, ao qual eles ainda não faziam jus. Tendo entrado pela porta Ocidental, eis que os malfeitores bloqueiam-lhe a passagem exigindo-lhe a Palavra secreta, o Sinal e o Toque adequados. Ao se recusar a dar a informação por eles desejada, eles o atacaram.

Os relatos são variados quanto a quais golpes ele recebe e em que portas, bem como quais são os instrumentos que lhe causam quais ferimentos. Para os nossos propósitos, basta saber que ele foi golpeado por três vezes. Ele é golpeado na cabeça com um Malho ou Maço, com um Nível em uma das têmporas e com um Prumo na outra. As versões da história quanto à sequência desses ferimentos também variam — qual foi o primeiro ferimento recebido e qual foi o "golpe de misericórdia". O primeiro ferimento foi recebido quando ele estava na porta do Sul ou na do Norte. Ensanguentado, deixando um rastro de sangue pelo chão, Hiram cambaleia de uma porta para a outra, recebendo mais um golpe. Em todas as versões do relato, ele morre junto à porta Oriental. Isso, numa Loja moderna, é onde o Venerável Mestre fica para dirigir a Loja. Certamente, também é nesse lugar que sempre está situado o altar de uma igreja.

Arrependidos pelo que acabaram de fazer, os três malfeitores tentaram esconder o corpo do Mestre. Segundo a maioria das versões, eles o escondem junto à encosta de uma montanha próxima, enterrando-o sob terra fofa. Um ramo de acácia — a planta sagrada símbolo da Maçonaria — foi arrancado de um arbusto e enfiada sobre a tosca sepultura, para tornar a aparência do solo como intocada. Porém, sete dias depois, quando nove dos Mestres subordinados a Hiram estavam à sua procura, um deles, subindo pela encosta da montanha, ao tentar se segurar em algo para firmar-se, segurou o ramo de acácia, que, imediatamente, se solta da terra. Certamente isso o levou a descobrir o cadáver do Mestre assassinado. Logo, compreendendo o que acontecera e temendo que Hiram pudesse ter informado a Palavra de Mestre antes de morrer, os nove Mestres resolveram mudá-la. De comum acordo, decidem que a nova Palavra seria a primeira que qualquer um deles proferisse ao desenterrar o cadáver. Quando a mão de Hiram foi agarrada pelos dedos e pelo pulso, a pele em decomposição se desprendeu como uma luva; ao que um dos Mestres exclamou: "Macbenac!" (ou uma outra variante entre as várias existentes), a qual, em alguma língua não específica, sabe-se significar "A carne se desprende dos ossos", ou "O cadáver está putrefato", ou, simplesmente, "A morte de um construtor". Eis que essa se torna a nova Palavra de Mestre. Posteriormente, os três malfeitores foram descobertos e punidos. O corpo de Hiram, exumado daquela precária cova, foi levado sob grande cerimônia ao recinto do Templo, estando todos os Mestres revestidos com os seus Aventais e Luvas impecavelmente brancos para mostrar que nenhum deles manchara as suas mãos com o sangue do falecido.[132]

Como dissemos, ao longo dos últimos 250 anos, versões alternativas da história têm variado levemente quanto à sequência dos acontecimentos, ou em alguns determinados detalhes. Também se observam algumas variações quanto à suposta conduta de Salomão ao longo de todo acontecido. Algumas vezes, o seu papel é bastante enfatizado; em outras oportunidades ele é relevado. Porém, em sua essência, todas as versões da lenda condizem com o cerne que acabamos de descrever. O que se esconde por detrás da narrativa é uma outra pergunta, que está além dos limites deste livro, estando mais afeta aos estudos de antropologia, mitologia comparativa e das origens das religiões. Em consequência da pioneira obra de James Frazer, *The Golden Bough* ("O Ramo Dourado"), os comentários proliferaram. Alguns estudiosos, bem como certos autores maçônicos, argumentaram que toda a história de Hiram — a exemplo de outras narrativas míticas da antiguidade e, neste sentido, inclusive a Bíblia — foi uma deliberada distorção, como um véu para mascarar um dos mais arcaicos e difundidos rituais — o do sacrifício humano. Certamente, não era incomum, no Oriente Médio dos tempos bíblicos, consagrar uma edificação com um cadáver sagrado — uma criança, uma virgem, um rei ou uma algum outro personagem de sangue azul, um sacerdote ou uma sacerdotisa, ou um construtor. A tumba e o santuário eram, quase sempre, uma só e estavam juntas. Em épocas posteriores, a vítima já estava morta, ou seria substituída por um animal;

132. Os Rituais, Palavras de Passe, Toques, Senhas e outros detalhes da prática maçônica aparecem em, pelo menos, três livros: Carlile, *Manual of Freemasonry*; Hannah, *Darkness Visible*; Dewar, *The Unlocked Secret*. Carlile é o primeiro, e, ao que parece, foi a principal fonte aos dois outros subsequentes.

porém, no início, um ser humano era deliberadamente morto, ritualmente sacrificado, para santificar o lugar com o seu sangue. A história de Abrão e Isaac é apenas uma das indicações de que os antigos israelitas praticavam tais atos. E, de fato, vestígios dessa tradição continuaram nos tempos cristãos, com suas igrejas construídas nos lugares em que Santos foram sepultados — ou Santos sendo sepultados, quando não efetivamente assassinados, em consagração a igrejas. Em sua novela *Hawksmoor*, publicada em 1984, Peter Ackroyd descreve uma série de igrejas do início do século XVIII em Londres, construídas em locais de sacrifício humano. O que alguns leitores e revisores encaravam como a fantasia de uma história de horror, resulta, na verdade, de um antigo princípio. A época sobre a qual Ackroyd escreve, os franco-maçons, quase que certamente, tinham informações secretas desse princípio, ainda que jamais tivessem chegado a, de fato, implementá-lo.

Seja como for, e quaisquer coisas que os resíduos atávicos ocultaram nela, o cerne da história de Hiram não é de fabricação recente, mas uma narrativa de antiquíssima época. Como notamos, muito pouco há sobre o tema no próprio Velho Testamento, mas existem elaborações e variações entre as antigas lendas talmúdicas e as apócrifas judaicas. O porquê de a história vir a se tornar tão importante mais tarde — por que, de fato, Hiram viria a assumir uma imagem de proporções de um Cristo — é outra questão. Porém, na Idade Média, o arquiteto ou construtor do Templo de Salomão já tinha se tornado significante para as guildas dos pedreiros "operativos". Em 1410, um manuscrito relacionado com uma dessas guildas menciona "o filho do rei de Tiro" e o associa a uma antiga ciência que dizem ter sobrevivido ao Dilúvio, e que fora transmitida por Pitágoras e Hermes.[133] Um segundo manuscrito, reconhecidamente posterior, datado de 1583, cita Hiram e o descreve tanto como filho do rei de Tiro, e como um "Mestre".[134] Esses registros escritos dão testemunho daquilo que, certamente, foi uma tradição muito antiga e amplamente difundida. Essa tradição pode ser a responsável pelos paralelos entre o filho do rei de Tiro e Athelstan — ambos príncipes, ambos renomados arquitetos, mestres construtores e patronos de pedreiros.

Não está claro a partir de quando, exatamente, a história de Hiram foi tão central para a Franco-Maçonaria. No entanto, é quase certo que ela contribuiu, de certa forma, aos primórdios da instituição. Voltando à Capela Rosslyn de William Sinclair e à cabeça do "Aprendiz assassinado", é

133. O *Cooke Manuscript*. Veja Gould, *The History of Freemasonry*, vol. I, p. 84.
134. O *Grand Lodge Manuscript nº 1*, reproduzido em Sadler, *Masonic Facts & Fictions*, p. 199-208. No MS, está dito que o arquiteto seria o filho de Hiram, rei de Tiro. A ele é dado o nome de *Aynone*, que é considerada uma tradução errada do hebraico, *Adonai*, e indica que a referência é a Adoniram, com quem Hiram Abiff era frequentemente confundido.

possível ver em seu ferimento um corte idêntico àquele supostamente infligido a Hiram, enquanto a cabeça de mulher existente na capela é conhecida como a "Mãe Viúva". Assim, eis aí símbolos da história de Hiram, bem antecedentes à Maçonaria moderna.

Segundo recentes autores franco-maçons, a caveira com tíbias cruzadas desde há muito está associada a ambos, Templários e o Mestre assassinado. Porém desconhece-se desde quando isso se deu. Durante os séculos XVII e XVIII, a caveira com tíbias cruzadas era usada como um símbolo para denotar a sepultura de Hiram — e, por extensão, a sepultura de qualquer Mestre Maçom. Como já vimos anteriormente, a lenda diz que quando Bruce foi exumado de sua sepultura, dizem tê-lo encontrado sepultado com os ossos de suas pernas cruzados abaixo de sua cabeça. A caveira com tíbias cruzadas também era uma importante parte dos paramentos do Grau da Franco-Maçonaria conhecido como "Cavaleiro Templário", e aparece de forma destacada nas sepulturas em Kilmartin e outros lugares da Escócia, ao lado de outros específicos emblemas e símbolos maçônicos.

Na Franco-Maçonaria atual, a morte de Hiram é ritualisticamente reencenada por todo aquele que passa ao assim chamado Terceiro Grau, o Grau de Mestre Maçom. Porém, eis que agora aparece um crucial acréscimo: o Mestre é ressuscitado. "Passar ao Terceiro Grau" significa morrer ritualisticamente e renascer. A pessoa representa o papel de Hiram; ela se torna o Mestre e sofre, figuradamente, a sua morte; e, a seguir, usando a terminologia empregada, ela é "elevada" a Mestre Maçom. Há uma interessante imagem desse ritual num episódio envolvendo o profeta Elias no Livro de Reis I: 17;17-24. Numa visita a Sidon, perto do portão da cidade, Elias encontra uma viúva apanhando lenha e é levado para a sua casa. Durante a sua caminhada junto à mulher, o seu filho — o "Filho da Viúva" — adoece e morre. Elias "estendeu-se sobre o menino três vezes" e clamou de novo ao Senhor por ajuda — ao que o Senhor ouviu, e "a alma do menino voltou a entrar nele e o menino recuperou a vida".

Há uma curiosa nota de rodapé nessa análise da história de Hiram. Até o século XVIII, a história era mantida, rigorosamente, em segredo e parece ter sido parte dos mistérios confiados apenas aos Irmãos Iniciados. No entanto, em 1737, na França, estabeleceu-se uma verdadeira paranoia sobre a Franco-Maçonaria e os seus segredos (que, aliás, persiste até os dias de hoje). Iniciaram-se batidas policiais. Aparentemente, alguns indivíduos chegaram a se infiltrar nas Lojas para relatar as atividades que eram ali realizadas. Alguns poucos franco-maçons traíram os segredos, ou vazaram informações. Em decorrência, começaram a surgir as primeiras de uma continuada série de "exposições", todas tendo se mostrado notavelmente frustrantes. Ainda assim, até certo ponto, elas colocaram a lenda de Hiram em domínio público, tornando-a conhecida a profanos (pessoas que não são franco-maçons), despojando-a de uma boa parte de prodigiosa mística.

Em 1851, o poeta francês Gerard de Nerval, tendo retornado de uma viagem daquilo que era na época um exótico Oriente Médio, publicou um volumoso livro de memórias de 700 páginas, intitulado *Voyage en Orient*. Nessa obra, Nerval não apenas relata as suas próprias experiências (algumas das quais meio que inventadas); ele também incluiu fotos e ilustrações, comentários sobre usos e costumes, lendas que encontrou e contos e histórias folclóricas que ouviu. Entre essas, está a mais completa, a mais detalhada e a mais evocativa versão da história de Hiram que jamais foi editada, antes ou depois dela. Nerval não apenas declama a narrativa básica, tal como destacamos há pouco. Ele também divulga — pela primeira vez, pelo menos que seja de nosso conhecimento — um emaranhado de misteriosas tradições místicas, associadas na Franco-Maçonaria com as origens e a linhagem de Hiram.[135]

O que é particularmente estranho é que Nerval não faz qualquer menção à Franco-Maçonaria. Alegando que a sua narrativa é uma espécie de conto folclórico regional, desconhecido até então no Ocidente, ele alega ter ouvido a história contada verbalmente por um contador de histórias Persa, numa cafeteria em Constantinopla.

Tivesse isso sido escrito por qualquer outro autor, essa ingenuidade poderia parecer plausível, e não haveria outros motivos em particular para questionar suas afirmações. Porém, Nerval fazia parte de um círculo literário que incluía Charles Nodier, Charles Baudelaire, Théophile Gautier e o jovem Victor Hugo, todos envolvidos com mistério, ocultismo e esoterismo. Também não está claro se o próprio Nerval não era um franco-maçom; é possível que não tenha sido. É possível que ele, no sombrio mundo subterrâneo das seitas ocultas e das sociedades secretas, tenha tido outras declarações. Porém, não cabe dúvida de que ele sabia o que estava fazendo — que ele sabia que a sua narrativa (mesmo que ele tivesse ouvido uma versão da história no café em Constantinopla) não era um lindo conto popular do Oriente Médio, mas sim o mito central da Franco-Maçonaria europeia. As razões que levaram Nerval a divulgá-la, ou por que ele resolveu fazê-lo da maneira que fez, continuam sendo um mistério, enraizado na complexa política da França em meados do século XIX. Mas, ainda assim, a sua estranha, sinistra e evocativa transmissão da lenda de Hiram é a mais completa e a mais detalhada versão que temos, ou que, possivelmente, jamais venhamos a ter.

135. Trechos selecionados na língua inglesa, sob o nome de *Journey to the Orient*, 1972. A história do assassinato de Hiram (chamado de Adoniram, por Nerval) intitula-se *Makbenash* nas p. 204-9.

O Arquiteto como um Mago

A lenda de Hiram representa um traço da tradição judaica na Franco-Maçonaria. No entanto, em algumas de suas versões, inclusive a de Gérard de Nerval, a lenda inclui alguns elementos e influências islâmicas; e, como já vimos, Nerval diz ter obtido a sua versão de fontes islâmicas. Como foi, então, que ela entrou no coração da Europa cristã medieval? Por que teria sido ela tão importante para os construtores de edifícios religiosos cristãos? Comecemos pela segunda dessas perguntas.

O Judaísmo proíbe a confecção ou adoração de imagens gravadas. O Islã herdou e perpetuou esse tabu. Sob a influência de ambos, Judaísmo e Islã, surgiu uma herança cultural que era hostil à arte representacional — a qualquer representação das formas naturais, inclusive, é claro, a do próprio homem. O tipo de decoração que vemos nas igrejas e catedrais cristãs não será encontrado numa sinagoga ou numa mesquita.

Em parte, essa proibição vem de o fato de que qualquer tentativa de representação do mundo natural, inclusive as formas humanas, era considerada blasfêmia — uma tentativa de o homem "competir" com Deus como Criador, ou, até mesmo, usurpar e remover Deus como Criador. A alegação é que somente Deus é quem possui a prerrogativa de criar formas a partir do nada, criando a vida a partir do barro. Ao criar uma réplica de tal formas, e uma réplica da vida, feita em madeira, em pedra, em pigmentos e tintas, ou quaisquer outras substâncias ou materiais, o homem estaria violando a prerrogativa divina.

Porém, havia uma justificativa teológica mais profunda por trás desse aparentemente extremado dogma — uma justificativa que sobrepôs o antigo conceito pitagórico, e que pode até ter sido influenciada por este. No Judaísmo e no Islamismo, Deus é Um. Deus é Único. Deus é Tudo. Por outro lado, as formas do mundo fenomenal eram muitas, múltiplas, multiformes e diferentes. Todas essas formas são provas, não da Unidade Divina mas dos fragmentos do mundo temporal ou material. Se Deus fosse discernido na Criação, certamente não o seria sob a multiplicidade de formas, mas sim nos princípios unificados que as regem e as destacam. Em outras palavras, Deus deve ser visto no princípio das formas — determinadas, basicamente, pelos graus em um ângulo — e dos números. É por meio das formas e dos números, e não pela representação das diferentes formas, que a glória de Deus se manifesta. E era nos edifícios, baseados em formas e números, e não nos enfeites, adornos e decorações, que a Presença Divina deveria estar alojada.

A síntese de forma e número é a Geometria. Com a Geometria, e a regular repetição de padrões geométricos, a síntese da forma e do número é realizada. Portanto, por meio do estudo da Geometria, algumas leis absolutas se tornam legíveis — leis que dão testemunho de uma ordem, um projeto e uma coerência subjacentes. Esse plano principal era, aparentemente, infalível, imutável, onipresente; e, em virtude exatamente dessas qualidades ou atributos, poderia ser explicado ou interpretado com facilidade, como algo de origem divina — uma manifestação visível do Poder, da Vontade e da Arte Divinas. Por isso a Geometria, tanto no Judaísmo como no Islamismo, assumiu proporções sagradas, investida de um caráter de transcendência e imanente mistério.

Ao final do século I (a.C.), o arquiteto romano Vitruvius enunciou aquilo que viria a se tornar algumas das mais importantes premissas aos construtores futuros. Ele recomendava, por exemplo, que os construtores se organizassem em sociedades ou *collegia*. Ele insistia para que "os altares estivessem voltados para o Leste",[136] tal como se observa nas igrejas cristãs. Mais importante ainda, ele fixou o arquiteto como sendo alguém mais do que um mero técnico. Segundo ele, o arquiteto "deveria ser... um desenhista ou projetista, um matemático, familiarizado com estudos históricos, com a música, com a astrologia, um aplicado estudante de Filosofia..."[137] Com efeito, para Vitruvius, o arquiteto era uma espécie de mago, conhecedor e familiarizado com a essência do conhecimento humano e, particularmente, informado das subjacentes leis da criação. Predominante entre essas leis estava a Geometria, sobre a qual o arquiteto era obrigado a se basear na construção dos templos "com a ajuda da proporção e da simetria...".[138]

Assim, também nesse sentido, o Judaísmo e o Islamismo convergiriam com o pensamento clássico. Pois não seria a arquitetura a suprema aplicação e realização da Geometria — uma aplicação e realização que foi ainda além da pintura, inserindo o tridimensional da Geometria? Não foi na Arquitetura que a Geometria, de fato, encarnou?

Assim, em estruturas baseadas na Geometria, sem enfeites ou adornos que pudessem distrair ou desviar a atenção, a presença de Deus deveria ser colocada e venerada. Por isso, a sinagoga e a mesquita eram, ambas, baseadas não na decoração, mas nos princípios geométricos, nas relações matemáticas abstratas. E os únicos ornamentos permitidos em ambas eram do tipo geométrico abstrato — por exemplo, o dédalo, o arabesco, o xadrez, o arco, o pilar ou coluna, e outras semelhantes composições "puras", de simetria, regularidade, equilíbrio e proporção.

Durante a Reforma, o tabu contra a arte representativa viria a ser adotado por algumas das mais austeras formas de Protestantismo. Isso aconteceu, particularmente, na Escócia. Porém, o cristianismo medieval, sob a hegemonia da Igreja Católica, não mantinha tais impedimentos ou proibições. Apesar disso, a Cristandade haveria de rapidamente se agarrar aos princípios da Geometria Sagrada, utilizando-os para incrementar suas próprias tentativas de incorporar e acolher o Divino. A partir do período das

136. Vitruvius, *De architectura*, IV c. IX.
137. Ibid., I c.I:3.
138. Ibid., III c.I:9.

catedrais góticas, a Geometria Sagrada* na arquitetura e nos adornos arquitetônicos caminhava passo a passo com a arte representativa, como parte integrante das igrejas cristãs.

De fato, na catedral gótica, a Geometria era o único fator mais importante. Como notamos na edificação da Capela Rosslyn, a construção de qualquer edifício como esse era realizada sob a direção de um assim chamado "Mestre de Obra". Cada um desses Mestres planejaria sua própria inigualável geometria, segundo a qual tudo que viesse a seguir deveria se harmonizar. Um estudo sobre Chartres revelou sinais e marcas de que, ao longo de sua construção, houve a atuação de nove diferentes Mestres.[139]

A maioria dos Mestres era composta, essencialmente, por competentes e hábeis artesãos, desenhistas e projetistas, cujas técnicas eram absolutamente tecnológicas. No entanto, alguns deles — acredita-se que dois entre os nove de Chartres — eram, obviamente, versados em algo mais.[140]As suas obras refletem um caráter metafísico, espiritual, ou, em linguagem da Franco-Maçonaria, "especulativa", que atesta um nível mais elevado de educação e sofisticação — pertinente a homens que, além de construtores, eram pensadores e filósofos. Como já vimos, um manuscrito, datado de 1410, fala de uma "ciência" cujos segredos foram ressuscitados após o Dilúvio por Pitágoras e Hermes. A partir de referências como essa, fica claro que, pelo menos, certos Mestres tinham acesso aos conceitos herméticos e neo-platônicos, muito antes de esses conceitos entrarem em voga, durante a Renascença, na Europa Ocidental. Porém, antes da Renascença, esses conceitos — heterodoxos como eram, e baseados em fontes não cristãs — teriam sido extremamente perigosos a seus adeptos e, por isso, foram relegados ao segredo. Em consequência, uma tradição "esotérica" de Mestres "iniciados" teria surgido entre as guildas de pedreiros "operativos". Eis aí, então, as sementes daquilo que mais tarde seria chamado de Maçonaria "especulativa".

Nessa tradição misteriosa de Mestres "iniciados", a Geometria Sagrada era de suma importância — como vimos, uma manifestação do Divino. Para esses Mestres, uma catedral era mais do que uma "casa de Deus". Era algo semelhante a um instrumento musical, afinado a um determinado e exaltado tom espiritual, tal como uma harpa. Se o instrumento estivesse corretamente afinado, o próprio Deus haveria de ressoar através dele, e a Sua imanência seria sentida por todos aqueles que adentrassem. Mas como era feita a correta afinação? Como e onde Deus especificou o que seria necessário para o Seu projeto? A Geometria Sagrada proporcionava os princípios gerais, as leis subjacentes. Mas havia um contexto do Velho Testamento no qual, segundo se acreditava, Deus havia instruído, exata e

* A respeito desse assunto, sugerimos a leitura de *Catedral de Chartres — A Geometria Sagrada do Cosmos*, de Sonja Ulrike Klug, Madras Editora.

139. James, *Chartres*, p. 49.

140. Ibid., p. 111.

especificamente, seus adoradores, tendo traçado as Suas próprias plantas. Esse foi o contexto da construção do Templo de Salomão. Assim a construção do Templo de Salomão veio para assumir uma suprema importância para os pedreiros da Idade Média. Aqui, Deus realmente "ensinou" a aplicação prática da Geometria Sagrada por meio da arquitetura. E o Seu principal aluno, Hiram Abiff, foi assim adotado como o modelo ao qual todo Mestre construtor deveria aspirar.

O Conhecimento Oculto

Eis por que a história de Hiram veio assumir a importância que teve. Resta a pergunta de como foi que os seus variados adornos e enfeites entraram no coração da Europa cristã. Nesse sentido, como foi que a Geometria Sagrada, como um todo — composta de conceitos pitagóricos, herméticos, neo-platônicos, judaicos e islâmicos —, encontrou o seu caminho para o Ocidente? Para que possamos responder a essa pergunta, devemos analisar os períodos na História em que esses corpos de ensinamento poderiam ter sido, de forma mais influente, transmitidos ou assimilados — períodos em que o Cristianismo se encontrava mais exposto a influências "externas" e, algumas vezes deliberadamente, outras vezes por osmose, absorveu-os.

O primeiro desses períodos se deu nos séculos VII e VIII, quando o Islã, impelido pela energia militante característica de uma nova religião, varreu o Oriente Médio, atravessou a costa norte da África, cruzou o Estreito de Gibraltar, ganhou a Península Ibérica e avançou para a França. O subsequente domínio islâmico na Espanha chegou à sua apoteose no século X, época que coincide com o reinado de Athelstan na Inglaterra. Apesar de não existir documentação alguma sobre o assunto, certamente é possível que alguns dos princípios da Geometria Sagrada e da Arquitetura tivessem se infiltrado rumo ao Norte, partindo da Espanha e da França. Essas armadas do Islã podem ter sido interrompidas por Carlos Martel na Batalha de Poitiers, em 732; porém, as ideias são sempre mais difíceis de serem repelidas do que os exércitos.

Em 1469, Ferdinando de Aragão se casou com sua prima, Isabel de Castela. Dessa união nascia a Espanha moderna. Num acesso de entusiasmo apostólico, Ferdinando e Isabel se envolveram num programa de "purificação", no qual os seus domínios unidos haveriam de ser sistematicamente purgados de todos os "estrangeiros" — isto é, judeus e islâmicos. O que se seguiu foi a época da Inquisição Espanhola e da "confissão de fé". Como disse Carlos Fuentes, a Espanha, àquela altura, baniu a sensualidade dos mouros e a inteligência dos judeus, e acabou se tornando estéril.[141] Porém, durante o período de sete séculos e meio, entre a Batalha de Poitiers e o reinado de Ferdinando e Isabel, a Espanha foi um verdadeiro repositório de

141. Revista literária, *New York Times*, Abril de 1974.

ensinamentos misteriosos. Na verdade, o primeiro maior misterioso na tradição ocidental foi Raymond Lull, ou Lully, de Majorca, cuja obra haveria de exercer uma enorme influência no futuro desenvolvimento europeu. Mas, mesmo sem contar com Lull, era sabido que aqueles que estivessem à procura de iniciação "esotérica ou mística teria que fazer uma peregrinação à Espanha. Em *Parzival*, Wolfram von Eschenbach alega que sua história se origina, principalmente, de fontes espanholas. Dizem que Nicolas Flamel, quiçá o maior e mais famoso dos alquimistas ocidentais, teria aprendido os segredos da transmutação a partir de um livro conseguido na Espanha.

Assim, durante sete séculos e meio, a Espanha seria uma fonte de inspiração misteriosa. A partir da Espanha, esse material continuou se infiltrando no resto da Europa, às vezes em pequenas doses, outras vezes em torrentes. Porém, a influência espanhola, por mais importante que fosse, logo seria encoberta por outra, com choques mais dramáticos entre a Cristandade e as suas religiões rivais. O primeiro desses foi, é claro, as Cruzadas, durante a qual dezenas de milhares de europeus na Terra Santa se voltaram exatamente àqueles credos contra os quais tinham se unido para extirpar. Durante as Cruzadas, a corte siciliana do imperador Hohenstauffen Friedrich II se tornou uma verdadeira câmara para as correntes do pensamento judaico e islâmico. Os Templários eram outro importante condutor — talvez o mais importante de todos — dessas correntes. Embora o seu nome fosse "Cavaleiros de Cristo", os Templários, na prática, mantinham um cordial relacionamento, tanto com o Islã como com o Judaísmo; dizem até que eles tinham ambiciosos planos para reconciliar o Cristianismo com essas duas religiões rivais.

Os Templários construíam muito. Usando as suas próprias equipes de pedreiros, eles construíam os seus próprios castelos e Preceptorias. Normalmente, a arquitetura Templária era, em suas características, de estilo bizantino, refletindo as influências que estavam além do raio de controle de Roma. Como já vimos, duas sepulturas de Mestres Maçons Templários foram encontradas em Athlit, em Israel — provavelmente, as mais antigas sepulturas "maçônicas" do mundo.

Os Templários patrocinavam suas próprias guildas. Eles também atuavam como patronos e protetores para outras guildas de artesãos e de pedreiros — e, algumas vezes, parecem ter se tornado membros dessas guildas.[142] Muitas vezes, também, talentosos e hábeis artesãos eram admitidos como "associados" do Templo. Eles viviam em vilarejos autônomos,

142. Aitken, *The Knights Templars in Scotland*, p. 20. Na Escócia, as atividades comerciais dos Templários chegaram a um ponto tal que passaram a ameaçar o bem-estar dos comerciantes nas guildas. Foi promulgada uma lei de forma a assegurar que "nenhum Templário deveria se intrometer na compra ou na venda de bens pertencentes às guildas, a não ser que ele próprio fosse um membro da guilda". Como os Templários não diminuíram ou restringiram as suas atividades comerciais, podemos deduzir que alguns deles devem ter se juntado às guildas mais importantes.

anexos às Preceptorias, e desfrutavam de muitos privilégios da Ordem, inclusive a isenção de impostos e taxas. Além disso, os Templários na Europa se autonomearam guardiões das estradas, oferecendo proteção e segurança no tráfego de peregrinos, viajantes, comerciantes — e construtores. Dada essa ampla variedade de atividades, não seria de se surpreender que princípios de Geometria Sagrada e de arquitetura tivessem encontrado o seu caminho na Europa Ocidental sob os auspícios dos Templários.

Porém, se os Templários eram um duto para esses princípios, eles somente o puderam ser durante um limitado período — não mais do que dois séculos (ou, provavelmente, até menos). Como já ressaltamos diversas vezes, não se deve exagerar a respeito dos Templários, transformando-os em algo que eles não eram. Alguns dos integrantes ou funcionários da Ordem podem, de fato, ter sido tão bem-educados quanto, digamos, os seus correspondentes na hierarquia eclesiástica; alguns podem ter sido, de fato, versados nos mistérios da arquitetura e da geometria Sagradas; porém, a maioria dos Templários era de meros e modestos soldados, tão ignorantes ou simplórios quanto a maioria dos outros nobres da época. Esses homens podem ter aprendido com os seus superiores que as guildas dos pedreiros "operativos" possuíam segredos tecnológicos merecedores de todo o respeito, sem, no entanto, saber quais eram esses segredos — e menos ainda eles seriam capazes de entendê-los. Ademais, com a dissolução oficial da Ordem, sem dúvida muito foi perdido. Particularmente na Escócia, os refugiados Templários, deserdados de seus antigos superiores, teriam sido deixados apenas com formas vazias para observar. Eles podem ter encarado a arte da construção com deferência e respeito, mas o seu significado para eles era mais simbólico e ritualístico do que prático; e, ao que parece, não eram grandes entendidos no assunto. Na verdade, nenhum dos Templários sobreviventes na Escócia teria sido como certos tipos da futura Franco-Maçonaria, mecanicamente perpetuando um conjunto de tradições e observações sem, no entanto, entender o seu significado.

Se havia uma conexão entre os Templários e as guildas de pedreiros "operativos" na Escócia, ela teria, de qualquer forma, se exaurido no século XV — teria definhado e se diluído. Porém, exatamente naquele ponto, haveria de acontecer uma transfusão de uma nova inspiração vinda de outro lugar, que regenerou a aplicação da Geometria Sagrada na arquitetura, imprimindo um novo ímpeto a ambas. Em 1453, Constantinopla e os últimos remanescentes do antigo Império Bizantino caíram nas mãos dos turcos. O resultado foi um maciço afluxo de refugiados na Europa Ocidental, que traziam consigo os tesouros, acumulados durante os últimos mil anos, das bibliotecas bizantinas — textos sobre hermetismo, neo-platonismo, gnosticismo, cabala, astrologia, alquimia, geometria Sagrada — todos os ensinamentos e tradições que se originaram na Alexandria durante os séculos I, II e III, e que, desde então, vêm sendo incrementados e atualizados. Então, como já vimos, em 1492, Ferdinando e Isabel da Espanha deflagraram uma cruel e implacável extirpação do Islã e do Judaísmo de seus domínios. Isso também provocou um êxodo de refugiados que foram para o Leste e o Norte, levando consigo todo o conteúdo do "esoterismo" ibérico, que vinha sendo instilado aos poucos na Cristandade desde os séculos VII e VIII.

O impacto desse crescimento foi estrondoso. Ele chegou a transformar a civilização ocidental. Estudiosos e historiadores concordam que a afluência de ideias e conceitos vindos de Bizâncio e da Espanha foi, provavelmente, o único fator mais importante que contribuiu para o fenômeno cultural, hoje conhecido como a Renascença.

O material bizantino foi, inicialmente, para a Itália, onde pessoas tais como Cosimo de Medici imediatamente se lançaram sobre ele. Foram criadas academias para estudar e propagar aquele material. Traduções — a mais antiga e famosa foi a de Marsílio Ficino — foram encomendadas e espalhadas.[143] Exegeses — como, por exemplo, a de Pico della Mirandola — foram escritas e igualmente difundidas. A partir da Itália, ao longo dos cem anos seguintes, uma verdadeira onda de "esoterismo" se espalhou por toda a Europa. A Geometria Sagrada, agora vista como uma forma de "magia talismânica", era aplicada não mais somente à arquitetura mas também à pintura — tal como nas obras de Leonardo e de Botticelli. Logo isso também seria aplicado em outras artes, inclusive na poesia, na escultura, na música e, particularmente, no teatro.

Não que a arquitetura estivesse, assim, sendo diminuída. Ao contrário, ela adquiriu um *status* ainda mais exaltado do que antes. A propagação do neoplatonismo — os sincréticos ensinamentos místicos que se misturaram na Alexandria pós-cristã — emprestou um renovado significado aos antigos pensamentos clássicos do próprio Platão. Os eruditos da Renascença, ansiosamente procurando em Platão relevantes conexões, encontraram um princípio crucial para a futura cristalização da Franco-Maçonaria. Em *Timaeus*, de Platão, aparece a mais antiga conhecida igualdade entre o Criador e o "Arquiteto do Universo". Em *Timaeus*, o Criador é chamado de *tekton*, o que é traduzido por "artesão" ou "construtor". Assim, *arche-tekton* significaria "mestre artesão" ou "mestre construtor".Para Platão, o *arche-tekton* trabalhou o Cosmos por meio da Geometria.[144]

---

143. O melhor relato dos acontecimentos e dos conhecimentos "herméticos" da arte da Renascença pode ser encontrado em francês; Yates, *Giordano Bruno and the Hermetic Tradition*, Londres, 1964, reeditado diversas vezes. Ela explica, por exemplo, que os Mestres da Renascença estavam "tentando influenciar 'o mundo' com uma propícia combinação de imagens celestiais, como que para canalizar influências benéficas e excluir as não benéficas" (edição de 1978, p. 75), e que muitos exemplos da arte renascentista construídos para esses objetivos, eminentemente práticos, eram "complexos talismãs": "... a 'Primavera' de Botticelli, certamente, é um desses objetos, designados para aquele propósito" (edição de 1978, p. 77).

144. Platão, *Timaeus*, p. 179.

Como vimos, o conjunto de material "esotérico" vindo de Constantinopla se dirigiu para a Itália. Já o vindo da Espanha, 40 anos mais tarde, teve uma parte também dirigida para a Itália, mas a maior parte foi para os Países Baixos, os domínios espanhóis de Flandres e da Holanda. Ali, ele gerou a Renascença flandrina, muito parecida com a italiana. No início do século XVI, as veias vindas da Itália e dos Países Baixos se juntaram sob o patrocínio das Casas de Guise e Lorraine. Assim, por exemplo, a primeira edição do embrionário *Corpus Hermeticum*,* publicado em 1549, foi dedicado a Charles de Guise, Cardeal de Lorraine — irmão de Marie de Guise, que se casara com James V da Escócia, cuja filha foi Mary — rainha dos Escoceses.

As Casas de Guise e de Lorraine já estavam mergulhadas na "esotérica". Na verdade, o interesse de Cosimo de Medici no "esoterismo" bizantino foi devido em grande parte ao incentivo de seu colega, também estudioso, René d'Anjou, Duque de Lorraine em meados do século XV — que passou um tempo na Itália e sustentou a transplantação da Renascença italiana em seus próprios domínios. A proximidade geográfica determinou que o material de Flandres tomasse o rumo também para aqueles domínios. Assim, no início do século XVI, e apesar de seu ostensivo catolicismo, as famílias Guise e Lorraine se tornaram assíduas patrocinadoras dos trabalhos do "esoterismo" europeu. A partir dessas duas famílias — pelo casamento de Marie de Guise com James V, pela Guarda Escocesa e por outras famílias, tais como os Stuart, os Seton, os Hamilton, os Montgomery e os Sinclair — tudo isso foi levado de volta para a Escócia. Ali — onde o legado do antigo Templo havia preparado o terreno, e onde guildas de pedreiros "operativos", sob o patrocínio dos Sinclair, estavam expandindo os seus próprios mistérios — tudo isso haveria de encontrar um solo fértil. É aí que encontramos Marie de Guise assim escrevendo a William Sinclair:

"... juntamo-nos... nós ao dito *Sir* William, que seremos igualmente leais e seu verdadeiros aliados, seu conselho e segredo a nós mostrado, haveremos de manter em sigilo."[145*]

O Conhecimento Oculto, na França e na Inglaterra

As Famílias Guise e Lorraine eram, como vimos, cruelmente ambiciosas. Não apenas elas chegaram a um passo do trono francês; elas também tinham em vista o Papado, e teriam, quase que certamente, conseguido lá chegar, caso as suas intrigas e suas bobagens na política francesa não tivessem comprometido sua credibilidade e esgotado os seus recursos. Para

---

* N. E.: *Corpus Hermeticum*, de Hermes Trismegisto, lançamento da Madras Editora.
N. T.: livre tradução do original em dialeto.
145. Carta datada de 3 de junho de 1546. Veja Hay, op. cit., p. 134.

facilitar os seus planos ao trono de São Pedro, eles trataram de se apresentar como um baluarte da Europa católica — "defensores da fé" contra a Reforma e a crescente onda de Protestantismo na Alemanha, na Suíça e nos Países Baixos. Consequentemente, eles adotaram e se dedicaram a uma política pública de fervoroso catolicismo, muitas vezes com fanática intensidade. Uma das manifestações dessa política foi a notória "Liga Sagrada", uma aliança de príncipes católicos e potentados dedicados à erradicação do Protestantismo do Continente. Aos estranhos, a Liga Sagrada parecia ser uma demonstração da religiosidade de Guise e Lorraine. No entanto, para as próprias famílias Guise e Lorraine, a Liga Sagrada era simplesmente uma questão de conveniência política — o projeto de uma estrutura que tinha por principal finalidade suplantar ou submeter o Sacro Império Romano. E, certamente, haveria de ser fácil arrebatar o controle do Papado se o Papado fosse fraco e impotente. Para que isso fosse evitado, era necessário que o Papado fosse fortalecido e, tanto quanto possível, fosse restaurada sua antiga hegemonia medieval na Europa.

Infelizmente para as famílias Guise e Lorraine, a política e a imagem pública que acompanharam os seus planos no Continente foram contraproducentes na Grã-Bretanha. Na época, tanto a Inglaterra como a Escócia tinham se tornado protestantes. Particularmente na Inglaterra, a principal ameaça logo se apresentaria como sendo a oferecida pela Espanha católica, cujo governante, Felipe II, casara-se com Maria Tudor quatro anos antes de sua morte em 1558. Qualquer coisa que fosse, ainda que levemente, "Papista" representava uma imprecação na Inglaterra, e a Liga Sagrada foi tida como uma ameaça, não apenas ao Protestantismo no Continente, mas também nas Ilhas Britânicas. Em virtude de seu zeloso apoio à Igreja, François de Guise e sua família se tornaram, aos olhos da Inglaterra, um monstro, que somente era superado, em termos de ameaça, pelo monarca espanhol.

O pensamento misterioso foi, entusiasmadamente, aceito na Inglaterra. Ele foi adotado por poetas como, por exemplo, Sidney e Spenser, e aparece em *Arcadia* e *The Faerie Queene*; ele também foi adotado por Marlowe e Francis Bacon. Porém, no que tange à sua associação com as casas católicas no Continente, ele não poderia ser tratado pública ou explicitamente. O pensamento oculto era frequentemente abordado indireta e alegoricamente. A sua existência era quase sempre "subterrânea", confinada a pequenos estudos cabalísticos, limitados aos círculos aristocratas, os quais denominaríamos nos dias de hoje "Sociedades Secretas".[146] Essas organizações eram, quase sempre, antipapistas e ativamente opositoras às

---

146. Vários trabalhos de Frances Yates trata deste período, particularmente *The Occult Philosophy in the Elizabethan Age*, *The Art of Memory*, *Astraea and Giordano Bruno and the Hermetic Tradition*.

patentes ambições políticas e dinásticas das famílias Guise e Lorraine no Continente. Mas elas estavam, ao mesmo tempo, mergulhadas no conjunto de materiais misteriosos que haviam voltado a se infiltrar na Escócia pelas famílias Guise e Lorraine, ali encontrando um solo bastante fértil.

A carreira do filósofo Alexander Dickson exemplifica bem o caminho pelo qual esse material, em meio às complicadas correntes políticas da época, foi transmitido.[147] Nascido em 1558, Dickson se formou em St. Andrews em 1577, passando os seis anos seguintes em Paris. Em sua volta, ele publicou um livro dedicado ao protegido da rainha Elizabeth, Robert Dudley, conde de Leicester. Esse livro se baseava bastante na obra anterior do proeminente "esoterista" italiano Giordano Bruno* — cuja rebeldia a Roma haveria de colocá-lo em risco em 1600, e que, antes de morrer, nomeara Dickson seu sucessor.[148] Ainda em 1583, apesar de sua íntima proximidade a Bruno, a quem Roma via como arqui-herege, e apesar de circular em rodas muito próximas do trono de Elizabeth, Dickson estava em Paris, clamorosamente proclamando o seu apoio a Mary — rainha dos escoceses e seu relacionamento com pessoas ligadas à Liga Sagrada. Embora a sua amizade com Sidney parecesse ser suficientemente verdadeira, ele também era um espião, fornecendo aos embaixadores franceses documentos ingleses secretos, entre os quais alguns redigidos por Sidney. Em 1590, Dickson estava em Flandres, realizando missões clandestinas em nome de potentados católicos. Em 1596, corria o rumor de que ele estaria trabalhando com James Beaton, embaixador da Escócia na França, e com Charles de Guise, Duque de Mayene, o então chefe da Liga Sagrada. Também ligado a esse grupo estava lorde George Seton, cujo filho, Robert, foi feito conde de Winton em 1600, e casou-se com Margaret Montgomerie, numa aliança que haveria de levar, como caçula da linhagem, ao condado de Eglinton. Beaton, antigamente arcebispo de Glasgow, vinha conspirando com as famílias Guise e Lorraine desde, pelo menos, 1560. Em 1582, enquanto Dickson ainda estava em Paris, Beaton e Henri, duque de Guise, planejavam invadir a Inglaterra com um exército fornecido e abastecido pela Espanha e pelo Papado. Na noite anterior à sua execução, em 1587, Mary — rainha dos escoceses, nomeou Beaton e Henri de Guise como seus executores.

Alexander Dickson caracteriza a maneira pela qual as devoções misteriosas e políticas se enredaram, algumas vezes uma atrelada à outra, e

---

147. Veja Durkan, "*Alexander Dickson and S.T.C. 6823*"; e Yates, *The Art of Memory*, p. 260-78.

* N. E.: Sugerimos a leitura de *Giordano Bruno — Acerca do Infinito, do Universo e dos Mundos*, de Giordano Bruno, lançamento da Madras Editora.

148. Yates, *The Art of Memory*, p. 274. De fato, Dickson era um dos mais dedicados disseminadores de Bruno. Quando Bruno visitou a Inglaterra, em 1584, ele se encontrou com dois dos mais íntimos amigos de Dickson — Fulke Greville, Lorde Brooke, e *Sir* Philip Sidney. É quase certo que Dickson também estivesse presente.

outras vezes diametralmente opostas. No entanto, Dickson era um personagem relativamente secundário em comparação com o verdadeiro "arquimago" da Inglaterra da época, o Dr. John Dee.* Mas ele também teve que traçar um caminho precário entre as facções em guerra, os interesses católicos e os protestantes, a aspiração pelo conhecimento misterioso e as exigências mais imediatas do Estado. Mas ele não saiu tão ileso e incólume quanto Dickson. Embora a sua fidelidade protestante jamais tivesse sido colocada em dúvida, como acontecera com Dickson, ele foi colocado muitas vezes sob suspeita, tendo sido preso uma vez e, constantemente hostilizado.

Nascido em Gales em 1527, médico, filósofo, cientista, astrólogo, alquimista, cabalista, matemático, emissário diplomático e espião, Dee foi um dos mais deslumbrantes e brilhantes homens de sua época, epítome do assim chamado "homem da Renascença". Acredita-se ter sido ele quem inspirou em Shakespeare o protótipo de Próspero em "A Tempestade", e a sua influência foi enorme, tanto durante a sua vida como após. Foi Dee quem reuniu as diversas meadas do mistério", sintetizando-as de maneira a preparar o caminho para o seu futuro desenvolvimento. Foi por meio de Dee e de seu trabalho que a Inglaterra, durante o século XVII, haveria de se tornar um importante centro de estudos ocultos. E foi Dee quem, na prática, propiciou o surgimento da Franco-Maçonaria.

Ainda jovem, entre seus 20 e 30 anos de idade, Dee já dava conferências e preleções em universidades no Continente — como, por exemplo, em Louvain e Paris — sobre os princípios da Geometria. Durante o período crítico das marchas e das contramarchas de Guise e Lorraine, ele se deslocava livremente pelo Continente, ganhando aceitação para si por todos os lugares. Em 1585-1586, ele estava em Praga — que, sob o governo do liberal, pacifista e supostamente "excêntrico" Sacro Imperador Romano Rudolf II, se tornara o novo centro de estudos ocultos. Ele gozava do apoio do Imperador e voltou com materiais e informações que fariam com que a Inglaterra, nessa área, suplantasse Praga. Entre os mais importantes de seus futuros discípulos, estavam Inigo Jones e Robert Fludd — que, ainda jovem, trabalhou como professor particular de Matemática e Geometria do então duque de Guise e de seu irmão.

Dee foi um importante instrumento de disseminação dos princípios vitruvianos da arquitetura e da Geometria. Ademais, em 1570, 15 anos antes de sua viagem a Praga, ele escreveu o prefácio de uma tradução inglesa de Euclides. Nesse prefácio, ele exaltava a "supremacia da Arquitetura entre as ciências matemáticas".[149] Ele se referia a Cristo como "o nosso

---

* N. E.: De John Dee, sugerimos a leitura de *A Mônada Hieroglífica*, lançado pela Madras Editora.

149. Yates, *Theatre of the World*, p. XI.

150. Ibid., p. 192.

Arquimestre Celestial".[150] Ele repercutia as descrições de Vitruvius, retratando a arquitetura como uma espécie de mago:

> "Eu penso que ninguém pode, justificadamente considerar-se Arquiteto em absoluto. Mas apenas aquele que, desde seus anos de infância, subindo por esses degraus do conhecimento, alimentado e sustentado pelos conhecimentos de muitos idiomas e Artes, consegue ascender ao elevado Tabernáculo da Arquitetura..."[151*]

E, num trecho de crucial relevância à futura Franco-Maçonaria, ele cita Platão:

> "E o nome de "Arquitetura" é a Ciência que principalmente a destaca de todas as demais Artes. E Platão afirma que o Arquiteto é o Mestre de tudo, e executa qualquer obra..."[152*]

Ao longo da maior parte da vida de Dee, o pensamento misterioso na Inglaterra, como já vimos, tinha permanecido na clandestinidade ou era abraçado apenas em alguns pequenos círculos espalhados. Na Escócia ele prosperou; mas, por causa de Marie de Guise e de Mary — rainha dos escoceses, tudo aquilo que era escocês era suspeito aos olhos dos ingleses. Em consequência disso, Dee e outros adeptos ingleses ao "esoterismo" não podiam, ainda, criar a crucial ligação com os desenvolvimentos na Escócia.

No entanto, no início do século XVII, a situação mudou dramaticamente. Em 1588, a armada de Felipe II foi decisivamente derrotada, e a Espanha era vista, cada vez menos, como uma ameaça à segurança da Inglaterra. A possibilidade de as famílias Guise e Lorraine virem a estabelecer uma cabeça de ponte na Grã-Bretanha ficou ainda mais reduzida com a execução de Mary — rainha dos escoceses. E os assassinatos, um ano mais tarde, do jovem duque de Guise e de seu irmão, efetivamente acabaram com o coração da família, aleijando suas ambições dinásticas e políticas. Em 1600, já não passava de uma força exaurida, e a Liga Sagrada também estava desabando.

Ademais, o pensamento misterioso já não estava associado de maneira assim tão exclusiva às casas de Guise e Lorraine, ou mesmo, neste sentido, com os interesses católicos. Como já vimos, um de seus mais importantes novos patronos era o sacro imperador romano Rudolf II, que declarou não ser nem católico nem protestante, mas sim cristão.[153] Ele nunca perseguiu os protestantes, distanciou-se progressivamente do Papado e, ao morrer, recusou receber os rituais da Igreja. Na verdade, em 1600, o pensamento

151. Ibid., p. 194.
* N. T.: livre tradução do original em dialeto.
152. Ibid., p. 196.
153. Evans, *Rudolf II and His World*, p. 84.

oculto começava a florescer vigorosa e publicamente nos principados protestantes. Na Holanda, no palatinado do Reno, nos reinos de Württemburg e Boêmia, ele logo começou a ser usado como um instrumento de propaganda contra Roma. Assim expurgado de qualquer nódoa das famílias Guise e Lorraine, ele já podia, seguramente, vir à tona na Inglaterra.

Ademais, em 1603, quando as famílias Guise e Lorraine já não eram mais capazes de se aproveitarem da situação, James VI da Escócia — um monarca Stuart com sangue Guise-Lorraine nas veias — tornou-se James I da Inglaterra. A essa altura, sob a perspectiva da posteridade, seria possível detectar, virtualmente, um sinal de que, finalmente, as condições e os componentes históricos começavam a tomar o seu lugar. Com a união da Inglaterra e da Escócia sob um mesmo soberano, as famílias dos nobres escoceses começaram a se envolver e a atuar nos assuntos ingleses, e duas delas — os Hamilton e os Montgomery — atravessaram o Mar da Irlanda para instituir a *Ulster Plantation*. Com essas famílias, um pouco da antiga mística dos Templários e da Guarda Escocesa começou a se infiltrar na Inglaterra e na Irlanda. Devemos lembrar que o novo rei era um patrono e, possivelmente, um membro das guildas de pedreiros "operativos". Vindo do Norte, ele trouxe consigo as suas tradições, bem como a herança "esotérica" de seus antepassados Guise-Lorraine. Todos esses elementos, reunidos ao trabalho de John Dee e de seus discípulos, haveriam de se fundir na Franco-Maçonaria filosófica, ou como é chamada, Franco-Maçonaria "especulativa". Todos eles passaram a ser não apenas respeitáveis e legítimos mas também relacionados como trono. A antiga Espada e a Trolha Templária do Mestre Construtor haveriam de se tornar, com efeito, componentes do brasão dos Stuart.

Mas haveria uma outra corrente de influências antes que a Franco-Maçonaria se cristalizasse em sua forma moderna. Como já vimos, no Continente os ensinamentos ocultos passaram a ser estimulados pelos príncipes protestantes, especialmente na Alemanha, e eram usados como um instrumento de propaganda contra os gêmeos baluartes do Catolicismo: o Papado e o Sacro Império Romano. Então, essa corrente começou a se denominar "Rosacrucianismo" e Frances Yates rotulou essa fase de sua disseminação como o "Iluminismo Rosacruz".[154] Começaram a aparecer panfletos e folhetos anônimos exaltando um "Colégio Invisível" ou uma confraria clandestina que, conforme alegavam, era derivada de um mítico fundador, Christian Rosenkreuz. Esses materiais impressos belicosamente atacavam o novo sacro imperador romano e o Papa; exaltavam o conjunto de ensinamentos "esotéricos"; anteviam a iminente chegada da Idade de Ouro, na qual todas as instituições sociais e políticas haveriam de se

154. A melhor exploração desse período é, novamente, a de Frances Yates, sob esta frase como título: *The Rosicrucian Enlightenment*.

regenerar e uma época de harmonia utópica estava por se iniciar, livre da tirania, tanto a secular como a espiritual, do passado.

Na Inglaterra, o principal expoente do pensamento "Rosacruz" foi o discípulo de John Dee, Robert Fludd — que, junto com Francis Bacon, fazia parte do conclave de estudiosos e eruditos encarregado pelo rei James para produzir uma tradução da Bíblia em inglês. Porém, embora Fludd possa ter endossado o ideário "Rosacruz", certamente esse não é originário de Fludd, nem teria ele qualquer influência na autoria do anônimo "Manifestos Rosacruzes". Hoje, acredita-se que esses manifestos tenham sido compostos, se não por inteiro, ao menos em parte, por um escritor alemão de Württemburg, Johann Valentin Andrea.[155] Dizem que eles estariam associados principalmente à corte de Friedrich, conde Palatino do Reno, em Heidelberg.

Em 1613, Friedrich se casou com Elizabeth Stuart, filha de James I da Inglaterra. Quatro anos depois, os nobres do reino da Boêmia ofereceram a Friedrich a Coroa de seu país, e sua aceitação precipitou a Guerra dos Trinta Anos, o mais amargo e mais caro conflito deflagrado em solo europeu antes do século XX. Nos primeiros anos do conflito, a maior parte da Alemanha foi dominada pelos exércitos católicos, e o Protestantismo alemão foi ameaçado de extinção. Milhares de refugiados — entre eles os filósofos, os cientistas e os "esotéricos" que faziam parte do "Iluminismo Rosacruz" — fugiram para Flandres e para a Holanda, e dali para a segurança da Inglaterra. Para facilitar a fuga desses fugitivos, Johann Valentin Andrea e os seus camaradas na Alemanha criaram as assim chamadas "Fraternidades Cristãs" (*Christian Unions*).[156] Os Sindicatos, que constituíam um tipo de sistema de Lojas, tinham a finalidade de preservar intacto o corpo da doutrina "Rosacruz", organizando os seus proponentes em células e contrabandeando-os para lugares seguros no exterior. Assim, a partir de 1620, os refugiados alemães começaram a chegar à Inglaterra, trazendo consigo o ideário "Rosacruz" e a estrutura organizacional das fraternidades cristãs.

Como já vimos, na época de James I, um sistema de Lojas já havia sido estabelecido entre as guildas dos pedreiros "operativos", começando a se espalhar por toda a Escócia. No final da Guerra dos Trinta Anos, um sistema se infiltrou na Inglaterra. Em sua estrutura geral, parece que ele coincidia mais com as fraternidades cristãs de Andrea; tendo prontamente demonstrado a adaptação ao ideário "Rosacruz". Assim, os refugiados alemães encontraram um lar espiritual entre os pedreiros ingleses; e a sua contribuição com o "ideário Rosacruz" foi o ingrediente final necessário para o surgimento da Maçonaria "especulativa" moderna.

155. Ibid., p. 58.
156. Ibid., p. 179-96.

Nos anos seguintes, os progressos continuaram em duas frentes. O sistema de Lojas se consolidou e se espalhou mais ainda, fazendo com que a Franco-Maçonaria se tornasse uma instituição estabelecida e reconhecida. Ao mesmo tempo, algumas das pessoas mais ativas na Instituição passaram a compor uma versão inglesa do "Colégio Invisível" dos "Rosacruzes" — um conclave de cientistas, filósofos e "esotéricos" na vanguarda de ideias progressistas.[157] Durante a Guerra Civil Inglesa e o Protetorado de Cromwell, o "Colégio Invisível", agora incluindo luminares como Robert Boyle e John Locke — permaneceu invisível. No entanto, em 1660, com a restauração da Monarquia, o "Colégio Invisível" se tornou, sob o patrocínio dos Stuart, a "Sociedade Real" (*Royal Society*). Pelos 28 anos seguintes, o "Rosacrucianismo", a Franco-Maçonaria e a Sociedade Real, não apenas haveriam de se sobrepor, mas virtualmente serem indistintas entre si.

157. Ibid., p. 224.

Parte 3:

As Origens da Franco-Maçonaria

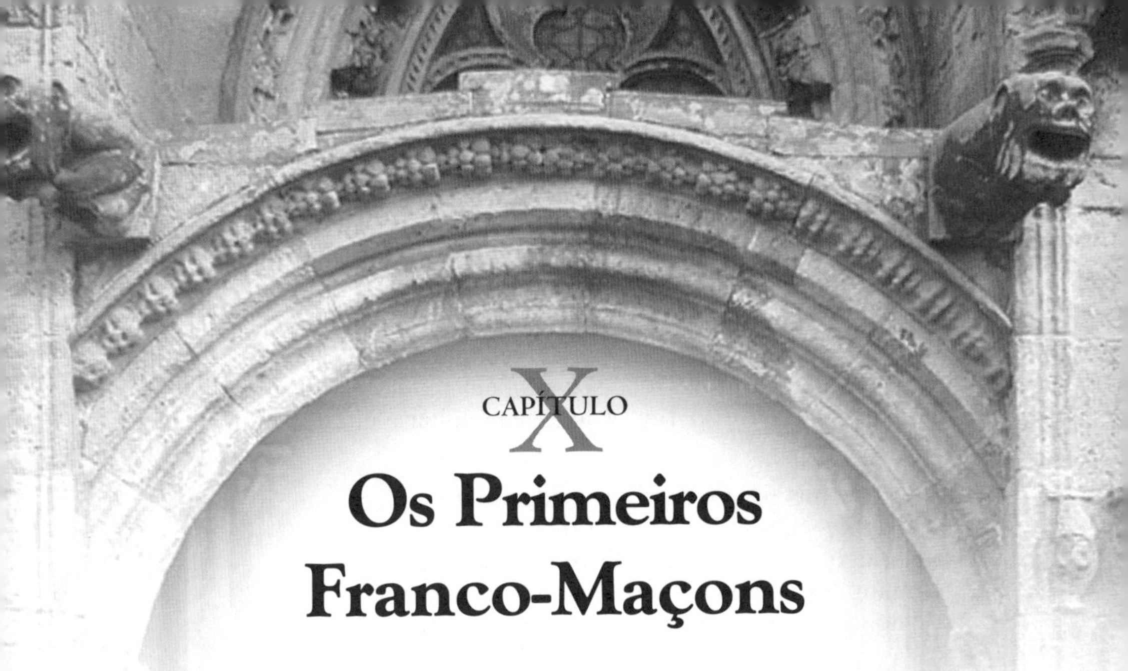

CAPÍTULO X

Os Primeiros Franco-Maçons

Em sua forma atual, a Franco-Maçonaria remonta, especificamente, ao século XVII. De fato, ela é um singular produto do pensamento e das circunstâncias do século XVII, uma síntese das multiformes ideias e percepções causadas pelas convulsões na religião, na filosofia, na ciência, na cultura, na sociedade e na política Ocidentais. O século XVII foi um período de cataclísmicas mudanças, e foi como uma resposta a tudo isso que a Franco-Maçonaria se cristalizou. Ela haveria de agir como um tipo de adesivo; um agente de ligação que se prestou a manter juntos, numa forma que a Igreja Católica não mais conseguia, os diversos elementos e os componentes de um mundo fragmentado, e de um mundo com sua visão fragmentada.

Foi no século XVII que a própria Franco-Maçonaria começou, de maneira geral, a procurar suas origens — ou, de qualquer forma, buscar a primeira aparição da estrutura que chegou até os nossos dias. Assim, os escritores e os historiadores franco-maçons investigaram e examinaram, exaustivamente, as questões do século XVII, tentando rastrear a gradual propagação das redes de Lojas, procurando tabular o processo pelo qual certos Ritos geraram outros Ritos, e as razões que levaram várias ilustres personalidades a se envolverem. Por uma questão de necessidade, nós teremos que nos referir, embora superficialmente, ao mesmo material. No entanto, não é o propósito deste livro atentar contra qualquer uma dessas fontes. Não é nossa intenção nos sobrepormos às inúmeras histórias sobre a Franco-Maçonaria e àquilo que, embora seja bastante relevante aos próprios franco-maçons, é irrelevante aos estranhos à Franco-Maçonaria. O nosso propósito deve ser visto como uma tentativa de "levantamento" — de rastrear a "principal investida", o espírito e a energia da Franco-Maçonaria, tal como ela cobriu e, finalmente, diríamos, como ela transformou a sociedade inglesa.

Como já vimos, a Franco-Maçonaria, nos anos que antecederam a Guerra Civil Inglesa e o Protetorado de Cromwell, tornou-se intimamente associada ao "Rosacrucianismo". Já citamos anteriormente alguns trechos do poema composto por Henry Adamson de Perth, em 1638. Se a qualidade artística é um indicador, Adamson pode muito bem ter sido uma "pré-encarnação" de William McGonagall, reconhecido mestre da literatura. Estranhamente, o poema de Adamson também pertence ao desmoronamento de uma ponte sobre o Rio Tay. Vale a pena voltar a citá-lo, em mais detalhe:

"Just by this time we see the bridge of Tay
O happie sight indeed, was it that day;
A bridge so stately, with elleven great arches,
Joining the south and north, and commoun march is
Unto them both, a bridge of squared stone...

... and in the year threescore thirteene
The first down-fall this Bridge did ere sustaine,
By ruin of three arches nixt the town
Yet were rebuilt. Thereafter were thrown down
Five arches in the year fourscore and two...

Therefore I courage take, and hope to see
A bridge yet built, although I aged be
More stately, firme, more sumptuous, and more fair,
Than any former age could yet compare:
Thus Gall *assured me it would be so,*
And my good Genius *truly doth it know:*
For what we do presage is not in grosse,
For we brethren of the Rosie Crosse*;*
We have the Mason word*, and second sight,*
Things for to come we can foretell aright;
And shall we show what mysterie we meane,
In fair acrosticks CAROLUS REX, is seene..."[158*]

Assim, em 1638, Adamson e outros pretensos "Irmãos Rosacruzes" não hesitaram em reivindicar para si a "Palavra de Maçom e a segunda visão", não havendo nenhum registro de que qualquer franco-maçom tenha feito oposição a essa pretensão. Vale também notar a alusão feita no poema a Charles I.

Quando a Guerra dos Trinta Anos abalou o Continente, tendo a vitória católica ameaçado de extinção o Protestantismo Continental, a Grã-Bretanha

158. Adamson, *The Muses Threnodie*, p. 32.
* N. T.: Mantido o texto original do poema, uma vez que qualquer tentativa de tradução haveria de deturpar e distorcer o seu lindo sentido e sua métrica.

em geral, e a monarquia Stuart em particular, surgiu como um bastião, um baluarte, um refúgio. Levado de seu lugar em Heidelberg, Friedrich, conde palatino do Reno, e sua esposa Elizabeth, filha de James I, encontrou seu lugar ideal em The Hague. Ali, no exílio, eles fundaram uma nova Corte "Rosacruz", à qual acorreram refugiados alemães e de onde foram desviados para a Inglaterra — onde o pai, e a seguir o irmão, de sua protetora Stuart aparentemente reinava em segurança, protegido pelo fosso do Canal.

Foi então que irrompeu a guerra civil na Inglaterra, o Parlamento se alinhou contra a Monarquia, um rei foi executado, e o severo Protetorado de Cromwell se estabeleceu. Embora não fosse tão horrendo quanto a Guerra dos Trinta Anos no Continente, o conflito na Inglaterra (que pode ser encarado como uma espécie de ramificação da Guerra dos Trinta Anos) certamente foi bastante traumático. É possível que a Inglaterra não tenha sido ameaçada por um uma reimposta hegemonia católica, mas ela estava sujeita a outra forma de controle religioso, talvez ainda mais fanático, certamente muito mais intolerante, intransigente, inflexível e austero. Em obras tais como o *Paradise Lost*, Milton pode escapar com disfarçado neoplatonismo (embora ele tenha, muitas vezes, debochado do regime). Porém, no clima do Protetorado, a Franco-Maçonaria, com o seu espectro de heterodoxa religiosidade, interesses filosóficos e científicos, manteve-se, prudentemente, discreta. E, assim, o "Colégio Invisível" continuou invisível.

Os franco-maçons que vieram depois enfatizam, de forma peremptória, a ausência de qualquer interesse ou obediência política por parte de seus predecessores. Repetidamente é afirmado que, desde os seus primórdios, ela sempre foi apolítica. Nós argumentaríamos que essa posição pode ser observada nas épocas posteriores, e que a Franco-Maçonaria do século XVII — e, também, uma boa parte do século XVIII — estava, de fato, envolvida politicamente. As suas raízes estão nas famílias e nas guildas ligadas pela antiga fidelidade e obediência aos Stuart e à monarquia Stuart. Ela teve o seu caminho desde a Escócia para a Inglaterra sob os auspícios de James I, um rei escocês que, supostamente, era um franco-maçom. Os antigos *Sinclair Charters* reconhecem, explicitamente, o patrocínio e a proteção da Coroa. Num manuscrito de meados do século XVII, é exigido aos franco-maçons:

> "... que sejais homens leais ao rei, sem nenhuma traição ou falsidade, e que não tolerareis qualquer traição ou falsidade, tratando de combatê-las ou notificá-las ao rei".[159]

Por esse mandado, os franco-maçons estavam obrigados à fidelidade e à lealdade à Monarquia.

---

159. "*Buchanan Manuscript*". Veja Gould, *The History of Freemasonry*, vol. I, p. 98.

A ausência de quaisquer declarações vociferantes em favor dos Stuart durante os três primeiros quartos do século XVII dificilmente pode ser aceita como uma prova de apatia política, indiferença ou neutralidade por parte da Franco-Maçonaria. Antes da Guerra Civil, não haveria necessidade para quaisquer declarações dessa natureza; a reivindicação dos Stuart ao trono da Inglaterra parecia segura, e a lealdade à dinastia teria sido evidente e garantida, o que tornava desnecessárias quaisquer declarações explícitas. Por outro lado, durante o Protetorado, qualquer declaração formal de lealdade aos Stuart seria extremamente perigosa. É claro que determinadas pessoas poderiam professar a sua adesão à Monarquia, desde que elas não desafiassem a autoridade do Parlamento ou do regime Cromwell; mas é difícil acreditar que Cromwell teria sancionado ou autorizado uma rede de Lojas que disseminassem pareceres e posturas políticas que ele considerava inimigas ou opositoras. A Franco-Maçonaria já se encontrava encoberta por uma nuvem de suspeita em virtude do contraste descontraído, tolerante e eclético que ela opunha ao puritanismo austero do governo. Declarar fidelidade ou obediência aos Stuart equivaleria a um suicídio institucional, e um franco-maçom que assim fizesse estaria atraindo a atenção dos notórios generais caçadores de bruxas. Em consequência, a Franco-Maçonaria, até onde possa ser rastreada durante o Protetorado, ficou diligentemente neutra.

Assim, em resumo, a Franco-Maçonaria, durante a Guerra Civil e o Protetorado, nunca repudiou a sua fidelidade à monarquia Stuart; ela, simplesmente, ficou, prudentemente, em silêncio. Mas por detrás desse silêncio, as antigas fidelidades permaneciam intactas. Não foi, pois, por coincidência que, em 1660, com a restauração dos Stuart e a ascensão de Charles II ao trono, a Franco-Maçonaria — por conta própria e por meio da Sociedade Real — receberia o que lhe era de direito.

Mas ainda que os franco-maçons permanecessem leais à monarquia Stuart, eles ainda eram capazes de protestar — se necessário, com armas — contra os abusos dos Stuart. Em 1629, Charles I havia dissolvido o Parlamento. Em 1638, aborrecidos com as consequências das ações autocráticas do rei, os líderes da nobreza, os ministros e os burgueses da Escócia redigiram um tratado que foi chamado de "Pacto Nacional" (*National Covenant*). Esse tratado protestava contra o governo arbitrário do Rei e reafirmava as prerrogativas legislativas do Parlamento. Os signatários se comprometiam a uma mútua defesa e começaram a montar um exército. Entre esses assim chamados "Pactuantes" (*Covenanters*) estava, em especial destaque, o conde de Rothes. Num registro de seu diário, datado de 13 de outubro de 1637, consta a primeira referência conhecida mencionando a "Palavra Maçônica".[160]

160. Rothes, *A Relation of Proceedings Concerning the Affairs of the Kirk of Scotland from August 1637 to July 1638*, p. 30.

Em agosto de 1639, um Parlamento controlado pelos Pactuantes se reuniu em Edimburgo. Provocado por esse ato de rebeldia, Charles mobilizou o seu exército e se preparou para marchar contra a Escócia. No entanto, antes que pudesse fazer isso, o exército escocês, sob o comando do conde de Montrose, deslocou-se ao Sul, derrotou um contingente inglês e, em agosto de 1640, ocupou Newcastle. Daí, uma trégua foi celebrada; mas os escoceses ficaram em Newcastle até junho de 1641, quando a paz foi oficialmente firmada.[161]

Nesse cenário de acontecimentos, em 1641, enquanto o exército dos Pactuantes ocupava Newcastle, ocorreu aquilo que os próprios franco-maçons consideram um marco em sua História: a primeira iniciação registrada em solo inglês. Em 20 de maio de 1641, *Sir* Robert Moray — "*Mr the Right Honorabell Mr Robert Moray, General Quarter Mr to the armie off Scotlan*" — foi iniciado em, ou perto de, Newcastle, na antiga *Mary's Chapel Lodge* de Edimburgo.[162] Para que Moray tivesse sido iniciado, é claro que isto demonstra que a Loja e algum tipo de sistema de Lojas, já existiam e que a Loja encontrava-se em plena operação. Como já vimos, foi bem assim que eram as coisas durante algum tempo. O próprio General Alexander Hamilton, que estava presente na iniciação de Moray, já havia sido iniciado um ano antes.[163] Apesar disso, Moray é muitas vezes visto pelos comentaristas futuros como "o primeiro franco-maçom completo e habilitado". Mas, mesmo que ele não o fosse, certamente ele era suficientemente importante para justificar a atenção dos estudiosos, e para tirar a Franco-Maçonaria das sombras, trazendo-a para uma intensa e crescente claridade.

Embora não se conheça exatamente a data de nascimento de Moray, sabe-se que ele nasceu no início do século XVII, no seio de uma abastada família de Perthshire, e que morreu em 1673. Ainda jovem, prestou o serviço militar na França em uma unidade escocesa — que se acredita ser a então ressuscitada Guarda Escocesa — e galgou as divisas até chegar a tenente-coronel. Em 1643, um ano e meio depois de sua iniciação maçônica, ele foi armado Cavaleiro por Charles I, e, ao retornar à França, retomou a sua carreira militar, chegando a coronel em 1645. Naquele mesmo ano, ele se tornou um enviado secreto, autorizado a negociar um tratado entre a França e a Escócia, por meio do qual Charles, que fora deposto em 1642, seria reconduzido ao trono. Em 1646, ele estava envolvido em outro plano

161. Oito anos mais tarde, com a execução de Charles I, Charles II foi proclamado rei na Escócia. Ele chegou ao país em 1650, "aceitou a aliança" e, em 1651, foi formalmente coroado em Scone. No entanto, seu exército foi derrotado por Cromwell e ele foi reconduzido ao exílio na França até a Restauração em 1660.

162. Pick e Knight, *The Pocket History of Freemasonry*, p. 44.

163. General Hamilton (irmão do conde de Haddington) foi iniciado na *Mary's Chapel Lodge*, Edimburgo, em 20 de maio de 1640. Veja Lyon, *History of the Lodge of Edinburgh*, p. 86.

que garantia a liberação do rei da custódia parlamentar. Por volta de 1647, ele se casou com Sophia, filha de David Lindsay, lorde Balcarres. Tal como os Sinclair, os Seton e os Montgomery, com quem eles estavam associados, os Lindsay desde há muito figuravam entre as famílias escocesas envolvidas na tradição misteriosa. O próprio lorde Balcarres era conhecido como um hermetista e um alquimista praticante, e sua esposa era a filha de Alexander Seton, membro do ramo Seton-Montgomery da família, e que haveria de ter grande importância na Franco-Maçonaria futura. Foi nesse ambiente que, em virtude de seu matrimônio, Moray ingressou — embora seja importante notar que a sua iniciação na Franco-Maçonaria tenha ocorrido cerca de seis anos antes de seu casamento.

Com a execução de Charles I, Moray retomou a sua carreira militar e diplomática na França. Ele era um íntimo confidente daquele que seria o futuro Charles II, e ocupou diversos cargos oficiais sob o então exilado futuro monarca. Em 1654, ele e o seu cunhado, Alexander Lindsay, que foi o sucessor ao título de Balcarres, estavam com Charles em Paris. Então, entre 1657 e 1660, ele estava no exílio em Maastricht, dedicando o seu tempo, principalmente, conforme ele próprio escreveu, a "pesquisas químicas".

Pouco tempo depois da Restauração, o irmão de Moray, *Sir* William Moray de Dreghorn, tornou-se "Mestre de Obras" — isto é, Mestre de Pedreiros "operativos" — do recém-reinstalado rei. O próprio Moray retornou a Londres, onde sustentou diversas demandas judiciais, embora jamais tenha participado de fato de uma banca. Em 1661, ele se tornou lorde de Exchequer (tribunal para questões criminais) para a Escócia, e, em 1663, foi nomeado Secretário-Geral de Estado. Ao longo dos sete anos seguintes, ele, o rei e o duque de Lauderdale haveriam de governar a Escócia — embora Moray continuasse mantendo relações bem próximas também com o ramo escocês da família Hamilton. Até os seus últimos dias, ele continuou como um dos mais íntimos conselheiros do rei. "Charles depositava grande confiança nele, e os seus conselhos tinham sempre um caráter de prudência e moderação."[164] Com frequência o rei o visitava privadamente em seu laboratório em Whitehall e o descrevia como "chefe de sua própria igreja".[165] Entre os seus colaboradores da época, os quais a ele se referiam em brilhantes termos, estavam Evelyn, Huygens e Pepys. Segundo o "DNB", "o desprendimento e a magnitude de seus propósitos e objetivos eram reconhecidos universalmente. Ele era desprovido de qualquer ambição; de fato, como ele mesmo disse, ele 'não tinha estômago para empregos públicos'."[166]

---

164. Veja *Dictionary of National Biography*, em "MURRAY".
165. Ibid. Veja Stevenson, *The Origins of Freemasonry*, p. 166-89.
166. Ibid.

Segundo outro contemporâneo de Moray, ele era um "renomado químico, um grande patrono dos Rosacruzes, e um excelente matemático"[167]. E foi com essas qualidades que ele haveria de gravar suas profundas marcas para a posteridade. Mas Moray não foi apenas um dos fundadores da Sociedade Real; ele também foi o seu guia espiritual e, conforme diz Huygens, a sua "alma".[168] Nas palavras de Frances Yates, "provavelmente, Moray fez mais do que qualquer outro para promover e sustentar a fundação da Sociedade Real e para convencer Charles II a estabelecê-la sob patronato..."[169] Ao longo de toda a sua vida, Moray haveria de encarar a Sociedade Real como, talvez, a sua maior realização, e "cuidava com abnegação de seus interesses".

Devido ao fato de tão poucos registros sobre a Franco-Maçonaria do século XVII terem sobrevivido, podemos apenas deduzir os seus interesses, as suas atividades e orientação por meio das pessoas de proeminência associadas a ela. E Moray nos proporciona tal fonte de referência; ele parece ser um típico representante da Franco-Maçonaria do século XVII. Se assim for, a Franco-Maçonaria da época pode ser caracterizada como uma fusão de tradições espalhadas pela Guarda Escocesa e por famílias nobres escocesas, tais como os Lindsay e os Seton; pela "química" ou Alquimia e o "Rosacrucianismo" se espalhando pelo Continente; e por meio do conjunto dos interesses científicos e filosóficos que predominavam no "Colégio Invisível" e, subsequentemente, a Sociedade Real.

Certamente poderia haver quem argumentasse que Moray era uma exceção, uma pessoa altamente eclética e idiossincrática e que não era, de fato, em absoluto, um representante típico da Franco-Maçonaria. Mas os anais da Franco-Maçonaria da época mencionam outro personagem verdadeiramente proeminente, e ele demonstra exatamente o mesmo conjunto de interesses, influências e preocupações de Moray. Esse personagem, conhecido hoje talvez principalmente pelo museu que traz o seu nome, era Elias Ashmole.

Ashmole nasceu em Lichfield, em 1617. Durante a Guerra Civil ele estava na ativa do lado monarquista; então, em 1644, retirou-se para sua terra natal, onde o deposto Charles I o tinha nomeado Delegado de Impostos e Taxas. As suas atribuições profissionais o levavam com frequência a Oxford. Ali, ele teve uma grande influência do capitão (posteriormente *Sir*) George Wharton, que nele instilou um fervor pela Alquimia e pela Astrologia, que haveria de durar por toda a sua vida. Em 1646, Ashmole circulava por entre as rodas astrológicas londrinas, mas mantinha contatos bastante próximos com o "Colégio Invisível" que, em 1648, começava

167. Ibid., citando Wood em *Athenae Oxon.*, ed. Bliss, vol. II, p. 725.
168. Ibid., citando Birch em *History of the Royal Society*, vol. I, p. 508 e 510.
169. Yates, *The Rosicrucian Enlightenment*, p. 254.

a se reunir em Oxford. Na época, faziam parte dele Robert Boyle, Christopher Wren e o Dr. John Wilkins (outro membro fundador da Sociedade Real).[170]

Ashmole tinha em seu poder pelo menos cinco manuscritos originais de John Dee e, em 1650, publicou um deles — um Tratado de Alquimia, sob o pseudônimo anagramático de James Hasolle. Outras obras sobre Hermetismo e Alquimia se seguiram, os quais haveriam de influenciar ambos, Boyle e, mais tarde, Newton, enquanto que o próprio Ashmole se tornava um conhecido frequentador dos círculos "Rosacruzes". Em 1656, uma tradução em inglês de um importante texto "Rosacruz" em alemão foi publicado com a seguinte dedicatória: "A... o único filósofo da atualidade:... Elias Ashmole".[171]

Charles II tinha um profundo interesse pela Alquimia, e o trabalho de Ashmole nessa área o impressionou bastante. No primeiro encontro com o novo rei reempossado, Ashmole foi empossado no cargo de Arauto de Windsor (*Windsor Herald*). O favoritismo que tinha na Corte era crescente, e diversas outras incumbências e cargos lhe eram conferidos; e não demorou muito para que o mesmo se desse quanto às honras internacionais. Desde 1655, ele esteve empenhado em sua obra-prima, uma história sobre a Ordem da Jarreteira — e, de passagem, sobre as demais instituições cavalheirescas do Ocidente. Essa obra, ainda considerada o principal texto nessa área, foi publicada em 1672, recebendo uma enorme aclamação na Inglaterra e no exterior. Em 1677, Ashmole doou à Universidade de Oxford o museu que havia herdado de um amigo, acrescentado de suas próprias contribuições. Em contrapartida, Oxford foi obrigada a alojar a coleção — que, segundo uma fonte contemporânea, compunha-se de materiais que encheriam 12 carroçadas. Louvado e elogiado com extravagância, exaltado como um dos sábios de sua geração, Ashmole morreu em 1692.

Ashmole fora iniciado franco-maçom em 1646, cinco anos após Moray. Isso está registrado em seu próprio diário:

> "15 de outubro de 1646, 16:30hs. Fui feito franco-maçom em Warrington, Lancashire com Coll: Henry Mainwaring de Karincham, em Cheshire. Presentes na Loja: Mr. Rich. Penket, Warden, Mr. James Collier, Mr. Rich. Sankey, Henry Littler, John Ellam, Rich. Ellam e Hugh Brewer."[172]

Trinta e seis anos depois, em 1682, o diário de Ashmole registra uma outra sessão da Loja, desta vez em Londres, no Mason's Hall, e a lista de

170. Ibid., p. 226.

171. Maier, *Themis Aurea: The Laws of the Fraternity of the Rosie Crosse*. A dedicatória é assinada por N.L., T.S. e H.S..

172. Pick e Knight, op. cit., p. 45, citando o diário de Ashmole.

presentes inclui muitos dos proeminentes da cidade.[173] Assim, o diário de Ashmole presta testemunho de algumas coisas e fatos — sua continuada dedicação e fidelidade à Franco-Maçonaria por mais de 36 anos, a difusão da Franco-Maçonaria por toda a Inglaterra, e o nível das pessoas associadas com a Franco-Maçonaria nos anos 1680.

Frances Yates destaca como uma questão significante o fato de "as duas pessoas de quem temos a mais antiga confirmada fili4ação a Lojas maçônicas serem, ambas, fundadoras da Sociedade Real".[174] Assim como Moray, Ashmole foi também um dos fundadores da Sociedade Real. Durante toda a Guerra Civil e o Protetorado de Cromwell, ele foi, assim como também foi Moray, um fervoroso monarquista, apaixonadamente dedicado à restauração da monarquia Stuart. E, ainda mais flagrantemente do que Moray, Ashmole demonstrava uma preocupação com a Cavalaria e com as Ordens Cavalheirescas. Em sua história da Jarreteira, ele se refere aos Templários — tornando-se o primeiro escritor de quem se tem notícia, desde a extinção da Ordem, a falar favoravelmente sobre eles. É por meio de Ashmole — notável antiquário, perito em História Cavalheiresca, proeminente franco-maçom, cofundador da Sociedade Real — que podemos discernir aquilo que deve ter sido uma atitude que prevaleceu em relação aos Templários no pensamento Franco-Maçônico e "Rosacruz" do século XVII. A rigor, é com Ashmole que a "reabilitação" dos Templários efetivamente se inicia, ao menos no que tange à opinião pública em geral. Mas Ashmole não estava sozinho.

Em 1533, o mago alemão, também filósofo e alquimista, Heinrich Cornelius Agrippa von Nettesheim, publicou pela primeira vez a sua famosa obra *Of Occult Philosophy*. Esse trabalho é tido como um dos marcos da literatura ocultista, e consolidou a reputação de Agrippa como o supremo "mago" de sua época — o verdadeiro protótipo, mais do que qualquer Georg ou Johann Faustus, do personagem da peça de Marlowe e o dramático poema de Goethe. No original da edição latina de sua obra, Agrippa menciona, de passagem, os Templários. Os seus comentários refletem aquilo que, na ausência de qualquer prova ou tradição em contrário na Alemanha daquela época, era a impressão dominante da "detestável heresia dos Templários".[175]

Em 1651, foi publicada a primeira tradução da obra de Agrippa. Ela trazia uma dedicatória sob a forma de um pequeno poema de louvor, composto pelo alquimista e "filósofo natural" Thomas Vaughan — como veremos, um amigo e discípulo de Moray — e foi colocado à venda numa

173. Ibid.

174. Yates, *The Rosicrucian Enlightenment*, p. 254. Ela também declara a sua conclusão de que: "Temos... uma corrente de tradição que liga o movimento Rosacruz aos antecedentes da Sociedade Real" (p. 224).

175. Agrippa, *De occulta philosophia, libri tres*, cap. XXXIX.

livraria na paróquia de St. Paul. No original em latim, a referência que Agrippa fazia aos Templários consistia de algumas poucas palavras em meio a um texto de mais de 500 páginas. E o anônimo tradutor ao inglês estava suficientemente ressentido ou desconcertado por essa referência para que a mudasse. Assim, a edição em inglês faz referência à "detestável heresia" não dos Templários, mas dos "Antigos Homens da Igreja".[176] Fica, assim, claro que, em 1651, dois anos depois da morte de Charles I, a "reabilitação" dos Templários estava em curso. Havia certos interesses na Inglaterra, refletidos pelo tradutor da obra de Agrippa e, presumivelmente, por seus leitores, que não estavam preparados para ver os Templários difamados e caluniados — nem mesmo de passagem, nem mesmo por uma pessoa tão augusta quanto o grande mago de Nettesheim.

A Restauração dos Stuart e da Franco-Maçonaria

Se Moray era o espírito guia e a "alma" da Sociedade Real, Dr. John Wilkins era a sua força motriz e mentor organizacional. Wilkins estava intimamente associado com a corte "Rosacruz" de Friedrich, conde palatino do Reno, e Elizabeth Stuart. Posteriormente, ele serviu como capelão a seu filho, que fora enviado para estudar na Inglaterra. Finalmente, Wilkins se tornou bispo de Chester. Em 1648, ele publicou a sua obra mais importante, *Mathematicall Magick*, fortemente baseada no trabalho de Robert Fludd e John Dee, e que, em seu prefácio, exaltava a ambos. Naquele mesmo ano, Wilkins começou a realizar as reuniões em Oxford, às quais a própria Sociedade Real oficialmente reporta as suas origens. Como já vimos, foi em Oxford que Ashmole tomou conhecimento do grupo.

As reuniões em Oxford continuaram por mais 11 anos, até que elas foram transferidas para Londres. Na Restauração, em 1660, Moray tratou com o reinstalado monarca sobre o patrocínio real. A Sociedade Real foi devidamente criada em 1661, tendo o rei como seu Patrono oficial e como Companheiro. Moray foi o primeiro presidente da Organização. Entre os demais fundadores estavam Ashmole, Wilkins, Boyle, Wren, o escrevente (diarista) John Evelyn e dois importantes "Rosacruzes" refugiados da Alemanha, Samuel Hartlib e Theodore Haak. Em 1672, Isaac Newton se tornou Companheiro; em 1703, ele foi eleito presidente, ocupando esse cargo até a sua morte, em 1727.

Durante a presidência de Newton, e em seguida à sua morte, a superposição entre a Sociedade Real e a Franco-Maçonaria haveria de ser particularmente marcante. Naquela época, a Sociedade Real contava com o famoso Cavaleiro Ramsay que, um pouco mais adiante, terá uma importante aparição em nossa história. Também faziam parte dela James Hamilton, lorde

176. Agrippa (trad. J.F.), *Three Books of Occult Philosophy*, cap. XXXIX, p. 77.

Paisley e o sétimo conde de Abercorn, coautor do aclamado *Treatise on Harmony* e um Grão-Mestre da Franco-Maçonaria inglesa. Talvez mais importante ainda é a inclusão de John Desaguliers, um íntimo amigo de Newton, que se tornou Companheiro em 1714 e que, na época, era curador. Em 1719, Desaguliers se tornou o terceiro Grão-Mestre da Grande Loja da Inglaterra, e haveria de se tornar um dos mais eminentes personagens na Franco-Maçonaria inglesa ao longo dos 20 anos seguintes. Em 1731, ele iniciaria François, duque de Lorraine, e mais tarde esposo da imperatriz Maria Theresa da Áustria. Em 1737, ele iniciaria Frederick, príncipe de Gales, de quem havia sido capelão.[177]

Porém, nos anos que se seguiram à Restauração, a Sociedade Real era apenas um condutor da Franco-Maçonaria e do pensamento franco-maçom. O espectro das atividades abrangidas pela Franco-Maçonaria do século XVII incluía a Ciência, a Filosofia, a Matemática e a Geometria, o Hermetismo, o Neoplatonismo e o pensamento "Rosacruz". As mesmas preocupações são evidentes nos trabalhos de alguns dos mais consequentes personagens literários da época — como, por exemplo, os gêmeos Thomas e Henry Vaughan, e os assim chamados "Platônicos de Cambridge", Henry More e Ralph Cudworth. Não existem registros de que essas pessoas tivessem sido, de fato, iniciadas em qualquer Loja. Ainda assim, eles não poderiam refletir de forma mais acurada e precisa a investida e a orientação dos interesses da Franco-Maçonaria. Em meio à roda de Henry More estava o destacado médico, cientista e alquimista Francis van Helmont. Thomas Vaughan, notável alquimista e "filósofo natural", tornou-se amigo pessoal, discípulo e afilhado de *Sir* Robert Moray.

Antes, durante a Guerra Civil, Vaughan e seu irmão foram ativos do lado monarquista. Sob o Protetorado Cromwell, Thomas Vaughan traduziu — usando o pseudônimo de Eugenius Philalethes — uma série de trabalhos ocultistas e herméticos, vindos do Continente, entre os quais o famoso *Rosicrucians Manifestos*. As relações próxima que Vaughan mantinha com Moray levam a crer que, ainda que ele próprio não fosse um franco-maçom, estava muito próximo à corrente principal do pensamento Franco-Maçônico; e os seus interesses eram ecoados por seu irmão, Henry, que, no que tange à posteridade, mostrou ser o mais eloquente dos porta-vozes. A poesia de Henry Vaughan — que se equipara com a de Andrew Marvell e George Herbert — pode ser encarada como uma somatória das correntes e das influências que caracterizaram a Franco-Maçonaria do século XVII.

Mas enquanto More e os irmãos Vaughan criaram duradouros testamentos na literatura, talvez o mais expressivo monumento à Franco-Maçonaria do século XVII possa ser observado até os nossos dias na arquitetura

177. Pick e Knight, op. cit., p. 73-4.

de Londres. Em 1666, o Grande Incêndio destruiu 80% da cidade antiga, inclusive 89 igrejas, o que virtualmente exigiu uma completa reconstrução da capital. Isso deu origem a um prodigioso e concentrado esforço por parte das guildas de pedreiros "operativos". Assim, a Maçonaria "operativa" foi elevada ao conhecimento público, com o seu trabalho artesanal, habilidades e talentos, notável e majestosamente demonstrados em edifícios tais como St. Paul, St. James, Picadilly e a Royal Exchange. À medida que a aparência da nova cidade ia tomando forma ante os olhos da população, um prestígio, até então sem precedentes, foi atribuído a seus arquitetos e construtores; e muito desse prestígio "sobrou" para os adeptos da Franco-Maçonaria "especulativa", que logo se apressaram a ressaltar a sua afinidade e parentesco com os seus Irmãos "operativos". Nesse contexto, o personagem mais importante foi, sem dúvida, *Sir* Christopher Wren. Como já vimos, Wren era frequentador do "Colégio Invisível", que se reunia em Oxford, e, mais tarde, tornou-se fundador da Sociedade Real. Consta que ele teria se tornado Grão-Mestre da Inglaterra em 1685.[178] Além disso, ele não era apenas um pensador mas também um arquiteto praticante. Assim sendo, ele acabou tornando-se um importante — talvez o mais crucial — elo entre a Franco-Maçonaria "especulativa" e as guildas "operativas".

No período imediatamente seguinte à Restauração, nas áreas da filosofia e da religião, depois nas artes, nas ciências e, manifestamente, na arquitetura, a Franco-Maçonaria entrou numa era de tranquilidade. Ela prosperou durante aquela época e também exerceu uma benéfica e construtiva influência. Na verdade, poderíamos dizer que — com a sua crescente disseminação e sua natureza cada vez mais pública — ela muito fez na cura das feridas abertas pela Guerra Civil.

Certamente, isso não significa que lhe faltassem detratores e caluniadores. Em 1676, por exemplo, um satírico folhetim, *Poor Robin's Intelligence*, trazia o seguinte deboche:

> "Informamos pela presente que o *Modern Greenribbon'd Caball*, junto com a Antiga Fraternidade dos Rosacruzes, os *Hermetick Adepti* e a Companhia dos Antigos Maçons, pretende promover um jantarem

178. Anderson, *New Book of Constitutions of the Freemasons*, p. 106. A afirmação deve ser considerada não provada. No ano em que Wren morreu (1723), Anderson publicou o seu primeiro Livro de Constituições. Nele, ele menciona duas vezes *Sir* Christopher Wren, mas em nenhuma oportunidade ele afirma ter sido Wren um franco-maçom. No entanto, no "Novo" *Book of Constitutions* de 1738, Anderson afirma que Wren foi Grão-Mestre da Fraterniadde. Pareceria impossível evitar a conclusão de que isso não foi declarado em 1723, pois os colegas de Wren, ainda vivos, se sentiriam desafiados. Assim, parece possível que Wren tenha sido um Membro da Fraternidade. Existe uma nota manuscrita de John Aubrey (um amigo de Ashmole) no verso do fólio 72 do manuscrito de seu *Natural History of Wiltshire*, afirmando que no dia em que escreveu, 18 de Maio de 1691, estava programada uma importante reunião de franco-maçons na St. Paul's, para iniciar Wren. Veja Hamill, *The Craft*, p. 36.

conjunto no próximo dia 31 de novembro, no *Flying-Bull*, sito a Windmill-Crown Street..."[179]

Porém, sátiras levianas como essa dificilmente poderiam representar qualquer tipo de ameaça à Franco-Maçonaria. Quando muito, elas funcionavam como as colunas de fofocas de nossos tempos, despertando o interesse público e, provavelmente, ressaltando o prestígio daqueles ou daquilo que elas pretendem macular. Isso também se aplicava ao trabalho do Dr. Robert Plot, guardião do Ashmolean Museum em Oxford, que, em 1686, publicou o seu livro *Natural History of Staffordshire*. Nele, Plot tentava debochar, ou mesmo condenar, a Franco-Maçonaria. Em vez disso, ele prestou à Franco-Maçonaria exatamente o tipo de publicidade que mais se valeu à sua simpatia e atração — e, ao mesmo tempo, proporcionou à posteridade não apenas uma valiosa fonte de consulta, mas também um testemunho do quão influente se tornou a Instituição:

A isso acrescente os 'Costumes' adotados no 'Condado' onde estejam, de admitir homens à 'Sociedade de Franco-Maçons', que nas 'charnecas' do 'Condado' parecem ser da maior procura, mais do que em qualquer outro lugar, embora eu veja o 'Costume' um tanto quanto espalhado por toda a 'Nação', tendo aqui encontrado pessoas da mais alta estirpe, que não desdenham pertencer a esta 'Fraternidade'. Nem precisam elas, fosse ela de tal 'Antiguidade' e 'honra', tal como é alegado num volumoso 'pergaminho' que eles têm consigo, que contém a 'História' e as 'Leis' da arte da 'Maçonaria'. Do que dali se deduz não apenas da 'Sagrada Escritura', mas da 'história profana', é que ela foi trazida à 'Inglaterra' por 'St. Amphibal', e inicialmente comunicada a 'St. Alban', que foi quem escreveu as 'Obrigações' da 'Maçonaria' e foi feito pagador e Governador das obras dos 'reis', dando-lhes as 'obrigações' e os 'usos', tal como 'St. Amphibal' lhe tinha ensinado. Tudo depois foi confirmado pelo rei 'Athelstan', cujo filho caçula 'Eduryn', que muito amava a Maçonaria, tomou para si as 'obrigações' e aprendeu os 'usos' e obteve para eles de seu pai, um 'Certificado'. Isso permitiu que eles se reunissem em York e que trouxessem todos os antigos 'Livros' de sua 'arte', entre os quais estavam os que ordenavam tais 'obrigações' e 'usos', tal como achavam então adequado: quais 'obrigações' no dito 'Rolo' ou 'Pergaminho', estão em parte declarados: e assim a 'arte' da 'Maçonaria' foi plantada e confirmada na 'Inglaterra'. Também está ali declarado que essas 'obrigações' e 'usos' foram depois examinados e aprovados pelo rei 'Hen. 6' e pelo seu 'conselho', ambos como 'Mestres' e 'Companheiros' desta venerável 'arte'".[180*]

---

179. Hamill, op. cit., p. 34-5.

180. Plot, *The Natural History of Staffordshire*, p. 316-18. A lendária história da Franco-Maçonaria e do rei Athelstan foi profundamente explorada por Alex Horne em seu *The York Legend in the Old Charges*. Ele conclui que há pouquíssima verdade na história.

* N. T.: livre tradução.

E o Dr. Plot continua, com bastante detalhe, a descrever aquilo que sabia a respeito dos rituais franco-maçônicos, sobre as reuniões de Lojas e os procedimentos de iniciação, bem como a integridade com a qual os pedreiros "operativos" realizavam as suas construções. No final de sua redação, num trecho de uma sentença bastante emaranhada, ele desfecha o seu ataque:

> "... mas algumas outras (práticas) eles têm (às quais estão, à sua maneira, "jurados"), desconhecidas a todos, exceto a eles, das quais tenho motivos para suspeitar serem muito piores do que essas, talvez tão ruins quanto esta própria 'História da Arte'; pior, mais falsa ou incoerente do que qualquer outra coisa com que eu tenha me deparado".

É uma maneira inaceitável de conduzir um ataque. Não é de se surpreender que a maioria dos leitores de Plot tenha ignorado (ou jamais chegou a captar) a sua investida feita em sua conclusão, interessando-se, em vez, a tudo que a precedeu — a antiga e ilustre linhagem reivindicada pela Franco-Maçonaria, o envolvimento de "pessoas da mais alta estirpe", os benefícios e vantagens da sociedade, a ajuda mútua, as boas obras, o prestígio associado à construção e à arquitetura. Depois de tudo isso exposto, a censura apresentada ao final do trabalho mais teria parecido um mero espasmo de petulância e, provavelmente, de ressentimento por não ter sido aceito como franco-maçom.

Como vimos, no período entre 1660 e 1688, a Franco-Maçonaria se aninhou numa espécie de Era Dourada. Ele se estabelecera, talvez ainda mais efetivamente do que a Igreja Anglicana, como uma grande força de união na sociedade inglesa. Ela já começara a representar um foro "democrático", onde "reis e plebeus", aristocratas e artesãos, intelectuais e operários poderiam se juntar e, no interior privado da Loja, tratar de assuntos de mútuo interesse. No entanto, essa condição não haveria de ser duradoura. Decorrido um quarto de século, a Franco-Maçonaria haveria de sofrer as mesmas divisões traumáticas sofridas pela própria sociedade inglesa.

CAPÍTULO XI

Visconde Dundee

Por volta de 1668, o irmão caçula de Charles II, James, duque de York, converteu-se ao Catolicismo. Ele o fez de forma tão silenciosa e discreta, sem qualquer alarido, que, em consequência, não chegou a despertar objeções demasiadamente rigorosas. Porém, em 1685, Charles II morreu, e seu irmão ascendeu ao trono, como James II. Imediatamente à sua coroação, o novo monarca começou a fazer proselitismo em favor de sua religião. Favoritismo e proteção foram conferidos aos jesuítas. Eram oferecidos pagamentos a pessoas de destacada posição, caso elas se convertessem. As instituições civis, judiciais e militares estavam cheias de católicos que iam sendo nomeados. Ademais, na qualidade de chefe da Igreja da Inglaterra, James tinha o poder de nomear bispos pró-católicos ou, se assim preferisse, deixar a sé vacante.

Até 1688, James tinha duas filhas, Mary e Anne, tendo sido ambas educadas como protestantes. Todos tinham a certeza de que uma delas haveria de ser sua herdeira, e que a Inglaterra teria, novamente, um soberano protestante. Baseado nessa expectativa, o catolicismo de James foi tolerado, sendo encarado como uma fase passageira — algo desgostoso, mas preferível ao tipo de traumatizante revolta civil que ocorrera 40 anos antes.

No entanto, em 1688, James teve um filho, que, pelo direito de sucessão, teria precedência em relação às irmãs; assim, a Inglaterra se deparou com a perspectiva de uma dinastia católica. Além disso, três anos antes, na França, Luís XIV revogou o Decreto de Nantes, o qual garantia liberdade de religião aos protestantes. De repente, os protestantes franceses, depois de terem sido deixados em paz por quase um século, viram-se sujeitos a uma nova perseguição e deportação. Temendo a possibilidade de um semelhante destino, os protestantes ingleses resolveram resistir.

Aumentava o atrito entre o Parlamento e o rei. James ordenou que o clero anglicano lesse uma declaração de tolerância aos católicos e outros dissidentes, o que sete bispos se recusaram a cumprir. Eles foram processados e acusados por decreto por sua desobediência; mas, numa patente afronta a autoridade do rei, eles foram absolvidos e inocentados. Naquele mesmo dia, o Parlamento ofereceu o trono à filha de James, fervorosa anticatólica, Mary e seu esposo William, príncipe de Orange; o convite foi prontamente aceito pelo príncipe. Em 5 de novembro de 1688, ele desembarcou em Torbay para se tornar o novo rei da Inglaterra.

O temor de que viesse a ocorrer outra guerra civil generalizada em solo inglês se mostrou infundado. James optou por não lutar e, em 23 de dezembro, fugiu, exilando-se na França. No entanto, em março de 1689, ele desembarcou na Irlanda, acompanhado de tropas francesas e de conselheiros militares. Ali ele convocou o seu próprio Parlamento e continuou compondo um exército formado por seus súditos católicos, sob o comando de Richard Talbot, conde de Tyrconnell.

Seguiram-se esporádicos combates. Londonderry foi sitiada pelas tropas católicas de James em 19 de abril e continuou tomada até 30 de julho, data em que foi libertada. Mas foi somente um ano depois que os exércitos de William e de James se defrontaram em batalha. Em River Boyne, a 1º de julho de 1690, James sofreu uma fragorosa derrota, exilando-se, definitivamente, na França. Os seus aliados continuaram o conflito por mais um ano, até 12 de julho de 1691, quando foram novamente derrotados na Batalha de Aughrim. As debandadas forças católicas se retiraram para Limerick, onde foram cercadas e onde, finalmente, em 3 de outubro, renderam-se. Assim acabava a "Gloriosa Revolução" da Inglaterra e, com ela, o governo da dinastia Stuart. Ao longo dos acontecimentos que lhe custaram o trono, James, segundo um historiador, "demonstrava uma inaptidão política de proporções quase heroicas".[181]

Apesar de ter sido uma "revolução" propriamente dita, a revolução de 1688 foi razoavelmente civilizada. A rigor, ela foi mais um golpe de Estado do que uma "revolução" — e, no que tange à Inglaterra, menos sangrenta. Apesar disso, acarretou à sociedade britânica os mesmos danos que a Guerra Civil havia causado antes, naquele mesmo século. Pela segunda vez em menos de 15 anos, um monarca Stuart foi deposto, o que ocasionou muita introspecção, tanto individual como coletiva. Quaisquer que tenham sido as transgressões de um determinado rei, havia muitos na Inglaterra que sentiam ter a monarquia Stuart toda legitimidade, dotada duma linhagem nativa, um "Britanismo" intrínseco, qualidades que a Casa Holandesa de Orange — a arqui-inimiga da Grã-Bretanha a apenas um quarto de século antes — não tinha. Na Escócia, a lealdade ao antigo governo teve precedência sobre todas as afiliações religiosas. Certamente, na Escócia, a adoção de James ao Catolicismo o tornou especialmente querido pela população. As fissuras criadas na sociedade inglesa eram espelhadas por aqueles que apareceram entre as famílias escocesas tão envolvidas e

181. Lenman, *The Jacobite Cause*, p. 29.

entrelaçadas em nossa história. No Cerco de Londonderry, por exemplo, havia membros da família Hamilton em ambos os lados. Lorde James Sinclair continuou "leal à Coroa", independentemente de quem a tivesse sobre a cabeça, enquanto seu irmão estava na prisão e seu filho, um Oficial da Guarda Escocesa, morria na Batalha de Boyne.

Na Escócia, a causa dos Stuart seria defendida, principalmente, por John Grahame de Claverhouse, primeiro visconde Dundee, criado por James II em 1688. Tal como muitas outras casas de nobres escoceses, os Grahame de Claverhouse podiam reivindicar seu parentesco consanguíneo com os Stuart e, por aí, descendentes de Bruce; em 1413, *Sir* William Grahame havia se casado com a irmã de James I da Escócia. Neta de Marjorie Bruce e de Walter, o Stuart. Mais tarde, um membro da família se casou com a irmã do cardeal Beaton, o arquiconspirador em favor dos interesses de Guise e Lorraine. No entanto, em sua grande parte, a história da família era indistinta — "um recorde de nulidades dotadas de competência".[182]

John Grahame de Claverhouse, visconde Dundee, nasceu em 1648. Era um homem bem educado, tendo se formado e graduado na Universidade de St. Andrews, em 1661. Posteriormente, ele serviria a ambos, a Charles II e James II. Entre 1672 e 1674, foi voluntário na França, junto ao duque de Monmouth e a John Churchill, mais tarde o duque de Marlborough. Em 1683, ele fazia parte da Corte na Inglaterra com Charles e, dois anos depois, com James. Em 1684, James outorgou-lhe a propriedade de Dudhope Castle, e casou-se com Lady Jean Cochrane, filha do lorde William Cochrane, um proeminente franco-maçom. Em 1686, ele foi promovido a Major-General de Horse. Entre os seus amigos mais íntimos estava Colin Lindsay, o terceiro conde de Balcarres, neto do alquimista.

Em abril de 1689, quando os exércitos na Irlanda estavam armando o cerco a Londonderry, Claverhouse, tendo reunido as forças pró-Stuart na Escócia, içou a bandeira do rei James em Dundee. Em 27 de julho, as suas tropas encontraram as do comandante de William, Major-General Hugh Mackay, no Paço de Killiecrankie, situado a cerca de 20 quilômetros de Perth. Foram observadas diversas manobras preliminares, porém a batalha, quando finalmente foi iniciada, não durou mais que três minutos. Os soldados de Mackay conseguiram desfechar uma rajada antes de serem esmagados pelo ataque de Claverhouse. Justo no momento em que as fileiras williamitas se desintegravam, Claverhouse, galopando à frente de seus vitoriosos soldados, caiu de seu cavalo, sendo fatalmente atingido no olho esquerdo — uma curiosa coincidência repetindo a estocada de lança com a qual Gabriel de Montgomery havia matado Henri II da França, cerca de 125 anos antes. Com o desaparecimento de Claverhouse, a causa de Stuart

182. Terry, *John Grahame of Claverhouse*, p. 2.

na Escócia claudicou em função da falta de liderança. O exército seguiu adiante, avançando em direção a Dunkeld, onde foram derrotados. Em maio do ano seguinte, uma segunda derrota em Cromdale haveria de pôr um termo à resistência organizada na Escócia — ao menos durante uma geração.

Segundo um historiador, "Há uma persistente teoria de que, em Killiecrankie, Dundee foi vítima de um jogo sujo".[183] De fato, há evidências que levam a crer que Claverhouse não tenha morrido "em batalha" — mas sim que ele foi deliberadamente assassinado, em meio à confusão do ataque, por dois homens que teriam agido em nome do rei William, que teriam se juntado a seu exército e se infiltrado entre seus homens. Em si, isso não seria nada de particularmente extraordinário. Ao contrário, seria até mais condizente com os expedientes usados na época para assassinar um inimigo perigoso. O que é relevante para a nossa pesquisa não é se Claverhouse morreu em combate ou por uma mão assassina, mas o fato de que seu corpo, quando foi encontrado no campo de batalha, portava uma cruz Templária.

Mestre dos Templários Escoceses?

Segundo o Historiador "esotérico" A. E. Waite:

> "Tem sido dito que... dom Calmet deve a autoridade de seu nome a três importantes declarações: 1) que John Claverhouse, visconde Dundee, era Grão-Mestre da Ordem dos Templários na Escócia; 2) que quando ele tombou morto em Killiecrankie, em 29 de julho de 1689, ele portava a grande cruz da Ordem; 3) que essa cruz havia sido dada a Calmet por seu irmão. Se essa história for verdadeira, estaremos sendo levados, de imediato, diante de uma sobrevivência ou restauração Templária, que nada deve aos sonhos ou realidades do Cavaleiro Ramsay... e nada deve... à própria Maçonaria... Sabemos todos que prova é necessária a cada ponto para a alegada perpetuação da antiga Ordem Templária em conexão à Maçonaria, e que as lendas dessa perpetuação trazem todas as características de invencionice... Porém, se a grande cruz do Templo foi de fato e comprovadamente encontrada com o corpo do visconde Dundee, é certo que a Ordem do Templo sobreviveu ou reviveu em 1689."[184]

Waite escreveu essas palavras em 1921, antes que muitas das provas que aqui destacamos tivessem aparecido. Por exemplo, Waite não sabia que a Guarda Escocesa poderia ser um repositório das tradições Templárias. Ele

183. Ibid., p. 352-4.
184. Waite, *A New Encyclopaedia of Freemasonry*, vol. II, p. 223.

também não tinha conhecimento da intrincada rede de laços familiares pela qual essas tradições foram preservadas. Ainda assim, o teor de suas declarações continua válido. Se Claverhouse estava portando uma genuína cruz Templária, que devia ser anterior a 1307, ela constituiria uma prova cabal de que a Ordem ainda estava ativa, ou que teria sido ressuscitada, na Escócia, em 1689. Infelizmente, Waite não menciona qualquer fonte da história por ele citada. Por isso, devemos continuar nossa busca em algum outro lugar.

Em 1920, um ano antes do relato de Waite, a seguinte referência apareceu no jornal da *Quatuor Coronati*, a primeira Loja de Pesquisas Maçônicas no Reino Unido:

> "Em 1689, na Batalha de Killiecrankie... lorde Dundee perdeu sua vida como um líder do Partido Escocês Stuart. Segundo o testemunho do abade Calmet, ele teria sido Grão-Mestre da Ordem do Templo na Escócia".[185]

Essa declaração pode ser encontrada antes ainda, quando um pesquisador da Franco-Maçonaria, John Yarker, assim escreve em 1872:

> "... e lorde Mar era Grão-Mestre dos Templários escoceses em 1715, em sucessão ao visconde Dundee, que foi morto em Killiecrankie, em 1689, portando a Cruz da Ordem, tal como nos informa dom Calmet."[186]

Antes de Yarker, a história apareceu num folheto publicado em 1843. O autor é anônimo, mas pode bem ter sido o poeta e acadêmico escocês, W. E. Aytoun:

> "A partir do testemunho do Abade Calmet, deduzimos que ele teria recebido de David Grahame, Visconde de Dundee titular, a Grande Cruz da Ordem, usada por seu galante e moribundo irmão na Batalha de Killiecrankie. Dizia o Abade: 'Ele era o Grão-Mestre da Ordem dos Templários na Escócia'".[187]

185. Tuckett, "*Dr. Begeman and the Alleged Templar Chapter at Edinburgh in 1745*", p. 46, citando Begeman.
186. Yarker, *Notes on the Scientific and Religious Mysteries of Antiquity*, p. 124.
187. *Statutes of the Religious and Military Order of the Temple*, p. XV. Tem sido argumentado que o autor deste "*Historical Notice*" seria W. E. Aytoun, professor de Retórica e Belas Artes na Universidade de Edimburgo. Veja Chetwode Crawley, *The Templar Legends in Freemasonry*, p. 232. Aytoun aparece na obra acima como Grão-Prelado da Ordem Templária escocesa. Certamente, ele teve acesso a antigos registros da Franco-Maçonaria e do Templarismo escocês por meio dos laços que mantinha com Alexander Deuchar, que reformou a Ordem na Escócia no final do século XVIII. Aytoun comprou os Certificados de "Saint Clair" do início do século XVII, que estiveram nas mãos de Alexander Deuchar, e doou-os à Grande Loja da Escócia, onde permanecem até os dias de hoje.

Assim, restam três perguntas cruciais. Quem seria "lorde Mar" — segundo Yarker, sucessor de Claverhouse como Grão-Mestre dos Templários Escoceses? Quem era o abade Calmet, aparentemente a mais importante fonte da história? Quem era o impreciso irmão de Claverhouse, David, que supostamente passara a cruz Templária do falecido visconde ao abade francês?

John Erskine, conde de Mar, era um conhecido líder Jacobita. Ele se tornou conde em 1689, o mesmo ano de Killiecrankie. Inicialmente, ele era um opositor à causa de Stuart e, em 1705, estava ativo a serviço da Coroa como Secretário de Estado para a Escócia. Durante os dez anos seguintes, ele mudou tantas vezes a sua Obediência que acabou sendo merecedor do apelido de *Bobbing John*. No entanto, em 1715, ele finalmente se juntou com os exilados Stuart e, naquele ano, tomou importante parte na rebelião em seu favor. Como fim da revolta, ele acabou perdendo as suas propriedades e foi exilado com James II em Roma. Em 1721, ele foi nomeado "Ministro Jacobita junto à Corte Francesa" — isso é, o embaixador dos Stuart na França. Em Paris, ele se tornou íntimo amigo do Cavaleiro Ramsay — como veremos, um dos principais propagadores da Franco-Maçonaria do século XVIII.

Dom Augustin Calmet foi um dos mais renomados e respeitados eruditos e historiadores de sua época, conhecido principalmente por sua versatilidade em idiomas. Nascido em 1672, ele se tornou um monge beneditino em 1688, com apenas 16 anos. Em 1704, ele ocupava um importante cargo na abadia de Munster, do lado francês do Reno. Em 1718, ele se tornou abade de St. Leopold, em Nancy, e em 1728, abade de Senones, onde veio a morrer em 1757. São muitas as suas obras; entre elas incluem-se comentários sobre todos os livros, tanto do Velho como do Novo Testamentos, uma compacta história da Bíblia como um todo, uma história da Igreja em Lorraine, e introdução à prestigiada obra *Histoire Ecclesiastique* do cardeal Fleury e — numa pontual digressão desses grandiosos trabalhos — um texto clássico sobre vampiros. A partir das cartas de Calmet publicadas, fica claro que, entre maio de 1706 e julho de 1715, ele morava em Paris, com livre circulação entre as rodas de exilados Jacobitas.[188]

David Grahame, o irmão caçula de Claverhouse, é ainda mais difícil de ser rastreado. Sabe-se que ele teria lutado em Killiecrankie e que teria sobrevivido à batalha, sendo feito prisioneiro somente três meses mais tarde. No entanto, em 1690, de alguma forma, ele conseguiu escapar de seus captores, aparecendo em seguida na França, onde James II conferiu-lhe o título de Dundee, anteriormente ostentado por seu irmão. Como visconde Dundee, ele é citado numa listagem regimental da Brigada dos Escoceses,

---

188. Maggiolo, *Mémoire sur la correspondance inédite de dom Calmet...*".

em serviço em Dunkerque, em junho de 1692, sob o comando do Major-General Buchan e do Major-General Cânon. Entre os outros oficiais nessa lista, também aparecem *Sir* Alexander M'Lane, pai de *Sir* Hector Maclean, John Fleming, sexto conde de Wigtoun; James Galloway, terceiro barão Dunkeld; e James Seton, quarto conde de Durnfermline. Este último fora particularmente próximo a Claverhouse, comandando a sua Cavalaria em Killiekrankie, e foi um dos integrantes do grupo funerário que, secretamente, tiraram-no do campo, e possivelmente enterraram o corpo do comandante.

David Grahame também figura em outra relação do exército francês, datada de 1693. A última referência feita a ele, em qualquer lugar, figura num panfleto publicado em Londres, em 1696. Segundo essa publicação, a ele e a outros proeminentes exilados foram dados importantes cargos no exército francês. Depois disso, David Grahame simplesmente desaparece da História. Conforme observa um historiador: "Isso é muito curioso, pois ele, como terceiro visconde, devia ser uma pessoa bem importante".[189] Quando nós contatamos o Serviço Histórico do Exército Francês, recebemos uma resposta do General Robert Bassac, que nos disse não ter encontrado qualquer referência a nenhum David Grahame. No entanto, ele encontrou:

> "... um certo visconde Graham de Dundee como um oficial no regimento D'Oilvy (isto é, ogilvie, conde de Airlie), em 1747. Esse regimento tinha sido criado por David, conde d'Airley, e composto pelos membros remanescentes dos corpos derrotados em Culloden. Talvez ele fosse um filho ou um sobrinho."[190]

A Brigada escocesa, estacionada em Dunkerque em 1682, pode, quiçá, proporcionar uma outra pista do destino de David Grahame. Em maio daquele ano:

> "... os oficiais escoceses, considerando que, pela perda da esquadra francesa, a restauração do rei James seria retardada por algum tempo, e que eles estivessem onerosos ao rei da França, fazendo parte de uma guarnição com direito a pleno pagamento de soldo, sem prestar serviço... humildemente suplicaram ao rei James que os reduzisse a uma companhia de sentinelas particulares, escolhendo eles próprios aquele que os comandasse."[191]

A unidade foi devidamente reconstituída. A lista de seus oficiais inclui dois Ramsay, dois Sinclair, dois Montgomery e um Hamilton. Inicialmente, ela foi transferida para o sul da França; em seguida, em 1693, para a Alsácia, um lugar não muito distante da Abadia de Munster. Em 1697,

189. Barrington, *Grahame of Claverhouse, Viscount Dundee*, p. 409.
190. Carta datada de 14 de agosto de 1987.
191. *Memoirs of the Lord Viscount Dundee*, p. 52-53.

ela estava novamente em combate nos arredores daquela abadia, onde, em 1704, dom Calmet tinha sido nomeado para o posto de *sous-prieur*. Assim, havia dois contextos nos quais Calmet poderia ter tido contato com Grahame. O primeiro teria sido na Alsácia, entre 1693 e 1706. O segundo, em Paris, depois de maio de 1706, quando Calmet frequentava os círculos Jacobitas do local.

Com base nessas informações retrospectivas, vale a pena fazermos uma revisão na história.

1. John Claverhouse, visconde Dundee, era "Grão-Mestre" de algum tipo de organização Templária ou neo-Templária na Escócia, que teria sobrevivido, sob alguma forma coerente, pelo menos até 1689;
2. Após a morte de Claverhouse, em Killiecrankie, o conde Mar foi o seu sucessor no "Grão-Mestrado";
3. Quando o corpo de Claverhouse foi recolhido do campo de batalha de Killiecrankie, ele foi encontrado portando ou carregando algum tipo de paramento ou ornamento original Templário — isto é, anterior a 1307 — o qual é referido como a "grande cruz da Ordem";
4. Esse item, tendo sido passado às mãos de seu irmão, David foi em seguida confiado ao abade Calmet.

Se a história assim resumida for verdadeira, ela constitui a prova mais importante de uma eventual sobrevivência Templária na Escócia desde o fim do século XVI, quando o misterioso David Seton teria, supostamente, reunido a Ordem ao seu redor, depois que suas terras foram ilicitamente dispostas por *Sir* James Sandilands.

No entanto, a história levanta algumas perguntas. Se os Templários escoceses eram, de fato, aliados à causa dos Stuart, por que teria sido Claverhouse sucedido pelo conde Mar como Grão-Mestre — que parece ter, na época, apoiado o Parlamento inglês, não se tornando um Jacobita convicto até 1715? Se o ornamento Templário era de fato importante, por que não foi ele entregue ao Grão-Mestre seguinte, quem quer que tenha sido ele, em vez de a um religioso, um erudito, ou um historiador francês? Para que possamos responder a essas perguntas, é necessário recorrermos a hipóteses e especulações. Caso a história da cruz Templária de Claverhouse tenha sido inteiramente fabricada, ela não teria, quase que com absoluta certeza, contido as contradições que tem. Imaginação e invencionice são livres para isentar-se de tais contradições — o que não é possível à história.

Seja como for, e quaisquer que sejam as perguntas levantadas pela história, ela é, certamente, plausível. Dom Calmet nada teria a ganhar inventando a história, exceto, talvez, como um conto sobre o qual conversar durante o jantar; se fosse esse o caso, ele teria feito mais do que fez. Ademais, Calmet é aceito, em geral, como uma testemunha impecavelmente confiável. Se Claverhouse de fato portava uma cruz ou algum outro paramento de origem Templária, ele teria sido, mais apropriadamente, passado às mãos de seu irmão; e o seu irmão, como já vimos, teve suficientes oportunidades para confiá-la ao padre francês. Não seria incomum que uma peça Templária original tivesse sobrevivido. Nós mesmos já vimos e manuseamos, pessoalmente, outros objetos como esse; objetos que foram cuidadosa e carinhosamente preservados na Escócia. Nós já chegamos a ter em nossas mãos o original do Regulamento da Ordem, cuja data é anterior a 1156. A mera existência desses itens dá um eloquente testemunho do quanto têm se desviado as pesquisas dos historiadores.

Porém, há outro fragmento de prova crucial para dar suporte à história sobre a cruz Templária de Claverhouse. Como vimos, o patrimônio Templário na Escócia sobreviveu intacto na Ordem de São João até 1564, quando *Sir* James Sandilands, que era o seu administrador nomeado, conseguiu transferi-lo para sua própria propriedade secular. No século XV, o antepassado de Claverhouse, Robert Grahame, casara-se com a filha do Condestável de Dundee. Com esse matrimônio, ele se tornou cunhado de John Sandilands, avô de *Sir* James. Assim, as famílias Graham e Sandilands foram ligadas; e qualquer item ou artigo confiado às mãos de uma delas poderia ter sido facilmente passado às mãos da outra.

CAPÍTULO XII

O Desenvolvimento da Grande Loja

É difícil precisar o quanto a Franco-Maçonaria, tal como evoluiu na Escócia, deve à antiga herança Templária e às tradições Templárias. No início do século XVIII, quaisquer ligações que tenham existido entre elas já estavam, desde há muito, perdidas; nenhuma nova ligação havia sido forjada. A Franco-Maçonaria ainda não tinha tentado publicamente reivindicar para si uma linhagem Templária. E, embora existam fortes indícios de que Claverhouse e seu irmão tenham sido franco-maçons, não existem documentos sobreviventes que confirmem essa condição. Se uma cruz Templária foi, de fato, passada de Claverhouse para seu irmão, e deste para o Abade Calmet, isso pode indicar algum tipo de sobrevivência Templária, mas não constitui uma conexão direta com a Franco-Maçonaria. Quando a mística Templária reapareceu, foi na França que, como veremos, ela surgiu primariamente, enquanto a Franco-Maçonaria chegou a ter um papel mais central nas questões inglesas.

Sob o governo de William e de Mary, o Protestantismo readquiriu a sua supremacia na Inglaterra. Por um ato do Parlamento, em vigor até os dias de hoje, todos os católicos estavam impedidos de chegar ao trono, exclusão que alcançava também aqueles que se casavam com um católico. Assim, uma repetição das circunstâncias que tinham precipitado a revolução de 1688 estava sendo efetivamente prevenida.

Em 1702, oito anos após sua esposa, William de Orange morreu. Ele foi sucedido pela rainha Anne, sua cunhada e filha caçula de James II. Ela, por sua vez, foi sucedida em 1714 por George I, neto de Elizabeth Stuart e Friedrich, conde palatino do Reno. Quando George morreu em 1727, o trono foi passado a seu filho, George II, que reinou até 1760. Ao longo dos 60 anos que se seguiram à ascensão de William, em 1668, os Stuart exilados tenazmente se apegaram a seu sonho de recuperar o reinado que haviam perdido. O deposto James II morreu em 1701, sendo sucedido por seu filho,

James III, o assim chamado "Old Pretender". Ele, por sua vez, foi sucedido por seu filho, o "Young Pretender", Charles Edward, "Bonnie Prince Charlie". Sob o governo desses três monarcas exilados, os círculos Jacobitas no Continente haveriam de ficar como ninhos de conspiração e de intriga política. Mas eles não eram ineficazes. Em 1708, foi armada uma invasão da Escócia montada pelos Stuart, apoiada pelas tropas francesas e transportada por embarcações francesas. A Inglaterra, com a maior parte de sua tropas envolvida na Guerra da Sucessão Espanhola, estava parcamente equipada para enfrentar essa ameaça, e a invasão parecia poder ser bem-sucedida, exceto por uma combinação de azares, uma agitação Jacobita e uma apatia francesa. Na ocasião, todo plano fracassou; porém, sete anos depois, em 1715, a Escócia se levantou numa revolução geral sob a chefia do conde de Mar — que, como já vimos, diziam ser o sucessor de Claverhouse como Grão-Mestre dos Templários contemporâneos. Também juntou-se à rebelião lorde George Seton, conde de Winton, cujo título fora por isso confiscado, e com a anuência do Condado, sendo ele próprio condenado à morte. No entanto, em 1716, ele conseguiu escapar da Torre de Londres e juntou-se aos pretendentes Stuart exilados na França. Ele continuou ativo nas questões Jacobitas pelo resto de sua vida e, em 1736, tornou-se Mestre de uma importante Loja Maçônica Jacobita em Roma.[192] A revolta foi debelada, mas a um alto preço, e os exilados Stuart continuariam representando uma ameaça ao longo dos 30 anos seguintes. Foi somente depois da invasão e das abrangentes operações militares de 1745-1746 que essa ameaça finalmente retrocedeu.

A revolução de 1688 introduziu muitas das tão necessárias reformas modernas, entre as quais uma Declaração de Direitos. No entanto, ao mesmo tempo, a sociedade britânica tinha sido dolorosamente abalada e dividida. Não se tratava, simplesmente, de uma questão de quem apoiou ou patrocinou a fuga em massa dos Stuart do país, abandonando-o inteiramente a seus rivais. Ao contrário, os interesses dos Stuart continuaram sendo bem representados nos negócios e nas questões inglesas. Nem todos os partidários estavam preparados para sancionar a força. Nem todos estavam aptos para desafiar o Parlamento. Apesar de sua lealdade, muitos haveriam de se mostrar como conscientes servidores civis sob os governos de William e Mary, de Anne, e dos Hanoverianos. Esse foi o caso de, por exemplo, *Sir* Isaac Newton. Mas, enquanto William e Mary, e Anne eram monarcas razoavelmente populares, os Hanoverianos não eram; e havia muitos na Inglaterra que, de forma pública e descarada, sem de fato incorrer em traição oficial, atacavam e denunciavam os detestados soberanos alemães, e

192. Seton, *A History of the Family Seton*, vol. I, p. 274; veja Hughan, *The Jacobite Lodge at Rome 1735-7*, para completos detalhes sobre essa Loja. George Seton, conde de Winton, foi eleito Grão-Mestre, em 23 de abril de 1736; veja ibid., p. 23.

se agitavam pelo retorno dos Stuart, a quem consideravam como a dinastia de direito do país.

Foi em meio a esses simpatizantes dos Stuart que surgiu e amadureceu o Partido Tory dos tempos modernos. Os Tory do início do século XVIII surgiram no final da década de 1670, oriundos da antiga classe de Cavaleiros da pré-Guerra Civil. A maioria pertencia à Alta Igreja Anglicana ou Anglo-Católica. A maioria era formada de proprietários de terras e procurava concentrar o poder nas mãos da nobreza latifundiária. Quase todos eles prezavam mais a Coroa do que o Parlamento e insistiam no direito da hereditariedade dos Stuart ao trono.

Os seus adversários, chamados de Whigs, também gozaram de crescente importância durante a década de 1670. Os Whigs se compunham, em sua maioria, das recém-consolidadas classes mercantis e profissionais, e eram ativos no comércio, na indústria, nas finanças, na área bancária e nas forças armadas. Eles incentivavam a diversificação religiosa e incluíam muitos dissidentes e livres pensadores. Exaltavam o poder do Parlamento em detrimento da Coroa. E, como diz Swift, "preferiram... os lucros pecuniários aos imobiliários".[193] Concordando, implícita ou explicitamente, com a ética de trabalho puritana, eles representavam a triunfante emergente classe média, cuja liderança, primeiro na Revolução Comercial e depois na Industrial, haveria de determinar o curso da história britânica e estabelecer as finanças como árbitro supremo. Eles não nutriam qualquer afeição em particular pelos Hanoverianos, mas estavam preparados para tolerar os governantes alemães como um preço a ser pago pelo seu próprio sucesso burguês.

As fissuras na sociedade britânica haveriam de se refletir na própria Franco-Maçonaria. Segundo os registros existentes, a Franco-Maçonaria, após a revolução de 1688, continuou tão ostensiva quanto antes. As Lojas não apenas continuavam a se reunir, mas também a proliferar. É provável que muitas das antigas Lojas, ou os Membros Sêniores das Lojas mais novas, eram pró-Stuart ou Tory; porém, não há indícios que levem a crer que a Franco-Maçonaria, àquela altura, de fato servia como um veículo para a espionagem, conspiração ou propaganda Jacobita. Ao que parece, tanto quanto possível, a maioria das Lojas na Inglaterra permaneceu — ou tentou permanecer — cuidadosamente afastada da política. Inevitavelmente, à medida que os Whigs cresciam mais e mais, assumindo importantes posições nos negócios sociais e comerciais do país, eles encontraram seu caminho no sistema de Lojas, colocando na Franco-Maçonaria a sua própria marca pró-Hanoverianos.

No entanto, como já vimos, a Franco-Maçonaria, desde os seus primórdios, esteve intimamente ligada aos Stuart. Durante o século XVII,

193. Treveyan, *England under Stuarts*, p. 471, citando Swift.

1. Igreja Kilneuair, Loch Awe, Argyll. As ruínas datam do século XIII. No primeiro plano, podemos observar uma lápide com uma cruz de estilo Templário entalhada.

2. Igreja Kilmartin, Argyll. No primeiro plano, vemos um exemplo das tumbas de guerreiros anônimos, assinaladas apenas com o contorno de uma espada entalhada. Somente nesse local existem cerca de 80 outras.

3. Igreja Kilmartin, Argyll. Outros exemplos das sepulturas dos séculos XIV e XV, com detalhes desconhecidos, exceto à Ordem do Templo.

4. Detalhe de lápide em Kilmartin. Presumivelmente, a espada data do século XIV.

5. Ruínas da Capela de Kilmory, Loch Sween, Argyll, do século XIII, com a Ilha de Jura ao fundo. Esta assinala o fim da única rota marítima segura para a Escócia durante os primeiros anos de Robert Bruce.

6. Lápide com a típica Cruz Templária gravada, ora colocada no interior da Capela de Kilmory. A sua data ainda não foi satisfatoriamente definida.

7. Lápide, sem data, em Kilmory. Nas inscrições, acima da cabeça do guerreiro, observa-se um Esquadro Maçônico; abaixo da figura, vemos uma Cruz Templária inscrita no desenho gravado.

8. Vemos, em primeiro plano, a torre Templária, os prédios da igreja e da Preceptoria de Garway, Herefordshire, perto da divisa com Welsh. Ela foi passada para a Ordem de São João no início do século XIV.

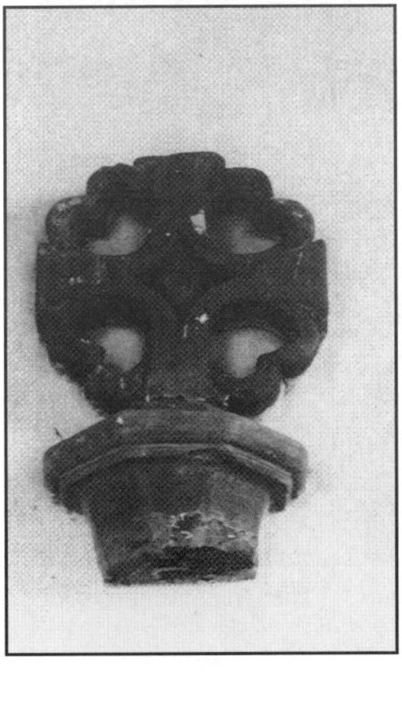

9. Cruz Templária, Garway. Originalmente, ela ficava sobre um tipo de pedestal, colocado na parte externa da igreja.

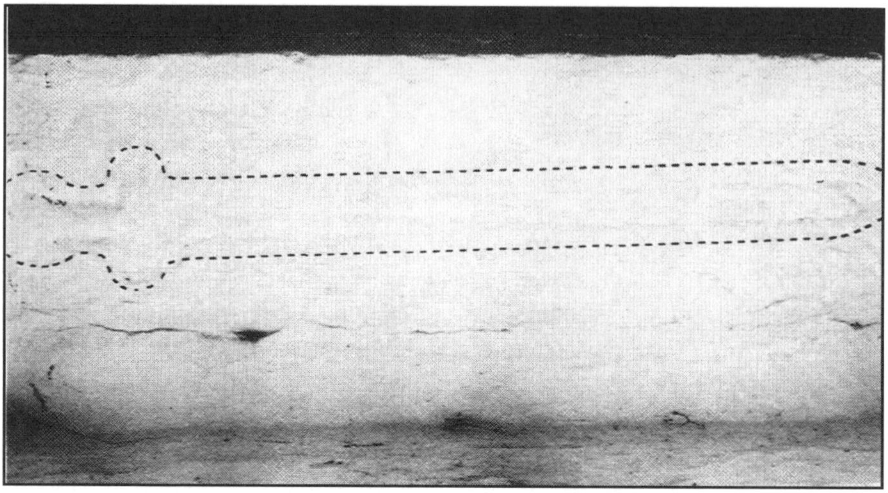

10. Lápide de Templário anônimo, com a gravação de uma espada encontrada em Garway. Ela era usada como um limiar durante a reconstrução da igreja no início do século XIV.

11. Garway, imagem do deus celta dos vegetais — The Green Man *(O Homem Verde), situada no interior da igreja.*

12. Garway, mostrando os alicerces da igreja de formato circular Templária original, demolida pela Ordem de São João, que construiu ali, em seu lugar, uma igreja retangular convencional.

13. Bristol, Temple Church, mostrando os alicerces de uma igreja Templária, de formato circular, também demolida pela Ordem de São João no século XIV, e que foi reconstruída em estilo mais convencional.

os franco-maçons não eram apenas obrigados a serem "fiéis ao rei" mas também, e ativamente, arrancar, denunciar e informar sobre conspiradores — assim se tornando, com efeito, parte do aparelho e mecanismo administrativo dos Stuart. Essas obediências eram profundas. Assim, não é de se surpreender que o principal caminho da Franco-Maçonaria deveria continuar ligado à linhagem Stuart, deveria seguir aquela linhagem no exílio e, a partir do exterior, cuidar de seus interesses na Inglaterra. Durante as quase três primeiras décadas do século XVIII, as Lojas franco-maçônicas poderiam tanto ser Whig ou Tory, Hanoverianas ou Jacobitas; porém, eram os Tory na Inglaterra e os Jacobitas no exterior que mais possuíam a herança e a história da Instituição. Eles constituíam a principal corrente de pensamento, enquanto outros eram apenas tributários.

Na Inglaterra, proeminentes franco-maçons, tal como o duque de Wharton, eram Jacobitas declarados. No exterior, a maioria dos líderes Jacobitas — como, por exemplo, o General James Keith, o conde de Winton (Alexander Seton), e os condes de Derwentwater (primeiro James, depois seu irmão caçula Charles, Radclyffe) — não eram apenas franco-maçons mas também instrumentos na disseminação da Franco-Maçonaria por toda a Europa. Após a repressão da rebelião de 1745, muitos ilustres Franco Maçons haveriam de ser condenados à morte por seu serviço à causa Jacobita — Derwentwater, que anteriormente tinha sido o Grão-Mestre da Franco-Maçonaria francesa, e os condes de Kilmarnock e Cromarty, que tinham sido Grão-Mestres da Franco-Maçonaria escocesa. Somente este último conseguiu escapar da execução na Torre.

Segundo um Historiador

> "Não há dúvida de que os Jacobitas exerceram uma crucial influência sobre o desenvolvimento da Franco-Maçonaria — a ponto de, na verdade, fazer com que testemunhos posteriores chegassem a descrever a Franco-Maçonaria como uma gigantesca conspiração Jacobita".[194]

Nós argumentaríamos que os Jacobitas não apenas tiveram "uma crucial influência sobre o desenvolvimento da Franco-Maçonaria"; diríamos que eles eram, pelo menos no início, os seus principais guardiões e propagadores. E quando a Grande Loja — que, subsequentemente, haveria de se tornar o principal repositório da Franco-Maçonaria inglesa — foi criada em 1717, surgiu, em grande parte, como uma tentativa Whig ou Hanoveriana de quebrar aquilo que até então vinha sendo um virtual monopólio Jacobita.

194. McLynn, *The Jacobites*, p. 140.

A Centralização da Franco-Maçonaria Inglesa

A Grande Loja da Inglaterra foi criada em 24 de junho de 1717 — dia de São João, dia que era antigamente considerado sagrado pelos Templários. Inicialmente, havia quatro Lojas londrinas que, num movimento em favor da centralização, optaram por se unirem sob uma só organização e elegeram uma Grande Loja como seu Corpo governante. Rapidamente foram incluídas outras Lojas mais em sua entidade, e, em 1723, as quatro Lojas originais aumentaram para 52.[195]

A explicação usual para a aglutinação da Grande Loja é extraordinariamente amena — ou dissimulada. Segundo um escritor, ela "foi criada para a franca finalidade social de proporcionar uma ocasião na qual os membros de algumas poucas Lojas de Londres pudessem se encontrar".[196] Também sabemos que a época era de grande entusiasmo nos clubes e nas sociedades, e que a disseminação e a proliferação da Franco-Maçonaria inglesa foi uma consequência desse entusiasmo. E, ainda assim, não havia nenhum outro movimento de semelhante centralização entre outros clubes, jantares ou associações dos florescentes antiquários, ou das associações bibliográficas e científicas da época. É especificamente na Franco-Maçonaria que a ênfase é observada, não apenas no que tange a sua proliferação, mas de forma mais crucial ainda em sua centralização. Assim, por exemplo, das 52 Lojas que compunham a Grande Loja em 1723, pelo menos 26 parecem ter sua fundação anterior à fundação da Grande Loja em 1717. Em outras palavras, a sua entrada nos registros históricos não é resultado da proliferação de Lojas, mas de seu despreparo para centralizarem-se.

Segundo J. R. Clarke, um historiador da Franco-Maçonaria, escreve em 1967: "Eu acho que em 1717 havia uma razão muito mais séria para a cooperação: ela se fazia necessária pela situação política do país."[197] E Clarke vai adiante, destacando as efusivas demonstrações da fidelidade pró-Hanoveriana observadas na sessão inaugural da Grande Loja — os brindes levantados ao rei George e os cantos de louvor e lealdade. E ele, corretamente, conclui que uma demonstração assim tão exagerada do fervor patriótico deve ser encarada como uma tentativa de provar que os franco-maçons não eram Jacobitas — uma demonstração que dificilmente seria necessária se não houvesse algum motivo para se suspeitar que eles, de fato, eram.

Os historiadores de hoje tendem a considerar a rebelião escocesa de 1715 e a fundação da Grande Loja em 1717 como dois eventos distintos, separados por um intervalo de dois anos completos. No entanto, de fato a

195. *The Minutes of Grand Lodge*, p. 5f.
196. Grande Loja Unida da Inglaterra, *Grand Lodge 1717-1967*, p. 50.
197. Clarke, *The Establishment of the Premier Grand Lodge*, p. 5.

rebelião de 1715 não foi total e finalmente reprimida até a execução dos lordes Kenmuir e Derwentwater, em fevereiro de 1716, e os planos para a amalgamação que veio a formar a Grande Loja foram feitos bem antes desse evento — durante o verão anterior ou outono de 1716.[198] Assim, a rebelião escocesa e a fundação da Grande Loja não estavam separadas por dois anos, mas por seis ou oito meses. E poderia parecer, de forma bastante patente, que teria havido uma ligação apenas casual entre ambos os eventos. Foi como se a instituição pró-Hanoveriana, invejosa da rede que a Franco-Maçonaria proporcionava a seus rivais Jacobitas, deliberadamente procurasse criar uma rede própria paralela — como se procurasse competir, mormente no espírito empresarial de livre mercado da precoce Inglaterra georgiana. Também a Grande Loja não deixou de tirar material de seus rivais para incrementar a sua simpatia e seu encanto.

Isso fica aparente na discutida, complicada e controversa questão dos "Graus" da Franco-Maçonaria, ou aquilo que se pode chamar de etapas da iniciação. A Franco-Maçonaria atual está dividida em três Graus do Simbolismo, ou "Craft", e uma quantidade de "Graus Superiores" "opcionais". Os três Graus do Simbolismo — Aprendiz, Companheiro e Mestre — estão sob a jurisdição da Grande Loja Unida da Inglaterra. Isso não acontece com os "Graus Superiores"; estes estão sob a jurisdição de outros Corpos Franco-Maçônicos, tais como o Supremo Conselho do Rito Escocês Antigo e Aceito, ou o Grande Capítulo do Arco Real. A maioria dos franco-maçons ingleses trabalha nos três Graus oferecidos pela Grande Loja; depois, a seu bel-prazer, prosseguem aos diversos "Graus Superiores" — tal como acontece, por exemplo, com um estudante, graduado como bacharel em Literatura Inglesa numa determinada Universidade, que pode mudar para outra Universidade para trabalhar num bacharelado em Literatura Francesa ou Alemã. No entanto, entre o início e os meados do século XVIII, isso não era permitido. Para um franco-maçom da época, que não quisesse ter a sua lealdade à Coroa impugnada, apenas os Graus oferecidos pela Grande Loja estavam disponíveis. Os "Graus Superiores", sendo uma prerrogativa quase exclusiva aos Jacobitas, não lhes estavam disponíveis; as autoridades franco-maçônicas que ofereciam tais "Graus Superiores" eram consideradas, na melhor das hipóteses, como suspeitas, e, na pior, como traidoras. Ainda persistem acaloradas discussões sobre essa matéria; porém, hoje em dia, é amplamente reconhecido que aquilo que é agora chamado de "Graus Superiores" (ou "Graus Filosóficos") não apenas se originou na Franco-Maçonaria Jacobita, mas que, de fato, lá estava desde o início. Em outras palavras, aqueles Graus não parecem ter sido invenções posteriores,

198. Pick e Knight, *The Pocket History of Freemasonry*, p. 68-9; Anderson, *New Book of Constitutions of the Freemasons*, p. 109.

mas incorporadas num "Armazém de Lenda, Tradição e Simbolismo de ampla extensão", do qual a Grande Loja, em 1717, selecionou apenas uma parte.[199] E de acordo a um historiador franco-maçom:

> "... o que os nossos irmãos Jacobitas fizeram foi tirar outras partes ainda do mesmo armazém, adaptando-as de forma tal que, a eles, parecia perfeitamente justificável ao serviço da Causa que, para eles, era Sagrada... A Causa... passou, mas, uma vez livre de todas e quaisquer associações políticas, muitos Graus ficaram."[200]

Em outras palavras, parece que os "Graus Superiores" envolviam aspectos do ritual, da tradição e da história franco-maçônica que, simplesmente, não eram conhecidos ou não estavam disponíveis à Grande Loja — ou que teriam sido por demais politicamente transitórias para serem acomodadas pela Grande Loja e que, assim, tinham de ser repudiadas. No entanto, depois de 1745, quando os Stuart, final e definitivamente, deixaram de ser uma ameaça e a ocupação Hanoveriana do trono estava segura, a Grande Loja, embora de má vontade, começou a reconhecer os "Graus Superiores". E, de fato, certos aspectos dos "Graus Superiores", já purgados de quaisquer elementos potencialmente controversos, foram finalmente apropriados e incorporados em áreas do próprio sistema da Grande Loja. Fora isso que deflagrou uma união com uma Grande Loja alternativa paralela e rival finalmente, em 1813, surgiu a Grande Loja Unida.[201]

Uma boa parte da história da Franco-Maçonaria inglesa de hoje tem sido escrita por estudiosos que trabalham sob os auspícios da Grande Loja Unida. Eles apresentam a Franco-Maçonaria Jacobita e a proliferação dos "Graus Superiores" como cismáticos e heréticos — um afastamento da corrente ideológica da qual eles próprios são representantes. No entanto, de fato isso parece ser exatamente o contrário do que na verdade aconteceu, sendo a Franco-Maçonaria Jacobita a corrente filosófica original e a Grande Loja o desvio — a qual, por força das circunstâncias e vicissitudes históricas, acabou se tornando, ela própria, a principal corrente filosófica. Recordam-se as origens do Cristianismo e o processo pelo qual o pensamento Paulino, originalmente um cisma ou um afastamento herético dos próprios ensinamentos de Jesus, suplantou aqueles ensinamentos transformando-se na nova ortodoxia — enquanto o pensamento Nazareno, o repositório original dos ensinamentos, foi taxado como uma forma de heresia.

199. Tuckett, *The Origin of Additional Degrees*, p. 5.
200. Ibid., p. 25.
201. Em 1751, uma Grande Loja rival, formada por franco-maçons oriundos, principalmente, da Grande Loja irlandesa, reclamou estar trabalhando sob regulamentos e práticas antigos. Estes foram chamados de "Antigos", e os membros da Grande Loja de 1717 foram chamados de "Modernos". Diferentemente dos "Modernos", os "Antigos" trabalhavam os Graus Superiores, particularmente o Arco Real. Em 1813, os dois sistemas se reconciliaram e se uniram, formando a Grande Loja Unida da Inglaterra, a qual subsiste até os dias de hoje.

Tal como o pensamento Paulino, a Grande Loja parece ter se iniciado como um afastamento ou desvio da principal corrente. Tal como o pensamento Paulino, ela deslocou a corrente principal, tornando-se, ela própria, a corrente principal. Porém, tal como o pensamento Paulino, as coisas nem sempre lhes foram fáceis, e continuou sendo suspeita aos olhos da autoridade secular que ela procurava apaziguar. Segundo a observação de um historiador maçônico: "Naquela época, ser um membro da Fraternidade de franco-maçons era despertar a suspeita de que a pessoa também era um Jacobita...".[202]

A Influência da Franco-Maçonaria Inglesa

O duque de Wharton, Grão-Mestre da Grande Loja em 1722, pouco fez para incentivar a confiança, tanto pública como oficial. Ele também era um vociferante Jacobita. Três anos antes, ele foi um dos fundadores do famoso (ou notório) *Hell Fire Club* que, originalmente, se reunia na Greyhound Tavern, perto de St. James. Nessa empreitada, a ele se juntou um outro personagem que, em breve, haveria de se sobressair na Franco-Maçonaria, George Lee, conde de Lichfield, cujo pai morrera em combate pelos Stuart em Boyne, e cuja mãe, Charlotte Fitzroy, era uma filha ilegítima de Charles II. Assim, o próprio Lee era consanguíneo de Stuart e primo de dois outros netos ilegítimos de Charles II, James e Charles Radclyffe, sucessivamente condes de Derwentwater. Não é, pois, de se surpreender que ele, também, teve um importante papel nas questões Jacobitas. Em 1716, as suas articulações possibilitaram a escapada de Charles Radclyffe e mais 13 outros da prisão de Newgate, onde estavam encarcerados por sua participação na rebelião de 1715. James Radclyffe já havia sido então executado.

Como era de se esperar, as autoridades foram duras. Em 1721, um decreto foi expedido contra "certos clubes ou sociedades vergonhosas". O Hell Fire Club foi fechado, embora apenas temporariamente. Consciente da suspeita que atraía sobre si, a Grande Loja se sentiu obrigada a assegurar, ou reassegurar, o governo que era "seguro". Em 1722:

> "... um seleto Corpo da Sociedade de franco-maçons foi o resultado... o lorde Visconde Townsend (cunhado de Robert Walpole, o Primeiro Ministro)... para significação ao seu Senhorio, que por força da obrigação à sua Constituição, de realizarem uma Assembleia Geral, agora em Midsummer, em concordância ao Costume anual, esperavam eles que a Administração não se ressentisse daquela Convocação, por estarem todos zelosamente afetos à Pessoa e ao Governo de Sua Majestade. Seu Senhorio recebeu essa Intimação de uma maneira muito

202. Waples, *An Introduction to the Harodim*, p. 120.

afável, dizendo-lhes acreditar que não deveriam ficar apreensivos em relação a qualquer molestamento vindo do Governo, enquanto eles continuassem a não fazer nada mais perigoso do que os antigos segredos da sociedade; os quais devem ser de natureza bastante inofensiva, tanto quanto a Humanidade ama a discórdia, para que nenhum Corpo jamais os venha a trair."[203]

Foi nessa convocação de 1722 — em meio a acusações de irregularidade — que Wharton conseguiu se eleger como Grão-Mestre. Posteriormente, ele foi acusado de tentar "capturar a Franco-Maçonaria para os Jacobitas".[204] No ano seguinte, ele foi sucedido pelo pró-Hanoveriano conde de Dalkeith e saiu repentinamente, "sem qualquer cerimônia".[205] Se foram feitas quaisquer Atas para o período de ambos Grão-Mestrados, elas desapareceram. As Atas da Grande Loja se iniciam, oficialmente, em 23 de novembro de 1723, sob o Grão-Mestrado de Dalkeith.

Em setembro de 1722, uma ambiciosa, se não estúpida, trama Jacobita foi exposta — fomentar um levante em Londres, capturar a Torre, e mantê-la até que aos rebeldes se juntasse uma força de invasão vinda da França. Entre os conspiradores envolvidos nesse plano estavam o Dr. John Arbuthnot, um proeminente franco-maçom e antigo médico da corte da rainha Anne. Entre os melhores amigos de Arbuthnot estavam muitos outros importantes franco-maçons, entre os quais Pope e Swift — os quais, embora não estivessem envolvidos no plano, foram alvo de certo estigma por tabela. A trama de setembro desmanchou muito da credibilidade que a Grande Loja tinha conseguido antes estabelecer para si, e determinou a necessidade de renovada confiança.

Em 1723, como que para aliviar de uma vez por todas quaisquer suspeitas de atividades políticas subversivas, surgiram as famosas "Constituições" de James Anderson. Anderson, um Ministro da Igreja escocesa em St. James e Capelão do fiel pró-Hanoveriano conde de Buchan, era membro da muito influente Horn Lodge, a qual incluía em seu Quadro verdadeiros pilares da instituição, tais como o duque de Queensborough, o duque de Richmond, o lorde Paisley e, em 1725, o sócio de Newton, John Desaguliers.[206] Essas credenciais e ligações colocavam, efetivamente, Anderson acima de qualquer suspeita. Ademais, em 1712, ele publicou alguns virulentos sermões anticatólicos, exaltando a rainha Anne e invocando Deus:

---

203. Robbins, *The Earliest Years of English Organized Freemasonry*, pgs 70-1, citando o *London Journal* de 16 de junho de 1722.

204. Wharton foi publicamente acusado de ser um dos líderes dos Jacobitas, e ele, certamente, depois de sair da Inglaterra, uniu-se à causa Jacobita.

205. Gould, *The History of Freemasonry*, vol. IV, p. 375.

206. *The Minutes of Grand Lodge*,p. 5-6.

"... que ele possa despontar as vãs esperanças de nossos adversários comuns, dando continuidade à reformada Religião Protestante entre nós, e continuar assegurando a Sucessão Protestante à Coroa na Linhagem e Casa de Hanover..."[207]

Mais tarde, em 1732, Anderson publicaria outra obra pró-Hanoveriana: *Royal Genealogies*. Entre seu assinantes estavam o conde de Dalkeith, o conde de Abercorn, o coronel (mais tarde General) *Sir* John Ligonier, o coronel John Pitt, o dr. John Arbuthnot, John Desaguliers e *Sir* Robert Walpole.

As "Constituições" de Anderson se tornaram, com efeito, a Bíblia para a Franco-Maçonaria inglesa. Elas enunciam aquilo que haveria de se tornar alguns dos atualmente mais conhecidos e básicos dogmas e princípios da Grande Loja. O primeiro artigo, em sua absoluta imprecisão, continua até os nossos dias um ponto de discussão, interpretação e discórdia. No passado, os franco-maçons eram obrigados a declarar a sua fidelidade e obediência a Deus e à Igreja da Inglaterra; mas, como escreve Anderson, "... pensa-se agora ser mais adequado apenas obrigá-los àquela Religião a qual todos os homens aceitam, deixando para eles as suas própria opiniões particulares..."[208] O segundo artigo declara explicitamente: "Um maçom... não deve jamais se envolver em Tramas e Conspirações contra a Paz e o bem-estar da Nação".[209] Conforme o sexto artigo, nenhum assunto ou questões religiosas ou políticas devem ser discutidos em Loja.

As "Constituições" não aliviaram inteiramente todas as suspeitas. Foi em 1737 que apareceu uma longa carta em dois jornais de Londres, advertindo que a Franco-Maçonaria era danosa e perigosa à sociedade inglesa por estar servindo, secretamente, à causa Stuart. Prodigiosas alusões foram feitas a certas Lojas "especiais" que tinham acesso privado a informações cruciais e as retinham alheias aos demais franco-maçons. Dizem que essas Lojas — que "admitem... até Jacobitas, Nonjurors e Papistas" — fazem o recrutamento em favor dos interesses dos Stuart. O autor anônimo admitiu que muitos franco-maçons eram fiéis protetores da Coroa, mas também questionava: "... como é que nós podemos ter certeza que aquelas pessoas que sabemos ser afeitas são admitidas aos seus mistérios?".[210]

---

207. Anderson, *A Sermon Preached in Swallow-street*, p. 15. Ao que parece, mesmo antes de 1717, Anderson já era um franco-maçom: um ataque sobre ele no *No King-Sellers* o chama de *Crafts Master* (p. 10) e acrescenta que seus "Irmãos de Ministério, tal como ele os denomina, têm mais do que um Gabinete de Inteligência sobre o *Exchange* onde costumam se reunir" (p. 14). O *Exchange* era um local onde existiam pelo menos duas antigas Lojas Maçônicas: a *Crown Tavern Lodge*, que ficava atrás do *Exchange* na lista de Lojas de 1723, tal como também estava a *Ship Tavern Lodge*.
208. Anderson, *The Constitutions of the Freemasons*, p. 50.
209. Ibid.
210. Tuckett, *The Origin of Additional Degrees*, p. 20.

No entanto, na época, essa paranoia tornara-se a exceção e não a regra. Com as "Constituições" de Anderson, a Grande Loja se tornou respeitada, um crescente e incontestável acessório social e cultural do regime Hanoveriano, que haveria de chegar, finalmente, até o trono. Na Escócia, na Irlanda e no Continente, outras formas de Franco-Maçonaria, como veremos mais adiante, continuavam ativas. No entanto, na Inglaterra a Grande Loja instituiu algo que poderia ser considerado quase um monopólio; e, daí em diante, a sua ortodoxia política jamais chegou a ser seriamente colocada em dúvida. De fato, a Grande Loja se tornou tão integrada à sociedade inglesa que a sua nomenclatura já começava a permear o idioma, e assim continua até os nossos dias.

Na década de 1730, a Grande Loja começou a ter um florescente interesse na América do Norte, e ali começou a "certificar" Lojas — isto é, a patrocinar Lojas como suas Afiliadas. Em 1732, por exemplo, o General James Oglethorpe fundou a Colônia de Geórgia e, dois anos depois, se tornou Mestre da primeira Loja Franco-Maçônica da Geórgia. As próprias fidelidades políticas de Oglethorpe eram ambíguas. A maior parte de sua família tinha Jacobitas ativos. Três de suas irmãs eram militantes em favor da causa Stuart, como também era o seu irmão mais velho, exilado por atividades sediciosas. Na rebelião de 1745, o próprio Oglethorpe comandou tropas britânicas no campo, onde demonstrou tamanha apatia em suas operações, que acabou sendo levado à corte marcial. Embora ele tenha sido inocentado, não resta muita dúvida de que ele tenha partilhado as simpatias de sua família. Apesar disso, o seu empreendimento na Geórgia contou com a aprovação de ambos, regime Hanoveriano e a Grande Loja. A Grande Loja não apenas certificou a Loja que ele tinha fundado, mas também "recomendava energicamente" que os seus membros ingleses se associassem, arrecadando "uma generosa contribuição" em favor de sua afiliada na Geórgia.[211]

Assim, por volta da terceira década do século XVIII, a Franco-Maçonaria inglesa, sob os auspícios da Grande Loja, tornou-se um baluarte da instituição social e cultural, incluindo em sua Fraternidade personalidades como Desaguliers, Pope, Swift, Hogarth e Boswell, bem como François de Lorraine, futuro marido da imperatriz austríaca Maria Theresa. Como já vimos, ela começou como um afastamento da corrente principal, e daí — ao menos no que tange à Inglaterra — transformando-se, ela própria, na corrente principal. Em alguns aspectos, a Franco-Maçonaria da Grande Loja pode ter sido "menos completa" do que aquela dos Jacobitas, menos privada aos antigos segredos, menos herdeira às tradições originais. E, apesar de tudo isso, ou, quiçá, exatamente por isso, a Franco-Maçonaria da Grande Loja desempenhou uma função social e cultural que os seus rivais Continentais não conseguiram desempenhar.

211. *The Minutes of Grand Lodge*, p. 235 (13 de dezembro de 1733).

A Grande Loja se estendeu a toda a sociedade inglesa e inculcou os seus valores no âmago do pensamento inglês. Insistindo numa Fraternidade Universal que transcendia as fronteiras nacionais, a Franco-Maçonaria haveria de exercer uma profunda influência sobre os reformistas do século XVIII — como, por exemplo, em David Hune, Voltaire, Diderot, Montesquieu e Rousseau na França, em seus discípulos naquilo que haveria de se tornar os Estados Unidos. É à Grande Loja e ao clima filosófico geral por ela promovido, que se atribui muito do que há de melhor na história inglesa da época. Sob a égide da Grande Loja, todo o sistema de castas na Inglaterra se tornou menos rígido, mais flexível, do que em qualquer outro lugar no Continente. A "mobilidade ascendente", usando um jargão dos sociólogos, tornou-se cada vez mais viável. As críticas e censuras contra as discriminações religiosas e políticas serviram para incentivar não apenas a tolerância mas também o espírito de igualitarismo que tanto impressionou os visitantes estrangeiros: Voltaire, por exemplo, que mais tarde se tornou franco-maçom, entusiasmou-se tanto com a sociedade Inglesa que a exaltava como um modelo ao qual toda civilização europeia deveria aspirar. O antissemitismo se tornou mais desmoralizado na Inglaterra do que em qualquer outro lugar da Europa, com judeus não apenas se tornando franco-maçons mas também tendo acesso, que até então lhes era negado, à vida social, política e pública. Foram dados espaço e amplitude à florescente classe média para manobrar e se expandir, de maneira que não seria possível em qualquer outra parte, e, consequentemente, disparar a Grã-Bretanha na vanguarda do progresso comercial e industrial. As obras de caridade, inclusive a sempre distinguida assistência às viúvas e aos órfãos, espalharam um novo ideal de responsabilidade cívica e prepararam o caminho para muitos outros posteriores programas de bem-estar. Poderia-se até argumentar que a solidariedade da Loja, com a sua evocação das guildas medievais, antecipou muitas das características do posterior sindicalismo. E, finalmente, o processo pelo qual os Mestres e os Grão-Mestres eram eleitos, implantou no pensamento inglês uma saudável distinção, que em breve haveria de frutificar na América, entre o homem e o cargo.

Em todos esses aspectos, a Franco-Maçonaria inglesa constituiu um tipo de adesivo, mantendo unida a estrutura da sociedade do século XVIII. Entre outras coisas, ela ajudou a proporcionar um clima mais temperado do que o conseguido no Continente, onde as injustiças e os ressentimentos haveriam de, finalmente, culminar primeiro com a Revolução Francesa e, depois, com os levantes de 1832 e de 1848. Como veremos mais adiante, esse clima haveria de se estender às Colônias Britânicas na América do Norte e desempenhar um papel crucial na fundação dos Estados Unidos. Portanto, a forma de Franco-Maçonaria propagada pela Grande Loja haveria de suplantar as suas próprias origens. Ao assim fazer, ela emergiria como um dos mais genuinamente importantes e influentes fenômenos do século — fenômeno, este, cujo significado tem sido frequentemente analisado pelos historiadores ortodoxos.

CAPÍTULO XIII

A Causa Maçônica Jacobita

Enquanto a Grande Loja prosperava e florescia, as Lojas pró-Jacobitas na Inglaterra eram, progressivamente, relegadas. Certamente, algumas persistiram, particularmente na região Nordeste, nos arredores de Newcastle e das propriedades da família Radclyffe em Derwentwater,[212] mas o clima reinante permitiu-lhe pouco espaço para se desenvolverem e se expandirem. O mesmo se deu na Escócia, onde muitas evidências e provas referentes à Franco-Maçonaria entre 1689 e 1745 foram, deliberadamente ou de alguma outra forma, perdidas no calor e no tumulto dos acontecimentos. No entanto, a Irlanda foi uma questão à parte e diferente.

Já em 1688, a Franco-Maçonaria era bem conhecida na Irlanda. Naquele ano, um orador de Dublin, tentando atrair a atenção de sua audiência, conseguiu seu intento ao referir-se a um homem que "foi feito franco-maçom de uma nova maneira" — o que, certamente, implica na existência também de uma "maneira antiga".[213] No mesmo ano, aconteceu um pequeno escândalo quando um notório sujeito, chamado Ridley, conhecido como um espião e informante anticatólico, foi encontrado morto com algo sobre seu corpo que foi considerado uma "Marca Maçônica" — embora não haja qualquer indicação sobre qual seria aquela "Marca", como teria sido ela afixada ou gravada, ou mesmo se ela tinha algo a ver com a sua morte.[214]

A documentação existente sobre a antiga história da Grande Loja na Irlanda é remendada e irregular, com todos os livros de Atas anteriores a 1780 tendo sido extraviados, bem como todos os registros anteriores a 1760.

212. Veja os dois artigos sobre o curioso Grau *Harodim*, por Waples; veja Barker Cryer, *A Fresh Look at the Harodim*.
213. 11 de julho de 1688; veja Tuckett, *The French Irish Family of Walsh*, p. 190.
214. Ibid.

Quaisquer informações que possam ser obtidas provêm de fontes externas, tais como relatos em jornais e cartas. As provas e evidências existentes indicam que a Grande Loja irlandesa foi criada entre 1723 e 1724, seis ou sete anos após a sua rival inglesa. O seu primeiro Grão-Mestre foi o duque de Montague que, em 1721, presidira a Grande Loja da Inglaterra. Montague era um afilhado de George I e leal pró-Hanoveriano. Não é de se surpreender que ele, dado a profunda e penetrante fidelidade aos Stuart na Irlanda, tenha atraído muita atenção, e a Grande Loja irlandesa passou a ser atormentada por disputas e brigas internas. Entre 1725 e 1731, nota-se uma total lacuna em sua história, e os posteriores comentaristas chegam à conclusão de que deve ter ocorrido uma divisão entre patrocinadores Hanoverianos e Jacobitas.

Aparentemente, em março de 1731, surgiu alguma consolidação sob o Grão-Mestrado do conde de Ross. Um mês mais tarde, Ross foi sucedido por James, lorde Kingston. Também ele, em 1728, presidira a Grande Loja da Inglaterra, porém, depois de 1730, quando a Grande Loja inglesa ratificou certas não especificadas mudanças, ele "limitou sua dedicação à Franco-Maçonaria irlandesa".[215] Kingston haveria de personificar a orientação da Grande Loja irlandesa. Ele tinha um passado Jacobita e vinha de uma família Jacobita. Seu pai tinha sido um cortesão de James II e acompanhou o rei deposto ao exílio, retornando à Irlanda em 1693 para primeiro ser perdoado e depois, preso e acusado pelo recrutamento de militares em favor da causa Stuart. Em 1722, o próprio Kingston incorreu em semelhantes acusações.[216]

Assim, a Grande Loja irlandesa haveria de ficar como repositório de questões e aspectos da Franco-Maçonaria que a Grande Loja da Inglaterra repudiara ou renegara. E haveria de ser para a Franco-Maçonaria da Grande Loja irlandesa que os numerosos regimentos britânicos passando pela Irlanda ou ali estacionados seriam expostos. Quando a rede de Lojas militares itinerantes começou a proliferar graças ao exército britânico, a maioria delas, ao menos inicialmente, foi certificada pela Grande Loja irlandesa. Isso haveria de ser de extrema importância, mas os seus efeitos não haveriam de se tornar aparentes pelos 25 anos seguintes.

Enquanto isso, a corrente original da Franco-Maçonaria mudara-se com os exilados Stuart para o Continente. Foi na França, durante o período imediatamente anterior a 1745, que os mais consequentes desenvolvimentos haveriam de acontecer. E foi na França que a Franco-Maçonaria Jacobita haveria de se tornar integrada — ou talvez reintegrada — com a antiga herança Templária.

---

215. Lepper e Crossle, *History of the Grand Lodge of Free and Accepted Masons of Ireland*, vol. I, p. 147.
216. Ibid., p. 147, nota 1.

As Primeiras Lojas

Aparentemente, a Franco-Maçonaria chegou à França com os contingentes do derrotado exército Jacobita, entre 1688 e 1691. Segundo um relato do século XVIII, a primeira Loja na França data de 25 de março de 1688, tendo sido fundada por um regimento de infantaria, o *Royal Irish*, que fora formado por Charles II em 1661, que o acompanhara à Inglaterra em sua restauração e, então, ido novamente ao exílio com James II. Subsequentemente, no século XVIII, essa unidade ficou conhecida como o "Regimento de Infantaria Walsh", em alusão ao seu oficial comandante.[217] Os Walsh formavam uma proeminente família de armadores irlandeses exilados. Um de seus membros, o capitão James Walsh, forneceu o navio que transportou James II para porto seguro na França. Mais tarde, Walsh e seus parentes fundaram um grande estaleiro em St. Mâlo, que se especializou no fornecimento de navios de guerra para a Marinha francesa. Ao mesmo tempo, eles continuavam fervorosamente leais à causa Jacobita. Duas gerações depois, o neto de Walsh, Anthony Vincent Walsh, junto com Dominic O'Heguerty, outro influente mercante e armador, forneceria os navios com os quais Charles Edward lançaria sua invasão da Inglaterra. Em reconhecimento aos serviços prestados, Anthony Walsh foi feito conde pelos exilados Stuart, tendo o seu título sido oficialmente reconhecido pelo governo francês.

Na França, os militares irlandeses responsáveis pela transplantação da Franco-Maçonaria se movimentavam, de forma bastante natural, nos mesmos círculos que os refugiados pró-Stuart da Escócia — tais como David Grahame, o irmão de John Claverhouse, visconde Dundee, que dizia ter sido encontrado depois de Killiecrankie com uma cruz Templária. Se a Franco-Maçonaria tinha antes, ainda que temporariamente, perdido o contato com a meada da tradição Templária, aquele contato foi restabelecido na França durante o primeiro quarto do século XVIII. E a França haveria de ser o solo fértil tanto para a Franco-Maçonaria como para a mística Templária.

Em muitos aspectos, foi um francês, René Descartes, quem primeiramente, no início do século XVII, incorporou aquilo que viria a se tornar a mentalidade dominante do século XVIII. No entanto, na França, a pressão combinada da Igreja e do Estado provou ser inimiga, e o ímpeto do pensamento cartesiano passou para a Inglaterra, onde se manifestou por meio de homens tais como Boyle, Hume e Newton, bem como por meio de instituições tais como a Sociedade Real (*Royal Society*) e a pró-

217. Veja Tuckett, op. cit., e Lepper, *The Poor Common Soldier*, p. 151-3. Em 1772, a Loja Militar que trabalhava nesse Regimento do exército francês fez uma solicitação ao Grande Oriente francês para que fosse reconhecida como uma Loja Sênior na França. Aparentemente, suficientes provas foram reunidas para que essa reivindicação fosse aceita por decisão do Grande Oriente em 1777. A alegação era de que a Loja já estava no Regimento desde 25 de março de 1688. Veja Tuckett, p. 195; Lepper, p. 152.

pria Franco-Maçonaria. Assim, foi na Inglaterra que os pensadores franceses de mente progressista, tais como Montesquieu e Voltaire, buscavam novas ideias. Eles e seus compatriotas haveriam de se mostrar particularmente receptivos à Franco-Maçonaria.

Mas se a Franco-Maçonaria começou a aparecer na França em 1688, cerca de 35 anos haveriam de se passar antes de ser fundada a primeira, oficialmente documentada, Loja francesa. Segundo a maioria das fontes, esta foi fundada em 1725, e, segundo outra fonte talvez ainda mais confiável, em 1726.[218] O seu fundador original foi Charles Radclyffe, conde de Derwentwater, cujo irmão mais velho, James, tinha sido executado por ter tomado parte na rebelião de 1715. Entre os cofundadores de Radclyffe estavam *Sir* James Hector MacLean, chefe do clã MacLean; Dominic O'Heguerty, o poderoso expatriado mercante e armador que, junto com Anthony Walsh, forneceu navios para a expedição de Charles Edward Stuart em 1745; e um misterioso homem, que diziam ser um restaurador, cujo nome figura em documentos sobreviventes como "Hure" ou "Hurc". Um certo autor persuasivamente argumenta que este pode ser uma corruptela de "Hurry".[219] *Sir* John Hurry havia sido decapitado em Edimburgo em 1650 por sua lealdade aos Stuart. Sua família continuou militante Jacobita e foi enobrecida por Charles II; pode muito bem ter sido um de seus filhos ou netos exilados que, junto com Radclyffe, MacLean e O'Heguerty, fundou a primeira Loja francesa.

Em 1729, as Lojas francesas já proliferavam nos moldes da Franco-Maçonaria Jacobita. Para não ser sobrepujada pela "concorrência", a Grande Loja da Inglaterra começou, naquele mesmo ano, a fundar suas próprias Lojas afiliadas na França. Durante algum tempo, os dois diferentes sistemas de Franco-Maçonaria seguiam caminhos paralelos e rivais de desenvolvimento. Embora jamais tenha conseguido impor um monopólio, o sistema Jacobita foi, aos poucos, ganhando ascendência. Dele finalmente evoluiu, em 1773, o mais importante Corpo Franco-Maçônico na França, o Grande Oriente.

Uma das mais proeminentes Lojas na França foi a Loja de Bussy. A rua na qual se localizava essa Loja, a Rue de Bussy (hoje Rue de Buci) leva

218. A mais antiga história das origens da Franco-Maçonaria na França escrita é a do astrônomo Joseph Jerome Lefrançais de Landale, que, em 1773, escreveu que a primeira Loja foi fundada em Paris no ano de 1725, pelo conde de Derwentwater — mais exatamente, Charles Radclyffe que, até a morte de seu jovem sobrinho, não chegou a ter esse título. Veja Gould, *The History of Freemasonry*, vol. V, p. 136-7; Thory, *Acta Latomorum*, vol. I, p. 21-2, repete as informações. Chevallier, na *Histoire de la Franc-Maçonnerie Française*, vol. I, p. 5, escrevendo em 1974, menciona a possibilidade de que a formação da Loja de St. Thomas, de Radclyffe (aparentemente em homenagem a Thomas à Becket) tenha sido fundada em 12 de junho de 1726; embora admita que a verdade não pode ser descoberta sem documentos adicionais.

219. Moss, *Freemasonry in France 1725-1735*, Parte 2, p. 91.

diretamente à praça defronte à St. Germain des Prés. A outra rua que levava àquela praça era a Rue de Boucheries, onde ficava a Loja fundada por Radclyffe. Em outras palavras, as duas Lojas estavam a apenas poucos metros, uma da outra, e a vizinhança era, efetivamente, um encrave Jacobita. Os Jacobitas franceses logo haveriam de espalhar ainda mais a sua rede. Em setembro de 1735, por exemplo, a Loja de Bussy iniciou lorde Chewton, filho do conde de Waldegrave, embaixador britânico na França (ele próprio um Membro da Loja "Horn" desde 1723) e o conde de St. Florentin, secretário de Estado de Luís XV.[220] Entre os presentes estavam Desaguliers, Montesquieu e o primo de Radclyffe, o duque de Richmond.[221] Mais tarde, naquele mesmo ano, o duque de Richmond fundou sua própria Loja em seu castelo em Aubigny-sur-Nère.

Embora Radclyffe tenha sido cofundador da primeira Loja registrada na França, ele não foi Grão-Mestre. Segundo os mais antigos documentos existentes, o primeiro Grão-Mestre, nomeado em 1728, não foi outro senão o Grão-Mestre anterior da Grande Loja da Inglaterra, o duque de Wharton.[222] Cada vez mais ativo e militante em suas afinidades Jacobitas, Wharton, depois de ter sido substituído na Grande Loja, foi para Viena, esperando persuadir os austríacos Habsburgo a montar uma invasão da Inglaterra em nome dos Stuart. As peregrinações que se seguiram levaram-no a Roma e depois a Madri, onde ele fundou a primeira Loja da Espanha.[223] Durante sua estada em Paris, ele parece ter ficado durante algum tempo com a família Walsh. Ao retornar para a Espanha, ele foi substituído como Grão-Mestre da Franco-Maçonaria francesa por *Sir* James Hector MacLean, colega de Radclyffe. Em 1736, MacLean, por sua vez, foi sucedido por Radclyffe, a "eminência parda", que saiu dos bastidores para assumir seu lugar no palco.[224]

Radclyffe foi um dos dois mais importantes personagens na disseminação da Franco-Maçonaria em toda a França. O outro era um eclético e itinerante indivíduo chamado Andrew Michael Ramsay, nascido na Escócia na década de 1680. Ainda jovem, ele ingressou numa sociedade meio "Rosacruz" chamada "Philadelphians", e estudou com um amigo próximo de Isaac Newton.[225] Mais tarde, ele se associaria a outros amigos de Newton, entre os quais estava John Desaguliers. Ele também era um particular amigo de David Hume, e eles exerciam uma mútua influência entre si.

---

220. *The Minutes of Grand Lodge*, p. 6.
221. Tunbridge, *The Climate of European Freemasonry 1730-1759*, p. 97.
222. Chevallier, op. cit., vol. I, p. 7.
223. Pick e Knight, *The Pocket History of Freemasonry*, p. 84. Aqui eles dão o ano de 1728 como data dessa fundação.
224. Chevallier, op. cit., vol. I, p. 7.
225. Henderson, *Chevalier Ramsay*, p. 20. O "*Philadelphians*" foi fundado pelo dr. Francis Lee, em 1696, e estava afeito às "especulações neo-boêmias".

Em 1710, Ramsay estava em Cambrai, estudando com aquele que ele considerava seu mentor, o filósofo místico liberal católico François Fénelon. Quando Fénelon morreu, em 1715, Ramsay foi para Paris. Ali, ele se tornou íntimo amigo do regente francês, Philippe d'Orléans, que o induziu na neo-cavalheiresca Ordem de St. Lazarus[226]; daí em diante, Ramsay passaria a ser conhecido como "Cavaleiro". Não se sabe ao certo quando ele conheceu Radclyffe, mas em 1720 ele foi afiliado à causa Jacobita e serviu, durante algum tempo, como tutor do jovem Charles Edward Stuart.

Em 1729, apesar de seus laços Jacobitas, Ramsay retornou à Inglaterra. Lá, apesar da aparente falta de qualificações, ele foi prontamente admitido na Sociedade Real (*Royal Society*). Ele também se tornou um membro de outra prestigiada organização, o elegante *Gentlemen's Club of Spalding*, do qual faziam parte, também, o duque de Montague, o conde de Abercorn, o conde de Dalkeith, Desaguliers, Pope, Newton e François de Lorraine. Em 1730, ele estava de volta na França, cada vez mais ativo em favor da Franco-Maçonaria e cada vez mais próximo a Charles Radclyffe.

Em 26 de dezembro de 1736 — data em que Radclyffe assumiu o Grão-Mestrado da Franco-Maçonaria francesa — Ramsay proferiu um discurso que haveria de se tornar um dos principais marcos da história da Franco-Maçonaria, e, desde então, uma inesgotável fonte de controvérsia.[227] Esse discurso, que foi reapresentado numa versão levemente modificada para o público em geral em 20 de março de 1737, ficou conhecido como "A Oração de Ramsay".[228] Havia um posterior motivo político por trás dele. Na época, a França era governada por Luís XV, então com 27 anos de idade. No entanto, o verdadeiro poder governante no país, tal como fora Richelieu um século antes, era o conselheiro chefe do rei, o cardeal André Hercule de Fleury. Cansado de guerras, Fleury estava ansioso por estabelecer uma paz duradoura com a Inglaterra. Consequentemente, ele era hostil ao nicho da conspiração anti-Hanoveriana que a Franco-Maçonaria Jacobita na França acabou se tornando. Os Stuart, por sua vez, esperavam poder dissuadir Fleury de seu intento e manter a França, a tradicional protetora e apoiadora da Casa Real escocesa, firmemente aliada ao seu sonho de retornar ao trono da Inglaterra. A "Oração de Ramsay" tinha o objetivo, ao menos em parte, de abrandar a antipatia que Fleury nutria em relação à Franco-Maçonaria e de convencê-lo, com o objetivo final de estabelecer a Franco-Maçonaria na França sob o patrocínio real. Ele esperava

226. É o regente, Philippe d'Orléans que, conforme alegam, em 1705 presidiu a reconstituição da Ordem do Templo e esboçou os novos Estatutos da Ordem, aqueles agora usados pela Antiga e Soberana Ordem Militar do Templo de Jerusalém.
227. Chevallier,op. Cit., vol. I, p. 18.
228. Essa segunda versão está traduzida em Gould, op. Cit., vol. V, p. 84-9.

poder iniciar Luís XV. Com o rei assim envolvido, a Franco-Maçonaria constituiria uma frente franco-escocesa unida, e uma nova invasão da Inglaterra poderia ser contemplada, uma nova tentativa para devolver aos Stuart o trono da Inglaterra. Esses objetivos levaram Ramsay a revelar mais do que qualquer outro jamais revelara acerca das atitudes e orientação da Franco-Maçonaria Jacobita do início do século XVIII — e, ao mesmo tempo, divulgar, mais do que qualquer outro tivera feito antes, sua alegada História.

Numa declaração plagiada quase textual de Fénelon, Ramsay diz: "O mundo nada mais é do que uma enorme república, na qual cada nação é uma família e cada indivíduo é filho".[229] Essa declaração não produziu grande efeito em Fleury, um cardeal católico monarquista nacionalista, que, de qualquer forma, não apreciava Fénelon. Mas a declaração haveria de se mostrar enormemente influente entre os futuros pensadores políticos, não apenas na França, não apenas no resto da Europa mas também nas colônias americanas. E Ramsay continua: "Os interesses da fraternidade haverão de se tornar os mesmos de toda a raça humana".[230] E ele condenou a Grande Loja, bem como outras formas de Franco-Maçonaria não Jacobitas, classificando-a de "herege, apóstata e republicana".

Ramsay ressaltava que as origens da Franco-Maçonaria estavam nas escolas de doutrinas secretas e seitas do mundo antigo:

> "Assim, a palavra franco-maçom não deve ser tomada no sentido literal, bruto e material, como se os nossos fundadores tivessem sido simples trabalhadores em pedra, ou meros gênios curiosos que queriam aperfeiçoar suas habilidades. Eles não eram apenas experientes arquitetos, desejosos de consagrar os seus talentos e técnicas na construção de templos materiais mas também religiosos e príncipes guerreiros que se destinavam a esclarecer, edificar e proteger os vivos Templos do Altíssimo."[231]

Porém, embora eles possam ser oriundos das escolas de doutrinas secretas da Antiguidade, eles eram, segundo afirmava Ramsay, fervorosos cristãos. Na França católica da época, certamente seria imprudente chamar os Templários pelo nome. Porém, Ramsay enfatizava que a Franco-Maçonaria tinha os seus primórdios na Terra Santa, entre os "Cruzados":

> "Na época das Cruzadas na Palestina, muitos príncipes, lordes e cidadãos se associaram e juraram restaurar o Templo dos Cristãos na Terra Santa, e se empenharam em trazer de volta a sua arquitetura à sua primitiva instituição. Eles combinaram diversos Sinais antigos e Palavras

229. Ibid., p. 85.
230. Ibid.
231. Ibid., p. 87.

simbólicas extraídas do acervo da religião para poderem se reconhecer entre os pagãos e os sarracenos. Esses Sinais e Palavras foram transmitidos apenas àqueles que solenemente prometiam, às vezes até ao pé do altar, jamais revelá-los. Essa sagrada promessa não era, portanto, um juramento execrável, como tem sido chamado, mas um respeitável laço para unir cristãos de todas as nacionalidades em uma só Fraternidade. Algum tempo depois, nossa Ordem formou uma união íntima com os Cavaleiros de São João de Jerusalém. Desde então, nossas Lojas adotaram o nome de 'Lojas de São João'".[232]

Desnecessário dizer que os Cavaleiros de São João, tal como eram no início do século XVIII, jamais reconheceram qualquer afiliação de tal natureza. Se eles tivessem sobrevivido como uma instituição pública acreditada, é possível que os Templários o tivessem feito. Ramsay, por sua vez, mapeando o conteúdo histórico da Franco-Maçonaria, rapidamente se mudou da Terra Santa, voltando para a Escócia e o reino celta pouco antes de Bruce:

> "Na época das últimas Cruzadas, muitas Lojas já haviam sido criadas na Alemanha, na Itália, na Espanha e na França. James, lorde Steward da Escócia, era Grão-Mestre de uma Loja existente em Kilwinning, no Oeste da Escócia, MCCLXXXVI, logo após a morte de Alexander III, rei da Escócia, e um ano antes de John Baliol ter chegado ao trono. Esse lorde admitiu como franco-maçons em sua Loja os condes de Gloucester e Ulster, sendo um inglês e o outro, irlandês."[233]

Finalmente, numa inconfundível referência à Guarda escocesa, Ramsay declara que a Franco-Maçonaria "preservou o seu esplendor entre aqueles escoceses a quem os reis da França haviam confiado, ao longo de muitos séculos, a proteção e a defesa de seus entes da realeza".[234]

Um pouco mais adiante, abordaremos as implicações e o significado da "Oração de Ramsay". Por ora, basta notar que a tentativa de ganhar a simpatia e o apoio do cardeal Fleury saiu pela culatra. Dois anos antes, em 1735, a polícia agiu contra a Franco-Maçonaria na Holanda. Em 1736, o mesmo ocorreu na Suécia. Agora, depois de poucos dias da segunda "Oração" de Ramsay, Fleury ordenou à polícia francesa que seguisse o mesmo exemplo. Foi determinada uma imediata investigação sobre a Franco-Maçonaria. Quatro meses depois, em 1º de agosto de 1737, um relatório policial estava disponível. A Franco-Maçonaria foi declarada inocente de "indecência", mas potencialmente perigosa "em virtude da indiferença da Ordem em relação às religiões".[235] Em 2 de agosto, a Franco-Maçonaria foi interditada na França e o seu Grande Secretário foi preso.

232. Ibid., p. 87-88.
233. Ibid., p. 88.
234. Ibid., p. 88.
235. Chevallier, op. Cit., vol. I, p. 25.

Numa série de batidas policiais, inúmeros documentos e listas de integrantes foram confiscados. Fleury e seus conselheiros certamente devem ter se surpreendido e chocado pela extraordinária quantidade de famosos nobres e clérigos que já figuravam como franco-maçons. O capelão da *Garde du Corps*, o guarda-costas do rei, por exemplo, apareceu como membro da Grande Loja Jacobita Bussi-Aumont, ou como era chamada a antiga Loja de Bussy. Também era o Intendente da Guarda. Na verdade, quase todos os integrantes da Loja eram oficiais, funcionários ou íntimos da Corte.[236]

Roma já estava alarmada, e pouca dúvida pode haver de que Fleury tenha exercido alguma pressão sobre seus colegas e superiores eclesiásticos. Mesmo antes que a investigação na França estivesse concluída, o Papa Clemente XII entrou em ação. Em 24 de abril de 1738, uma bula papal, *In eminenti apostolatus specula*, proibiu a todos os católicos de se tornarem franco-maçons, sob a pena de serem excomungados. Dois anos mais tarde, nos Estados papais, os membros em uma Loja estavam sujeitos à pena de morte.

Segundo uma autoridade no assunto, o primeiro efeito da bula de Clemente pode ter sido o de forçar a remoção de Radclyffe do Grão-Mestrado da Franco-Maçonaria francesa.[237] No decorrer de um ano, ele foi substituído por um aristocrata francês, o duque d'Antin. O duque, por sua vez, foi sucedido em 1743 pelo conde de Clermont, um príncipe de sangue. Assim, fica claro que a bula papal surtiu um efeito mínimo em dissuadir os católicos franceses de se tornarem franco-maçons. Ao contrário, após a promulgação da Bula, alguns dos mais ilustres nomes na França acabaram se envolvendo. Ao que parece, até o rei estava a ponto de ingressar numa Loja.[238] Aparentemente, o Papa nada conseguiu, salvo derrubar os Jacobitas de sua anterior posição de supremacia nas questões franco-maçônicas francesas. A partir da bula papal, os Jacobitas passariam a exercer um papel

236. Ibid., p. 11-13.

237. Ibid., p. 38.

238. Em 30 de dezembro de 1739, há uma primeira menção de novos Irmãos sendo iniciados na *Lodge of the King*; veja Chevallier, ibid., p. 41. Os membros desta são desconhecidos, mas Chevallier destaca que numa recepção realizada um pouco antes, naquele mesmo mês, no Hotel de Bussy, estavam Radclyffe, Maurice de Saxe, o duque d'Antin e nove outros, entre os quais dois duques. Chevallier questiona se esses seriam os membros da *Lodge of the King*, e destaca (p. 42-43) que dos 13 convivas de Luís XV que jantaram com ele, oito eram conhecidos franco-maçons, um deles seria possivelmente um franco-maçom, e outro, o conde de Noailles, foi Mestre de uma Loja em Versailles em 1744. Desses convivas e companheiros de jantar, três estiveram presentes na reunião no Hotel de Bussy com Radclyffe. Está claro que Luís XV poderia, facilmente, ter ficado sob uma suficiente influência maçônica para levá-lo a pensar seriamente sobre a Ordem. Parece claro que ele não o fez, mas parece igualmente claro que, ocasionalmente, ele expressava a intenção de fazê-lo, de fato, tornar-se Grão-Mestre dos franco-maçons franceses. Veja Chevallier, ibid., p. 43, 100-6.

cada vez menos influente na Franco-Maçonaria francesa, e deixou de afetar completamente a sua evolução e desenvolvimento. Como já vimos, finalmente o Grande Oriente estava prestes a surgir como o principal repositório da Franco-Maçonaria na França.

Em alguns lugares, a postura da Igreja deve ter parecido — e ainda deve parecer — um tanto quanto enigmática. Além do mais, a maioria dos líderes Jacobitas ou tinha nascido católica ou tinha se convertido. Assim, por que deveria o Papa agir contra eles — principalmente quando ao assim fazer significaria a Franco-Maçonaria estar, cada vez mais, sob a influência anticatólica da Grande Loja da Inglaterra? Com análise retrospectiva, a resposta a essa pergunta é mais clara do que provavelmente era para muitos — católicos, franco-maçons, ou ambos — da época. A questão é que Roma temia, de forma não totalmente injustificada, que a Franco-Maçonaria, como uma instituição internacional, poderia representar uma razoável chance de oferecer uma alternativa filosófica, teológica e moral à Igreja.

Antes da Reforma Luterana, a Igreja proporcionava, com sucesso, uma espécie de fórum internacional. Potentados e príncipes, embora suas nações pudessem estar em guerra entre si, ainda eram católicos e atuavam sob o manto protetor da Igreja; as pessoas podiam pecar, mas pecavam conforme o contexto e a definição estabelecidos por Roma. Enquanto esse guarda-chuva protetor estava em seu lugar, ele assegurava que os canais de comunicação continuassem abertos entre as partes beligerantes e que, ao menos em teoria, Roma pudesse atuar como árbitro. É claro que com a Reforma, a Igreja já não era mais capaz de preencher essa função, tendo perdido a sua autoridade entre os Estados protestantes do norte europeu. Porém ela ainda desfrutava de considerável aceitação geral na Itália, no sul da Alemanha, na França, na Espanha, na Áustria e nos domínios do Santo Império Romano.

A Franco-Maçonaria ameaçava oferecer o tipo de fórum internacional que Roma proporcionava antes da Reforma: fornecendo uma arena para o diálogo, uma rede de comunicações, um projeto para a unidade europeia que transcendia a esfera de influência da Igreja, tornando-a irrelevante. A Franco-Maçonaria ameaçava se tornar, com efeito, algo como a Liga das Nações ou a Organização das Nações Unidas da época. Vale a pena repetir a declaração de Ramsay em sua "Oração": "O mundo nada mais é do que uma enorme república, na qual cada nação é uma família e cada indivíduo é filho".

A Franco-Maçonaria pode não ter sido mais bem-sucedida do que a Igreja em promover e sustentar a união, mas também não foi menos. A Áustria e a Prússia estavam em guerra. Ambos, Frederick — o Grande, rei da Prússia, e François, imperador da Áustria, eram franco-maçons. Em virtude desse laço que tinham em comum, a Loja oferecia uma oportunidade de diálogo e, ao menos, uma possibilidade para a paz. Foi num esforço — fútil, no caso, e até, poderia se dizer, contraproducente — de impedir tais progressos que Roma agiu contra a Franco-Maçonaria. Os Jacobitas e a Franco-Maçonaria Jacobita no Continente foram casualidades acidentais de considerações muito mais amplas. E a sua queda de importância foi provavelmente, no final, mais custosa para Roma do que teria sido se o seu *status* tivesse sido mantido intacto.

Como já vimos, a bula papal, que pretendia excluir os católicos da Franco-Maçonaria, provou ser totalmente inócua. Na verdade, foi exatamente na esfera romana de influência que a Franco-Maçonaria, ao longo do meio século seguinte, haveria de se espalhar mais vigorosamente e assumir algumas de suas mais agressivas e exóticas permutações. Ela foi patrocinada mais entusiasmadamente por potentados católicos — como, por exemplo, François da Áustria — do que por quaisquer outros. E ela haveria de se mostrar mais influente exatamente naqueles baluartes da autoridade romana, tais como a Itália e a Espanha. Ao colocar a Franco-Maçonaria como vilã, Roma, com efeito, transformou-a num refúgio e num reduto para os seus próprios adversários.

Na Inglaterra, a Grande Loja se tornou cada vez mais divorciada tanto da religião como da política. Ela criou e alimentou um espírito de moderação, tolerância e flexibilidade, e muitas vezes trabalhava de mãos dadas com a Igreja anglicana, da qual muitos clérigos eram franco-maçons, quais não encontraram nenhum tipo de conflito de fidelidade ou obediência. Por outro lado, na Europa católica, a Franco-Maçonaria se tornou um repositório de sentimentos e atividades anticlero, anti-instituição e, finalmente, revolucionárias. É verdade que muitas Lojas permaneceram como baluartes do conservadorismo. Porém, muitas mais tiveram um papel vital em movimentos radicais. Na França, por exemplo, proeminentes franco-maçons, tais como o marquês de Lafayette, Philippe Égalité, Danton e Sieyès, agindo em conformidade aos ideais franco-maçônicos, estavam entre os principais que interferiram nos acontecimentos de 1789 e no que veio a seguir. Na Bavária, na Espanha e na Áustria, a Franco-Maçonaria haveria de representar um foco de resistência aos regimes autoritários, agindo principalmente nos movimentos que culminaram com as revoluções de 1848. Todas as campanhas que levaram à unificação da Itália — dos revolucionários do fim do século XVIII, de Mazzini, até Garibaldi — podem ser descritas como essencialmente franco-maçônicas. E das fileiras da Franco-Maçonaria europeia do século XIX surgiria um personagem que viria atirar a sinistra sombra do terrorismo, não apenas sobre a sua própria geração, mas também sobre a nossa — um homem chamado Mikhail Bakunin.

CAPÍTULO XIV

Franco-Maçons e Cavaleiros Templários

Apesar das proibições papais, a Franco-Maçonaria Jacobita seguiu seu próprio caminho, ainda firmemente alinhada à causa Stuart e ao sonho de reconduzir os Stuart ao trono britânico. De forma ainda mais explícita do que jamais fizeram antes, os Jacobitas começaram a usar a Franco-Maçonaria e a crescente rede de Lojas no Continente, primeiro para recrutamento e depois, após a sua derrota, para apoio e suporte aos exilados Irmãos em perigo. Em 1746, por exemplo, um inglês Jacobita chegou à França trazendo cartas que pediam a todos os franco-maçons que acorressem em sua ajuda.[239]

Mas se os Jacobitas assim exploravam a Franco-Maçonaria para fins políticos, eles também publicamente a reintegravam aos elementos de sua própria origem e herança — elementos, esses, que haviam sido "peneirados" pela Grande Loja. Influenciado por Fénelon, Ramsay reinvestiu a Franco-Maçonaria Jacobita com um caráter místico. Mais importante ainda, ele reintroduziu, em sua "Oração", uma dimensão especificamente cavalheiresca, ressaltando o papel dos "Cruzados". Mais tarde ele falaria da tentativa de reconduzir os Stuart tal como nada mais do que uma "Cruzada".[240] Em cartas trocadas entre as Lojas na época, falava-se muito de "inovações introduzidas... que tinham o objetivo de transformar a Fraternidade de uma 'Ordem Secreta' para uma 'Ordem de Cavalaria'".[241] Folhetos e até relatórios policiais começaram a falar de "novos Cavaleiros" e "esta Ordem de Cavalaria".[242]

---

239. Chevallier, *Histoire de la Franc-Maçonnerie Française*, vol. I, p. 70.
240. *A New Crusade to Re-Establish the True Monarch of Great Britain*", ibid., p. 23).
241. Ibid., p. 14. Diz-se que a fonte dessas mudanças teria sido Charles Radclyffe.
242. Ibid., p. 15.

Se a Grande Loja estava evoluindo para um adesivo social, a Franco-Maçonaria Jacobita aspirava a algo marcantemente mais dramático, mais romântico, mais grandioso — uma nova geração de místicos cavaleiros e guerreiros encarregados da elevada missão de reclamar um reino e de reconduzir uma linhagem de sangue real ao seu trono. Os paralelos aos Templários eram por demais óbvios para ser ignorados, e seria apenas uma questão de tempo antes que eles fossem invocados como precursores da Franco-Maçonaria.

Não está exatamente claro quando foi que — na privacidade das Lojas, cujos registros, se é que eles existiram, desde há muito se perderam — as conexões entre a Franco-Maçonaria e os Templários foram explicitamente estabelecidas. Tudo leva a crer que isso se deu em 1689, quando David Claverhouse chegou à França, supostamente trazendo a cruz Templária que fora recolhida do corpo de seu irmão e entregue ao abade Calmet. Porém, enquanto podemos apenas especular sobre esse fato, não há dúvida de que na década de 1730, sob os auspícios de Radclyffe e Ramsay, o legado Templário estava sendo propagado. Em 1738, logo após a "Oração" de Ramsay, o marquês d'Argens publicou um artigo sobre a Franco-Maçonaria. Nesse trabalho, ele fala sobre Lojas Jacobitas que tentavam reivindicar para si uma específica linhagem Templária.[243] E, ao longo da década seguinte, os Templários — pelo menos no que tange a todas as formas de Franco-Maçonaria, exceto a Grande Loja — tornavam-se, cada vez mais, o foco das atenções. Em 1743, por exemplo, acredita-se que o assim chamado Grau de "Vingadores" (*Vengeance*) ou "Kadosh", tenha sido introduzido em Lyons — vingança a ser cobrada pela Franco-Maçonaria pela morte de seu último Grão-Mestre Templário, Jacques de Molay.[244] Já comentamos antes sobre o quão poderoso haveria de se tornar este motivo.

O principal responsável pela divulgação do legado Templário na Franco-Maçonaria foi o nobre alemão barão Karl Gottlieb von Hund. Tendo ingressado primeiramente numa Loja em Frankfurt, Hund, um homem do mundo, viajava com frequência, circulando nos meios franco-maçônicos. Entre dezembro de 1742 e setembro de 1743, ele estava em Paris. No início da década de 1750, ele começou a anunciar uma ostensiva "nova" forma de Franco-Maçonaria que reivindicava, especificamente, uma origem Templária. Ao ser pressionado para se justificar, Hund declarou que, durante a sua visita de nove meses a Paris, ele fora introduzido à "Franco-Maçonaria Templária". Ele chegara seis meses antes da morte de Ramsay, três anos antes da de Radclyffe. Segundo disse, ele havia sido iniciado aos "Graus Superiores" e ao de "Cavaleiro Templário" por um "desconhecido superior", que se identificou apenas pelo apelido de *Eques a Penna Rubra*

243. Tuckett, *The Origin of Additional Degrees*, p. 10.
244. Thory, *Acta latomorum*, vol. I, p. 52.

— "Cavaleiro da Pluma Vermelha". Conforme sua declaração, a cerimônia foi realizada na presença de, entre outros, um certo lorde Clifford (provavelmente o jovem lorde Clifford de Chudleigh, parente de Radclyffe por aliança) e o conde de Kilmarnock. Diz Hund que, logo depois de sua iniciação, ele foi apresentado, pessoalmente, a Charles Edward Stuart e que tudo levava a crer que este era um dos "desconhecidos superiores", se não, de fato, o secreto Grão-Mestre, de toda a Franco-Maçonaria.[245]

A forma de Franco-Maçonaria à qual Hund fora introduzido é aquela que mais tarde seria conhecida como "Estrita Observância". Esse seu nome é derivado do juramento ao qual ela obriga — um juramento de inabalável e inquestionável obediência — aqueles misteriosos "desconhecidos superiores". O dogma básico da Estrita Observância era que ela descendia, diretamente, dos Cavaleiros Templários. Os Membros da Estrita Observância achavam que tinham o legítimo direito de se chamarem "Cavaleiros do Templo".

Para seu próprio embaraço, Hund, ao ser pressionado para dar mais informações e provas, foi incapaz de sustentar as suas reivindicações. Em consequência, muitos de seus contemporâneos passaram a rejeitá-lo, considerando-o um charlatão, e o acusaram de ter inventado a história de sua iniciação, a história de seu encontro com "desconhecidos superiores" e com Charles Edward Stuart, e seu mandado de disseminar a Estrita Observância. A todas essas acusações, Hund apenas podia lamentavelmente responder que os seus "desconhecidos superiores" o haviam abandonado. Disse que eles haviam prometido voltar a contatá-lo para dar-lhe outras instruções, mas isso nunca aconteceu. Até o final de sua vida, ele continuava a afirmar a sua integridade, sustentando que havia sido desertado por seus patrocinadores originais.

Pela retrospectiva histórica, está claro agora que Hund foi vítima, nem tanto de alguma deliberada traição, mas de circunstâncias que estavam além do controle de todos. Ele fora iniciado em 1742, quando a aceitação Jacobita ainda era boa, quando os Stuart desfrutavam consideráveis prestígio e influência no Continente, quando parecia haver uma razoável perspectiva de reconduzir Charles Edward ao trono britânico. No entanto, em três anos, tudo isso mudou.

Em 2 de agosto de 1745, Bonnie Prince Charlie, sem o apoio francês que originalmente lhe fora prometido, desembarcou na Escócia. Durante um Conselho de Guerra, foi decidido por voto avançar em direção ao sul, e as forças Jacobitas iniciaram uma marcha rumo a Londres. Entraram em Manchester e, em 4 de dezembro, chegaram a Derby. Porém, poucos voluntários uniram-se a eles — apenas 150 homens em Manchester — e os levantes espontâneos que esperavam encontrar, jamais aconteceram. Depois de dois dias em Derby, ficou dolorosamente óbvio que a única opção

245. Le Forestier, *La Franc-Maçonnerie Templière*, p. 109, 135-6.

seria a retirada. Com as tropas Hanoverianas a caminho, os Jacobitas retrocederam, e a sua situação, ao longo dos quatro meses que se seguiram, continuou a se deteriorar. Finalmente, em 16 de abril de 1746, eles foram encurralados pelo exército do duque de Cumberland em Culloden e, em menos de 30 minutos, foram praticamente aniquilados. Charles Edward Stuart, mais uma vez, fugiu para um vergonhoso exílio, passando o resto de seus dias na obscuridade. Dos proeminentes Jacobitas que sobreviveram à batalha, muitos foram deportados, banidos, ou induzidos ao exílio voluntário. Alguns, inclusive o conde de Kilmarnock, foram executados. O mesmo se deu com Charles Radclyffe, capturado num navio francês no largo de Dogger Bank. O sonho Jacobita de reconduzir os Stuart ao trono britânico estava, assim, acabado de uma vez por todas.

Então, não é de se surpreender que os "desconhecidos superiores" de Hund, que eram proeminentes Jacobitas, jamais voltassem a contatá-lo. A maioria deles estava morta, na prisão, no exílio, ou no limbo. Não havia restado ninguém de prestígio que pudesse ajudá-lo a reivindicar suas alegações, restando-lhe propagar sozinho a Franco-Maçonaria da Estrita Observância. Mas, certamente, não parece que ele tenha sido um charlatão, ou ter inventado o relato de sua iniciação na "Franco-Maçonaria Templária". Na verdade, foi apenas recentemente que vieram à luz algumas esclarecedoras provas em seu favor.

A Identidade do Mestre Oculto de Hund

Uma parte das provas de Hund, no que concerne à linhagem da Estrita Observância, consiste de uma lista de Grão-Mestres dos Cavaleiros Templários originais, desde os seus primórdios em 1118.[246] Até recentemente, havia muitas dessas listas, sem existir muita concordância entre elas, sendo todas elas, sob o ponto de vista acadêmico, suspeitas. Foi somente em 1982 que nós próprios fomos capazes de produzir aquilo que pode ora ser encarada como uma lista definitiva dos antigos Grão-Mestres (até a perda de Jerusalém).[247] Essa lista foi compilada com a ajuda de informações e documentos que não estavam disponíveis ou acessíveis na época de Hund; então, seria impossível que ele tivesse se baseado nas mesmas fontes que as nossas. Ainda assim, exceto pela pronúncia de um único sobrenome, ele

246. Von Hund conseguiu apresentar pouquíssimos documentos "originais". Um destes documentos foi uma lista, apresentada na Convenção realizada em Wilhelmsbad. Ele está reproduzido em Thory, op. Cit., vol. 1, p. 282.

247. Baigent, Leigh, Lincoln, *The Holy Blood and the Holy Grail*, p. 413-4, nota 20. Essa lista vai até a morte de Riderfort, em 1910. O restante da lista de von Hund também é bastante diferente daquelas normalmente encontradas, e, certamente, a dele também insiste numa continuidade, através da Escócia, da Ordem. Nada podemos dizer acerca da validade desses últimos artigos, exceto que se eles se baseiam em informações historicamente válidas, eles, claramente, acabaram se tornando corrompidos ou mal traduzidos.

produziu uma lista, supostamente recebida de seus "desconhecidos superiores", que corresponde precisamente à nossa. A lista produzida por Hund somente pode ter vindo de "fontes internas" — de fontes que eram, de fato, privadas à história Templária e/ou de registros que nenhum "estranho" da época poderia ter.

A segunda evidência, uma prova particularmente importante em favor de Hund, envolve a identidade do "Cavaleiro da Pluma Vermelha" que, conforme alegava, o iniciou no Grau de "Cavaleiro do Templo" em 1742. Até agora, a identidade desse indivíduo continuava um mistério e, em alguns lugares, ele era tido como pura ficção. Como já vimos, o próprio Hund inicialmente achava que o "Cavaleiro da Pluma Vermelha" era Charles Edward Stuart. Outros comentaristas sugerem o conde de Kilmarnock, Grão-Mestre da Franco-Maçonaria Jacobita na França naquela época; porém, ao fazerem tal conjetura, eles se esquecem, ou preferem ignorar, a afirmação feita por Hund de que Kilmarnock estava presente no recinto no mesmo momento em que também estava o homem daquele pseudônimo. Nós mesmos, num trabalho anterior, sugerimos que o "Cavaleiro da Pluma Vermelha" poderia ser Radclyffe, o qual Hund não diz estar presente. No entanto, agora, é possível estabelecer, de forma quase que definitiva, quem era, de fato, o "Cavaleiro da Pluma Vermelha".

Em 1987, nós tivemos acesso a papéis e documentos de um grupo chamado *Stella Templum* que, ao longo de 200 anos ou mais, mantiveram um arquivo de material Templário Jacobita.[248] Nele encontramos uma carta datada de 30 de julho de 1846 — 19 dias antes do centenário da execução do conde de Kilmarnock na Torre de Londres, em 18 de agosto de 1746. A assinatura daquela carta parece ser a de um "H. Whyte" e, abaixo dela, há um lacre de cera com um selo com a forma de uma cruz Templária. O destinatário daquela carta é chamado, simplesmente, de "William". O texto menciona certos paramentos, entre os quais, aparentemente, a própria Espada com a qual Hund fora iniciado:

> "Observe que a espada e outros itens estão agora ao seu encargo. O conde não conseguiu levá-los. Mr. Grills e pensamos ser você quem

248. Esse grupo, o *Stella Templum*, data do final do século XVIII, quando Alexander Deuchar orquestrou uma ressurreição do Templarismo escocês. No entanto, Deuchar teve acesso a muito do que restara do antigo material pertencente a ambos: o Templarismo Jacobita e a Franco-Maçonaria escocesa. Os *Saint Clair Charters*, por exemplo, estavam em seu poder. Foi nas mãos da Ordem de Deuchar que o poema de David Seton apareceu pela primeira vez, embora, na época, o grupo tenha sido efetivamente assumido pela Franco-Maçonaria e o próprio Deucher forçado a deixar a liderança. O objetivo do *Stella Templum* era, e ainda é, reunir e preservar todo material referente aos conteúdos e tendências ocultas da cultura e da herança escocesa. Consequentemente, eles têm, zelosamente, juntado documentos, paramentos, artefatos, cartas e histórias orais, sabendo que, caso não o fizessem, esses aspectos "esotéricos" seriam subordinados e assimilados pela dominante cultura inglesa.

pode melhor guardá-los. Pobre velho Kilmarnock — que Deus o abençoe — recebeu a espada de Alexander Seton — o "Cavaleiro da Pluma Vermelha".

Não sei o que acontecerá doravante, queira Deus que você e Gardner continuem por cem anos.

Recorde K. no dia 18 do próximo mês".[249]

Se essa carta é digna de crédito — e, certamente, não há razão alguma para duvidar de sua autenticidade — o seu autor sabia que o "Cavaleiro da Pluma Vermelha" era Alexander Seton.

Alexander Seton era mais conhecido, em geral, como Alexander Montgomery, décimo conde de Eglinton. Em 1600, Robert Seton foi eleito o primeiro conde de Winton. Ele se casou com Lady Margaret Montgomery, filha e herdeira de Hugh Montgomery, terceiro conde de Eglinton; e o título Eglinton foi herdado pelo seu filho caçula, tendo os seus descendentes adotado o sobrenome de Montgomery. Assim, o Alexander Seton em pauta era, de fato, Alexander Montgomery, que era particularmente ativo na Franco-Maçonaria Jacobita no Continente. Por exemplo, quando o Cavaleiro Radclyffe morreu, em 1743, a sua certidão de óbito foi assinada por Alexander Montgomery (conde de Eglinton), Charles Radclyffe (conde de Derwentwater), Michael de Ramsay (primo do Cavaleiro), Alexander Home e George Leslie.[250]

Por que teria sido Alexander Montgomery (Seton), em vez de Radclyffe, Ramsay, Kilmarnock, Charles Edward Stuart, ou qualquer outro, que iniciaria o barão von Hund como "Cavaleiro do Templo"? Sem dúvida porque ele era descendente da família ao redor da qual, na pessoa do misterioso David Seton, os sobreviventes originais dos Templários na Escócia se reuniram quando suas propriedades foram ilegalmente dispostas por *Sir* James Sandilands em 1564. E, caso as informações que recebemos de um membro da família forem corretas, uma "Ordem do Templo" continua existindo entre alguns dos Montgomery de hoje.

Segundo os cálculos feitos sobre a rebelião de 1745, a Franco-Maçonaria Jacobita, como tal, com a sua orientação política e obediência aos Stuart, efetivamente se extinguiu. No entanto, suas variantes, purgadas do conteúdo político e temperadas pela moderação da Grande Loja da Inglaterra, sobreviveram. Elas sobreviveram, em parte, por meio dos assim chamados "Graus Superiores" oferecidos por instituições tais como a Grande Loja irlandesa. No entanto, mais importante ainda, elas sobreviveram na Estrita Observância propagada por Hund — da qual, o mais elevado Grau era o de "Cavaleiro Templário". A Estrita Observância haveria de se espa-

249. Arquivos do *Stella Templum*.
250. Henderson, *Chevalier Ramsay*, p. 197.

lhar por toda a Europa. E, no entanto, mais significante ainda é que ela haveria de encontrar solo fértil entre os colonos — muitos dos quais eram refugiados ou deportados Jacobitas — onde viria a ser os Estados Unidos da América.

14. As ruínas de Rosslyn Castle, perto de Edimburgo, lar dos Saint Clair (ora Sinclair) desde o século XII. Ele foi destruído em 1650 pelo General Monk.

15. Capela Rosslyn, originalmente projetada para ser a Lady Chapel de uma catedral muito maior. Os alicerces da Capela foram assentados em 1446 e a obra continuou por outros cerca de 40 anos. Em suas catacumbas lacradas estão os corpos de todos os barões de Rosslyn — que, segundo dizem, foram enterrados em suas próprias armaduras, em vez de colocados em urnas mortuárias.

16. A cabeça do Aprendiz assassinado, Capela Rosslyn. A história conta sobre um Mestre pedreiro, enciumado da perícia e habilidade do Aprendiz na construção de uma coluna de pedra, que assassinou o jovem pedreiro com um golpe em sua testa. A história tem muitos óbvios paralelos com a lenda da Franco-Maçonaria, que trata da morte de Hiram Abiff, construtor do Templo de Salomão.

17. A Coluna do Aprendiz, Capela Rosslyn; um dos três pilares situados sobre uma plataforma elevada e separada, na ala Ocidental da Capela. Foi por causa da construção dessa coluna que, segundo a lenda, o Aprendiz foi assassinado.

18-19. Capela Rosslyn. Exemplos da predominante imagem do deus da fertilidade ou deidade da vegetação dos antigos celtas, The Green Man *(O Homem Verde), que se espalha por todas as decorações, seculares e cristãs, da Capela.*

20-21-22. Capela Rosslyn. Três entre as muitas imagens simbólicas observadas na ala ocidental da Capela; a ilustração à direita representa um anjo com as mãos sobre o peito e a perna direita — algo relevante na ritualística da Franco-Maçonaria posterior.

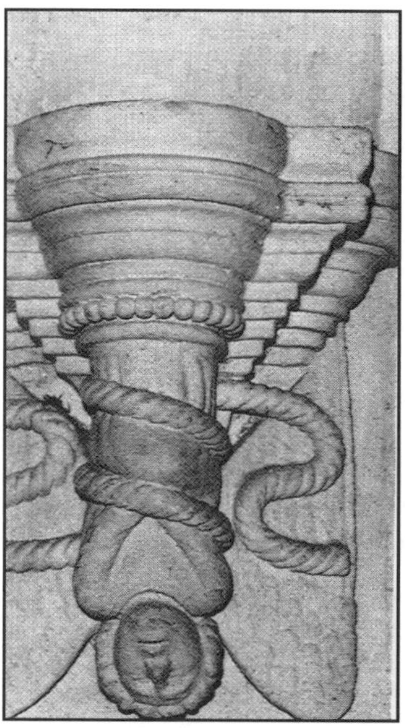

23. Cristo como o Divino Arquiteto. Extraído da Bible moralisée *de meados do século XIII.*

24. O Criador, como o Divino Arquiteto do Universo, tal como ilustrado na Holkham Bible *do início do século XIII. Esse conceito se origina com o Timaeus, de Platão.*

25. *Lápide de um maçom Templário localizada no Castelo dos Cavaleiros Templários de Athlit, Israel. O túmulo deve ser anterior ao abandono do castelo pela Ordem, em 1291.*

Parte 4:

A Franco-Maçonaria e a Independência Americana

CAPÍTULO XV

Os Primeiros Franco-Maçons Americanos

Não é de se surpreender que, talvez, haja mais ficção, lendas e boatos relacionados com as origens da Franco-Maçonaria na América do que fatos ou informações confiáveis. Segundo algumas tradições, uma forma de Franco-Maçonaria, ou um protótipo de Franco-Maçonaria, chegou ao Novo Mundo tão cedo quanto a fundação de Jamestown de 1607, estabelecendo-se na Virgínia, trabalhando na promoção e no estímulo do tipo de sociedade idealizada, que foi resumida 20 anos mais tarde por Francis Bacon em obras tais como "A Nova Atlântida" (*The New Atlantis*). Essa possibilidade não pode ser totalmente descartada. Os pensadores "Rosacruzes" do início do século XVII estavam obsessivamente cientes das oportunidades que a América oferecia aos idealizados projetos sociais que faziam parte tão importante de sua obra. O mesmo se dava com os integrantes do "Colégio Invisível" que, finalmente, materializou-se na forma da "Sociedade Real" (*Royal Society*). Seria muito surpreendente se ao menos algumas de suas ideias não encontrassem seu caminho do outro lado do Atlântico. Seja como for, as primeiras transplantações da Franco-Maçonaria para a América, quando e onde tenham ocorrido, teriam sido tão inevitáveis quanto rotineiras, tão previsíveis e, inicialmente, tão destituídas de maiores consequências quanto as transplantações de outras atitudes, posturas e instituições inglesas. Ninguém poderia prever o significado que essas transplantações haveriam de, rapidamente, assumir.

No que tange à documentação autorizada, o primeiro franco-maçom a se estabelecer nas Colônias da América foi um certo John Skene. Ele está registrado como maçom de uma Loja de Aberdeen em 1670, e que emigrou para a América do Norte em 1682.[250] Skene se estabeleceu em

250. Cerza, em Cook, *Colonial Freemasonry*, p. 106.

New Jersey, onde, mais tarde, se tornou vice-governador. Mas a Franco-Maçonaria que ele trouxe consigo estava num vácuo em New Jersey; não havia, ali, Irmãos com quem Skene pudesse se relacionar, nenhuma estrutura Franco-Maçônica na qual ele pudesse se encaixar. E ele não criou nenhuma — não existe nenhum documento que prove o contrário.

Skene se tornara franco-maçom antes de jamais ter ido à América. O primeiro colono americano a se tornar um franco-maçom foi Jonathan Belcher que, numa visita à Inglaterra em 1704, foi iniciado numa Loja Inglesa.[251] Belcher retornou às Colônias um ano depois e, com o passar do tempo, tornou-se um próspero comerciante; e, finalmente, em 1730, governador de Massachusetts e New Hampshire. Naquela época, a Franco-Maçonaria começava a se estabelecer solidamente nas Colônias, e o filho de Belcher haveria de se tornar particularmente ativo em sua disseminação.

Deve ter havido muitos outros casos parecidos com os de Skene e Belcher — homens que já eram franco-maçons quando emigraram para as colônias, homens já assentados nas colônias que, em visitas feitas à Inglaterra, foram iniciados nas Lojas. Existe até um registro, de 1719, sobre um navio chamado *Freemason* praticando o comércio costeiro americano.[252] Porém, não existe nenhum registro de quaisquer Lojas americanas anteriores ao final da década de 1720. Em 8 de dezembro de 1730, Benjamin Franklin publicou em seu jornal, *The Pennsylvania Gazette*, a primeira notícia documentada sobre a Franco-Maçonaria na América do Norte. O artigo de Franklin, no qual ele fazia uma descrição geral da Franco-Maçonaria, foi prefaciado pela declaração de que "existem diversas Lojas de franco-maçons nesta Província...".[253]

O próprio Franklin se tornou franco-maçom em fevereiro de 1731[254], e Grão-Mestre Provincial da Pensilvânia em 1734. Naquele mesmo ano, ele editou o primeiro livro franco-maçônico a ser publicado na América, uma edição das "Constituições" de Anderson. Enquanto isso, a primeira Loja americana da qual se tem registro foi fundada na Filadélfia. Os seus mais antigos documentos existentes, rotulados como o seu "segundo" Livro de Registros, data de 1731; assim, deduzimos que existiu um "primeiro" livro, e que este deveria conter os registros de, pelo menos, um ano antes.[255]

Muitas das antigas Lojas na América — inclusive, muito provavelmente, algumas cujos registros não sobreviveram e, assim, sem nos deixar meios de sabermos ao certo — eram, usando uma terminologia franco-

251. Ibid., p. 107.
252. *The Boston Newsletter*, 5 de janeiro de 1719; veja *Transactions of the American Lodge of Research*, vol. IV (1942-7), p. 10.
253. Heaton, em Cook, op. cit., p. 153.
254. LaFontaine, "*Benjamin Franklin*", p. 5.
255. Heaton, em Cook, op. cit., p. 156.

maçônica, "irregulares". Para que se tornasse "regular", ou para que fosse "regularizada", uma Loja teria que ser "Certificada" — tinha que receber uma Carta Patente ou Certificado, emitida por um Corpo Superior, uma Grande Loja ou, por assim dizer, uma Loja Mãe. Assim, por exemplo, a Grande Loja da Inglaterra emitiria certificados para suas próprias afiliadas, ou novas Lojas, nas colônias americanas. Mas os certificados também podiam ser emitidos por outros Corpos, tais como a Grande Loja da Irlanda, a qual ofereceria os assim chamados "Graus Superiores" e outros aspectos característicos da Franco-Maçonaria Jacobita, a qual, depois de 1745, foi despojada de sua orientação especificamente pró-Stuart e política, mantendo ainda somente a sua qualidade cavalheiresca.

A primeira Loja oficialmente certificada ou autorizada da qual se tem registro na América é a *St. John Lodge*, de Boston, fundada em 1733 e Certificada pela Grande Loja da Inglaterra.[256] Como já vimos, naquele mesmo ano, a Grande Loja também estava levantando fundos para enviar a seus Irmãos na Colônia fundada por Oglethorpe na Geórgia, embora não haja registros anteriores a 1735 para quais Lojas, certificadas ou não, quando uma Loja foi fundada em Savannah. Na época, em 1733, Massachusetts já havia certificado uma Grande Loja Provincial, sob o Grão-Mestrado de Henry Price. O Grão-Mestre Adjunto foi Andrew Belcher. Filho de Jonathan Belcher, que fora iniciado na Inglaterra em 1704.[257] Entre 1733 e 1737, a Grande Loja da Inglaterra certificara Grandes Lojas Provinciais em Massachusetts, Nova York, Pensilvânia e Carolina do Sul. Na Geórgia, em New Hampshire, e outros futuros Estados, havia uma ou mais Lojas locais, mas nenhuma Grande Loja Provincial. Nenhum registro sobreviveu com referência à Virgínia, mas supõe-se a existência de Lojas certificadas não pela Grande Loja da Inglaterra, mas pela meio Jacobita Grande Loja de York.

Lojas Militares

Enquanto a Franco-Maçonaria — quase que totalmente sob os auspícios da Grande Loja da Inglaterra — se espalhava pelas colônias, outro desenvolvimento era observado e que haveria de exercer um ainda mais profundo efeito na história americana. Desde 1732, a Franco-Maçonaria também se espalhava pelas Forças Armadas britânicas sob a forma de Lojas de Campo regimentais. Essas Lojas, sendo itinerantes, carregavam os seus paramentos e equipamentos em baús junto aos demais apetrechos militares, ornamentos e outras coisas puramente militares. Muitas vezes, o coronel em comando presidia como Mestre da Loja, e podia depois ser sucedido

256. Cerza, *Colonial Freemasonry in the United States of America*, p. 224-5; veja Sherman e Sanford, em Cook, op. cit., p. 72-4.
257. Sherman e Sanford, em Cook, op. cit., p. 74.

por outros Oficiais. Essas Lojas regimentais haveriam de produzir um marcante e profundo efeito sobre todo o exército. Como veremos mais adiante, elas proporcionavam um canal de comunicação à reparação de queixas e ressentimentos. E, assim como as Lojas civis reuniam homens das mais diversas origens e classes sociais, também essas Lojas de Campo reuniam Oficiais e homens subalternos e as mais elevadas patentes e comandantes. Uma das consequências disso foi a criação de um clima no qual jovens e dinâmicos soldados — tais como, por exemplo, James Wolfe — podiam se adiantar, independentemente de sua classe social ou casta.

A primeira Loja nas Forças Armadas britânicas foi criada no "*1st Foot*, que seria mais tarde o *Royal Scots*, em 1732.[258] Em 1734, havia cinco Lojas como essa; e, em 1755, já eram 29. Entre os regimentos que possuíam suas próprias Lojas de Campo, estavam aquelas que viriam, mais tarde, a ser conhecidas como os *Royal Northumberland Fusiliers*, os *Royal Scots Fusiliers*, os *Royal Inniskilling Fusiliers*, o *Gloucestershire Regiment*, o *Dorset Regiment*, o *Border Regiment*, e o regimento do duque de Wellington (West Riding).

De particular significância é o fato de que essas Lojas não eram certificadas pela Grande Loja da Inglaterra. Ao contrário, elas eram certificadas pela Grande Loja irlandesa, a qual oferecia os "Graus Superiores", característicos da Franco-Maçonaria Jacobita. Ademais, essas Lojas haviam sido certificadas antes de 1745, quando os "Graus Superiores" começaram a ser purgados de sua orientação Jacobita.

É claro que, ao mesmo tempo, a Franco-Maçonaria também se estabelecia nos altos escalões administrativos e de comando militar, incluindo em suas fileiras alguns dos mais proeminentes personagens da época. O duque de Cumberland, por exemplo, o filho caçula de George II, era um franco-maçom. Parece que também era franco-maçom o general *Sir* John Ligonier, o mais importante comandante militar britânico da década de 1740. Durante a rebelião Jacobita de 1745, Ligonier comandava o exército britânico no interior. Um ano mais tarde, ele foi transferido para o Continente, onde teve um importante papel nas operações durante a Guerra da Sucessão austríaca. As exatas ligações franco-maçônicas de Ligonier não foram definitivamente estabelecidas; mas, já em 1732, ele aparece na lista de assinantes de um trabalho de James Anderson, junto a outros proeminentes franco-maçons, tais como Desaguliers, o conde de Abercorn e o conde de Dalkeith, todos os três Grão-Mestres de Grande Loja.

---

258. Gould, *The History of Freemasonry*, vol. VI, p. 401. Essa Loja ocupava o nº 11 na lista da Grande Loja irlandesa, certificada em 7 de novembro de 1732 e cancelada com a devolução do certificado pelo Coronel Maunsell em abril de 1847; veja Crossle, *Irish Masonic Records*, p. 22.

Entre os subordinados de Ligonier estava o homem que apareceria como, talvez, o único mais importante comandante britânico da época, o futuro lorde Jeffrey Amherst — que, notavelmente, figurará nesta narrativa. Amherst estava lotado no *1st Foot Guards* (agora *Grenadier Guards*) sob o comando de Ligonier, tornando-se seu contínuo. Antes de entrar em questões maiores na América, ele serviu com Ligonier no Continente durante a Guerra da Sucessão austríaca. Em 1756, ele se tornou Lugar-Tenente do *15th Foot* (mais tarde, o *East Yorkshire Regiment*), onde fica a Loja de Campo. Fundada dois anos antes, continuava a funcionar sob os seus auspícios.[259] Posteriormente, ele viria a se tornar coronel do *3rd Foot* (os *Buffs* do *East Kent Regiment*) e do *60th Foot* (então conhecido como os *Royal Americans*, mais tarde como os *King's Royal Rifle Corps*, e atualmente como os *Royal Greenjackets*). Em ambas as unidades, as Lojas de Campo foram fundadas sob sua égide.[260]

O patrocinador de Amherst — o homem que o financiou — era um amigo da família, Lionel Sackville, primeiro duque de Dorset, um aliado do duque de Wharton, junto com quem se tornou Cavaleiro da Jarreteira, em 1741. Sackville tinha dois filhos; o mais velho, Charles, conde de Middlesex, fundou uma Loja Franco-Maçônica em Florence, em 1733.[261] Junto com *Sir* Francis Dashwood, ele também foi cofundador da *Dilettanti Society*, a qual contava com muitos integrantes maçônicos. Em 1751, ambos, ele e Dashwood, eram participantes de um proeminente círculo de franco-maçons ligados à Corte de Frederick, Príncipe de Gales, o qual, igualmente, era franco-maçom.[262]

O filho caçula de Sackville, George, também era ativo nas questões da Franco-Maçonaria. Em 1746, ele era coronel do *20th Foot* (posteriormente *Lancashire Fusiliers*) e teve despertado um particular interesse na

259. Loja nº 245, registro irlandês, certificada em 1754; veja Gould, op. cit., vol. VI, p. 401.
260. Loja nº 170, Grande Loja dos "Antigos", sediada no *3rd Foot* em 1771; e a Loja nº 448, Grande Loja da Inglaterra, sediada no *6th Foot* em 1774; veja Gould, ibid., p. 401-2.
261. Lepper, *The Earl of Middlesex and the English Lodge in Florence*, p. 6.
262. Os franco-maçons na Corte de Frederick eram: Robert Nugent, tesoureiro da família real, Segundo Grande Vigilante da Grande Loja da Irlanda; Arthur St. Leger, visconde Doneraile, Grão-Mestre da Grande Loja da Irlanda em 1740; Charles Sackville, conde de Middlesex, fundador da Loja em Florence em 1733, presumido contato da Grande Loja Irlandesa; Joseph Sitt, palafreneiro (cavalariço) real, posteriormente, em 1773 e 1774, respectivamente Segundo Grande Vigilante e Primeiro Grande Vigilante da Grande Loja Irlandesa; Henry Brydges, marquês de carnavon, camareiro real, em 1737 Grão-Mestre da Grande Loja da Inglaterra; e o capelão de Frederick em 1727, o "sempre presente" dr. John Desaguliers, que em 1719 fora Grão-Mestre da Grande Loja da Inglaterra e, depois, ocupando diversos postos no alto escalão da Ordem. Foi Desaguliers quem iniciou o próprio Frederick em 1737.

Loja de Campo do regimento, chegando a se tornar o seu Mestre de Loja.[263] Um de seus dois Vigilantes era o tenente-coronel Edward Cornwallis (irmão gêmeo daquele que seria, mais tarde, o arcebispo de Canterbury), e que, em 1750, tornou-se governador de Nova Escócia, onde fundou a primeira Loja da cidade. Entre os subordinados de Cornwallis estava o jovem capitão James Wolfe, que já ganhara a reputação de brilhantismo e audácia a serviço do duque de Cumberland, e depois, no Continente, de *Sir* John Ligonier. É claro que, posteriormente, trabalhando em contato próximo com Amherst, Wolfe haveria de ter um papel decisivo no curso da história norte-americana.

Enquanto isso, o próprio Sackville havia se tornado, em 1751, Grão-Mestre da Grande Loja irlandesa.[264] Oito anos mais tarde, durante a Guerra dos Sete Anos, ele seria acusado de covardia na Batalha de Minden, submetido à Corte Marcial e demitido do serviço militar. No entanto, a sua amizade com George III possibilitou-lhe manter o seu *status* na área governamental. Em 1775, com o título de lorde Germain, foi nomeado Secretário colonial. Foi nesse cargo que ele serviu na Guerra Americana pela Independência.

A Guerra Francesa e a Guerra Indiana

Os acontecimentos haveriam de, em breve, levar a Franco-Maçonaria americana e a Franco-Maçonaria do exército britânico, juntas, a uma escala, até então, sem precedentes. Grandes contingentes de ativos britânicos, tanto oficiais como soldados, logo haveriam de trabalhar em conjunto com os colonos, treinando-os em procedimentos e operações militares e, nesse processo, transmitindo-lhes também outras coisas — nada menos do que o corpo da Franco-Maçonaria do "Grau Superior" (antiga Jacobita). E essa Franco-Maçonaria haveria de se constituir num condutor ideal para o tipo de afinidade, harmonia e senso de fraternidade que, normalmente, se desenvolve entre camaradas de caserna.

Certamente já havia operações militares na América antes, nas quais os interesses britânicos e franceses conflitavam desde o início do século XVIII. Durante a Guerra da Sucessão Espanhola (1701-1714), um ataque conjunto dos franceses e espanhóis a Charleston, na Carolina do Sul, foi repelido com sucesso. Pequenas escaramuças entre colonos britânicos e

---

263. Uma Loja foi certificada pela primeira vez no *20th Foot* entre novembro de 1736 e fevereiro de 1737. No entanto, parece que esse certificado se perdeu, pois foi outorgado ao próprio lorde George Sackville, em dezembro de 1748, um "Certificado de Confirmação" para a Loja nº 63 (Grande Loja Irlandesa). Seus dois Vigilantes eram o tenente-coronel Edward Cornwallis e o capitão Milburne; veja Rogers, *Lancashire Military Lodges*, p. 106.

264. Lepper, *History of the Grand Lodge of Free and Accepted Masons of Ireland*, p. 182-3.

franceses também podiam ser observadas nos arredores da fronteira canadense, tendo sido o território francês chamado Acádia sido capturado e rebatizado de Nova Escócia. Um quarto de século mais tarde, durante a Guerra da Sucessão austríaca (1740-1748), novas operações voltaram a ser realizadas na América; dessa vez em escala um pouco maior. Em 1745, colonos da Nova Inglaterra se apoderaram da fortaleza francesa de Louisbourg em Cape Breton Island, a qual guarnecia o acesso a St. Lawrence. No entanto, uma vez mais, as operações na América do Norte eram superficiais, sem grande importância quando comparadas com as campanhas de envergadura que eram conduzidas na Europa. Essas operações envolviam um número extremamente pequeno de tropas regulares, oficiais relativamente jovens, e não passavam de esporádicas escaramuças.

No entanto, em 1756, a Guerra dos Sete Anos irrompia na Europa; e, dessa vez, operações militares e navais em grande escala se espalhavam para além-campos — estendendo-se, de fato, não apenas até a América, mas também à Índia. Tropas britânicas estavam, mais uma vez, engajadas em campanhas no Continente, mas em quantidades relativamente modestas quando comparadas às forças de França, Áustria e Prússia. O principal teatro de operações do exército britânico haveria de ser a América do Norte; os rios e as florestas do Novo Mundo haveriam de testemunhar os embates entre os bem dotados, altamente treinados e bem estruturados exércitos europeus, numa escala que pareceria inconcebível meio século antes.

Entre 1745 e 1753, a população da América do Norte aumentou dramaticamente; e não apenas a de exilados ou refugiados Jacobitas. Já em 1754, Benjamin Franklin propôs um plano para a união de todas as colônias, e que foi rejeitado pelo governo britânico. Porém, se a centralização política foi negada, a organização, a comunicação e o comércio se desenvolveram rapidamente, e a necessidade pela expansão em direção ao Oeste se tornou cada vez mais inadiável. No entanto, quando os colonos da Virgínia começaram a entrar em Ohio Valley, no Oeste da Pensilvânia, eles passaram a representar uma ameaça à junção entre o território francês no Canadá, no St. Lawrence, e o território no Mississipi, e quando um contingente da milícia colonial, sob o comando do jovem George Washington foi enviado para a região para ali construir um forte, eis que irrompe um combate em grande escala. Os primeiros quatro anos de guerra se caracterizaram por desastres militares, alguns deles tão sérios que chegaram a reverberar na Inglaterra. Em abril de 1755, uma coluna britânica — composta de soldados regulares e da milícia colonial —, sob o comando do general Edward Braddock, foi emboscada por tropas francesas e por seus aliados índios perto de Fort Duquesne. A coluna foi praticamente aniquilada, Braddock fatalmente ferido, e Washington, seu ajudante-de-ordens, conseguiu, por pouco, escapar. A partir daí, uma série de novos reveses se seguiram. Um após o outro, todos os fortes britânicos ao longo do que é hoje o norte do

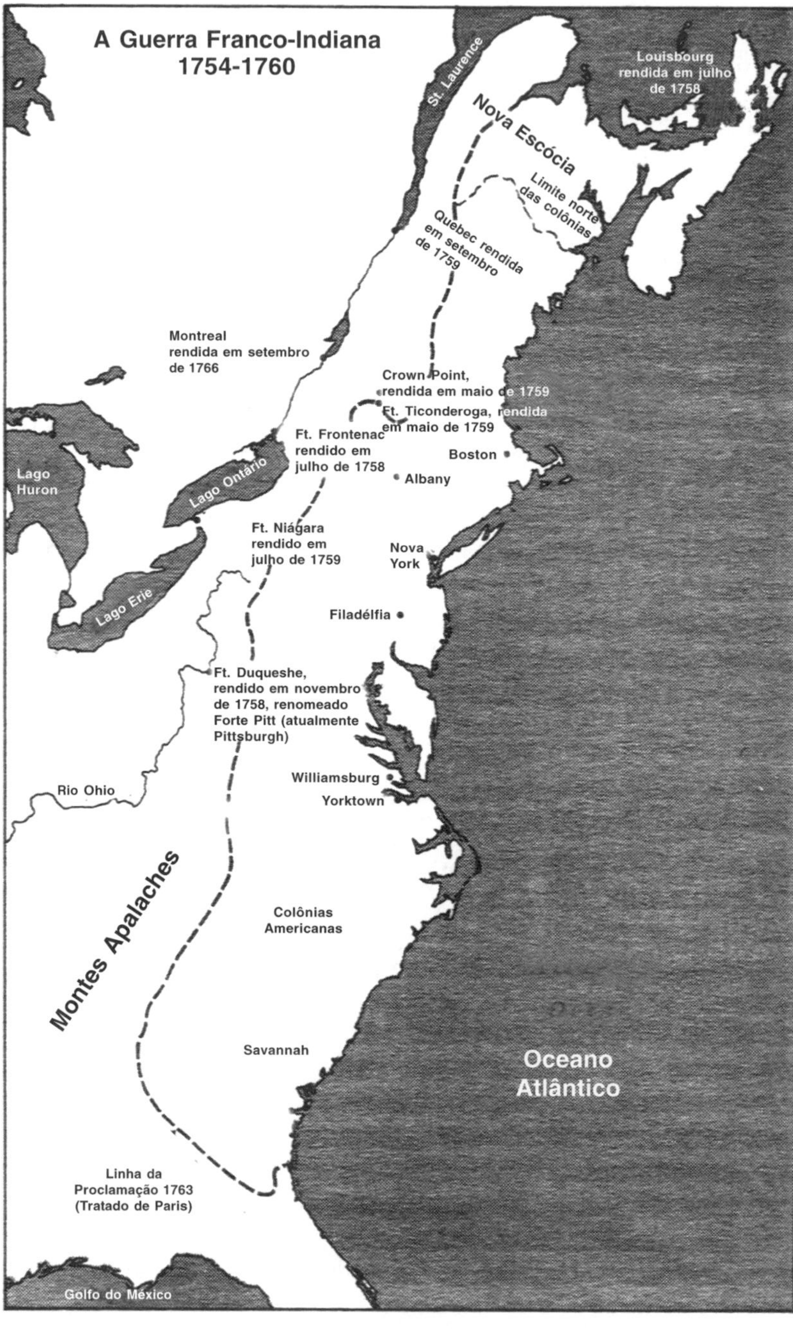

A Guerra Franco-Indiana
1754-1760
St. Laurence
Louisbourg rendida em julho de 1758
Nova Escócia
Limite norte das colônias
Quebec rendida em setembro de 1759
Montreal rendida em setembro de 1766
Crown Point, rendida em maio de 1759
Ft. Ticonderoga, rendida em maio de 1759
Ft. Frontenac rendido em julho de 1758
Boston
Albany
Lago Huron
Lago Ontário
Ft. Niágara rendido em julho de 1759
Nova York
Lago Erie
Filadélfia
Ft. Duqueshe, rendido em novembro de 1758, renomeado Forte Pitt (atualmente Pittsburgh)
Williamsburg
Yorktown
Rio Ohio
Montes Apalaches
Colônias Americanas
Savannah
Oceano Atlântico
Linha da Proclamação 1763 (Tratado de Paris)
Golfo do México

Estado de Nova York, foram caindo; e um massivo ataque, como aqueles realizados na Europa, que tinha o objetivo de retomar Fort Ticonderoga, foi repelido sofrendo terríveis baixas. Entre elas estava a do próprio comandante, general James Abercrombie, e a do lorde George Howe, um dos mais promissores jovens oficiais do Exército britânico de então. Antes de sua morte, Howe tinha sido um dos principais inovadores no tipo de operações militares irregulares que começavam a caracterizar as operações na América do Norte. Ao lado de Amherst e Wolfe, ele ajudou o exército a adaptar as rígidas manobras dos campos de batalha europeus, às táticas mais flexíveis e modernas impostas pelos rios e florestas existentes nos imensos sertões nos quais agora tinham que lutar.

Segundo um famoso historiador militar:

> "(Howe) abandonou todos os treinamentos e preconceitos das casernas, juntou-se às tropas irregulares em suas ações de exploração e reconhecimento... e vestiu a camisa de seus grosseiros companheiros, tornando-se um deles. Tendo assim ingressado nesse grupo, ele começou a divulgar e a compartilhar as lições que aprendera... Ele tornou iguais oficiais e soldados... livrou-se de todos os entraves desnecessários; ele encurtou suas túnicas e cortou os cabelos de suas cabeças, aperfeiçoou os canos de seus mosquetes, revestiu suas pernas com perneiras para protegê-las das sarças e das urzes, e encheu os vazios de suas mochilas com 15 quilos de mantimentos, tornando-os, assim, autônomos e independentes por semanas..."[265]

A morte de Howe em Ticonderoga privou o exército britânico de um de seus mais habilidosos, imaginativos e audaciosos personagens; um homem que demonstrava o potencial de um grande comandante. Porém, Ticonderoga haveria de ser o último sério revés britânico na guerra. Na Inglaterra, William Pitt, mais tarde conde de Chatham, foi nomeado Secretário de Estado e embarcou num massivo rearranjo do exército e da Marinha real. Os oficiais antiquados, obstinados e doutrinários foram despedidos, desmobilizados ou preteridos, e os comandos foram passados a um grande grupo de homens mais jovens, mais dinâmicos, mais flexíveis e mais inovadores. Na América do Norte, o mais importante deles foi James Wolfe, que tinha então 31 anos de idade, e Amherst, dez anos mais velho — que, por recomendação de seu antigo superior, *Sir* John Ligonier, foi nomeado general-de-divisão e comandante em chefe. Entre os principais subordinados de Wolfe e Amherst estava Thomas Desaguliers, filho do distinto franco-maçom, William Howe, irmão caçula de George e que, mais

265. Fortescue, *A History of the British Army*, vol. II, p. 323. Howe foi coronel no *55th Foot* que, em 1743, teve a primeira Loja Militar certificada pela Grande Loja da Escócia; veja Goud, op. cit., p. 402.

tarde, viria a ser um personagem central na Guerra Americana pela Independência.[266]

Na qualidade de comandante em chefe, Amherst estava mais bem colocado do que estivera lorde George Howe para introduzir as novas táticas e técnicas ao exército. Ele adotou as inovações de Howe, acrescentando outras tantas — regimentos de fuzileiros, envergando uniformes em verde-escuro, tropas de choque para exploração e operações de guerrilha e infantaria ligeira. Um regimento de infantaria ligeira, especificamente designado para servir como batedores e participar de escaramuças envergava túnicas curtas marrom-escuras, desprovidas de quaisquer galões ou adornos. Algumas tropas chegavam até a envergar vestimentas indígenas.

Muitos oficiais coloniais aprenderam o seu ofício com Amherst — oficiais que haveriam de, mais tarde, tornar-se importantes durante a Guerra Americana pela Independência. Foi de Amherst que homens tais como Charles Lee, Israel Putnam, Ethan Allen, Benedict Arnold e Philip John Schuyler, adquiriram a disciplina de um soldado profissional e as táticas especificamente adaptadas para operações militares na América do Norte. E Washington, embora já tivesse abandonado seu posto, também conhecia Amherst, por quem havia sido profundamente influenciado.

Em julho de 1758, Amherst e seu grupo de dotados jovens recapturaram Louisbourg, que havia sido inicialmente tomada durante a Guerra da Sucessão austríaca, e depois perdida. Três meses e meio depois, outra coluna Britânica capturou Fort Duquesne, arrasou-a e a reconstruiu como Fort Pitt — o lugar agora conhecido como Pittsburgh. Durante o ano seguinte, Amherst avançou em direção ao norte do Estado de Nova York, capturando, um após o outro, os fortes em seu caminho, inclusive Ticonderoga. Em setembro de 1759, Wolfe, com William Howe liderando a coluna avançada, conseguiu um dos mais audaciosos feitos na história militar, ao subir pelo rio St. Lawrence por navio, e depois escalando os penhascos de Heights of Abraham, nas imediações da cidadela de Quebec, acompanhado de 4 mil homens. Na batalha que se seguiu, tanto Wolfe como o comandante francês, o marquês de Montcalm, morreram, mas a situação já estava invertida. Digressivas operações continuaram por mais um ano; então, em setembro de 1760, Montreal, sitiada por Amherst e William Howe, capitulou, e a França cedeu suas colônias norte-americanas à Grã-Bretanha.

---

266. Thomas Desagulier serviu sob as ordens de Wolfe em Louisbourg como coronel do Terceiro Batalhão da Artilharia Real, tendo-se tornado um general-de-exército na Artilharia Real e intendente de George III. Embora seja sabido que ele era um franco-maçom ativo, faltam registros sobre a sua carreira maçônica; veja Gould, op. cit., vol. IV, p. 350, que acredita ter sido ele iniciado na "Horn" Lodge. Certamente, em 1738, ele aparece como franco-maçom na segunda edição das Constituições de Anderson (p. 229).

A afluência de soldados britânicos na América do Norte trouxe consigo um fluxo de Franco-Maçonaria — particularmente o tipo de Franco-Maçonaria de "Grau Superior" certificado pela Grande Loja irlandesa. Dos 19 regimentos sob o comando de Amherst, nada menos que 13 deles praticavam Lojas de Campo.[267] O tenente-coronel John Young — que comandava um batalhão do *60th Foot*, um dos regimentos sob o coronelato pessoal de Amherst, tanto em Louisbourg como em Quebec — em 1736, já havia sido nomeado Grão-Mestre Adjunto da Grande Loja da Escócia por *Sir* William St. Clair de Rosslyn.[268] Em 1757, ele havia se tornado Grão-Mestre Provincial para todas as Lojas na América e nas Índias Ocidentais. Em 1761, Young foi sucedido no *60th Foot* pelo tenente-coronel (depois general-de-divisão) Augustine Prevost. Naquele mesmo ano, Prevost se tornou Grão-Mestre de todas as Lojas do Exército britânico certificadas por um outro Corpo Franco-Maçônico — o Rito Escocês Antigo e Aceito.[269]

Em 1756, um certo coronel Richard Gridley foi autorizado a "congregar todos os Maçons Livres e Aceitos na expedição contra Crown Point (posteriormente tomado por Amherst) e reuni-los em uma ou mais Lojas".[270] Quando Louisbourg caiu em 1758, Gridley ali fundou outra Loja. Em novembro de 1759, dois meses depois de Wolfe ter tomado Quebec, as seis Lojas de Campo das tropas que ocupavam a cidadela, combinaram uma reunião. Ficou decidido que, visto que "haviam tantas Lojas na guarnição de Quebec", elas deveriam se congregar numa Grande Loja e eleger um Grão-Mestre.[271] Em função dessa decisão, o tenente John Guinet do *47th Foot* (posteriormente o *Lancashire Regiment*), foi eleito Grão-Mestre da Província de Quebec. Esse foi sucedido, um ano depois, pelo coronel Simon Fraser, comandante do *78th Foot*, os *Fraser Highlanders*.[272] É importante notar que Fraser era filho de Lorde Lovat, que, como proeminente Jacobita, teve um papel importante na rebelião de 1745, tendo obtido a duvidosa distinção de ter sido o último homem a ser executado em Tower Hill. Em 1761, Simon Fraser foi sucedido por Thomas Span, do *47th Foot*, no cargo de Grão-Mestre Provincial de Quebec. Span, por sua vez, foi

267. Veja "Apêndice 1".
268. Gould, op. cit., vol. V, p. 51.
269. Ibid., p. 59-60.
270. Ibid., vol. VI, p. 410. O coronel Richard Gridley era o irmão caçula de Jeremy Gridley, Grão-Mestre Provincial da América do Norte a partir de 1755, situado em Boston. Richard Gridley foi elevado a Mestre Maçom em 4 de abril de 1746, na *St. John's Lodge*, Boston. Em 1769, ele era o Grão-Mestre Adjunto da *St. John's Grand Lodge*. Ele encerrou a sua carreira militar como general-de-divisão de Artilharia do Exército Continental.
271. Rogers, op. cit., p. 108.
272. Para mais detalhes sobre a Grande Loja de Quebec, veja Rogers, ibid., e Milborne, *The Lodge in the 78th Regiment (Fraser's Highlanders)*.

sucedido, em 1762, pelo capitão Milborne West, do mesmo regimento; em 1764, West se tornou Grão-Mestre Provincial para todo o Canadá.

Um dos aspectos mais interessantes de tudo isso é a baixa faixa etária, a experiência quase que só cotidiana, e a obscuridade geral dos homens que ocupavam tão importantes posições. A maioria deles não era composta de aristocratas, jamais havia chegado a posições de proeminência política, e nunca sequer foram significantemente elevados no Exército. Basicamente, eles eram "soldados rasos". Com as nomeações de pessoas como o tenente Guiner e o capitão West, podemos descobrir algo sobre a maneira como as Lojas Militares de Campo funcionavam, como elas se espalharam por toda a cadeia de comando militar, e porque passaram a desfrutar de tamanha popularidade. Um subalterno como o tenente Guinet estaria em contato diário com as fileiras que, na estrutura da Loja, podiam tratar com ele de igual para igual. Ao mesmo tempo, como Grão-Mestre Provincial de Quebec, ele também teria ascendência sobre os oficiais que, na hierarquia militar, eram de patente bem mais elevada. Assim, as Lojas de Campo criaram uma fluidez de interação e comunicação que, no contexto da época, representava um fenômeno social extraordinário e, provavelmente, singular.

Não é de se surpreender, pois, que a Franco-Maçonaria tão prevalente no exército de Amherst fosse transmitida aos oficiais coloniais e às unidades que com ele serviam. Os comandantes americanos e o pessoal agarravam qualquer oportunidade que surgisse para se tornar não apenas camaradas de armas mas também Companheiros franco-maçons. Assim, eram firmados os laços de fraternidade entre as tropas britânicas e os seus colegas coloniais. As Lojas proliferaram os graus, e títulos franco-maçônicos eram conferidos como medalhas,ou como promoções. Homens tais como Israel Putnam, Benedict Arnold, Joseph Frye, Hugh Mercer, John Nixon, David Wooster e, certamente, o próprio Washington, não apenas ganharam os seus incentivos militares; eles eram também — caso já não fossem Irmãos — iniciados na Franco-Maçonaria.[273] E mesmo aqueles que não se tornaram franco-maçons praticantes, ainda estavam constantemente expostos à influência da Franco-Maçonaria, que transbordava do Exército britânico e se misturava com as novatas Lojas já fundadas nas colônias. Por esses

273. As seguintes pessoas eram franco-maçons antes, durante ou logo após a Guerra Indo-Francesa, e que chegaram a general no Exército Continental: general Benedict Arnold, antes de 1765; general Joseph Frye, antes de 1760; general Richard Gridley, 1746; general Hugh Mercer, 1761; general John Nixon, antes de 1762; general Israel Putnam, 1758; general George Washington, 1752; general Richard Montgomery, aceito em 1775, presumivelmente afiliando-se à Loja do *17th Foot* durante a Guerra Indo-Francesa, mas nenhum registro a esse respeito sobreviveu; general David Wooster, Mestre da *Hiram Lodge nº 1*, New Haven, 1750, sendo desconhecida a data de ingresso. Veja Heaton, *Masonic Membership of the Founding Fathers*, e Denslow, *10.000 Famous Freemasons.*

meios, a Franco-Maçonaria chegaria a cobrir toda a administração, sociedade e cultura coloniais.

Mas não foi apenas a Franco-Maçonaria em si — não apenas os ritos, os rituais, as tradições, as oportunidades e os benefícios da Franco-Maçonaria; foi, também, um ambiente, uma mentalidade, uma hierarquia de atitudes e valores aos quais a Franco-Maçonaria proporcionava um duto particularmente eficaz. A Franco-Maçonaria da época era um repositório de uma imaginativa emoção e poderoso idealismo, que ela foi capaz de, numa maneira exclusivamente própria, disseminar. A maioria dos colonos jamais chegou a ler Locke, Hume, Voltaire, Diderot ou Rousseau; na verdade, não mais do que a maioria dos soldados britânicos. No entanto, por meio das Lojas, as correntes de pensamento associadas com tais filósofos, tornavam-se universalmente acessíveis. Foi, em grande parte, devido às Lojas que os colonos "comuns" aprenderam sobre a imponente premissa chamada "direitos do homem". Foi por meio das Lojas que eles aprenderam o conceito da perfectibilidade da sociedade. E o Novo Mundo parecia oferecer um tipo de papel em branco, uma espécie de laboratório, no qual o experimento social humano era possível, e os princípios conservados pela Franco-Maçonaria poderiam ser colocados em prática.

CAPÍTULO XVI

O Surgimento de Líderes Maçônicos

Uma das perguntas-chave sobre a Guerra Americana pela Independência é como e por que a Grã-Bretanha conseguiu perdê-la, pois a guerra nem foi "vencida" pelos colonos americanos nem "perdida" pela Grã-Bretanha. A Grã-Bretanha, por si mesma, quase que independentemente dos esforços dos colonos, teve a capacidade de ganhar ou perder o conflito; e por não ter, ativamente, escolhido "vencê-lo", ela o perdeu, mais ou menos, por negligência e omissão.

Na maioria dos conflitos — como, por exemplo, a Guerra da Sucessão Espanhola, a Guerra dos Sete Anos, as guerras da época napoleônica, a Guerra Civil Americana, a Guerra Franco-Prussiana, as duas grandes Guerras Mundiais do século XX — vencer ou ser vencido por um ou outro combatente pode ser explicado em termos militares. Na maioria dos conflitos como esses, o historiador pode apontar um ou mais fatores específicos — certas decisões táticas ou estratégicas, determinadas campanhas, certas batalhas, determinadas considerações logísticas (tais como linhas de suprimentos, ou volumes de produção industrial) ou, simplesmente, o processo de atritos. Qualquer um desses fatores, como poderia alegar um historiador, seja individual ou combinadamente, acarretam a queda de um dos lados, ou tornaram a continuação do conflito insustentável. No entanto, na Guerra Americana pela Independência não existem tais fatores que possam ser satisfatoriamente apontados pelos historiadores. Mesmo as duas batalhas normalmente consideradas "decisivas" — Saratoga e Yorktown — somente podem ser consideradas "decisivas" em termos de moral americana, ou, talvez, com a sabedoria oferecida pela análise posterior, em termos de intangíveis "divisores de águas". Nenhum desses combates incapacitaram, ou mesmo danificaram seriamente a capacidade da Grã-Bretanha de continuar lutando. Nem envolveu mais do que uma fração das tropas britânicas mobilizadas na América do Norte. A guerra haveria de se estender por quatro anos mais após Saratoga; período durante o qual a derrota britânica haveria de se revestir de uma série de vitórias. Quando Cornwallis se rendeu em Yorktown, a maior parte das forças britânicas na América do Norte continuava intacta, ainda estrategicamente bem posicionada e numericamente em posição de vantagem. Na Guerra Americana pela Independência, não houve uma vitória conclusiva comparável a Waterloo, nenhum inevitável "ponto de virada" comparável a Gettysburg. Ao que parece, é como se todos, simplesmente, tivessem se cansado, ficado aborrecidos, perdido o interesse, decidido fazer as malas e voltar para casa.

Nos livros de história americana, certas explicações padrão são rotineiramente apresentadas como explicações militares para a derrota britânica — certamente porque tais explicações militares implicam homenagem à coragem e à bravura dos americanos às armas. Assim, por exemplo, frequentemente se sugere, quando não explicitamente afirmado, que a totalidade da América do Norte colonial estava com armas na mão, confrontando a Grã-Bretanha com continente hostil disposto em batalha contra ela — uma situação parecida com a de Napoleão ou a invasão da Rússia por Hitler, com um povo inteiro unido para repelir o agressor. Mais amiúde ainda, há quem sustente que o Exército Britânico estava fora de seu elemento nos sertões da América do Norte — pouco treinados, despreparados e não adaptados ao tipo de combate guerrilheiro irregular empregado pelos colonos e determinados pelo terreno. E, muitas vezes, alega-se que os comandantes britânicos eram incompetentes, inaptos, preguiçosos, corruptos, desmiolados, inexperientes e irresponsáveis. Vale a pena nos determos em cada uma dessas afirmações.

Na verdade, o Exército britânico não foi confrontado por um continente ou por um povo apaixonado ou violentamente unido contra si. Dos 37 jornais que circulavam nas colônias em 1775, 23 eram favoráveis à rebelião, sete eram leais à Grã-Bretanha e sete eram neutros ou indiferentes. Caso isso possa ser considerado um reflexo das atitudes e posturas da população, podemos dizer que 38% dela não estava preparada para apoiar e sustentar a independência. Na realidade, um grande número de colonos continuou ativamente apegado àquilo que eles viam como o País-mãe. Eles, voluntariamente, espionavam, forneciam informações, acomodações e suprimentos às tropas britânicas. Muitos deles chegavam a recorrer às armas e às campanhas militares, alinhando-se com as unidades regulares britânicas, contra os seus vizinhos também colonos. No curso da guerra, havia nada menos do que 14 regimentos de "Legalistas" aliados ao exército britânico.

Tampouco é sustentável o argumento de que o exército britânico era inexperiente ou inadequado para o tipo de operações militares que estavam sendo mantidas na América do Norte. Em primeiro lugar, e contrariamente às impressões populares, a maioria das campanhas do conflito não envolveu nenhum tipo de combate irregular. A maioria delas envolveu planejadas batalhas e cercos, exatamente do tipo empregado nas lutas na Europa, precisamente do tipo daquelas nas quais o exército britânico e, dentro dele, os mercenários hessenos mais se sobressaiam. Porém, mesmo quando as operações militares irregulares eram empregadas, as tropas britânicas nunca estiveram em desvantagem. Como já vimos, Amherst, Wolfe e os seus subordinados, apenas 20 anos antes, haviam empregado exatamente aquele tipo de operações militares ao arrebatar a América do Norte da França. De fato, o exército britânico foi o pioneiro no tipo de combate que, muitas vezes, era determinado pelas florestas e rios onde as técnicas e formações do campo de batalha europeu estavam à frente. As tropas hessianas podem, de fato, ter sido vulneráveis a essas táticas; porém as unidades britânicas, tal como o *60th Foot* — o antigo regimento de fuzileiros de Amherst — podiam sobrepujar (como, muitas vezes, sobrepujaram) os colonos em seu próprio estilo de combate, um estilo que, afinal de contas, a maioria dos líderes militares dos colonos havia aprendido dos comandantes Britânicos.

Resta a acusação de incompetência e inaptidão por parte dos comandantes britânicos. No que tange a um desses comandantes — *Sir* John Burgoyne — a acusação, provavelmente, pode ser válida. No entanto, quanto aos três comandantes fundamentais — *Sir* William Howe, *Sir* Henry Clinton e Lorde Charles Cornwallis — isso não se aplica. Na verdade, Howe, Clinton e Cornwallis eram tão competentes quanto os seus adversários americanos. Os três conseguiram em seus embates contra os colonos mais vitórias do que derrotas — vitórias mais largas e mais substanciais. Os três já tinham demonstrado anteriormente as suas habilidades, e haveriam de ter a oportunidade de novamente demonstrá-las. Howe, em especial, teve um importante papel na guerra contra a França 20 anos antes — aprendera táticas irregulares com seu irmão que morreu em Ticonderoga, servira sob as ordens de Amherst em Louisbourg e Montreal, e conduzira as tropas de Wolfe a Heights of Abraham em Quebec. Entre 1772 e 1774, ele foi o responsável pela introdução das companhias de infantaria ligeira entre as fileiras dos regimentos. Clinton nasceu em Newfoundland, cresceu em Newfoundland e Nova York, e prestou seu serviço militar em Nova York antes de ingressar nos *Guards* e ver alguma ação no Continente, onde a sua escalada na hierarquia militar foi descrita como "meteórica". Cornwallis também se distinguiu durante a Guerra dos Sete Anos. Posteriormente, durante o combate em Mysore, ele haveria de colecionar uma série de vitórias que determinaram o controle britânico no sul da Índia — e, ao longo do processo, viria a atuar como mentor do jovem *Sir* Arthur Wellesley, mais tarde o duque de Wellington. Durante a rebelião de 1798 na Irlanda, Cornwallis provou ser não apenas um habilidoso estrategista mas também um homem astuto e inteligente que, constantemente, tinha que refrear a exagerada dedicada brutalidade de seus subordinados. Em suma, esses três não eram comandantes ineptos ou incompetentes.

Mas, se o alto comando britânico durante a Guerra Americana pela Independência não foi incompetente ou inepto, ele foi — em um nível que nunca foi satisfatoriamente explicado pelos historiadores — estranhamente vagaroso, incoerente, apático e, até mesmo, entorpecido. As oportunidades eram mansamente ignoradas; oportunidades que teriam sido agarradas e aproveitadas por homens bem menos eficientes. As operações eram conduzidas com um ânimo quase que sonâmbulo ou indolente. Simplesmente, a guerra não estava sendo conduzida com o tipo de agressividade necessário para uma vitória — aquele tipo de agressividade mostrado pelos mesmos comandantes quando enfrentaram adversários diferentes do que aqueles colonos americanos.

Na verdade, a Grã-Bretanha não perdeu a guerra na América do Norte por quaisquer motivos militares; a guerra foi perdida em função de outros fatores, inteiramente diferentes. Tratava-se de uma guerra profundamente impopular, muito mais do que a guerra realizada no Vietnã pelos Estados Unidos dois séculos mais tarde. Ela foi, igualmente, impopular para o público britânico, com a maioria do governo britânico e, virtualmente, todo pessoal britânico diretamente envolvido — soldados, oficiais e comandantes. Ambos, Clinton e Cornwallis, combateram sob coação, e extremamente relutantes. Howe foi ainda mais intransigente e inflexível, reiteradamente expressando a sua raiva, a sua insatisfação e a sua frustração acerca do comando que lhe fora incumbido. O seu irmão, Almirante Howe, sentia o mesmo; conforme declarava, os colonos eram "as pessoas mais oprimidas e agoniadas sobre a face da terra".[274]

A posição de Amherst era ainda mais belicosa. Quando da erupção das hostilidades, Amherst tinha 59 anos de idade — 15 anos a mais que Washington, 12 a mais do que Howe, mas perfeitamente capaz de conduzir operações. Depois de seu sucesso na Guerra dos Sete Anos, ele se tornou governador da Virgínia e desenvolveu ainda mais as suas habilidades em operações militares irregulares durante a rebelião indígena chefiada pelo Chefe Pontiac. Quando a Guerra Americana pela Independência foi deflagrada, ele era comandante em chefe do exército britânico e gracejava contra a burocracia e o tédio de seu "trabalho de escrivaninha". Se Amherst tivesse assumido o comando na América do Norte e (junto com o seu antigo subordinado, Howe) participado da campanha com o mesmo vigor que tinha demonstrado contra a França 20 anos antes, não resta dúvida de que os acontecimentos teriam um desfecho totalmente diferente. Porém, Amherst mostrou a mesma repugnância daqueles que de má vontade se puseram em campo; e a sua alta patente permitiu-lhe dar-se ao luxo de recusar. A primeira oferta recusada por Amherst veio em 1776. Em janeiro de 1778, ele foi novamente abordado; dessa vez, ele foi sequer perguntado. O rei George

274. *A Letter from Cicero, the Right Hon. Lord Viscount H-E* (London, c. 1781), p. 19.

III diretamente o nomeou comandante em chefe na América, ordenando-lhe que ali assumisse o controle da guerra. Ameaçando resignar ao seu posto, Amherst recusou a ordem direta do rei. Igualmente vãs foram as tentativas de persuasão feitas por membros do governo.

Para Amherst, para Howe, para a maioria dos demais comandantes britânicos e para grande parte do público britânico, a Guerra Americana pela Independência era considerada uma espécie de guerra civil. De fato, para sua própria frustração, eles se achavam jogados contra seus adversários, os quais eles podiam apenas enxergar como seus camaradas ingleses — quase sempre a eles ligados não apenas por idioma, herança, costumes e atitudes mas também, em muitos caos, por verdadeiros laços de família. Mas havia ainda muito mais além disso. Como já vimos, a Franco-Maçonaria, na Grã-Bretanha do século XVIII, era uma rede que permeava toda a sociedade e, particularmente, as camadas mais instruídas — os profissionais, os serventes e administradores civis, os educadores, os homens que determinavam e formavam a opinião pública. Ela também produzia um clima geral psicológico e cultural, uma atmosfera que cobria a mentalidade da época. Isso era particularmente verdadeiro na área militar, onde as Lojas de Campo constituíam uma estrutura coesiva, unindo homens a suas unidades, a seus comandantes e entre si mesmos. E isso era mais verdadeiro ainda entre os “soldados rasos”, a quem faltavam os laços de casta e de família, os quais existiam em outras classes. Durante a Guerra Americana pela Independência, a maioria do pessoal envolvido, comandantes e homens, em ambos os lados, ou praticava a Franco-Maçonaria, ou era envolvida nas atitudes e nos valores da Franco-Maçonaria. A seleta prevalência das Lojas de Campo assegurava que mesmo os não maçons estivessem constantemente expostos aos ideais da instituição. Não havia como deixar de transparecer que muitos daqueles ideais eram incorporados por aquilo que os colonos lutavam. Os princípios em nome dos quais os colonos declararam e, a seguir, lutaram pela Independência foram — talvez incidentalmente, mas ainda assim obstinadamente — franco-maçônicos. Assim, para o alto comando britânico, bem como para os “soldados rasos”, eles estavam engajados numa guerra não apenas com os seus camaradas ingleses, mas também com os seus irmãos franco-maçons. Em tais circunstâncias, era quase sempre difícil ser duro e agressivo. Certamente, isso não nos deve levar a crer que os comandantes britânicos pudessem ser acusados de traição. Afinal de contas, eles eram soldados profissionais e estavam preparados, apesar de relutantemente, para cumprir o seu dever; mas, ainda assim, procuravam definir o seu dever o tão estreitamente quanto possível, e não ir mais além dele.

A Influência das Lojas de Campo

Infelizmente, não existem listagens, relações de membros ou quaisquer outras formas de documentação que estabeleçam, definitivamente, quem no alto comando britânico era franco-maçom praticante. Como regra geral, a maioria dos militares era iniciada nas Lojas de Campo, e as Lojas de Campo eram, notoriamente, descuidadas tanto na manutenção de registros como na devolução de tais registros para arquivamento nas Lojas-mãe. Uma vez certificada ou tendo recebido a Carta Patente, uma Loja de Campo, normalmente, acabava perdendo contato com o Corpo que a patrocinava. Isso acontecia, particularmente, com as Lojas certificadas pela Grande Loja irlandesa, a qual já tinha suficientes problemas com os seus próprios registros; e foi a Grande Loja irlandesa que, como vimos, certificara a maioria das primeiras Lojas de Campo. Em alguns casos, também as Lojas de Campo certificavam outras Lojas de Campo, sendo que a Loja-mãe original jamais chegava a ser informada. E, à medida que os regimentos se dissolviam, dividiam ou aglutinavam, as Lojas de Campo migravam, mudavam, transplantavam-se e, muitas vezes, obtinham novos certificados de diferentes corpos patrocinadores. Mesmo fora da esfera militar, a documentação era muitas vezes assustadoramente remendada. Sabe-se, por exemplo, que os três irmãos de George III teriam sido franco-maçons; um deles, o duque de Cumberland, acabou sendo o Grão-Mestre da Grande Loja da Inglaterra. No entanto, existem documentos apenas da Iniciação do Duque de Gloucester, em 16 de fevereiro de 1766.[275] Não há informação de quando, onde e por quem o duque de York, que, naquela época já era franco-maçom, foi Iniciado, embora haja um historiador que menciona ter sido ele iniciado no exterior.[276] Se as informações já são tão fortuitas e irregulares ao se tratar do caso de um príncipe da realeza, elas são mais ainda quando em relação a comandantes militares.

Portanto, não é de se surpreender que não seja possível apurar se Howe, Cornwallis e Clinton eram, de fato, franco-maçons atuantes. No entanto, certamente existem abundantes razões para concluirmos que eles eram. Dos quatro regimentos em que Howe servira antes de se tornar general, três tinham sua Loja de Campo; e, na qualidade de coronel, ele teria que tolerar, quando não presidir, as suas atividades. Ademais, como já vimos, Howe serviu sob as ordens de Amherst e Wolfe, num exército em que a Franco-Maçonaria era exuberante. Durante a Guerra Americana pela Independência, as suas declarações, atitudes e posturas são concordantes exatamente com aquelas de conhecidos franco-maçons. Dos 31 regimentos sob o seu comando, nada menos do que 29 possuíam Lojas

275. Gould, *The History of Freemasonry*, vol. IV, p. 344.
276. Ibid., p. 344, nota 2. O terceiro irmão real, o duque de Cumberland, foi iniciado em 9 de fevereiro de 1767; veja ibid., p. 344, nota 4.

de Campo.[277] Ainda que o próprio Howe não tivesse sido franco-maçom, ele não poderia ter deixado de ter absorvido um pouco da influência da Franco-Maçonaria.

O mesmo se aplica a Cornwallis, que gozava um relacionamento bastante próximo com Howe. Cornwallis servira em dois regimentos antes de se tornar general, tendo ocupado o posto de coronel num daqueles regimentos. Ambos tinham sua Loja de Campo. Como já vimos, o tio de Cornwallis, Edward, mais tarde um general-de-exército, tornou-se governador de Nova Escócia e, em 1750, ali fundou uma Loja. Na verdade, toda a família Cornwallis, ao longo dos séculos XVIII e IX, era uma das mais proeminentes na Franco-Maçonaria inglesa.

No caso de Clinton, as evidências são ainda mais ambíguas. Antes de se tornar General, ele não havia servido em regimentos nas linhas, mas sim nos *Guards*, que não tinham Lojas de Campo até então. Por outro lado, durante a Guerra dos Sete Anos, ele foi ajudante-de-ordens de Ferdinand, Duque de Brunswick, um dos mais ativos e influentes franco-maçons da época. Ferdinand foi iniciado em Berlim, em 1740. Em 1770, ele se tornou Grão-Mestre Provincial, sob os auspícios da Grande Loja da Inglaterra, para o ducado de Brunswick. Um ano depois, ele se Filiou à Estrita Observância. Em 1776, ele cofundou, junto com o Príncipe Karl de Hesse, uma Loja em Hamburo. Em 1782, ele fomentou o Convento de Wilhelmsbad, um importante congresso para toda a Franco-Maçonaria europeia. Na qualidade de ajudante-de-ordens de Ferdinand, Clinton, inquestionavelmente, estaria exposto à Franco-Maçonaria e a seus ideais. Além disso, há um registro sobre a festividade de um "dia de São João" celebrada pelo Mestre e Irmãos da Loja nº 210, em 15 de junho de 1781, enquanto o exército britânico estava ocupando Nova York. Segundo esse registro, alguns brindes foram levantados:

> "Ao rei e à Arte,
> A rainha... com as esposas dos maçons
> *Sir* Henry Clinton e todos os leais Maçons
> Generais Knyphausen e Reidesel... e Irmãos visitantes
> Lordes Cornwallis e Rawdon... com a Antiga Fraternidade."[278]

Assim, a Franco-Maçonaria difundiu-se tanto no exército britânico como entre os colonos rebeldes. No entanto, a essa altura, devemos ressaltar que a evidência resultante não prova nenhum tipo de "conspiração Franco-Maçônica" coerente ou organizada. A maioria dos Historiadores da Guerra Americana pela Independência tende, no que diz respeito à Franco-Maçonaria, a cair em um dos dois campos. Alguns autores extremistas,

277. Veja "Apêndice 2".
278. La Fontaine, "*Benjamin Franklin*", p. 31, citando *Gaine's Mercury*, 2 de julho de 1781.

por exemplo, procuram retratar a guerra exclusivamente como um "evento franco-maçônico" — um movimento engendrado, orquestrado e conduzido por conspiradores franco-maçons em conformidade com algum grande plano, cuidadosamente concebido. Tais escritores sempre citam longas listas de franco-maçons — que provam pouco mais do que o fato de eles apenas possuírem tais listagens de franco-maçons a citar; e, certamente, não faltam listas como essas. Por outro lado, a maioria dos historiadores convencionais evitam, por completo, o aspecto franco-maçônico no conflito. Filósofos tais como Hume, Locke, Adam Smith e os franceses são regularmente invocados; porém, esquecem-se do ambiente franco-maçônico que preparou o caminho para esses pensadores, que agiu como um tipo de líquido amniótico para as suas ideias e que aportou a essas ideias a sua importância popular.

Na verdade, não houve qualquer conspiração franco-maçônica. Dos 56 signatários da Declaração de Independência, apenas nove deles podem ser, seguramente, identificados como franco-maçons, enquanto outros dez podem, apenas supostamente, ter sido. Entre os 74 generais do exército continental havia, porquanto os documentos possam mostrar, 33 franco-maçons.[279] Via de regra, os que eram, sabidamente, franco-maçons, destacavam-se mais na formação do curso dos acontecimentos do que os seus colegas que não eram; mas isso não significa, ou implica, que eles estivessem trabalhando num tipo de combinação em prol de algum grande plano preconcebido; isso lhes teria sido absolutamente impossível. O movimento que culminou com a Independência Americana foi, com efeito, um contínuo e constante exercício de improvisação — o que, nos dias de hoje, poderia ser chamado de um tipo de "risco controlado". Inesperados fatos consumados haveriam de ser enfrentados, aceitados, contidos e considerados, passo a passo — até que um novo fato consumado ditasse uma nova sequência de adaptações e ajustes improvisados. Nesse processo, a Franco-Maçonaria tendia a, no geral, agir como uma influência tranquilizadora e moderadora. Em 1775, por exemplo, uma quantidade de militantes radicais já se agitavam e mobilizavam para um agravamento dos embates com a Grã-Bretanha. No entanto, como franco-maçom, o general Joseph Warren que, posteriormente, foi o comandante das tropas coloniais em Bunker Hill, emitia declarações que já antecipavam aquelas dos *Ulster Unionists* de hoje — dizendo que desafiava o Parlamento, mas que continuava fiel à Coroa. Washington mantinha exatamente a mesma posição; e, mesmo até dezembro de 1777, um ano após a Declaração da Independência, Franklin estava preparado para renunciar a todos os pensamentos de Independência, caso o ressentimento e as injustiças que precipitaram a guerra fossem

---

279. Heaton, *Masonic Membership of the Founding Fathers*, p. XVI.

emendadas.[280] Portanto, seria tão tolo falarmos de "conspirações franco-maçônicas" quanto seria não levar em conta toda a Franco-Maçonaria. Basicamente, as correntes de pensamento disseminadas pela Franco-Maçonaria haveriam de provar serem mais cruciais e mais penetrantes do que a própria Franco-Maçonaria. A república que emergiu da guerra não foi, em nenhum sentido literal, uma "república franco-maçônica" — isto é, não foi uma república criada por franco-maçons para franco-maçons em concordância com ideais franco-maçônicos. Porém, ela incorporou aqueles ideais; ela foi profundamente influenciada por aqueles ideais; e ela deveu muito mais àqueles ideais do que é, em geral, reconhecido ou admitido.

Tal como escreveu um historiador maçônico:

"... a Franco-Maçonaria exerceu uma influência maior sobre o estabelecimento e desenvolvimento deste governo (o Americano) do que qualquer outra instituição isoladamente. Nem os historiadores em geral nem os membros da Fraternidade, desde os dias das primeiras Convenções Constitucionais, chegaram a perceber o quanto os Estados Unidos da América devem à Franco-Maçonaria, e a magnitude do papel que uma parte dela teve no nascimento da Nação e no estabelecimento dos fundamentos daquela civilização... ."[281]

280. Entre os documentos de William Eden, lorde Auckland — que chefiava uma rede de espionagem para George III — há um relatório sobre um agente inglês, capitão Hynson, que assim relata: "... você se surpreenderá ao ouvir o dr. Franklin dizer que, em qualquer momento em que a Grã-Bretanha mostrar disposição pela paz, ele seria o primeiro a desistir dessa independência. Diz ainda que o Mr. Dean fizera a mesma declaração. Porém, dizia ele, o dr. Franklin sabia que eles não tinham a mínima intenção de fazer a paz; Mr. Lee vivia num padrão de vida mais elevado do que jamais tivera e disso sentia muito orgulho, chegando a dizer que tinha intenção de assim continuar, sendo, desse modo, o único que estaria contra desistir da independência, ressaltando, porém, que desistiria dela imediatamente caso a Inglaterra demonstrasse disposição pela paz..." (carta, 10 de dezembro de 1777, British Library. Add. Mss 34414, f. 406).
281. Heaton, op. cit., p. IV.

CAPÍTULO XVII

A Resistência à Grã-Bretanha

Como já vimos, a forma "ortodoxa" ou "oficial" da Franco-Maçonaria inglesa, tal como exemplificada pela Grande Loja, oferecia, no máximo, apenas os três primeiros Graus do Simbolismo. Os assim chamados "Graus Superiores", tanto quanto se possa determinar, foram, inicialmente, privativos à antiga Franco-Maçonaria Jacobita. Após a rebelião de 1745, a Franco-Maçonaria de "Grau Superior" não se extinguiu; ela apenas perdeu a sua orientação Jacobita, especificamente política, e continuou funcionando. Purgada das afiliações Stuart, ela deixou de ser vista como subversiva pela Grande Loja, que começou, embora com má vontade, a prestar um reconhecimento oficial aos "Graus Superiores". Em breve eles haveriam de se tornar cada vez mais respeitáveis aos leais, íntegros e cívicos ingleses, por meio de estudos especializados e de trabalhos a "Graus Superiores" como o "Grau da Marca", o "Arco Real",* ou o "Mariner". Eles o faziam sob uma variedade de auspícios, entre os quais a Grande Loja da Irlanda, a Grande Loja da Escócia e a Estrita Observância, criada pelo barão von Hund. Como vimos, fora Hund quem, pela primeira vez, segundo consta em registros públicos, reivindicou para a Franco-Maçonaria uma ancestralidade Templária.

Antes da Guerra dos Sete Anos, a maior parte da Franco-Maçonaria na América do Norte era ortodoxa pró-Hanoveriana, e certificada pela Grande Loja. No entanto, durante a Guerra dos Sete Anos, a Franco-Maçonaria de "Graus Superiores", por meio das Lojas de Campo regimentais, foi transplantada em larga escala para as colônias americanas onde, rapidamente, enraizou-se. Boston — de onde a Revolução Americana haveria de nascer — exemplifica o processo de transplantação, e o atrito que algumas vezes dele surgiu.

---

* N. E.: Sugerimos a leitura de *O Grau da Marca*, de David Mitchell, Madras Editora, e *Origem do Arco Real*, de George Oliver, Madras Editora.

A St. *Andrew's Lodge* de Boston

A Franco-Maçonaria começara em Massachusetts em 1733, quando o príncipe Henry, agindo sob a autoridade da Grande Loja da Inglaterra, tornou-se Grão-Mestre da própria Grande Loja Provincial de Massachusetts — a *St. John*. O seu Grão-Mestre Adjunto, como vimos, foi Andrew Belcher, filho do governador provincial. Em 1750, existiam duas outras Lojas em Boston. Tanto estas como sua Loja-mãe, a *St. John*, reuniam-se numa taberna chamada *Bunch of Grapes*, que ficava na esquinas das atuais *State Street* e *Kilby Street*; naquele mesmo local se reuniam os regimentos britânicos certificados pela Grande Loja. Posteriormente, a *St. John* haveria de certificar mais de 40 outras Lojas que ficariam sob seu manto. Enquanto isso, em 1743, a Grande Loja da Inglaterra nomeara um distinto comerciante de Boston, um certo Thomas Oxnard, como Grão-Mestre Provincial da América do Norte.[282] Assim, Boston se tornou, com efeito, a capital franco-maçônica das colônias transatlânticas da Grã-Bretanha.

Porém, em 1752, uma Loja "irregular", sem nenhum certificado oficial, foi encontrada trabalhando numa outra taberna, a *Green Dragon* — renomeada *Freemasons' Hall* em 1764. Quando os membros da *St. John*, escandalizados, reclamaram, a Loja "irregular" fez a devida solicitação de uma Carta Patente — mas não da Grande Loja da Inglaterra, e sim da Grande Loja da Escócia, que oferecia os "Graus Superiores". O certificado não foi concedido até 1756, quando as tropas britânicas e as suas Lojas de Campo regimentais, certificadas tanto pela Grande Loja da Inglaterra como pela irlandesa, começaram a chegar à América. A Loja "irregular" foi então certificada sob o nome de *St. Andrew's*.[283] Logo depois, ela começou a certificar suas próprias novas Lojas e, assim, reivindicou para si o *status* de Grande Loja Provincial — sob a autoridade da Grande Loja da Escócia. Não foi surpresa, pois, que as coisas se tornassem ásperas, que os ânimos se inflamassem, desenvolvendo-se uma situação de "eles e nós", à qual se seguiu uma miniaturizada guerra civil de injúria franco-maçônica. A *St. John* olhava de esguelha a *St. Andrew*'s e, com paixão vingativa, repetidamente "decidia em seu desfavor". Quaisquer que fossem elas, tais resoluções não produziam qualquer efeito, e a *St. John* continuava com o seu mau humor, de forma petulante proibindo os seus membros de visitarem os da *St. Andrew*'s. Nessas querelas, brigas e discussões, alguns dos cidadãos mais eminentes de Boston acabaram gastando muita energia, tempo e paixão.

Ignorando as críticas e censuras contra si, a *St. Andrew's* continuou a se reunir e a recrutar — chegando a algumas vezes, de fato, a "surrupiá-los"

282. Sherman e Sanford, em Cook, *Colonial Freemasonry*, p. 76.
283. Ibid., p. 77.

da *St. John*. Em 29 de agosto de 1769, a *St. Andrew's* conferiu um novo Grau franco-maçônico — especificamente denominado "Grau de Cavaleiro Templário".[284] Não se sabe, precisamente, de onde teria vindo esse Grau. Embora não exista nenhuma documentação definitiva, acredita-se que ele tenha sido trazido a Boston pelo *29th Foot*, posteriormente o *First Battalion of the Worcestershire Regiment*, cuja Loja de Campo fora certificada pela Grande Loja da Irlanda dez anos antes. A mais antiga referência conhecida acerca desse Grau está nos Regulamentos da *Old Stirling Lodge* em 1745. Seja como for, a linhagem Templária reivindicada pelos Jacobitas e promulgada por Hund estava agora ganhando adeptos além de seus Ritos particulares.

Porém, a outorga do primeiro Grau de Cavaleiro Templário conhecido não haveria de ser de reivindicação exclusiva da *St. John*. Em 1773, ele assumia uma posição de vanguarda daquilo que eram acontecimentos de rápida progressão. Na época, o seu Grão-Mestre era Joseph Warren, a quem a Grande Loja da Escócia nomeara como Grão-Mestre para toda a América do Norte. Entre os membros da Loja estavam John Hancock e Paul Revere.[285]

Por cerca de oito anos anteriores a 1773, o atrito entre a Grã-Bretanha e as suas colônias americanas assumia crescentes proporções assustadoras. Virtualmente falida em virtude da Guerra dos Sete Anos, a Grã-Bretanha procurou reabastecer o seu tesouro às custas das colônias, impondo-lhes medidas tributárias cada vez mais rigorosas. Cada uma dessas medidas, naturalmente, provocava nova resistência e irada oposição nas colônias. Em 1769, a Assembleia de Virgínia, induzida por Patrick Henry e Richard Henry Lee (ambos supostamente franco-maçons), condenou, formalmente, o governo britânico, e foi dissolvida pelo governador provincial. Em 1770, aconteceu o famoso "Massacre de Boston", quando um sentinela britânico e os seus colegas, cercados por uma multidão hostil, dispararam uma rajada contra ela, matando cinco populares. Em 1771, um levante na Carolina do Norte teve que ser reprimido pelas tropas, e 13 rebeldes foram executados por traição. Em 1772, dois proeminentes franco-maçons, John Brown e Abraham Whipple, atacaram um navio da alfândega perto de Rhode Island e queimaram-no.[286]

---

284. Cameron, *On the Origin and Progress of Chivalric Freemasonry in the British Isles*, p. 157. Veja Cameron, *Notes on the Earliest References to the Masonic Knights Templars Degree*, p. 79, onde se menciona que a Loja nº 296, Registro da Grande Loja irlandesa, foi certificada em 1758. O Grau de Cavaleiro Templário e seus Estatutos e Regulamentos, infelizmente, não têm data; é possível que o Grau já existisse em 1758. Em 1791, a Loja estava inativa.

285. Uma lista completa dos membros da St. *Andrew's Lodge*, no período de 1756 a 1906, pode ser encontrada em *The One Hundred and Fiftieth Anniversary of the Lodge of St. Andrew*, p. 273-301. Paul Revere foi iniciado em 4 de setembro de 1760; John Hancock foi iniciado em Quebec, antes de 1762.

286. Abbot, em Cook, op. cit., p. 169.

A situação chegou a um auge com o *Tea Act* (Lei do Chá), criado para salvar a Companhia da Índia Oriental da falência. Por força dessa lei, a Companhia da Índia Oriental foi autorizada a descarregar nas colônias uma boa parte de seus excedentes de chá, com isenção de impostos. Isso fez com que fosse possível o subfaturamento e legitimou mercadores e contrabandistas coloniais, monopolizando, assim, o comércio de chá. Com efeito, os colonos eram coagidos a comprar apenas o chá da Companhia da Índia Oriental — em quantidades superiores às quais queriam ou precisavam.

Em 27 de novembro de 1773, o primeiro dos três navios mercantes da Companhia da Índia Oriental, o *Dartmouth*, atracou em Boston trazendo a bordo uma imensa carga de chá. Em 29 e 30 de novembro, reuniões em massa foram realizadas em protesto, e o *Dartmouth* não pôde desembarcar a sua carga. Por mais de 15 dias, o navio ficou parado no porto. Então, na noite de 16 de dezembro, um grupo de colonos (estimativamente variando entre 60 e 200), rudes e acintosamente disfarçados de índios Mohawk, abordou o navio e despejou toda a sua carga — 342 caixas de chá, num valor de, aproximadamente £10.000 — no Porto de Boston. Esse feito acabou ficando conhecido como a famosa *Boston Tea Party* (Festa do Chá de Boston). Aquilo foi mais uma travessura do que um ato de revolução. O fato, em si, não envolveu nem precipitou qualquer violência. Não haveria de ocorrer qualquer tiroteio sério durante os 14 meses seguintes. Ainda assim, a *Tea Party*, efetivamente, marcou o início da Guerra Americana pela Independência.

Na época da *Tea Party*, a *St. Andrew's Lodge* se reunia regularmente no chamado *Long Room* do *Freemasons' Hall*, antiga taberna *Green Dragon*. A Loja compartilhava aquela sala, e muitos de seus integrantes, com uma quantidade de sociedades secretas, politicamente orientadas, e Fraternidades clandestinas paramaçônicas dedicadas a fazer oposição à legislação fiscal britânica. Entre essas organizações que se reuniam no *Long Room*, estavam o *Long Room Club* (do qual também fazia parte o Grão-Mestre da *St. Andrew's,* Joseph Warren), o *Committee of Correspondence* (do qual faziam parte Warren e Paul Revere, e que sincronizava a oposição local com a oposição em outras cidades americanas tais como Filadélfia e NovaYork), e o *North End Caucus* (do qual fazia parte uma boa quantidade de Irmãos franco-maçons, entre os quais Warren).[287] Uma outra organização, quiçá ainda mais militante, era a *Sons of Liberty* ("Filhos da Liberdade") e o seu núcleo mais interior, o assim chamado *Loyal Nine*, que advogava a violência e que vinha, desde

287. Veja Labaree, *The Boston Tea Party*, p. 141-2; Joseph Warren, Griswold, *The Boston Tea Party*, p. 61; Paul Revere, e Jaynes, *The Boston Tea Party*; em Bassler, *Military Masonic Hall of Fame*, p. 222; *North End Caucus*.

1765, fomentando tumultos e distúrbios, demonstrações e outras formas de desobediência civil. De considerável proeminência entre os *Sons of Liberty* (Filhos da Liberdade), estava Samuel Adams, o qual não se sabe se era franco-maçom. Os *Sons of Liberty* não se reuniam no *Long Room* do *Freemasons' Hall*. No entanto aqui, mais uma vez, o seu Quadro se sobrepunha ao Quadro da *St. Andrew's Lodge*. Paul Rever, por exemplo, era particularmente ativo no *Sons of Liberty*. Ao menos três membros do *Loyal Nine* eram, também, irmãos franco-maçons da *St. Andrew's Lodge*.[288]

Os registros das reuniões da *St. Andrew's* imediatamente anteriores à *Boston Tea Party* são reveladores. Em 30 de novembro de 1773, por exemplo, o segundo dia de protesto em massa pela chegada do *Dartmouth*, a Loja se reuniu, mas somente depois da presença de sete membros. Segundo o livro de Atas, foi "feita uma moção, e devidamente secundada, para que a Loja fosse adiada para a noite da quinta-feira seguinte, em função da presença de poucos Irmãos. N.B. Consignatários do *Tea* ocuparam o tempo dos Irmãos"[289].

Na quinta-feira estipulada, 2 de dezembro, 15 membros e um visitante assistiram à Sessão da Loja e foram eleitos os Oficiais para o exercício seguinte. Uma semana depois, em 9 de dezembro, na data programada para a Sessão Ordinária, 14 membros e dez visitantes estavam presentes, porém os assuntos oficiais foram adiados para a semana seguinte, dia 16. Aquela era a noite da *Boston Tea Party*. Apenas cinco Irmãos compareceram à Loja. No livro de Atas, sob os seus nomes, está escrito: "Loja fechada (por conta do baixo número de Irmãos presentes) até amanhã à noite".[290]

Contrariamente a algumas declarações e lendas posteriores, a *Tea Party* não parece ter sido planejada na *St. Andrew's Lodge*. Na verdade, ela parece ter sido planejada por Samuel Adams e pelos *Sons of Liberty*. Porém, não há dúvida que ao menos 12 membros da Loja estiveram envolvidos na *Party*. E não apenas isso. Doze outros participantes acabaram se tornando, mais tarde, membros da *St. Andrew's*.[291]

---

288. Uma lista dos Nove Leais (*Loyal Nine*) está em Griswold, op. cit., p. 19. Os três membros do *Loyal Nine* que também eram membros da *St. Andrew's Lodge*, Boston, eram: Thomas Chase, iniciado em 1767; Thomas Crafts, iniciado em 1761; Henry Welles, iniciado em 1760.

289. Cerza, *The Boston Tea Party and Freemasonry*, p. 208.

290. Ibid.

291. Não existe uma lista oficial dos participantes na *Boston Tea Party*, na qual mais de 291 pessoas estiveram envolvidas. Várias pesquisas e estudos têm sido feitos em documentos de famílias e, em 1835, sete participantes ainda vivos ajudaram a compilar uma listagem, a qual resultou em 110 nomes; veja Griswold, op. cit., p. 141-3. A essa lista podemos acrescentar os nomes dos *Loyal Nine* que, quase certamente, dela participaram. Os membros da *St. Andrew's Lodge* estão mencionados na "nota 285". Warren, Webb e Hancock estão acrescentados em Bassler, op. cit., p. 222.

Ademais, a *Tea Party* não poderia ter acontecido sem a ativa conivência de dois destacamentos da milícia colonial, que deveriam estar vigiando a carga do *Dartmouth*. Dentre esses homens, o capitão do primeiro destacamento, Edward Proctor, fora membro da *St. Andrew's Lodge* desde 1763.[292] Três de seus homens — Stephen Bruce, Thomas Knox e Paul Revere — também eram membros da Loja, e três outros eram membros da *Loyal Nine*. No segundo destacamento da milícia, três outros homens eram membros da *St. Andrew's*. Sabe-se que ao todo, 19 membros, do total de 48 que compunham os dois destacamentos, colaboraram no despejo do chá a bordo do *Dartmouth*. Desses 19, seis, incluindo o comandante do destacamento, eram membros da *St. Andrew's*, e outros três eram membros da *Loyal Nine*.[293]

O Exército Continental

No dia seguinte à *Tea Party*, Paul Revere viajou para Nova York, onde notícias sobre o que ocorrera foram publicadas e alegremente circu-

---

Participantes da *"Boston Tea Party"* que também eram membros da *St. Andrew's Lodge*:

Stephen Bruce — franco-maçom desde 1767
Thomas Chase — franco-maçom desde 1767
Adam Collson — franco-maçom desde 1762
Thomas Crafts — franco-maçom desde 1761
John Hancock — franco-maçom desde 1762
Samuel Peck — franco-maçom desde 1756
Edwar Proctor — franco-maçom desde 1763
Paul Revere — franco-maçom desde 1760
Thomas Urann — franco-maçom desde 1760
Joseph Warren — franco-maçom desde 1761
Joseph Webb — franco-maçom desde 1760
Henry Wells — franco-maçom desde 1760

Participantes da *"Boston Tea Party"* que se filiaram mais tarde à *St. Andrew's* Lodge:

David Bradlee — Filiado em 1777
Samuel Cooper — Filiado em 1795
Robert Davis — Filiado em 1777
Samuel Gore — Filiado em 1778
Abraham Hunt — Filiado em 1777
Daniel Ingersoll — Filiado em 1782
Amos Lincoln — Filiado em 1777
Eliphalet Newell — Filiado em 1777
Henry Purkitt — Filiado em 1795
William Russell — Filiado em 1777
James Swan — Filiado em 1777
Nathaniel Willis — Filiado em 1779

292. *The One Hundred and Fiftieth Anniversary of the Lodge of St Andrew's*, p. 293.

293. Listas da Guarda para a noite de 29 de novembro e manhã de 30 de novembro de 1773 podem ser encontradas em Griswold, op. cit., p. 144. Aqueles que participaram nos acontecimentos de 16 de dezembro de 1773 estão assinalados. Um membro da St. Andrew's Lodge e da Guarda militar, Thomas Knox, não parece ter estado envolvido na *Tea Party*.

ladas entre as outras colônias. Quando mais tarde, três semanas depois, as notícias chegaram a Londres, a reação foi rápida, drástica e mal orientada. Uma lei foi baixada, a *Boston Port Bill*, que aplicava um embargo a todo o comércio com Boston, e o seu proto efetivamente fechado. A cidade — e, por extensão, toda Massachusetts — foi tirada das mãos da administração civil e colocada sob o que acabaria sendo uma lei marcial. Um militar, o General Thomas Gage, foi nomeado governador de Massachusetts. Um ano depois, em 1775, Gage recebeu substanciais reforços de soldados britânicos sob o comando de *Sir* William Howe.

A lentidão das comunicações transatlânticas ainda era um impedimento ao desenvolvimento dos acontecimentos, mas já começavam a assumir um momento próprio. Em 5 de setembro de 1774, o Primeiro Congresso Continental reuniu-se na Filadélfia sob a presidência de Peyton Randolph, um proeminente advogado e Grão-Mestre Provincial da Virgínia.[294] Entre os Delegados de Boston estavam Samuel Adams do *Sons of Liberty* e Paul Revere. Porém, contrariamente à tradição posterior, não houve unanimidade de pareceres ou de objetivos. Àquela altura, eram poucos os representantes que desejavam, ou mesmo que almejavam, a independência da Grã-Bretanha. As medidas, tais como as baixadas pelo Congresso, eram essencialmente econômicas, não políticas. Elas eram, também, altamente provisórias, uma combinação de tampão e ilusão. Assim, por exemplo, formou-se a *Continental Association* (Associação Continental), especificamente para pôr um fim ou restringir todo o comércio com a Grã-Bretanha e com o resto do mundo, para ratificar a economia colonial, tornando-a inteiramente autossuficiente. Esse projeto dificilmente seria factível na prática; porém, justificadamente, poderia se esperar que a sua enunciação pudesse galvanizar o Parlamento.

No entanto, estando o Parlamento a uma distância de quase 6 mil quilômetros, e com um parco conhecimento ou interesse nas realidades da situação, invariavelmente respondia de forma errada, tomando as medidas erradas. A situação continuava a se deteriorar, e quando o Congresso Provincial de Massachusetts se reuniu em fevereiro de 1775, foram anunciados planos de resistência armada. O Parlamento reagiu, declarando Massachusetts em estado de rebelião. Em meio à crescentemente inflamada retórica que se seguiu, Patrick Henry, num discurso proferido à Assembleia Provincial da Virgínia, fez a sua famosa declaração: "Deem-me a liberdade, ou deem-me a morte".[295]

Mas a crise já passava do campo da retórica — e mesmo da ação cívica ou econômica. Em 18 de abril de 1775, 700 soldados britânicos foram enviados para se apoderarem de um depósito de armas da milícia

294. Heaton, op. cit., p. 57.
295. *Webster's Guide to American History*, p. 56.

armazenadas em Concord, nos arredores de Boston. Paul Revere embarcou em sua famosa viagem para avisar daquele avanço militar, e, assim, foram enfrentados em Lexington por 77 colonos armados. Seguiu-se uma escaramuça — "os tiros ouvidos em todo o mundo" — que matou oito colonos e deixou dez feridos. No caminho de volta a Boston, trazendo consigo as armas confiscadas, a coluna britânica sofreu seguidos ataques de um contingente de, estimativamente, 4 mil colonos atiradores, impingindo-lhe 273 baixas, entre mortos e feridos. Do lado dos colonos, as baixas chegaram a 90.

Em 22 de abril, o Terceiro Congresso Provincial de Massachusetts se reuniu, tendo como presidente Joseph Warren, Grão-Mestre da Grande Loja da Escócia para a América do Norte. Warren autorizou a mobilização de 30 mil homens. Na ocasião, ele escreveu em seu "Discurso à Grã-Bretanha":

> "As hostilidades finalmente se iniciaram nesta colônia pelas tropas sob o comando do General Gage... Estes, meus Irmãos, são os sinais da vingança ministerial contra esta colônia por ter recusado, junto com suas colônias irmãs, uma submissão à escravidão; porém, eles ainda não nos separaram de nosso soberano real. Nós declaramos sermos seus leais e dedicados súditos... apesar da perseguição e da tirania de seu cruel ministério, não haveremos de nos submeter mansamente."[296]

A maioria daqueles que não eram franco-maçons entre os colonos rebeldes — homens tais como John e Samuel Adams — já estava a exigir medidas mais radicais. No entanto, como já vimos, Warren, ao declarar a sua continuada fidelidade à Coroa, quando não ao Parlamento, expressou a posição da maioria dos franco-maçons. E foi essa postura que prevaleceu quando, em 10 de maio de 1775, o Segundo Congresso Continental se reuniu — primeiro sob a presidência de Peyton Randolph, e depois de sua morte, sob a presidência de John Hancock da *St. Andrew's Lodge* — e autorizou a criação de um completo exército. George Washington, um proeminente franco-maçom sob o Grão-Mestrado de Randolph na Virgínia, foi nomeado comandante em chefe. Pelo menos um historiador sugere que ele deveu a sua nomeação graças aos seus laços franco-maçônicos.[297] Certamente havia outros militares mais experientes à disposição — embora quase todos também fossem franco-maçons. De fato, durante os primeiros dias de guerra, o alto comando do Exército Continental era dominantemente composto de franco-maçons. É importante falarmos um pouco sobre algumas de suas biografias.

296. Ibid., p. 57.
297. Mansfield Hobbs, *The Contribution of Free Masonry and Free Masons to the Success of the American Revolution*, p. 17.

Entre aqueles que bem poderiam ser nomeados comandantes supremos, em vez de Washington estava Richard Montgomery. Montgomery nascera perto de Dublin, na Irlanda. Durante a Guerra Franco-Indiana, ele serviu como um oficial do Exército britânico sob o comando de Amherst. Por ocasião do Cerco de Louisbourg, ele estava no *17th Foot*, subsequentemente o *Leicestershire Regiment*, que fazia parte da Brigada de Wolfe. Após a guerra, estabelecendo-se nas colônias, Montgomery se casou com a filha de Robert R. Livingston — que, em 1784, haveria de se tornar o Grão-Mestre da Grande Loja Provincial de Nova York e que, em 1789, ministrou o juramento pelo qual Washington se tornou o primeiro presidente dos Estados Unidos. Acredita-se que Montgomery tenha sido iniciado na Loja de Campo do *17th Foot* durante a campanha de Louisbourg. Certamente, o seu *status* como franco-maçom era bem conhecido entre os seus contemporâneos. "Warren, Montgomery e Wooster!", era um frequente brinde franco-maçônico levantado homenageando três distintos Irmãos que estavam entre os primeiros a perecerem no conflito.[298]

O general David Wooster fora um coronel, depois um brigadeiro, durante a Guerra Franco-Indiana. Ele serviu sob o comando de Amherst em Louisbourg e acredita-se ter ali ingressado numa Loja de Campo com lorde Blayney, posteriormente Grão-Mestre da Grande Loja da Inglaterra. Já em 1750, Wooster organizou a *Hiram Lodge nº 1*, em New Haven, tornando-se seu primeiro Mestre de Loja.[299]

O general Hugh Mercer servira como um cirurgião junto ao exército rebelde Jacobita de Charles Edward Stuart. Depois de Culloden, ele escapou para a Filadélfia onde, dez anos mais tarde, serviu sob o comando de Braddock, tendo sido ferido em Fort Duquesne. Um ano depois, ele fazia parte do marcantemente franco-maçônico *60th Foot*. Quando Fort Duquesne foi reconstruído como Fort Pitt, Mercer foi colocado em seu comando com a divisa de coronel. Já um veterano franco-maçom, ele fazia parte da *Fredericksburg Lodge*, a mesma Loja de George Washington.[300]

O general Arthur St. Clair nasceu em Caithness e era descendente de *Sir* William Sinclair, o construtor da Capela Rosslyn. Tal como Montgomery, St. Clair juntou-se ao Exército britânico, servindo no *60th Foot* em 1756-1757, e depois na Brigada de Wolfe, sob o comando de Amherst em Louisbourg. Um ano depois, ele estava com Wolfe em Quebec. Em 1762, ele deu baixa de seu serviço e estabeleceu-se nas colônias. Sabe-se ter sido ele um franco-maçom, embora não existam documentos sobre sua iniciação ou afiliação a qualquer Loja.[301]

298. Heaton, op. cit., p. 45.
299. Ibid., p. 79.
300. Ibid., p. 44.
301. Ibid., p. 59-60.

O General Horatio Gates também servira como oficial do Exército britânico. Também ele combateu sob o comando de Amherst em Louisbourg. Ele era um dos amigos pessoais mais íntimos de Washington e casou-se com a filha do Grão-Mestre Provincial de Nova Escócia. São incertas as suas exatas afiliações franco-maçônicas, mas sabe-se que ele era um assíduo frequentador da Grande Loja Provincial de Massachusetts.[302]

O General Israel Putnam servira sob o comando de Lorde George Howe e estava com ele quando de sua morte no desastroso ataque frontal em Fort Ticonderoga. Posteriormente, Putnam serviu sob o comando de Amherst. Ele foi um franco-maçom desde 1758, quando ingressou numa Loja de Campo em Crown Point, logo depois de Amherst ter capturado o forte.[303]

O General John Stark participou da ação, junto com lorde George Howe, no irregular comando guerrilheiro conhecido como *Rogers' Rangers*. Posteriormente, ele esteve com Howe em Ticonderoga, e depois, com Amherst. É bem possível que tenha, então, tornado-se franco-maçom, porém não existem provas conclusivas acerca de sua afiliação antes de 1778.[304]

Eis aí, então, uma amostragem daquilo que, com efeito, mais parece uma ladainha. A lista poderia facilmente ser muito mais longa. O general John Nixon esteve com o lorde George Howe em Ticonderoga, depois com Amherst em Louisbourg, tal como também estava o general Joseph Frye. O general William Maxwell esteve com George Howe em Ticonderoga, depois com Wolfe em Quebec, tal como também estava o general Elias Dayton. Todos esses eram franco-maçons.

Um homem que se ressentiu profundamente da nomeação de Washington — tanto assim que, no final, levou-o à traição — foi Benedict Arnold. Também Arnold servira sob o comando de Amherst e, segundo dizem, teria se tornado franco-maçom naquela época. Em 1765, ele ingressou na Loja de David Wooster, a *Hiram Lodge nº 1*, em New Haven.[305] O amigo de Arnold, coronel Ethan Allen, servira com George Howe em Ticonderoga, depois com Amherst. Em julho de 1777, ele recebeu o Primeiro Grau, ou "Grau de Aprendiz" de uma Loja de Vermont; mas, ao que parece, jamais foi mais adiante.[306]

302. Ibid., p. 85-6.
303. Ibid., p. 53-4.
304. Ibid., p. 61-2.
305. Ibid., pgs 2-3.
306. Van Gorden, *Modern Historical Characters in Freemasonry*, p. 320. Van Gorden assinala que o irmão de Ethan era um franco-maçom, membro da Loja nº 1 de Vermont.

CAPÍTULO XVIII

A Guerra pela Independência

No mesmo dia em que se reuniu o Segundo Congresso Continental, Ethan Allen, junto com Arnold, que era então seu tenente, lançou um ataque-surpresa a Ticonderoga, o forte tão amargamente disputado uma geração antes. Depósitos de armas e de munições foram capturados, inclusive materiais de artilharia. Cinco semanas depois, os colonos, trabalhando secretamente durante a noite, precederam os planos britânicos de fortificar Boston, erigindo suas próprias plataformas de artilharia no alto de dois cumes voltados para a cidade, Breed's Hill e Bunker Hill. O seu comandante era o brigadeiro Artemus Ward, um outro veterano da Guerra Franco-Indiana; mas o seu líder inspirador era Joseph Warren da *St. Andrew's Lodge*.

Mais tarde, o General Gage haveria de ser responsabilizado por aquilo que aconteceria em seguida, mas, a verdadeira responsabilidade cabia a *Sir* William Howe, que exercia o comando em campo. Era Howe quem detinha a autoridade, quando a verdadeira natureza da situação se tornou clara, de revogar o plano de batalha ou aderir a ele e sofrer os inevitáveis custos. Para um subordinado de Amherst e Wolfe, Howe, de fato, teve um comportamento bastante estranho.

Apesar do calor assolador, Howe ordenou que os seus soldados avançassem, enfileirando-se próximos, uns dos outros, carregando equipamentos com mais de 50 quilos cada um, dirigindo-se diretamente à frente do fogo dos colonos, tomando tempestivamente as plataformas com suas baionetas a postos. O fogo dos colonos, disparado em bem disciplinadas rajadas, aprendidas com o Exército britânico durante a Guerra Franco-Indiana, era fulminante, e exigiu quatro ataques dos soldados de Howe para tomar a posição. Quando conseguiram — após contabilizarem mais de 200 mortos e cerca de 800 feridos, de um total de 2.500 homens — eles já não estavam mais dispostos a serem dóceis. Warren pereceu na ponta de uma baioneta britânica, e aqueles seus colegas que não fugiram foram aniquilados. Foram mais de 400 as baixas entre os colonos.

Bunker Hill é importante por ter sido o primeiro lugar importante de enfrentamento cara a cara entre colonos e soldados britânicos. Esta foi, também, a primeira batalha franca e aberta da guerra, diferentemente das escaramuças de Lexington e Concord. Mas ela também é importante em virtude da estranha conduta e ação de Howe. Devemos lembrar que Howe aprendera as irregulares táticas quando estava sob o comando de seu irmão mais velho George, Amherst e Wolfe. Ao longo de sua carreira militar, tanto antes como depois de Bunker Hill, ele evitou e se esquivou dos custosos e onerosos ataques frontais contra posições entrincheiradas — o tipo de ataque durante o qual, afinal, o seu irmão havia morrido em Ticonderoga, em 1758. Em Bunker Hill, ele tinha diversas alternativas disponíveis. Ele poderia, talvez, ter desalojado os colonos de suas plataformas com fogo de artilharia. Certamente, ele poderia ter-lhes interceptado as vias de acesso e por eles esperado, deixando-os sucumbir pela fome, pela sede e pela falta de munição. Ele poderia, provavelmente, ter colocado em ação as suas companhias de granadeiros e a sua infantaria ligeira naquelas engenhosas maneiras que tinha aprendido de Amherst e Wolfe 20 anos antes — e naquelas maneiras com que haveria de colocar em ação em ocasiões mais adiante na guerra. Ademais, tendo combatido ao lado das tropas coloniais durante a Guerra Franco-Indiana, Howe sabia, melhor do que qualquer outro oficial britânico em Boston naquela época, o quão duros e resistentes eles podiam ser, o quão bem preparadas e disciplinadas poderiam ser as rajadas de fogo disparadas pelo exército britânico.

Ao fazer o que fez em Bunker Hill, é como se Howe, tendo repetidamente declarado a sua relutância em combater contra os colonos, estivesse mandando um sinal a seus superiores em Londres: "Vocês querem que eu combata? Muito bem; eu combaterei! Mas este será o seu custo. É nesse tipo de confusão e enrascada que vocês estão nos metendo. Vocês querem, de fato, continuar essa loucura?".

Isso não teria sido cinismo por parte de Howe. Nem teria sido o injustificado desperdício de mil homens para, simplesmente, chegar ao ponto desejado. Ao contrário, Howe, sabendo perfeitamente naquilo em que a Grã-Bretanha estava se metendo, teria pensado em termos estratégicos. E ao pensar em termos estratégicos, ele podia muito bem ter concluído ser válido o sacrifício de mil homens se, ao assim fazer, ele pudesse evitar a perda de milhares de outros nos embates subsequentes.

Porém, se essa era a lição que Howe tentou transmitir a Londres, ele não conseguiu. É verdade que ele pode ter pensado inicialmente ter conseguido abrir o seu caminho — ele próprio fora desculpado pelas baixas em Bunker Hill; Gage foi culpado, e o Exército britânico evacuou Boston. Mas, daí, Howe se encontrou na posição que menos queria ocupar — substituir Gage, encarregado da responsabilidade de comandante em chefe, e

Guerra Americana pela Independência com a Campanha de 1777
Quebec
Montreal *Burgoyne parte 13 de junho de 1777*
Baía Georgeana
Lago Champlain
Ft. Ticonderoga tomado por Burgoyne 6 de julho de 1777
Concord
Boston
Lago Ontário
Saratoga derrota de Burgoyne outubro de 1777
Albany
Bunker Hill
Rio Delaware
Rio Hudson
Logo Eire
Valley Forge Quartel de Inverno de Washington 1777-1778
Nova York
Brandywine Houve derrota Washington 11 de setembro de 1777
Filadélfia
General Howe deixa Nova York em 23 de julho de 1777
Yorktown Cornwallis rende-se a Washington em 19 de outubro de 1781
Oceano Atlântico
A Charleston britânica toma a Charleston em 12 de maio de 1780
A Savannah britânica toma a Savannah em 29 de dezembro de 1778

obrigado a dar continuidade às operações contra os colonos. Ele jamais voltaria a desperdiçar soldados como fizera em Bunker Hill. Ao contrário, repetidamente, nas campanhas que se seguiram, saía de sua rota para poupar vidas, fosse a de seus próprios homens, fosse a de colonos. Mas o seu comportamento não haveria de ser menos equivocado ou menos ambíguo.

A Rede de Espionagem Britânica

Apesar do derramamento de sangue em Bunker Hill, ou talvez por causa dele, os colonos, em grande parte orientados pelos franco-maçons que estavam entre eles, ainda tentavam evitar uma completa ruptura com a Grã-Bretanha. Em 5 de julho, o Congresso Continental aprovou a assim chamada *Olive Branch Petition* (Petição do Ramo de Oliveira) a George III, propondo um ajuste amigável das diferenças existentes. Esta foi seguida, um dia depois, por outra resolução, na qual se declarava que as colônias não desejavam a independência, mas que "não se renderiam à escravatura". No entanto, em 23 de agosto, a *Olive Branch Petition* foi sumariamente rejeitada, e o rei declarou as colônias britânicas da América do Norte em rebelião aberta. Assim, os acontecimentos passaram a ter o seu próprio movimento, numa escalada que ia além do ponto que todas as principais facções poderiam ter previsto ou desejado.

Em 9 de novembro, foi nomeado um comitê especial — o *Committee of Congress for Secret Correspondence* (Comitê do Congresso para Correspondência Secreta) — para criar uma rede de contatos entre os "nossos amigos do exterior". Esse comitê era formado por Robert Morris, John Jay, Benjamin Harrison, John Dickinson e Benjamin Franklin.[307] Suas ações eram amplamente realizadas pelos canais franco-maçônicos, e acabaria levando à criação de uma elaborada rede de espionagem. Enquanto isso, e quase que coincidentemente, essa rede se sobrepunha a uma rede de espionagem Britânica que agia em paralelo e que também se utilizava dos canais franco-maçônicos. Ambas as redes estariam baseadas, principalmente, em Paris, que se tornou o centro de uma vasta rede de espionagem, intriga e instáveis fidelidades.

Como já vimos, Franklin era um veterano franco-maçom, tendo sido iniciado cerca de 50 anos antes, em 1731. Em 1734, e novamente em 1749, ele fora Grão-Mestre da Pensilvânia. Em 1756, ele foi iniciado na Sociedade Real (*Royal Society*), naquela época ainda fortemente direcionada à Franco-Maçonaria. Entre 1757 e 1762, e novamente entre 1765 e 1775, ele passou um grande período no exterior, na Inglaterra e na França. Em 1776, quando o conflito nas colônias se transformou numa generalizada guerra pela independência, Franklin se tornou, com efeito, o embaixador

307. Einstein, *Divided Loyalties*, p. 3.

americano na França, e haveria de ocupar essa função até 1785. Em 1778, em Paris, ele se tornaria membro de uma Loja francesa particularmente importante, a *Neuf Soeurs* ou *Nine Sisters* (Nove Irmãs), da qual faziam parte luminares tais como John Paul Jones (iniciado na Escócia em 1770) e Voltaire. Um ano depois, em 21 de maio de 1779, Franklin se tornou Venerável Mestre da *Neuf Soeurs*, cargo ao qual foi reeleito em 1780. Em 1782, ele se tornou membro de um conclave franco-maçônico ainda mais enigmático e misterioso, o *Royale Loge des Commandeurs du Temple a l'Ouest de Carcassonne* (*Royal Lodge os Commanders of the Temple West of Carcassonne*).[308]

A partir da década de 1750 até 1775, Franklin foi o *Deputy Postmaster-General* (diretor-geral dos Correios) para as colônias americanas. Nessa função, ele se tornou particularmente próximo a seus pares opositores, os *British Postmasters-General* adjuntos, *Sir* Francis Dashwood e o conde de Sandwich. São um tanto quanto obscuras as afiliações Franco-Maçônicas de Dashwood. É possível que ele tenha sido membro da Loja fundada em Florence, em 1733, por seu bom amigo Charles Sackville, conde de Middlesex. Ambos, ele e Sackville, eram também integrantes do círculo de franco-maçons ligado a Frederick, príncipe de Gales. Posteriormente, ele viria a criar aquilo que resultou numa própria Loja franco-maçônica privada.[309]

Em 1732, Dashwood foi cofundador de uma Sociedade para-maçônica, a *Dilettanti*. Enquanto viajava no exterior entre 1739 e 1741, ele circulava nos meios Jacobitas, tornando-se amigo íntimo e, durante algum tempo, um leal apoiador de Charles Edward Stuart. Isso o colocou em contato com proeminentes Jacobitas na Inglaterra, tais como George Lee, conde de Lichfield, que ajudara seu primo, Charles Radclyffe, a escapar da Prisão de Newgate e que, com o duque de Wharton, outro fervoroso Jacobita e influente franco-maçom, haviam sido cofundadores do *Hell Fire Club* original. Em 1746, Dashwood, com o conde de Sandwich e dois outros, criou a Ordem ironicamente denominada *Order of Saint Francis* (Ordem de São Francisco) que, desde então, ficou conhecida popularmente e pelos futuros historiadores, por ter o mesmo nome da antiga organização de Wharton e de Lichfield. De fato, agora é Dashwood que é geralmente associado, erroneamente, com o *Hell Fire Club* — embora os seus "Franciscanos" estivessem envolvidos no mesmo tipo de atividades das orgias neo-pagãs.

Em 1761, Dashwood se tornou membro do Parlamento por Weymouth e Melcombe Regis. Em 1762, foi chanceler do Tesouro às ordens do conde de Bute. Um ano mais tarde, ele se tornou Lorde Provedor (*le Despenser*) e lorde-tenente de Buckinghamshire, bem como comandante da milícia de Buckinghamshire, na qual um de seus subordinados era outro político inde-

308. Amiable, *Une loge maçonique d'avant 1789, la R. L. Les Neuf Soeurs*, p. 136 e 145.
309. LaFontaine, "*Benjamin Franklin*", p. 17.

pendente e já notório MP, John Wilkes. Ele se tornou *Postmaster-General* adjunto em 1766. O seu primeiro colega nesse cargo foi Willis Hill, lorde Hillsborough, um cofundador, com o duque de Wharton e o conde de Lichfield, do *Hell Fire Club* original. Hill foi, mais tarde, substituído pelo conde de Sandwich.

Sandwich conheceu Dashwood por volta de 1740, e ambos se tornaram amigos pelo resto de suas vidas. Não é de se surpreender, pois, que Sandwich tenha se tornado primeiramente membro da *Dilettanti* de Dashwood e, depois, da Ordem de São Francisco. Ele continuou como *Postmaster-General* até 1771, quando se tornou o primeiro lorde do Almirantado, cargo que ocupou durante a maior parte da guerra americana pela Independência. Ele demonstrou tamanha inaptidão, que acabou recebendo até da austera e cuidadosa *Enciclopédia Britânica* a descrição: "Pela sua corrupção e incapacidade, a administração de Sandwich é inigualável na história da marinha britânica".[310]

Durante o verão de 1772, 1773 e 1774, Franklin ficou hospedado na casa de Dashwood, em West Wycombe.[311] Eles colaboraram para a confecção de um resumo do *Book of Common Prayer* (Livro de Orações Cotidianas):

> "O Prefácio e os Serviços foram um trabalho de Dashwood editado por Franklin, o Catecismo e os Salmos foi um trabalho de Franklin editado por Dashwood. O texto final foi impresso às custas de Dashwood..."[312]

E Franklin — aquele "homenzinho cheiroso", como o costumava chamar D. H. Lawrence, autor santarrão do *Poor Richard's Almanac*, patrocinador de temperança, sobriedade, frugalidade, engenhosidade, moderação e asseio, ao meticulosamente exortar os seus leitores a "não fazerem uso do ato sexual" — se tornou membro dos "Franciscanos" de Dashwood. Um modelo de retidão moral em casa, Franklin, na Inglaterra, aparentemente deixou cair a peruca, e as cavernas existentes sob a propriedade de Dashwood em West Wycombe se transformariam num *boudoir*, reservado às orgias dos libidinosos *Postmasters-General*.[313]

A julgarmos por uma carta que Sandwich enviara a Dashwood em setembro de 1769, eles não tinham muito que fazer:

> "Estou um tanto quanto envergonhado ao escrever-lhe acerca dos negócios do Correio estarem assim tão inativos durante todo o ve-

310. Towers, *Dashwood: The Man and the Myth*, p. 157-160. Isso se refere à Sala Capitular na abadia Medmenham em Dashwood, e aos rituais que eram ali realizados.

311. *Encyclopaedia Britannica* (Chicago, 1947), vol. XIX, p. 940, artigo sobre John Montagu, quarto conde de Sandwich.

312. McCormick, *The Hell Fire Club*, p. 107.

313. Towers, *Dashwood: The Man and the Myth*, p. 220.

rão; mas, de fato, há tão poucos negócios que requeiram a nossa atenção, e temos a sorte de concordar tão perfeitamente em todos os assuntos que pedem uma opinião, que restam pouquíssimas ocasiões para que nos exponhamos a qualquer inconveniente pela presença pessoal."[314]

No entanto, de fato, havia bem mais do que isso. Por permitir acesso a praticamente todas as correspondências e comunicações, o cargo de diretor-geral dos Correios (*Postmaster-General*) também era, tradicionalmente, o de um mestre-espião. E durante a guerra americana pela Independência, sua experiência como diretor-geral dos Correios, haveria de manter ambos, Dashwood e Franklin, em bom lugar.

Em seu duplo papel, como mestre-espião e como embaixador na França, Franklin fixou o seu centro de operações em Paris. Ali ele estava acompanhado por outros dois nomeados do *Committee of Congress for Secret Correspondence* (Comitê do Congresso para Correspondência Secreta), Silas Deane e Arthur Lee. O irmão de Lee estava em Londres. Ali também morava a irmã de Franklin, que, segundo se sabe, também estaria envolvida em espionagem. Desde há muito ela era uma boa amiga do irmão de Howe, almirante lorde Richard Howe, comandante de operações navais no teatro colonial. Em 1774, ela promoveu um encontro entre Franklin e o almirante, aparentemente para jogarem xadrez, e, frequentemente, discutiam sobre as queixas, as injustiças e os ressentimentos dos colonos.[315] Em 1781, uma carta aberta foi publicada por um certo "Cícero", que acusava os irmãos Howe de pertencerem a uma "facção" que conspirava para facilitar a proposta dos colonos pela independência. Assim acusava Cícero: "Toda a conduta de Washington... demonstrava uma confiança que não podia surgir do nada, a não ser de certos conhecimentos".[316] Ele, explicitamente, acusava o almirante Howe de "tecer tramas secretas com o doutor Franklin".[317] O almirante deu a sua resposta em um jornal, declarando que o tal "Cícero" "está perfeitamente correto quanto ao fato, ainda que um pouco enganado quanto às suas conclusões".[318]No entanto, ao mesmo tempo, ele admitia que tinha conhecimento de suas reuniões com Franklin do alto comando naval — o que leva a crer que ele poderia, de fato, ter tido algo a ocultar.

Um dos mais importantes agentes para os colonos na Inglaterra era o antigo amigo de Dashwood, companheiro e associado do Clube, John Wilkes.

314. Kemp, *Some Letters of Sir Francis Dashwood*, p. 219, carta datada de 28 de setembro de 1769.

315. Gruber, *The Howe Brothers and the American Revolution*, p. 54.

316. *A Letter from Cicero to the Right Honorable Lord Viscount Howe* (London, 1781), p. 26.

317. Ibid., p. 5.

318. Ibid., p. 6, citando o *Morning Post*.

Wilkes se tornara um ativo franco-maçom em 1769, e em 1774 era lorde prefeito de Londres. Nessa posição, ele era publicamente vociferante em favor da causa dos colonos. Porém, desde o fim da década de 1760, ele também era o representante britânico secreto do *Sons of Liberty* sediado em Boston, que tinha desempenhado um papel crucial na "Festa do Chá".[319] Ao longo da guerra, Wilkes clandestinamente levantava fundos para o exército continental, remetendo-os a Franklin em Paris. A partir de Paris, os fundos eram tanto repassados para a América do Norte como utilizados na compra de armamentos e provisões. Estranhamente, uma carta datada de 1777 sugere que, embora a rede de Wilkes tenha sido devassada, nada foi jamais feito a esse respeito.[320]

A rede de espionagem britânica também partia de Paris e estava oficialmente sob os auspícios de William Eden, lorde Auckland, um outro eminente cujo histórico maçônico tem frustrado os investigadores. Em 1770, ele se tornou Grande Intendente da Grande Loja, sem existir, no entanto, mais informações sobre quando, onde ou por quem ele fora iniciado.[321] A rede de Auckland operava em grande parte por meio dos capitães marítimos que comercializavam entre a França e a América do Norte — inclusive aqueles que portavam despachos entre Franklin e o Congresso. Em 10 de dezembro de 1777, um desses capitães, um homem de Maryland chamado Hynson, relatou a Auckland sobre Franklin que "todas as vezes que a Grã-Bretanha mostrasse disposição para a paz, ele seria o primeiro a desistir desta independência".[322] Segundo Franklin, Silas Deane também pensava assim. Hynson disse que Franklin, no entanto, tinha receio e desconfiança em relação a Arthur Lee, que "mantinha um padrão de vida superior a qualquer outro anterior e ostentava um grande orgulho".[323] Lee não estaria disposto a perder o seu *status* e estava satisfeito em ver a guerra continuar.

Além de seus agentes marítimos, lorde Auckland tinha um agente de particular importância em Paris, era o dr. Edward Bancroft, um renomado naturalista e químico. Antes da guerra, Bancroft havia sido um bom amigo de Franklin; em 1773, Franklin patrocinara a sua nomeação como Companheiro da Sociedade Real. Igualmente, ele era amigo de Silas Deane. Sem saber que Bancroft era um agente britânico, Deane, ao ser

---

319. Wilkes era, de fato, o seu representante em Londres. Em 1775 e 1776, ele estava em contato próximo com Arthur Lee (irmão de Richard Henry Lee), que estava em Londres. Mais tarde, Lee se juntou a Franklin e Dean em Paris. Wilkes estava remetendo dinheiro ao dramaturgo Beaumarchais, que, por sua vez, remeteu o dinheiro para as colônias americanas; veja Maier, *From Resistance to Revolution*, p. 256.

320. Carta do Reverendo John Vardill a William Éden, em 14 de dezembro de 1777: "O Sr. Lupton e o Dr. Bancroft estão em Londres. O Sr. Lupton e o Sr. Petré passaram a noite de ontem com o Sr. Wilkes, Hartley, etc, etc". Veja *British Library*, Add. Mss 34414, f. 427).

321. Registros arquivados na Grande Loja Unida da Inglaterra, Londres.

322. Veja Cap. 16, nota 7, acima.

323. Ibid.

enviado para Paris, logo mandou buscá-lo. Bancroft, ou os seus superiores, encenaram uma charada pela qual ele parecia ser forçado a "fugir" da Inglaterra para poder se juntar a Deane na França. Ali, ele se tornou não apenas confidente de Deane mas também confidente de Franklin.[324] Em 1777, ele chegou a se tornar secretário particular de Franklin! E, em 1779, ele se tornou membro da influente Loja *Neuf Soeurs*, da qual, naquele ano, Franklin era Venerável Mestre.[325]

Por meio de Bancroft, o governo britânico mantinha-se a par não apenas das atividades dos colonos mas também dos planos franceses para entrar na guerra. Ao menos em teoria, a Grã-Bretanha podia, assim, antecipar-se e agir para impedir desenvolvimentos tais como a contribuição francesa para a vitória colonial em Yorktown. Porém, tendo lorde Sandwich como primeiro lorde do Almirantado, e o almirante lorde Richard Howe comandando a frota em águas norte-americanas, a Marinha real demonstrava a mesma conduta morosa do alto comando do exército.

Em retrospecto, fica claro que a inteligência que Bancroft proporcionava era idônea e segura. Em 1785, o Parlamento viria a recompensá-lo, concedendo-lhe um período de monopólio na importação de uma determinada tintura vegetal utilizada na estampagem de morim, um processo do qual ele havia sido pioneiro. Apesar disso, o rei, que lia pessoalmente todos os relatórios da inteligência, não confiava nele e suspeitava tratar-se de um agente duplo aos colonos.[326] Uma certa missão clandestina que Bancroft empreendeu na Irlanda, em 1779, foi de caráter particularmente questionável. Em março de 1780, lorde Stormont, o embaixador britânico na França, escreveu ao rei informando que uma secreta delegação irlandesa, composta de católicos e independentes aliados, chegara a Paris em dezembro último, tendo se encontrado com Luís XVI. Segundo Stormont:

> "... eles propunham que a Irlanda se tornasse um reino independente, que haveria um tipo de Parlamento, mas sem um rei, que a religião protestante seria a religião dominante... mas que os católicos romanos serão merecedores da mais absoluta tolerância. Os delegados estão

324. Para um currículo de Bancroft, veja Einstein, op. cit., p. 4-15.

325. Amiable, op. cit., p. 253. Além de Franklin e Bancroft, pouquíssimos não franceses eram, na época, membros dessa Loja. Os oradores ingleses eram George Forster, o naturalista que acompanhou o capitão Cook, um escocês chamado Campbell, que não pode ser identificado diferentemente, e o marinheiro escocês, combatente pelos colonos americanos, John Paul Jones. Além desses, há um outro, conhecido apenas como Bingley, presumivelmente inglês ou americano. Outras nacionalidades estavam representadas por seis italianos, dois espanhóis, um russo, um polonês, um sueco e um alemão.

326. George III, escrevendo a lorde North, alega estar convencido de que Bancroft é "inteiramente um americano e que todas as palavras por ele usadas da última vez eram para tapear..."; veja *The Correspondence of King George the Third*, vol. III, p. 532, carta nº 2132, 31 de dezembro de 1777.

intimamente ligados a Franklin, o qual, segundo o meu informante, continua em correspondência por meio de sua (de Franklin) irmã, uma certa sra. Johnstone, ora em Londres, que é proprietária de uma pequena pousada em Fountain Court, na Praia."[327]

A partir dessas sementes, cerca de 20 anos mais tarde, uma nova organização paramaçônica haveria de nascer: a "Sociedade dos Irlandeses Unidos" (*Society of United Irishmen*), sob a égide de homens tais como o lorde Edward Fitzgerald e Wolfe Tone. Suas atividades haveriam de culminar com as rebeliões irlandesas de 1798 e de 1803.

Entrementes, a rede de espionagem britânica, sob a chefia de lorde Auckland, continuava a penetrar e a se infiltrar — mas sem explorar — na rede dos colonos. Nesse processo, *Sir* Francis Dashwood, na qualidade de diretor-geral dos Correios, era de particular importância. Sistematicamente, Dashwood interceptava as correspondências e comunicados dos colonos, passando as informações a Auckland. Porém, o que é mais extraordinário ainda é o fato de que, ao que parece, durante todo esse tempo, Dashwood e Franklin mantiveram um contato pessoal, por meio de seus próprios canais de comunicação. Assim, por exemplo, um dos agentes de Dashwood, um tal de John Norris, informa numa carta datada de 3 de junho de 1778: "Pela presente inteligência transmitida por heliógrafo, de dr. Franklin em Paris, para Wycombe." Pelo menos um comentarista conclui, a partir dessa missiva, que Franklin era, de fato, um agente britânico![328] No entanto, se assim fosse, alguns dos contatos entre Dashwood e Franklin teriam, inquestionavelmente, aflorado entre os papéis de lorde Auckland — ou entre os papéis de alguma outra autoridade britânica, ou, até mesmo, entre os documentos do próprio rei. O fato de isso não ter ocorrido sugere que os contatos não foram sancionados, ou sequer conhecidos, pela inteligência britânica. Com toda a probabilidade, Dashwood e Franklin — que, afinal de contas, eram velhos amigos e colegas — estavam jogando um inocente e inofensivo jogo próprio, trocando fofocas, irrelevantes mexericos e tagarelices, ou simples desinformações. Embora Dashwood se opusesse à guerra, não há indícios de que ele estivesse envolvido em traição. Ao contrário, ele parece ter cumprido as suas obrigações — apesar de um nível mínimo daquele esperado — de forma suficientemente conscienciosa e escrupulosa. Nesse sentido, o seu comportamento é marcantemente parecido com o dos comandantes militares e navais britânicos.

327. Ibid., vol. V, p. 24, carta nº 2.952, 1º de março de 1780, lorde Stormont a George III.
328. Deacon, A History of the British Secret Service, p. 112-3.

A Declaração

Na América do Norte, o ímpeto dos acontecimentos vinha se acelerando dramaticamente. Na época em que foi formado o *Committee of Congress for Secret Correspondence* (Comitê do Congresso para Correspondência Secreta), os colonos já haviam entrado numa ofensiva ambiciosa e mal orientada. Uma substancial força, sob o comando do general Richard Montgomery, tentou invadir o Canadá. Em 13 de novembro de 1775, conseguiram capturar Montreal. Porém, Montgomery, apesar de ter servido sob as ordens de Wolfe e Amherst, fez o erro de tentar, tempestivamente, arrebatar Quebec. O ataque dos colonos foi repelido com pesadas baixas, tendo o contingente sido dizimado, e o próprio Montgomery morrido. Mas o comandante Britânico no Canadá, *Sir* Guy Carleton, era um bom amigo de Howe, e com ele compartilhava a hesitação em relação à guerra. Carleton não apenas não se incomodou em perseguir as destroçadas forças dos colonos; ele acabou libertando todos os prisioneiros que foram capturados.

No início de 1776, as facções mais moderadas, de orientação franco-maçônica, que participavam do Congresso Continental ainda predominavam. A sua posição fora novamente enunciada no mês de dezembro anterior, quando o Congresso, mais uma vez, desafiou o Parlamento mas continuou afirmando a sua lealdade à Coroa. No entanto, agora os ânimos começavam a se acirrar e elementos mais radicais começaram a ganhar ascendência. O panfleto de Thomas Paine, *Common Sense* ("Bom Senso") contribuiu bastante para a polarização das atitudes e posturas e converteu muitos até então leais colonos ao princípio separatista do país colonizador. Em 7 de junho, o irmão de Arthur Lee, Richard Henry Lee, oficialmente propôs que as colônias deveriam se tornar "estados livres e independentes". Na mesma época, também a embaixada de Franklin começava a dar frutos. Luís XVI da França se comprometeu a fornecer um milhão de "Livres"* em munições, e um compromisso semelhante foi assumido pela Espanha, país que era um grande antagonista da Grã-Bretanha no Continente. Essas contribuições haveriam de sustentar o exército colonial durante cerca de dois anos.

Em 11 de junho, o Congresso nomeou uma comissão para esboçar uma declaração de independência. Dos cinco integrantes dessa comissão, dois deles — Franklin e o sogro de Richard Montgomery, Robert Livingston — eram franco-maçons, e acredita-se que um outro, Roger Sherman, embora não haja confirmação, também fosse.[329] Os outros dois — Thomas Jefferson e John Adams — não eram franco-maçons, embora diversas

* N. T.: Unidade de dinheiro antigamente usada na França, que, originalmente, equivalia a uma libra de prata.

329. Heaton, *Masonic Membership of the Founding Fathers*, p. 100-1.

26. Temple Church, perto de Edimburgo, antigamente conhecida como Balantrodoch, o quartel-general da Ordem do Templo na Escócia.

27. Sepultura do século XVII, encontrada no Templo, ostentando símbolos maçônicos.

28. Detalhe de lápide do século XVII, encontrada no Templo, ostentando a ilustração do crânio com as tíbias cruzadas, ladeado por instrumentos maçônicos.

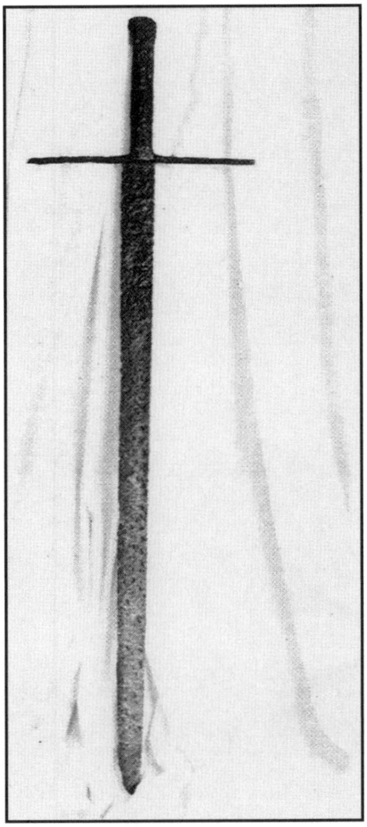

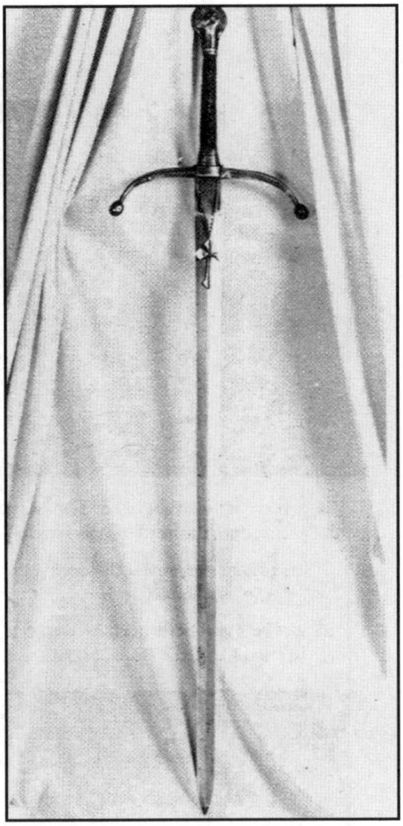

29-30. As espadas acima (a da esquerda, uma espada de meados do século XV, provavelmente de origem alemã; a da direita, com uma lâmina de meados do século XVII, com punho do século XIX) ora fazem parte de uma coleção particular (Stella Templum Scotorum) e *estiveram durante muito tempo em poder dos Templários Jacobitas escoceses. Dizem que uma delas teria sido usada pelo conde de Kilmarnock e seus colegas para iniciar o barão von Hund na Ordem Jacobita do Templo, em 1743.*

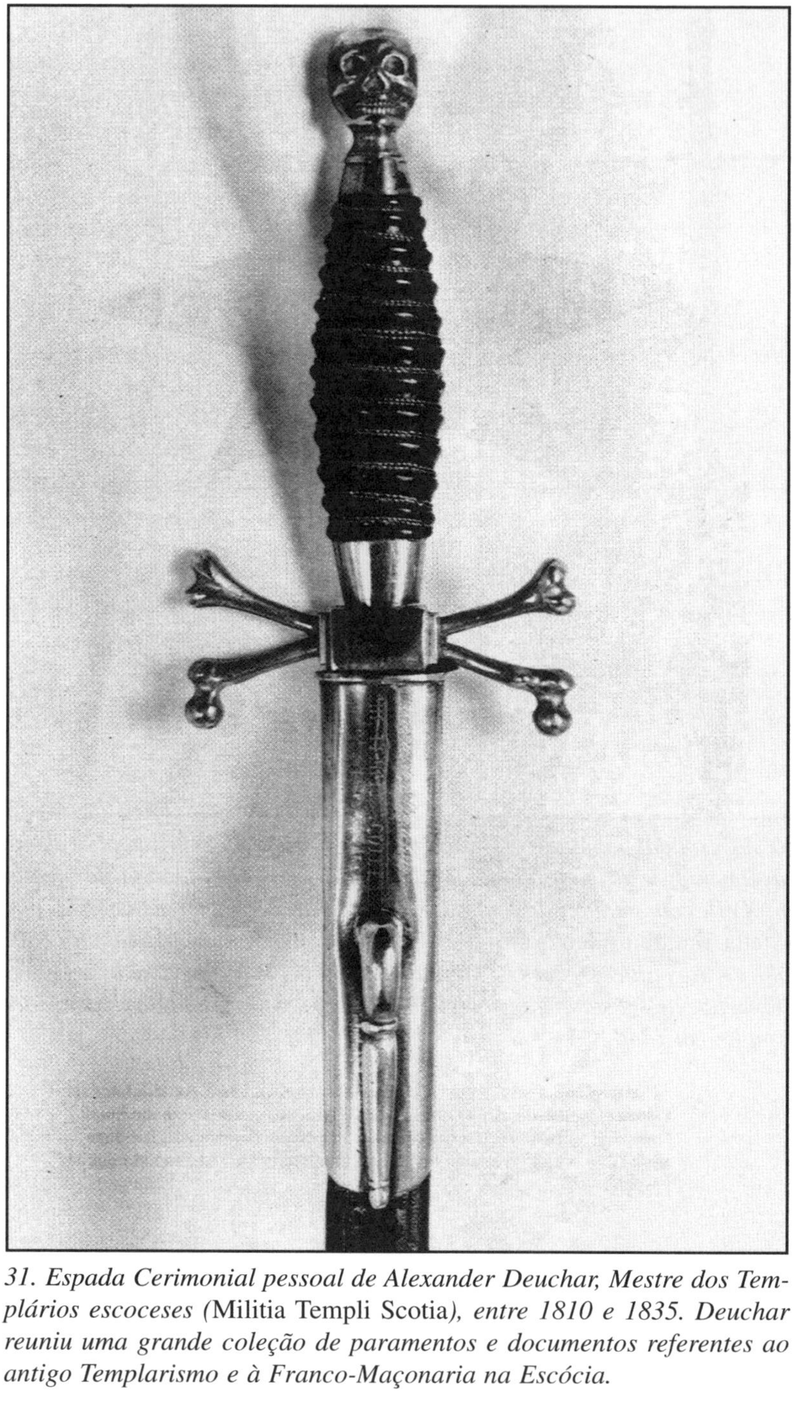

*31. Espada Cerimonial pessoal de Alexander Deuchar, Mestre dos Templários escoceses (*Militia Templi Scotia*), entre 1810 e 1835. Deuchar reuniu uma grande coleção de paramentos e documentos referentes ao antigo Templarismo e à Franco-Maçonaria na Escócia.*

32. Joias com cruz dos Cavaleiros Templários maçônicos ingleses, de aproximadamente 1830. Um candidato à admissão já devia ser um Mestre Maçom "Exaltado" ao Arco Real, e ser cristão. Assim sendo, é distinta da liberdade religiosa permitida pela Franco-Maçonaria Simbólica (Craft), tal como promulgada pela Grande Loja da Inglaterra.

33. Avental de Cavaleiros Templários maçônicos ingleses, de aproximadamente 1800.

34. Faixa maçônica usada por Benjamin Franklin como Mestre da Loja francesa Neuf Soeurs; *1779-1781.*

35. Avental usado por George Washington, que lhe fora presenteado pelo general de Lafayette, bordado pela madame de Lafayette, em 1784.

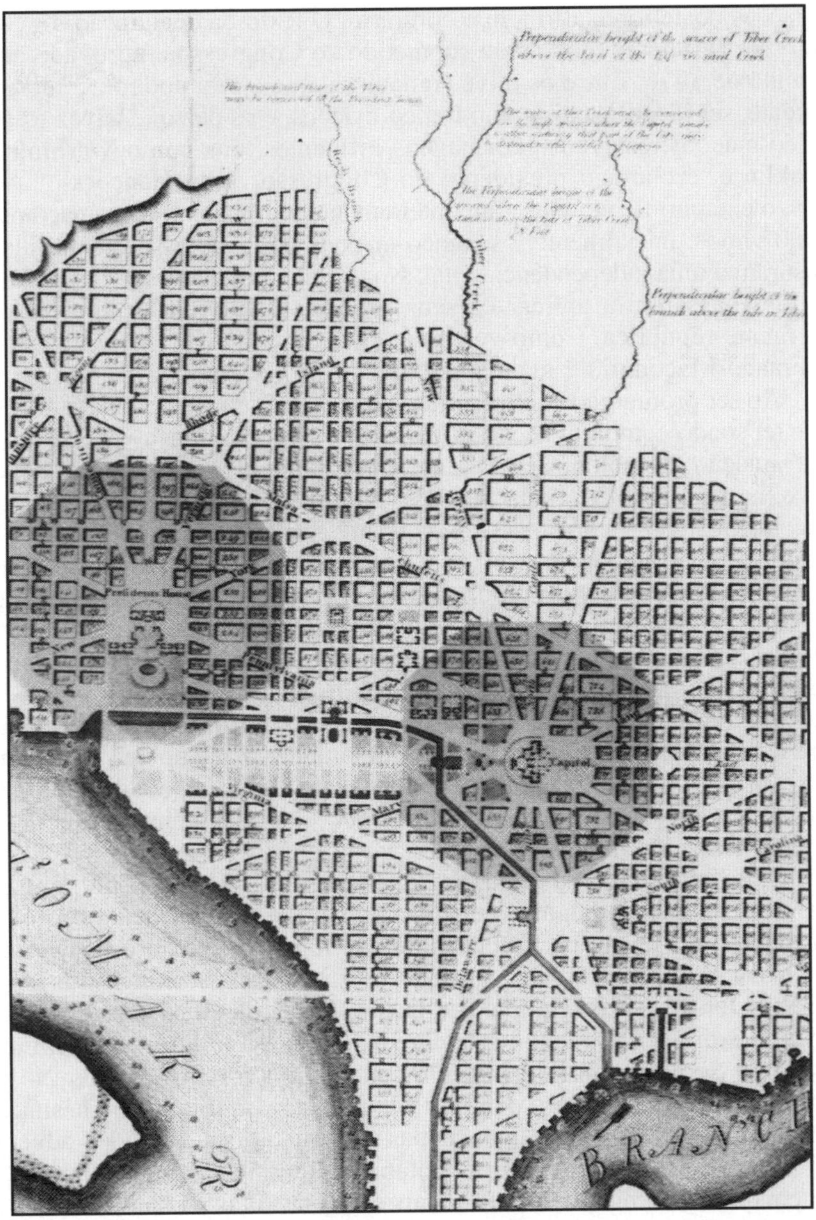

36. Mapa da cidade de Washington, 1792, incorporando as modificações introduzidas por Washington e Jefferson. Estão indicados os padrões octogonais centralizados sobre a Casa Branca e sobre o Capitólio.

alegações posteriores afirmem o contrário. O texto da declaração foi composto por Jefferson, tendo sido submetido ao Congresso e aprovado em 4 de julho de 1776. Entre os nove signatários que agora podem, comprovadamente, ser identificados como franco-maçons, e os dez que talvez fossem franco-maçons, estavam personagens influentes, tais como Washington, Franklin e, é claro, o presidente do Congresso, John Hancock.[330] Ademais, o exército ficou, quase que inteiramente, em mãos franco-maçônicas. Como vimos, inicialmente, os franco-maçons no Congresso e os militares resistiram a uma independência total. No entanto, quando o molde foi forjado, eles passaram a aplicar os seus próprios ideais nas instituições da emergente república. Como veremos, é na Constituição que a influência da Franco-Maçonaria é mais aparente.

Ao ser promulgada pela primeira vez, a Declaração de Independência deve ter soado como um aceno quixotesco e uma esperança vã. Certamente, a situação dos colonos estava, na época, longe de ser promissora e, em breve, haveria de ficar ainda mais desoladora. Em março, Howe, de fato, evacuou Boston — chegando a Nova York somente em 22 de agosto. Na Batalha de Brooklyn (algumas vezes chamada de Batalha de Long Island), ele teve 65 de seus homens mortos e outros 255 feridos, enquanto infligia mais de 2 mil baixas a seus adversários. No entanto, em vez de perseguir os colonos derrotados, ele permitiu que escapassem. Na campanha que se seguiu, ele demonstrou a mesma lassidão. Em Harlem Heights, por exemplo, no local oposto em que hoje está a Columbia University, ele procrastinou por quatro semanas antes de ordenar o ataque que arrebatou a posição dos colonos. Quando Fort Washington foi atacado, soldados hessianos começaram a abater com baionetas os prisioneiros, o que levou Howe a perder a calma com os mercenários alemães.

Mas nem mesmo a conduta cavalheiresca de Howe pode poupar o Exército Continental daquilo que viria a seguir. Forçado a evacuar Brooklyn, Washington retirou-se para Manhattan e, em 15 de setembro, Howe ocupou Nova York. Os embates subsequentes levaram Washington a recuar por New Jersey e, em seguida, por Delaware para a Pensilvânia. Naquela época, o exército continental estava reduzido de 13 mil homens para apenas 3 mil. Somente em Fort Lee 140 canhoneiros foram perdidos. No entanto, mais uma vez, Howe demonstrou uma curiosa timidez ou hesitação, conseguindo procrastinar e marcar passo enquanto seus sitiados adversários escapavam. É importante ressaltar que, durante o ano seguinte — o ano em que Washington sofreu as mais sérias derrotas — ele, e não Howe, estava na ofensiva. Não era Howe que o procurava; era ele que procurava Howe. E, ao encontrá-lo, Howe reagiu superficialmente — quase como alguém que espanta uma mosca e volta a dormir.

330. Ibid., p. XVI.

Assim, em 26 de dezembro de 1776, Washington fez a sua famosa travessia do Delaware, caindo num ataque-surpresa com um destacamento de hessianos em Trenton. Desviando-se da força principal britânica comandada por Cornwallis, em 3 de janeiro de 1777, ele conseguiu uma segunda vitória, em Princeton, ao combater um contingente menor. No entanto, em vez de revidar, Howe, cujo exército era muito superior, tanto em termos numéricos como em suprimentos, simplesmente abandonou New Jersey, indo para a Pensilvânia. Em 11 de setembro, ele repeliu o ataque de Washington em Brandywine. No entanto, em vez de persegui-los, ele continuou para a Filadélfia — de onde o Congresso Continental havia fugido às pressas —, ali estabelecendo suas instalações de inverno. Três semanas mais tarde, em 4 de outubro, Washington atacou novamente, dessa vez em Germantown. Mais uma vez Howe o repeliu, mas desta vez impingindo-lhe pesadas baixas. Com o seu exército assolado pela doença, pela deserção, pela baixa moral e falta de suprimentos, Washington se retirou para seu reduto de inverno em Valley Forge. Com um cavalheiresco espírito esportivo, Howe deixou-o em paz para que pudesse cuidar de suas feridas e recompor o seu destroçado exército.

Nesse processo de recompor o Exército Continental, a Franco-Maçonaria haveria de ter um papel particularmente importante. Atraídos pelos sonhos que a Franco-Maçonaria ajudou a inculcar, os soldados profissionais de além-mar cruzaram o Atlântico, aliando-se à causa dos colonos. Entre esses estava, por exemplo, o barão Friederich von Steuben, um veterano prussiano recrutado por Franklin e Deane, que se tornou instrutor de Washington. Trazendo consigo a disciplina e o profissionalismo do exército de Frederick — o Grande, Steuben, quase que individualmente, transformou os rudes recrutas colonos em eficientes combatentes. Também entre eles estava o francês Johann de Kalb, outro veterano dos campos de batalha europeus, que haveria de se tornar, quiçá, o mais competente e confiável comandante subordinado de Washington. Também estava Casimir Pulaski, um apaixonadamente engajado polonês, que viria a morrer em função dos ferimentos sofridos no sítio à Savannah. Também veio da Polônia Tadeusz Kosciuszko, que construiu as elaboradas fortificações de West Point e que se tornou o arquiteto e engenheiro chefe militar dos colonos. Finalmente, é claro, também estava o marquês de Lafayette, com apenas 20 anos de idade, cujo *status* e personalidade carismática compensavam sua falta de experiência militar e que exercia um dramático efeito na moral, ao mesmo tempo em que a sua atividade diplomática haveria de provar ser absolutamente crucial. Na verdade, ele foi, provavelmente, mais responsável do que qualquer outro em trazer a França para a guerra, e isso, por sua vez, possibilitou a vitória final em Yorktown. À exceção de Kosciuszko, sobre quem não existem informações relevantes, sabe-se que todos esses homens eram conhecidos ou prováveis franco-maçons. Lafayette e, particularmente, Steuben se consideravam contribuintes para a fundação da república franco-maçônica ideal.

A *Débâcle* de Saratoga

Com as derrotas em Brandywine e Germantown e a desmoralizante hibernação em Valley Forge, 1877 foi um ano particularmente desastroso para Washington. No entanto, ao norte de sua área de operações, aconteceu algo que haveria de provar, à luz da sabedoria que uma análise retrospectiva proporciona, ter sido, isoladamente, o maior embate crítico da guerra. Nem Washington nem Howe tomaram parte, diretamente, nele. Porém, Howe, exatamente naquela ocasião, demonstrou novamente a estranha apatia e hesitação que o caracterizavam ao longo de todo o conflito. De fato, as evidências mostram que, neste caso, ele pode ter demonstrado algo a mais.

Como já vimos, a guerra era extremamente impopular. Ela era impopular aos comandantes britânicos na América do Norte — os irmãos Howe, Cornwallis e Clinton — e ela era impopular com os integrantes de ambos os lados em casa. Edmund Burke, por exemplo, era eloquentemente franco e ousado contra a repressão colonial, tal como também era Charles Fox. William Pitt, conde de Chatham, que 20 anos antes havia presidido a conquista da América do Norte pelos franceses, proferiu diversos apaixonados discursos no Parlamento em prol da conciliação — e veio a morrer ao concluir um desses discursos. O filho de Pitt, então servindo como assistente de *Sir* Guy Carleton no Canadá, havia recebido ordens de seu pai para renunciar ao seu cargo para não ter que combater os colonos. O conde de Effingham também renunciou. O Almirante Augustus Keppel, que sucedeu Sandwich como primeiro lorde do almirantado, declarou publicamente que não se envolveria em operações contra homens que ele considerava seus compatriotas. Tanto quanto se sabe, nenhuma declaração pública como essa foi feita por George Rodney, o grande comandante naval da época; porém, está claro que Rodney sentia o mesmo, conscientemente evitando qualquer ação em águas americanas até que a guerra fosse decidida e, somente então, entrando no Caribe, onde infligiu uma dramática derrota à frota francesa. E, como já vimos, Amherst, comandante em chefe do Exército e reconhecido chefe das campanhas na América do Norte, igualmente se recusou a entrar em campo. No Canadá, *Sir* Guy Carleton compartilhava do mesmo marasmo de seu amigo, *Sir* William Howe. Entre aqueles do alto escalão britânico, militar, naval e cívico, a resistência à guerra era, virtualmente, unânime — tal como era a antipatia a seu principal propagador na Inglaterra, lorde George Germain. Havia apenas uma exceção notável, um homem que tanto adulava Germain como defendia uma implacável repressão aos colonizadores — esse homem era *Sir* John (*Gentleman Johnny*) Burgoyne.

Um almofadinha e inexpressivo dramaturgo na Inglaterra, Burgoyne, antes da eclosão das hostilidades em 1775, não havia prestado qualquer serviço anterior na América do Norte. Entre os comandantes britânicos, somente para ele a América do Norte era um mundo estranho. Durante a Guerra dos Sete Anos, ele estava baseado na Inglaterra, participando de uma série de esporádicos ataques ao litoral francês. Posteriormente, ele criou o seu próprio regimento de Cavalaria Ligeira e levou seus homens para Portugal, onde eles combateram como voluntários no conflito que aquele país teve com a Espanha. Tendo derrotado as forças espanholas em Villa Velha em 1762, Burgoyne retornou à Inglaterra com uma reputação de ser uma pessoa capaz, talentosa e vigorosa. Ele jamais se tornou um franco-maçom.

Por ocasião de Bunker Hill, ele estava sob as ordens de Howe em Boston. Daí, em 1776, ele foi nomeado Segundo-em-Comando junto a *Sir* Guy Carleton em Quebec, participando da ação no Canadá durante a frustrada invasão por Richard Montgomery. Burgoyne desaprovou, vigorosamente, a aparente "hesitação" com a qual Carleton, a exemplo da mesma atitude de Howe no Sul, conduzia as operações. Como vimos, Carleton libertara os prisioneiros capturados no ataque a Quebec. Numa outra oportunidade, ele soltara outros 110 colonos capturados, entre os quais um general, dando-lhes comida e calçados, permitindo-lhes voltar para casa. Em pelo menos uma ocasião, ele também, deliberadamente, deu ordens que permitiram que os colonos em retirada escapassem. Para Burgoyne, esse tipo de comportamento era imperdoável. Ele era avesso a tudo e a todos que fossem "estrangeiros" e, isoladamente entre os comandantes britânicos, ele aplicava esse adjetivo aos colonos em geral. Ele os considerava algo situado entre animais daninhos e crianças mimadas e carentes daquilo que uma geração futura chamaria de "choque de gerações". Arrogantemente insensível a suas mágoas e ressentimentos, ele não tinha qualquer compunção ao reprimi-los com qualquer nível de crueldade que as circunstâncias permitissem. Em sua opinião, eles não mereciam aquele tipo de gentileza e tratamento brando oferecidos por Carleton e Howe.

Em novembro de 1776, Burgoyne retornou à Inglaterra, onde continuou adulando seu amigo e patrão, o lorde George Germain. Por meio de Germain, ele também se tornou um confidente pessoal do rei. Isso permitiu-lhe passar por cima de seus superiores na América do Norte e vender seus ambiciosos planos para pôr um fim à guerra com um só golpe. Ele próprio haveria de implementar o plano e colher as glórias dele advindas.

O plano exigia uma elaborada orquestração, coreografia e sincronização. Isso compreendia uma grande coluna britânica sob o próprio comando de Burgoyne, atacando em direção ao sul, a partir do Canadá, avançando em direção a Albany pelos velhos fortes de Ticonderoga e Crown Point — aquele mesmo terreno acidentado e de densas florestas pelo qual Amherst e Wolfe abriram seu caminho 20 anos antes, mas do qual o próprio Burgoyne não tinha a menor experiência. Entrementes, Howe estaria privado de seu comando independente. Ele levaria as suas forças, então baseadas em Manhattan, rumo ao norte, para unir-se a Burgoyne em Albany. Assim:

> ",,, dois exércitos, um vindo do norte no Canadá e um vindo do sul, marchariam para uma união, cortando as colônias em duas seções separadas, após o que as áreas já separadas poderiam ser conquistadas individualmente."[331]

Com efeito, toda Nova Inglaterra seria cortada das colônias situadas ao sul. Segundo um comentarista, Burgoyne estava seguro de que "garantiria... glória, posição, honra e um lugar de destaque na história".[332]

Certamente, o plano de Burgoyne era ambicioso. Se o plano poderia ter tido maior sucesso em mãos mais competentes, é algo discutível; ainda que ele tivesse tido sucesso, o valor dos resultados bem poderia ter sido ínfimo e sem importância, uma vez que em 1777 os maiores teatros de operações estavam muito distantes, ao sul, e Nova Inglaterra acabara por se tornar estrategicamente irrelevante. Ainda assim, Germain e o rei compraram a ideia. *Sir* Guy Carleton seria substituído por Burgoyne como comandante em chefe no Canadá, tendo sido devidamente notificado em março de 1777. Carleton renunciou prontamente, porém permaneceu em Quebec por tempo suficiente para equipar e aparelhar Burgoyne e vê-lo partir. Após as primeiras discussões, Burgoyne foi surpreendido pela prontidão com que Carleton cooperou. Tal como escreveu Burgoyne, "*Sir* Guy não poderia ter demonstrado... mais zelo do que demonstrou ao cumprir e viabilizar meus pedidos e desígnios".[333] Na verdade, Carleton estava com pressa de se livrar de Burgoyne e absolver-se de toda aquela questão. Porém, como veremos, Carleton também reconheceu que quanto mais rápido Burgoyne se pusesse em marcha, mais certamente ele estaria marchando para a sua ruína. Sabendo perfeitamente o que deveria acontecer, Carleton estava agilizando não o sucesso de Burgoyne, e sim a sua inevitável ruína.

O sucesso do plano de Burgoyne dependia, principalmente, da cooperação de Howe, que, na época, estava envolvido em operações ao redor de Manhattan. Para que o plano pudesse vingar, Howe teria que fazer a sua parte, levando o seu exército rumo ao norte, reunindo-se a Burgoyne em Albany. Burgoyne esperava que lorde Germain, seu amigo e patrão lá na Inglaterra, desse-lhe as necessárias ordens submetendo a obediência e submissão de Howe, sem levar em conta suas objeções pessoais. Certamente aquela responsabilidade cabia a Germain; portanto, seria Germain quem haveria de, normalmente, assumir a culpa por aquilo que se seguiu.

Indiscutivelmente, Germain foi parcialmente culpável e parcialmente culpado por negligência. A desculpa geralmente aceita é que ele estava

331. Paine, Gentleman Johnny, p. 75.
332. Ibid., p. 85.
333. Ibid., p. 84.

ansioso por sair de férias. Não querendo deixar a sua carruagem esperando na estrada, ele, apressadamente, assinou as ordens de Burgoyne; porém, como Howe não recebera, respectivamente, a sua cópia, ele simplesmente, as ignorou. Seja como for, assim escreveu o conde de Shelburne; aquilo que viria a ser uma das acusações oficiais de Germain:

> "Entre diversas peculiaridades, ele tinha uma especial aversão de ser tirado, em qualquer ocasião, de seu caminho; ele tinha marcado de entrar em Kent ou Northamptonshire a uma determinada hora, e a caminho de passar em seu gabinete para assinar os despachos, contendo tudo o que ficara acertado, e que deveriam ser encaminhados aos dois generais. Por algum engano, aqueles que se destinavam ao general Howe não foram passados a limpo, e em vista de sua crescente impaciência, o gabinete, que era bastante ocioso, prometeu remetê-los logo em seguida ao interior, enquanto despachavam os outros para o general Burgoyne, esperando que aqueles primeiros pudessem ser assinados devida e corretamente antes que os primeiros fossem despachados, o que, no entanto, por descuido, não aconteceu; além disso, a falta de ventos acabou detendo o navio incumbido de transportar os outros. Em consequência, ocorreram a derrota de Burgoyne, a declaração francesa e a perda das 13 colônias. Tudo isso pareceria incrível, não fosse a sua própria secretária e as mais respeitáveis pessoas do gabinete terem me garantido que fora assim que ocorreram os fatos; o que corrobora o fato é que não há outra explicação possível."[334]

Nesse seu relato, Lorde Shelburne não está totalmente correto. O que de fato ocorreu pode ser descrito de forma diferente — ou, seja como for, de maneira a acrescentar uma dimensão complementar à versão de Shelburne. É possível que Germain, de fato, tenha deixado de assinar pessoalmente as ordens, mas, apesar disso, elas foram assinadas e enviadas a Howe. Foram assinadas por alguém chamado D'Oyley, um Secretário Adjunto do Departamento de Guerra. Sabe-se que Howe recebeu os ditos documentos, em 24 de maio de 1777.[335] O fato de tais documentos

334. Fitzmaurice, *Life of William Earl of Shelburne*, vol. I, p. 247-8.

335. Adams, *The Papers of Lord George Germain*, p. 29. Nessa data, Howe recebeu uma cópia das ordens que instruíam Burgoyne a ir para o Sul e se juntar a Howe em Albany. Não se sabe se esse despacho também continha uma ordem explícita a Howe para que fosse para o Norte, ao encontro de Burgoyne. Do que não resta dúvida é que Howe sabia que, no que se refere a Germaine e Burgoyne, ele deveria ir para o Norte. Howe alegou não ter recebido as ordens. O Gabinete de Guerra alegou terem-nos mandado, mas, nem Germain nem D'Oyley conseguiram apresentar-lhe uma cópia oficial e, assim, jamais conseguiram provar que os documentos tinham sido enviados. Mesmo que estes não tivessem, de fato, sido enviados, Howe ou algum outro grupo interessado deram um jeito para remover a cópia do Gabinete de Guerra antes de qualquer investigação.

não terem a assinatura pessoal de Germain não vem ao caso. Ao menos teoricamente, Howe deveria ser obrigado a agir em obediência aos documentos.

Além do mais, Howe já sabia o que deveria fazer:

> "Apesar de admitir que lorde George era uma pessoa de quem era difícil gostar ou respeitar, sua imperdoável negligência em não se assegurar de que suas ordens chegassem a *Sir* William em Nova York é apenas um dos lados do calamitoso erro... Do outro lado estava o perfeito conhecimento do general Howe de que enquanto Burgoyne marchava rumo ao Sul, os americanos aproximavam-se e começavam a cercá-lo."[336]

De fato, tão certo era o conhecimento de Howe que ele, para tanto, até chegou a disponibilizar a inteligência a Burgoyne. Howe:

> "... disse a Burgoyne que o exército americano ao norte estava prestes a receber um reforço de 2.500 novos soldados. Howe também sabia... que o rebelde general Israel Putnam, com mais 4 mil soldados, estava em Peekskill, entre Clinton em Nova York, e Burgoyne em Fort Edward".[337]

Uma rápida análise da exata sequência de acontecimentos mostra como Howe e Carleton, juntos, contribuíram para garantir o fracasso de Burgoyne — e, com o inesperado favor adicional proporcionado pela negligência de Germain, imputar-lhe toda culpa. Como vimos, no início de 1777, Howe resolveu renunciar New Jersey a Washington, e avançou sobre a capital colonial de Filadélfia. Ele notificou as suas intenções a Germain, e em 3 de março, Germain aprovou-as.[338] No entanto, em 26 de março, ocorreram os contratempos que acabamos de descrever. Germain emitiu ordens oficiais a Burgoyne para que marchasse rumo ao Sul, e para que Howe se juntasse a ele em Albany. Essas ordens foram despachadas para Burgoyne, com a assinatura de Germain. Segundo o Gabinete de Guerra, elas foram despachadas para Howe, com a assinatura de D'Oyley, que as recebeu em 24 de maio.[339] Porém, sete semanas antes, em 2 de abril, Howe já escrevera a Carleton no Canadá, informando de que não poderia oferecer muita ajuda a Burgoyne "por estar, provavelmente, na Pensilvânia". Em outras palavras, Howe, sete semanas antes de receber suas ordens, já sabia o que era esperado que fizesse e já havia decidido não fazer. Carleton recebeu a carta de Howe antes que Burgoyne tivesse iniciado o seu avanço

336. Paine, op. cit., p. 118.
337. Fortescue, *A History of the British Army*, vol, III, p. 207.
338. Veja nota 29, acima.
339. Robertson, *England under the Hanoverians*, p. 513.

em direção ao Sul, saindo de Quebec em 13 de junho. Carleton não apenas deixou de avisar Burgoyne, mas apressou-o em seu caminho — com um "zelo" que o agradecido Burgoyne achou surpreendente. Isso deixa claro que Howe e Carleton, aproveitando-se da morosidade das comunicações e da imprecisão geral de ordens, conseguiram se eximir, permitindo que Burgoyne marchasse para uma inevitável derrota. E Germain, por sua vez, continuando indefinido, involuntária e inconscientemente ajudou-os em sua posterior autoisenção.

Em 18 de maio, Germain escreveu a Howe. Estranhamente, ele apoiava o avanço de Howe sobre a Filadélfia — "acreditando, no entanto, que, qualquer que seja o seu projeto, ele será executado em tempo para a sua cooperação com o exército que tem ordens de vir do Canadá...".[340] O que é extraordinário é que Germain possa ter sido tão ingênuo ao pensar que Howe seria capaz de avançar rumo ao Sul, à Pensilvânia e, depois, conseguir marchar ao Norte para se juntar a Burgoyne em tempo. O próprio Howe não era tão ingênuo. Ele não tinha a mínima intenção de mostrar a menor pressa; ao contrário, ele se movia de maneira lenta e vagarosa. Quando a carta de Germain chegou às suas mãos em 16 de agosto, ele estava a bordo de um navio em Chesapeake Bay, a caminho da Filadéfia. Naquele mesmo dia, os hessianos na vanguarda da coluna de Burgoyne fizeram contato com os colonos de Bennington e foram eliminados:

> "Quando Howe decidiu abandonar Burgoyne... é difícil imaginar como poderia ele esperar que Burgoyne chegasse a Albany... não resta dúvida que, com ou sem as ordens de Germain, *Sir* William Howe deve ter tido algum indício de que Burgoyne estava marchando diretamente a sérios problemas, sem nada fazer para que Burgoyne não fosse séria, ou até fatalmente, malhado."[341]

Em 30 de julho, Burgoyne, avançando através das inóspitas florestas do norte de Nova York, enviou uma preocupada carta a Germain, queixando-se de não ter a menor ideia acerca das intenções de Howe. Essa parece ter sido a sua primeira insinuação de perigo. Em 20 de agosto, quatro dias após a derrota sofrida em Bennington, ele enviou uma segunda carta. Àquela altura, Howe já estava entrando na Pensilvânia. Em 30 de agosto, Howe escreveu seca e asperamente a Germain, informando que não tinha a mínima intenção de ajudar Burgoyne".[342] Como já vimos, em 11 de setembro ele derrotou Washington em Brandywine. Em 27 de setembro, ele ocupou a Filadélfia e, uma semana depois, em 4 de outubro, novamente derrotou Washington, de forma mais fragorosa ainda, em Germantown. Entretanto, Burgoyne afundava mais ainda no atoleiro que ele mesmo produzira. Em 7

340. Ibid.
341. Paine, op. cit., p. 119.
342. Adams, op. cit., p. 31.

de outubro, três dias depois de Germantown, sua coluna se chocou com a principal força dos colonos, sob o comando do general Horatio Gates. Repelido, e sofrendo pesadas baixas, Burgoyne recuou para o seu campo em Saratoga, para de lá ser desalojado por um ataque de Gates. Finalmente, em 17 de outubro, totalmente cercado, tendo todas as rotas de fuga cortadas, sem qualquer esperança ou chance de receber ajuda ou reforço, Burgoyne, com seus 6 mil homens, rendeu-se. Cinco dias depois, Howe, entrincheirado em seu refúgio de inverno na Filadélfia, escreveu a Germain, fazendo referência à sua carta anterior, datada de 2 de abril (com alguma liberdade retrospectiva em sua fraseologia): "Eu havia positivamente mencionado que nenhuma ajuda direta poderia ser dada pelo exército do Sul".[343]

Por essa sequência de acontecimentos, fica claro que Howe, desde março, tinha resolvido não acorrer em ajuda a Burgoyne. Ele até chegou a dizer isso em sua carta a Carleton. E, embora ambos soubessem perfeitamente quais seriam as prováveis consequências, nenhum deles nada fez para evitá-las ou impedi-las. Howe, que, obviamente, se opunha à expedição de Burgoyne, nunca tentou argumentar com seus superiores em Londres, nunca fez uso de sua autoridade como comandante em chefe para demonstrar que o plano estava mal concebido. E Carleton, ao apressar Burgoyne em seu caminho, chegou até a induzir o resultado final. Ambos conseguiram se justificar, culpando a morosidade de comunicações e a incompetência de Germain, desde há muito reconhecida — bem como respondendo a inadvertida confusão das ordens que lhes foram dadas com deliberada imprecisão própria.

Há um outro protagonista nesse drama que os historiadores omitiram completamente. Devemos lembrar que Amherst era, na época, o comandante em chefe do Exército. Ele era um veterano experiente naquele terreno pelo qual Burgoyne se propôs a marchar; ele estava em condições de prontamente avaliar tanto os perigos oferecidos como a inépcia de Burgoyne. Ele não fora apenas o antigo comandante em campo de Howe mas também seu velho amigo, e, certamente, qualquer queixa ou reclamação de Howe seria recebida com simpatia. Teoricamente, todas as ordens deveriam passar pelas mãos de Amherst. Na verdade, a rigor, elas deveriam ser emitidas por ele, em vez de Germain. Na pior das hipóteses, ele deveria ter sido informado secreta ou confidencialmente sobre o que estava acontecendo. Ainda assim, durante toda a sequência de acontecimentos que culminaram com Saratoga, Amherst parece ter tido a sua existência ignorada. Não há registros ou documentos que mostrem Howe se queixando a ele — ou, nesse sentido, nenhuma troca de correspondência. Não há registro de ter ele oferecido um só comentário, uma única sugestão, nenhuma palavra

343. Robertson, op. cit., p. 514.

de conselho. Não há registro de quaisquer ordens por ele emitidas. A sua absoluta invisibilidade, por si só, chama a atenção. Se, de fato, havia uma disposição por parte de Howe e de Carleton em ver a derrocada de Burgoyne, Amherst, certamente, também devia estar envolvido e, pelo menos, aquiescido.

Seja como for, e tenha ou não Amherst desempenhado qualquer papel, as conclusões são inevitáveis. Não cabe dúvida de que tanto Howe como Carleton queriam que Burgoyne falhasse. Mas, a verdadeira pergunta a ser feita é: por quê? Teria sido por uma pura animosidade pessoal em relação a Burgoyne, um malévolo ou rancoroso desejo de vê-lo desacreditado? Isso parece ser improvável. É certo que ambos, Howe e Carleton, sentiam uma intensa, e provavelmente justificada, antipatia por Burgoyne. Mas é difícil imaginar que eles tivessem aprovado ou apoiado o sacrifício de um exército apenas para satisfazer um ressentimento pessoal — especialmente porque tal sacrifício apenas serviria para tornar as suas próprias tarefas mais difíceis. Quaisquer que fossem os sentimentos pessoais que sentiam por Burgoyne, eles não o teriam abandonado à própria sina, a menos que aquilo fizesse sentido num sentido mais amplo — em concordância com uma perspectiva política geral da guerra. E na perspectiva de guerra de Howe e de Carleton, isso fazia muito sentido. Os historiadores tendem a considerar o abandono de Howe a Burgoyne um monstruoso erro resultante de sinais e instruções cruzadas, ou como um ato de horrenda e mistificadora negligência. No entanto, na verdade — e este é o ponto crucial — isso era totalmente coerente com a maneira pela qual Howe (e Carleton, e Cornwallis) conduziu, e conduziriam, as operações ao longo do decorrer do conflito.

O desastre de Burgoyne também deu a Howe uma oportunidade que ele vinha, desde algum tempo, procurando — uma desculpa para renunciar a seu comando sem nenhum estigma pessoal; o que ele acabou fazendo depois de um mês da Batalha de Saratoga. Um mês depois, o seu irmão, o almirante Richard Howe, fez o mesmo.

Em termos puramente militares, como vimos, Saratoga não foi, por si só, decisiva. Ela não incapacitou o esforço de guerra britânico. Ela não esgotou o efetivo disponível nos principais teatros de operações de guerra. Ela não impediu a capacidade de participação de campanhas por parte de outros comandantes britânicos. Ao contrário, as forças de Howe ainda permaneciam intactas e a posição estratégica geral não estava pior do que estava antes. Se Howe quisesse, ele ainda tinha condições de esmagar Washington.

Porém, em termos não militares, Saratoga foi, de fato, decisiva e marcou o verdadeiro ponto de virada na guerra americana pela Independência. Em primeiro lugar, ela proporcionou aos colonos uma importante transfusão de moral, no exato momento em que essa transfusão era mais desesperadamente necessária. Em segundo lugar, ela induziu a França não apenas a reconhecer as colônias rebeldes como uma República independente mas também a entrar na guerra a seu lado. Isso haveria de representar uma crucial diferença estratégica, de trazer tropas francesas à América do Norte e de levar a Marinha Real a enfrentar uma frota de comparável força em águas norte-americanas e assim desafiar, ainda que apenas temporariamente, o bloqueio naval britânico. Por meio do espectro de operações no Continente, isso haveria de manter imobilizada na Inglaterra uma grande quantidade de soldados que, ao menos em teoria, não fosse assim, poderiam ter sido enviados às colônias. O que forçaria a Grã-Bretanha a se estender até os campos de Gibraltar, Minorca e Índia. Em suma, ocasionaria o afunilamento dos recursos britânicos — nas áreas militar, naval e econômica — de forma tal a tornar a guerra cada vez mais contraproducente.

No entanto, essas consequências levaram algum tempo para mostrarem seus efeitos. Antes que isso acontecesse, o conflito continuava. Na verdade, ele continuou por mais quatro anos. Em 8 de janeiro de 1778, Franklin, Silas, Deane e Arthur Lee negociaram, em Paris, um tratado formal de aliança com a França. Porém, na própria América do Norte, a situação dos colonos continuava desesperadora. Em maio, Howe foi substituído por *Sir* Henry Clinton, com lorde Cornwallis tecnicamente sob suas ordens, mas sempre exercendo um comando independente. O exército de Washington se tornou, com efeito, ineficiente e incapaz. Ele haveria de sofrer outras duas hibernações tão rigorosas quanto a de Valley Forge e de ser atormentado, após cada uma, por danosas amotinações. No entanto, nem Clinton nem Cornwallis fizeram qualquer tentativa de explorar a situação. Entretanto, o foco das operações foi desviado para o Sul.

Em dezembro de 1778, forças britânicas capturaram Savannah e mantiveram-na em seu poder até outubro do ano seguinte, quando de um determinado ataque dos colonos. Durante a maior parte de 1779, as operações eram ínfimas, mas em maio de 1780 Clinton capturou Charlestown, Carolina do Sul, infligindo aos colonos a sua pior derrota da guerra. Ao mesmo tempo, Benedict Arnold entabulava secretas negociações com Clinton para devolver West Point e o Hudson Valley às mãos britânicas. Em 16 de agosto de 1780, Cornwallis se defrontou com Horatio Gates, o vitorioso de Saratoga, em Camden, ao sul de New Jersey. Os colonos foram novamente derrotados, tendo o barão de Kalb — segundo-em-comando de Gates — morrido em batalha. O próprio Gates debandou e, depois disso, jamais foi capaz de sobreviver à vergonha. As campanhas se tornavam cada vez mais desconexas. Com exceção de mais uma vitória britânica em Guilford Courthouse, em 15 de março de 1781, as ações degeneraram para escaramuças de guerrilha. Finalmente, em 17 de agosto de 1781, Cornwallis, que incursionava na Virginia, estabeleceu a sua base em Yorktown e permitiu que ali ficasse imobilizado. Em 30 de agosto, uma frota francesa arrebatou, temporariamente, o controle dos acessos e desembarcou as forças sob o comando de Lafayette e do barão von Steuben. Cerca de três semanas depois, o exército de Washington chegou, e Cornwallis, com 6 mil soldados, viu-se cercado por 7 mil colonos e cerca de 9 mil franceses. Ele conseguiu resistir até 18 de outubro, quando acabou se rendendo — embora Clinton, com um reforço de 7 mil homens, estivesse distante a menos de sete dias de marcha. É óbvio que, àquela altura, o alto comando britânico já tinha perdido todo o interesse na guerra.

Tal como Saratoga, Yorktown não foi, em si, militarmente decisiva. O exército de Clinton ainda continuava intacto; e, em abril de 1782, o comandante Rodney encurralou a frota francesa nas Índias Ocidentais e, literalmente, a destruiu. Se a Grã-Bretanha quisesse continuar na guerra, ela poderia ter sufocado ainda mais a ajuda francesa à América do Norte. Mas, em 27 de fevereiro, o Parlamento já havia votado contra qualquer nova ação contra os colonos, dando início a negociações pela paz. Essas negociações levariam cerca de um ano, período durante o qual todas as operações foram suspensas, exceto contra os remanescentes da frota marítima francesa. Finalmente, em 4 de fevereiro de 1783, o novo governo britânico proclamou, formalmente, o fim das hostilidades. Em 3 de setembro, foi assinado o Tratado de Paris, pelo qual as colônias rebeldes eram reconhecidas como uma República independente, os Estados Unidos da América. Em novembro, os últimos contingentes do exército britânico se retiraram do solo da nova nação e o Exército Continental foi dissolvido. Em 23 de dezembro, Washington renuciou ao seu posto de comandante em chefe.

Interlúdio

Lealdades Maçônicas

A influência da Franco-Maçonaria no curso da guerra americana pela Independência foi tanto direta e oblíqua como geral e particular. Em alguns casos, ela serviu de condutor para atividades políticas e, até mesmo, revolucionárias. Assim, por exemplo, a *St. Andrew's Lodge* em Boston desempenhou um importante papel na "*Boston Tea Party* (Festa do Chá de Boston) e, também, fornecendo um presidente para o Congresso Continental, John Hancock. A Franco-Maçonaria emprestou as suas atitudes e valores ao recém-formado Exército Continental, e pode muito bem ter tido algo a ver com a nomeação de Washington como comandante em chefe. Ela também constituiu uma trivial união fraternal com voluntários do exterior, tais como Steuben e Lafayette.

De uma maneira menos direta e menos comensurável, ela ajudou a criar uma atmosfera geral, um clima ou ambiente psicológico que ajudou a formar o pensamento e a opinião não apenas de Irmãos ativos, tais como Franklin e Hancock, mas também de franco-maçons. Sem a Franco-Maçonaria do século XVIII, os princípios no âmago do conflito — liberdade, igualdade, fraternidade, tolerância, os "direitos humanos" — não teriam tido a aceitação geral que tiveram. É verdade que esses princípios deviam muito a Locke, Hume, Adam Smith e *les philosophes* na França. Porém, a maioria, se não todos, desses pensadores era formada de franco-maçons, ou pessoas que circulavam em meio a rodas franco-maçônicas, ou que eram influenciadas pela Franco-Maçonaria.

Porém, a Franco-Maçonaria também se infiltrou pelos níveis mais rasos. Ela não apenas ajudou a formar os ideais subjacentes à Guerra Americana pela Independência. Ela não apenas afetou o pensamento e a opinião dos políticos e estadistas, dos planejadores de alto escalão e homens com poder de decisão. Ela não apenas deu cor às atitudes de homens como Howe, Carleton, Cornwallis, Washington, Lafayette e Steuben. Ela também abrangia os "baixos escalões" da guerra, os "soldados rasos", que encontravam na Franco-Maçonaria um elo de união e um princípio de solidariedade. Isso era particularmente verdadeiro no Exército Continental, em que, na ausência de tradições regimentais, a Franco-Maçonaria formou as bases para uma *élan vital* ("força vital") e um *esprit de corps* ("espírito coletivo"). O mesmo aconteceu no exército britânico; no entanto, a Franco-Maçonaria moldou os elos não apenas entre os soldados mas também entre os soldados e os seus oficiais. Assim, por exemplo, entre os membros da Loja de Campo do *29th Foot* (posteriormente o *Worcestershire Regiment*), estavam dois tenentes-coronéis, dois tenentes e oito soldados rasos.[344] A Loja do *59th Foot* (mais tarde o *East Lancashire Regiment*) tinha um tenente-coronel, um major, dois tenentes, um cirurgião, um maestro, três sargentos, dois cabos e três soldados rasos.[345]

Igualmente, a influência da Franco-Maçonaria não estava limitada aos grupos nos batalhões militares envolvidos; a influência também podia ser observada entre os adversários. A guerra americana pela Independência é rica em anedotas que testemunham a maneira pela qual as lealdades franco-maçônicas condicionavam, e muitas vezes chegavam até a transcender, todas as demais.

Entre os mais próximos aliados índios do exército britânico durante a guerra, estavam os Mohawks, liderados pelo famoso chefe, Joseph Brant. Antes do conflito, a irmã de Brant se casara com *Sir* William Johnson, Grão-Mestre Provincial de Nova York e um aliado de Amherst. Durante uma visita a Londres em 1776, o próprio Brant foi iniciado como franco-maçom. Mais tarde, naquele mesmo ano, durante a frustrada invasão do Canadá pelos colonizadores, um certo capitão McKinstry foi capturado por alguns membros da tribo de Brant, amarrado a uma árvore e cercado de lenha de fogueira, com os índios prontos a atearem-lhe fogo. Quando McKinstry fez um "sinal de socorro maçônico", Brant reconheceu-o e imediatamente ordenou a sua soltura. Ele foi encaminhado a uma Loja britânica em Quebec, que tomou as providências para a sua repatriação.[346]

Entre os prisioneiros de guerra capturados por Howe durante a tomada de Nova York, estava um franco-maçom local, chamado Joseph Burnham. Burnham conseguiu escapar, fugindo a pé, e uma noite encontrou refúgio sobre as tábuas que formavam uma parte do teto da Loja local. Como as tábuas não estavam pregadas, elas se separaram e Burnham despencou em meio ao conclave dos agora sobressaltados oficiais britânicos que ali se realizava. Sinais de reconhecimento foram trocados, e os oficiais Britânicos "fizeram uma generosa contribuição ao Irmão Burnham que, em seguida, foi transportado em segredo e cuidado no litoral de Jersey".[347]

344. Milbourne, *British Military Lodges in the American War for Independence*, p. 50.
345. Ibid., p. 67.
346. Pick e Knight, *The Pocket History of Freemasonry*, p. 251, e Gould, vol. VI, p. 415.
347. Gould, *military Masonry*, p. 47-8.

Numa outra ocasião, Joseph Clement, um franco-maçom britânico do *8th Foot* (depois o *Liverpool Regiment*) servia num destacamento de guardas-florestais quando, após uma escaramuça, viu um índio se preparando para escalpelar um prisioneiro colono. Fazendo um sinal franco-maçônico a Clemente, o prisioneiro pedia por seu socorro. Clement mandou que o índio se afastasse e levou o prisioneiro a uma fazenda que havia por perto, onde foi tratado e assistido, sendo em seguida mandado para casa. Alguns meses depois, no norte de Nova York, o próprio Clement foi capturado e colocado numa prisão local. Dizem que o seu guarda era exatamente aquele homem cuja vida Clement havia salvado pouco tempo antes. Naquela noite "um amigo se aproximou e confidenciou-lhe que, ao amanhecer, a porta da cela estaria destrancada, e que um cavalo estaria esperando lá fora, possibilitando-lhe escapar para a fronteira".[348]

Esse tipo de relação que existia entre oficiais e soldados também existia entre os comandante. Como já vimos antes, em 16 de agosto de 1780, Cornwallis se defrontou com as forças coloniais sob o comando de Horatio Gates e o barão de Kalb, na Batalha de Camden. Quando a posição colonial caiu, Gates debandou, passando, em sua fuga, à frente de suas tropas. Kalb, tradicionalmente considerado um franco-maçom, foi mortalmente ferido. Ele foi encontrado pelo segundo-em-comando de Cornwallis, Francis Rawdon, conde de Moira, que, dez anos mais tarde, se tornou Grão-Mestre da Grande Loja da Inglaterra. Kalb foi levado para a tenda de Moira, onde, pessoalmente, cuidou dele por três dias. Quando Kalb morreu, Moira providenciou-lhe um funeral maçônico.[349]

Em ambos os exércitos, a Franco-Maçonaria funcionava como uma espécie de corte de apelação de ajuda e de reparação e compensação de queixas e injustiças. Citando um exemplo do pós-guerra, a Loja de Campo *14th Dragons* redigiu uma petição solicitando que a sua Loja-mãe, a Grande Loja da Irlanda, "intercedesse junto ao lorde tenente ou ao comandante em chefe" em favor de um certo J. Stoddart, o oficial-intendente do regimento. A petição foi enviada ao coronel Cradock, comandante do regimento e um Companheiro franco-maçom, "com o pedido desta Grande Loja — para que ele tenha a gentileza de fazer uso de sua amigável e fraterna influência em favor do referido Irmão Stoddart".[350]

Ao longo de toda a Guerra Americana pela Independência, existem diversos relatos que nos dão conta de que certificados e paramentos de

348. Milborne, *British Military Lodges in the American War for Independence*, p. 31-2.
349. Green, em Cook, *Colonial Freemasonry*, p. 53. Supõe-se que De Kalb teria sido membro da Loja nº 29 do Exército Continental, que foi formada em 1780; no entanto, não há prova concreta. Veja Heaton, *Masonic Membership of the Founding Fathers*, p. 84-5, e Mackey, *Encyclopaedia of Freemasonry*, vol. I, p. 514-5. Ao que parece, Moira não era, na época, um franco-maçom; veja Hamil, *The Earl of Moira*, p. 32.
350. Leeper, *The Pooor Common Soldier*, p. 156, citando as Atas da Grande Loja irlandesa, 5 de setembro de 1793.

Lojas de Campo, tendo sido capturados por um lado ou por outro, foram devidamente devolvidos. Num dos casos, os paramentos do *46th Foot* (mais tarde o "Segundo Batalhão de Infantaria Ligeira" do duque de Cornwallis) foram capturados pelas tropas coloniais. Por instruções dadas por George Washington, eles foram devolvidos, sob uma bandeira de trégua, com uma mensagem que ele e seus homens "não guerreassem contra Instituições de Benevolência".[351]

Numa outra ocasião, a Carta Patente do *17th Foot* (depois o *Leicestershire Regiment*) foi igualmente capturada e também devolvida acompanhada de uma carta do general Samuel Parsons. Esta carta é, eloquentemente, típica do espírito alimentado pela Franco-Maçonaria em ambos os exércitos, e em todos os seus níveis:

"Meus Irmãos,

> Quando a ambição de monarcas, ou os dissonantes interesses dos Estados em conflito, provocam e estimulam seus súditos à guerra, nós, como maçons, estamos desarmados daquele ressentimento que estimula à indistinta desolação, e, embora os nossos sentimentos políticos possam nos impelir à disputa pública, nós ainda continuamos irmãos, e (à parte de nossa obrigação profissional) temos de estimular a alegria e a felicidade e promover o bem-estar uns dos outros.

Assim, aceite das mãos de um Irmão a Constituição da Loja *Unity* nº 18, do *17th British Regiment*, a qual os seus recentes infortúnios colocaram em minhas mãos para que vos fosse devolvida.

Seu Irmão e obediente servidor,
Samuel H. Parsons"[352]

351. Milborne, *British Military Lodges in the American War for Independence*, p. 61; e Chetwode Crawley, *General George Washington and Lodge nº 227 (I.C.)*, p. 96.
352. Milborne, op. cit., p. 37-8.

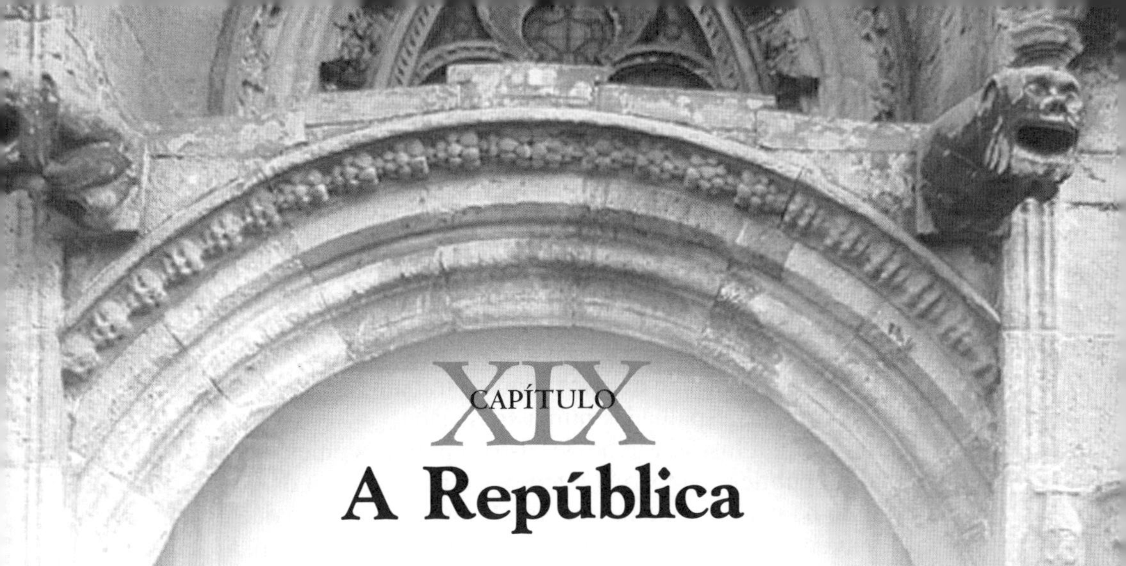

CAPÍTULO XIX

A República

Em novembro de 1777, logo após Saratoga, o Congresso Continental concordou, ao menos em geral, com a forma de governo a ser adotada pela República nascente. A forma seria de uma Federação de Estados, sendo que cada um dos Estados teria que, formalmente, ratificar os Artigos da Confederação propostos. As discussões, brigas e disputas pelas fronteiras atrasaram o processo, e os Artigos da Confederação não foram ratificados por todas as 13 colônias até o começo de março de 1781, sete meses antes da rendição britânica em Yorktown. Porém, outros seis anos haveriam de passar até que as coisas caminhassem adiante de forma significante.

Entre 1783 e 1787, houve uma lacuna — como se os colonos, deslumbrados com aquilo que conseguiram, estivessem pedindo uma pausa para retomar o fôlego e fazer um balanço da situação. Segundo consta, a população tinha 211 mil menos do que o número contabilizado antes da guerra. A maior parte desse declínio foi devida a colonizadores leais à Coroa que voltaram para a Inglaterra ou, com maior incidência, ao Canadá.

Finalmente, em 25 de maio de 1787, a Convenção Constitucional foi aberta na Filadélfia e deram início aos seus esforços para planejar os mecanismos de governo para a nova nação. A primeira voz "a se fazer ouvir de forma significantemente influente" foi uma caracteristicamente franco-maçônica, a de Edmund Randolph. A maior parte da família Randolph havia permanecido leal à Coroa e retornou à Inglaterra em 1775. No entanto, o próprio Edmund Randolph, membro de uma Loja de Williamsburg, havia se tornado ajudante-de-ordens de Washington. Posteriormente, ele se tornou ministro da Justiça e, em seguida, governador da Virgínia e Grão-Mestre da Grande Loja da Virgínia.[353]Durante a presidência de George Washington, ele seria o primeiro-ministro da Justiça dos Estados Unidos e depois, o seu Primeiro Secretário de Estado.

353. Heaton, *Masonic Membership of the Founding Fathers*, p. 56.

Durante a Convenção Constitucional, Washington, embora eleito para presidir, tomou parte dos debates, e é provável que Randolph, em maior ou menor escala, tenha atuado como seu porta-voz ou representante. Randolph propôs que a Convenção não apenas revisse ou modificasse os Artigos da Confederação que vinham, até então, mantendo reunidas as novas colônias independentes. Ele propôs a criação de uma nova base de governo central. Essa proposta foi adotada, e deu-se início ao trabalho de moldar a confederação das províncias espalhadas numa só nação.

Certamente, a história já havia visto repúblicas antes. Na verdade, o conceito de república remontava a tempos clássicos — à da Grécia antiga e à de Roma, no período que precedeu o Império. Porém, o que os Delegados da Convenção Constitucional não sabiam muito é que todas essas repúblicas anteriores estavam sujeitas a problemas tão crônicos quanto aqueles que assolaram as monarquias. Talvez o principal desses problemas fosse a propensão dos governos republicanos de cair em mãos de indivíduos ou de famílias ditatoriais, que acabariam se tornando tão tiranos quanto qualquer soberania ou realeza, ou, quiçá, de forma ainda mais pronunciada. Em função dessa propensão, o verdadeiro conceito de república se tornou consideravelmente desacreditado entre os filósofos sociais do século XVIII. Mesmo entre os pensadores mais esclarecidos da época, havia uma profunda desconfiança e apreensão quanto a ser o republicanismo uma forma viável de governo. Hume, por exemplo, rejeitou-a considerando-a uma "perigosa novidade".[354] Embora odiosa como poderia ser a Monarquia, dizia ele, ela ainda seria preferível.[355] Os delegados da Convenção Constitucional passaram, pois, a se dedicar a tais problemas. E eles assim fizeram, planejando e ressaltando dois princípios que, juntos, compreendiam um inigualável desenvolvimento e progresso nas instituições políticas da época.

O primeiro desses princípios era o de que o poder deveria estar no cargo e não na pessoa, e que a pessoa deveria ser substituída, a intervalos regulares, e eleita pelo voto. O indivíduo podia ocupar um cargo político ou governamental, desempenhando todas as responsabilidades inerentes àquela posição, mas não poderia se tornar dele inseparável. Isso, devemos reconhecer, dificilmente era um princípio novo. No entanto, mais uma vez, e embora possa soar como desejável na teoria, esse princípio foi tão abusado na prática que acabou se tornando desmoralizado. Especialmente nas questões governamentais, a teórica separação do homem do cargo quase sempre se traía, e nada mais inspirava do que o cinismo. Homens tais como

354. Hume, *Of the first Principles of Government*, em Watkins, ed., *Theory of Politics*, p. 152.

355. Hume, *Whether the British Government Inclines More to Absolute Monarchy or to a Republic*, em ibid., p. 167.

Locke, Hume e Adam Smith nem mesmo se dignaram a mencioná-lo. Apesar de a Franco-Maçonaria ser uma das poucas instituições do século XVIII na qual esse princípio efetivamente funcionou e desfrutou um alto nível de respeitabilidade, Mestres e Grão-Mestres, vindos do próprio meio, eram eleitos por seus pares para um mandato de preestabelecida duração. Eles não exerciam um poder autocrático; ao contrário, podiam ser, e sempre eram, considerados responsáveis. E quando tinham um desempenho indigno ou sem valor no cargo para o qual haviam sido eleitos, podiam ser depostos ou impedidos — não por revolução, golpe de Estado ou qualquer outro meio violento, mas, simplesmente, por meio de mecanismos e dispositivos administrativos pré-estabelecidos. Igualmente, não seria diminuída a dignidade do cargo.[356]

Para garantir a separação entre homem e cargo, a Convenção Constitucional projetou o segundo de seus princípios básicos, o qual representou uma singular contribuição à história política da época. De acordo com um sistema chamado *checks and balances*[*], o poder haveria de ser igual e equilibradamente distribuído entre dois separados e autônomos corpos governamentais — o Executivo, na figura do Presidente, e o Legislativo, composto de duas casas do Congresso. Em função de sua autonomia, cada um desses corpos teria a capacidade de prevenir e frustrar qualquer concentração excessiva de poder nas mãos do outro. E a separação entre cargo e pessoa seria garantida em ambos os corpos pelas periódicas e legalmente obrigatórias eleições, muito parecidas com aquelas adotadas no sistema de Lojas. Tais eleições não eram incomuns em outros lugares no século XVIII, porém se aplicavam apenas ao setor legislativo do governo, o qual, quase sempre, era impotente, atuando como não mais do que um mero automático endossante do Executivo. No entanto, na nova República Americana, o princípio se aplicava igualmente ao Executivo — ao Chefe de Estado. Nesse caso, mais uma vez, a influência também é visível.

Inquestionavelmente, a Franco-Maçonaria prestou a sua contribuição às estruturas e aos mecanismos do novo governo americano. Na verdade, essas estruturas são marcantemente diagramáticas, acentuadamente geométricas em seu esquema e projeto, remanescentes dos engenhosos modelos mecânicos produzidos, um século antes, pelo "Colégio Invisível" e pela Sociedade Real (*Royal Society*). Elas refletem uma aplicação à política do "método experimental" tão prezado ao Colégio Invisível e à Sociedade Real. Elas também refletem uma aplicação à política de específicos

356. Enquanto Anderson, até 1738, não visse razão alguma para ter uma regra específica nesse caso, está claro que mais tarde naquele século os membros da Loja foram capazes de impedir o seu Mestre e removê-lo. Na ocasião, o Primeiro Vigilante o substituiu até a eleição seguinte, no Dia de São João.

* N. T.: Sistema pelo qual cada setor de uma organização tem a prerrogativa de limitar os poderes dos demais setores.

princípios arquitetônicos. Mas, se a Franco-Maçonaria influenciou as estruturas do Governo Americano, ela foi ainda mais influente no formato geral daquele governo. Segundo um comentarista:

> "Embora livres, nós ainda não estávamos unidos. Os vagos Artigos da Confederação não proporcionavam um forte governo nacional, uma aceitação geral ou um consistente sistema Judiciário. Os homens de visão logo entenderam que mais um passo teria que ser dado se a fraca Confederação de Estados Americanos desejasse se tornar uma nação forte e unida. Uma vez mais a Franco-Maçonaria estabeleceu um modelo de forma e ideologia. Uma vez que o sistema federal maçônico de organização era o único modelo de efetiva organização atuando em cada uma das 13 Colônias originais, era natural que a intenção patriótica dos Irmãos em fortalecer a nação inteira deveria adotar como modelo a base organizacional da Maçonaria simbólica. Independentemente das outras forças que afetaram a formação da Constituição durante a Convenção Constitucional em 1787, permanece o fato de que o Federalismo estabelecido no governo civil, a Constituição criada, é idêntico ao federalismo do sistema de Grande Loja do governo maçônico criado pelas "Constituições de Anderson" de 1723."[357]

Essa declaração foi composta por um escritor Franco-Maçônico americano, na qual ele tanto exagera como simplifica o seu caso. A realidade era muito menos delineada e definida, muito mais complicada e somente emergiu aos poucos após enérgicos debates e discussões. Apesar disso, a essência da declaração tem validade. A Franco-Maçonaria realmente proporcionou um eficiente sistema federal — e, quiçá, o único modelo do tipo na época. O fato era muito mais aparente aos Delegados da Convenção Constitucional do que é para nós nos dias de hoje, quando os sistemas federativos conseguem se estabelecer numa variedade de instituições nas quais são dados por certo. No século XVIII, a Franco-Maçonaria dava um dramático testemunho do efeito que um sistema federalista poderia oferecer. Ela proporcionava um precedente que era desesperadamente necessário. Se um sistema como aquele era visivelmente aplicável na Franco-Maçonaria, havia ao menos um protótipo de sua aplicação ao governo.

A Influência Maçônica na Constituição

Como vimos, os primeiros acontecimentos da Guerra Americana pela Independência — ou melhor, os acontecimentos ocorridos desde a famosa *Boston Tea Party* (Festa do Chá de Boston), até a Declaração de Independência — tiveram o seu próprio ímpeto e impulso. As pessoas se deparavam, quase que diariamente, com fatos consumados, com os quais tinham

357. Clausen, *Masons Who Helped Shape our Nation*, p. 82.

que conviver da melhor maneira possível e sobre os quais tinham que criar e construir. Isso exigia uma constante improvisação, na qual estava o envolvimento de diversas organizações — não apenas a Franco-Maçonaria, mas também outras fraternidades, tais como os radicais *Sons of Liberty* ("Filhos da Liberdade"). E entre as pessoas que desempenhavam importantes papéis na época, apenas uma parte era composta de franco-maçons. A Franco-Maçonaria exerceu uma moderada influência; porém, não era a única influência em ação, ela não tinha nem autoridade nem abrangência para moldar as coisas inteiramente de acordo com os seus ideais. Exceto em partes de sua retórica e fraseologia, a Declaração de Independência, por exemplo, não poderia ser chamada de um documento franco-maçônico.

Por outro lado, a Constituição dos Estados Unidos, num sentido real, pode ser assim chamado. Na época em que a Convenção se reuniu para projetar e planejar a Constituição, as influências franco-maçônicas prevaleceram e foram, inequivocamente, dominantes. Outras organizações, tais como o *Sons of Liberty*, após terem servido ao seu propósito, foram dissolvidas. Mesmo o Exército Continental foi dispensado. Na época da Convenção Constitucional, a Franco-Maçonaria não foi apenas a única organização a "se manter em ação"; ela foi, também, o único verdadeiro instrumento organizacional em operação ao longo das fronteiras estaduais, em todas as novas colônias independentes.

Certamente, em seu formato final, a Constituição foi fruto de muitas mentes e muitas mãos, sendo que nem todas eram franco-maçônicas. O enunciado do próprio documento foi de autoria de Thomas Jefferson; e ele, apesar de algumas vezes ter dito que era um franco-maçom, provavelmente não era. Havia, no entanto, cinco almas dominantes e orientadoras por detrás da Constituição — Washington, Franklin, Randolph, Jefferson e John Adams. Desses, os três primeiros não somente eram franco-maçons ativos, mas homens que levavam a sua Franco-Maçonaria muito a sério — homens que fervorosamente comungavam de seus ideais e cuja orientação fora moldada e condicionada por ela. E a posição de Adams, embora não se saiba ter sido um franco-maçom, era idêntica à deles. Ademais, ao tornar-se presidente, ele nomeou um proeminente franco-maçom, John Marshall, como primeiro chefe da Suprema Corte de Justiça.[358] Foi Marshall quem, posteriormente, colocou a Corte no mesmo pé de igualdade do Congresso e da Presidência.

Nos debates e discussões que, finalmente, culminaram com a Constituição, Adams — embora não estivesse presente na oportunidade — estava

358. Marshall era membro da Loja nº 13 em Richmond, Virgínia. A partir de 28 de outubro de 1793, ele foi o Grão-Mestre Adjunto da Virgínia e atuou, brevemente, como Grão-Mestre. Veja Mackey, *Encyclopaedia of Freemasonry*, vol. II, p. 627.

de acordo com Washington, Franklin e Randolph. Somente Jefferson estava "de fora". E foi Jefferson quem, finalmente, cedeu, alinhando-se com a posição dos franco-maçons. A nova República, ao emergir com a Constituição, estava de acordo com a sua imagem ideal; aquela que refletia os ideais da Franco-Maçonaria.

A Liderança Maçônica de Washington

Em 17 de setembro de 1787, o esboço da Constituição foi aceito, aprovado e assinado por 39 dos 40 delegados presentes. Entre 7 de dezembro e 25 de junho do ano seguinte, cada um dos Estados, individualmente, ratificaram-na. Maryland cedeu dez milhas quadradas de seu território ao Congresso, tal como especificado na Constituição, e aquelas terras — o Distrito de Columbia — tornaram-se o local da nova Capital Federal.

Em 4 de fevereiro de 1789, Washington foi eleito o primeiro presidente dos Estados Unidos, e John Adams o seu vice-presidente. Sua posse ocorreu em 30 de abril. O Juramento foi administrado por Robert Livingston, Grão-Mestre da Grande Loja de Nova York e sogro do falecido general Richard Montgomery. O oficial de justiça, Mestre de Cerimônias, era um outro franco-maçom, general Jacob Morton. Um outro franco-maçom, general Morgan Lewis, foi o acompanhante de Washington.[359] A Bíblia usada para o juramento foi a que pertencia à *St. John's Lodge nº 1*, de Nova York. O próprio Washington era, na época, o Mestre de Loja da *Alexandria Lodge nº 22*, de Virgínia.[360]

Treze dias antes da inauguração, morria Franklin, e metade da Filadélfia estava presente ao seu funeral. Cinco dias depois da inauguração, os chefes de todos os Estados da França se reuniram em Versailles e, em 17 de junho, formaram uma Assembleia Nacional, declarando ser ela, e não o rei, o verdadeiro representante do povo francês. Em 14 de julho, uma turba revolucionária parisiense tomou a Bastilha de assalto. Em 14 de dezembro, Alexander Hamilton submeteu propostas para a criação do *National Bank*. Jefferson se opôs àquelas propostas, mas Washington sancionou-as e as assinou. Na cédula de dólar americano, foi impresso o *Great Seal* ("Grande Selo") dos Estados Unidos, o qual é, de maneira inconfundível, franco-maçônico — um "Olho que tudo vê", no interior de um Triângulo situado no alto de uma pirâmide de sete degraus e de

---

359. Morgan Lewis, cunhado de Robert Livingston e do general Richard Montgomery, foi Grão-Mestre da Grande Loja de Nova York, de 1830 a 1843. Ele já era um franco-maçom em 1777. Veja Case, *Roll of American Union Lodge*, p. 380. Jacob Morton era Venerável Mestre da St. John's Lodge nº 1, Nova York, em 1788, e substituiu Livingston no cargo de Grão-Mestre da Grande Loja de Nova York em 1801, conservando a sua posição até 1805. Veja Denslow, *10.000 Famous Freemasons*.

360. Cerza, *Colonial Freemasonry in the United States of America*, p. 227.

quatro lados, sob a qual um pergaminho proclama a chegada de uma "nova ordem secular", um dos desde há muito ansiados sonhos da Franco-Maçonaria.

Em 18 de setembro de 1793, a pedra fundamental do Capitólio foi assentada. A Grande Loja de Maryland presidiu a Cerimônia, e foi pedido a Washington que, para a ocasião, ele fosse o Venerável Mestre. As Lojas afiliadas sob a Jurisdição de Maryland se fizeram presentes, bem como a própria Loja de Washington — a *Alexandria Lodge nº 22*, de Virgínia. Havia uma enorme procissão em cortejo, a qual incluía uma completa companhia de artilharia. A seguir, uma banda, seguida pelo próprio Washington, acompanhado por todos os oficiais e membros das Lojas, totalmente paramentados.

Ao chegar à vala, a sudoeste, na qual foi enterrada a pedra fundamental, Washington foi presenteado com uma placa de prata comemorativa ao evento, a qual trazia gravada os nomes das Lojas presentes ao ato. A artilharia disparou uma salva, após a qual Washington desceu à vala, depositando a placa sobre a pedra. Ao seu redor, ele colocou recipientes contendo cereais, vinho e óleo — itens característicos da simbologia da ritualística franco-maçônica. Todos os presentes se uniram em oração e em cantos maçônicos, ao que a artilharia disparou uma nova salva.

A seguir, Washington e sua comitiva se deslocaram para o leste da pedra fundamental, onde o presidente, subindo a uma tradicional tribuna maçônica de três degraus, recitou uma oração. A ela seguiram-se outros cânticos maçônicos, e uma salva final foi disparada pela artilharia.[361]

O Malhete, a Trolha de prata, o Esquadro e o Nível que foram usados por Washington na cerimônia estão atualmente em poder da *Potomac Lodge nº 5*, do Distrito de Columbia. O Avental e a Faixa que ele usou na ocasião estão em poder de sua própria Loja, *Alexandria Lodge nº 22*.

Subsequentemente, o Capitólio e a Casa Branca haveriam de se tornar pontos de uma elaborada geometria que dominava a planta da capital do País. Essa geometria, originalmente planejada por um arquiteto chamado Pierre l'Enfant, foi posteriormente modificada por Washington e Jefferson, produzindo padrões especificamente octogonais, incorporando a característica Cruz, usada como símbolo pelos Templários Maçônicos.

Seis anos e três meses depois, em dezembro de 1799, Washington morria. Ele foi sepultado em sua residência em Mount Vernon, com todas as honras maçônicas prestadas pela *Alexandria Lodge nº 22*, com os seu membros carregando a sua urna funerária.

---

361. Denslow, *Freemasonry and the Presidency*, p. 18-20, citando o jornal *Columbian Mirror* e o *Alexandria Gazette*, 23 de setembro de 1793.

Conclusão

Na guerra americana pela Independência, a Franco-Maçonaria foi basicamente, apolítica, ou apenas incidentalmente política. Havia franco-maçons entre as facções radicais e as conservadoras, existentes em ambos os lados. Na maioria das vezes, a Franco-Maçonaria constituía uma voz de temperança, equilíbrio e moderação, mas alguns franco-maçons eram militantemente revolucionários, enquanto outros eram resolutamente reacionários. Esse tipo de distribuição haveria de continuar ao longo dos séculos XVIII e XIX. Porém, nas cabeças de muitas pessoas, a Franco-Maçonaria acabou se tornando tão intimamente associada à revolução americana e à independência americana que ela começou a, crescentemente, adquirir uma imagem radical. Essa imagem, desnecessário dizer, haveria de ser ainda mais reforçada pela Revolução Francesa.

Certamente, a Franco-Maçonaria desempenhou um importante papel nos acontecimentos na França. Na época, Lafayette era graduado e veterano franco-maçom e estava ansioso em importar para o seu próprio país aqueles ideais que viu sendo realizados na América. Muitos dos líderes Jacobitas — como, por exemplo, Danton, Sieyès e Camille Desmoulins — eram ativos franco-maçons. Em toda a França, na véspera da Revolução, a Franco-Maçonaria forneceu aos conspiradores militantes uma valiosa rede de inteligência, recrutamento, comunicação e organização. Nesse sentido, isso já se tornava um repositório ideal para a paranoia.

Em 1797, um ultraconservador prelado, o abade Augustin de Barruel, publicou um livro, *Mémoires pour servir a l'histoire du Jacobinisme*, que haveria de se tornar um perverso marco na História do pensamento social e político ocidental. Com efeito, o livro de Barruel atribuía toda a Revolução Francesa a um plano franco-maçônico, direcionado à autoridade secular estabelecida e à Igreja. Essa obra haveria de disparar uma onda de histeria, de multiplicar uma crescente quantidade de publicações similares e de se tornar uma verdadeira bíblia para os adeptos de teorias conspiratórias. A partir do raivoso e desvairado texto paranoico de Barruel, derivou-se a imagem rotular do século XIX, ainda difundida nos dias de hoje, de que a Franco-Maçonaria seria uma vasta rede de conspiração internacional, revolucionária e militantemente anticlerical, dedicada à deposição das instituições existentes e à criação de uma "ordem de novo mundo". Em decorrência da atitude de Barruel, temores nebulosos e neuróticos haveriam de ser projetados não apenas sobre a Franco-Maçonaria mas também sobre todas as sociedades secretas em geral, ao longo de todo o século XIX e XX. Por causa dele, a sociedade secreta se tornou um fantasma que assombrava a mente do público e ameaçava minar as sólidas fundações da sociedade civilizada — um bicho-papão de estatura semelhante àquela conferida, de forma bem mais justificada, ao terrorismo internacional de nossos dias.

Não é de se surpreender, talvez, que a obra de Barruel tenha se tornado, de vez em quando, uma espécie de profecia. Atraídos pelo encanto, magia e romantismo da extravagante imaginação de Barruel, certos indivíduos — como, por exemplo, Charles Nodier, na França, e o grande conspirador Filippo Buonarroti — lograram o seu intento de inventar, e depois escrever, falar e disseminar, informações sobre sociedades secretas totalmente fictícias. Com fervor inquisitorial, as autoridades haveriam de responder de acordo, e pessoas totalmente inocentes seriam atormentadas e perseguidas por, supostamente, pertencerem a essas inexistentes sociedades clandestinas. Como medida defensiva, as infelizes vítimas haveriam de se juntar numa real sociedade secreta que estava de acordo com o modelo daquela que era fictícia. Assim, surgiram muitas sociedades revolucionárias veladas — entre elas algumas maçônicas ou paramaçônicas. Assim, mais uma vez, o mito gerou a "história".

Inquestionavelmente, a Franco-Maçonaria, ou suas ramificações, contribuiu com vários movimentos revolucionários do século XIX na Europa. Por exemplo, tanto Manzzini como Garibaldi eram franco-maçons ativos, e a Franco-Maçonaria — largamente pela assim chamada *Carbonaria* — teve um papel mais importante ainda na unificação da Itália do que tivera na criação dos alicerces dos Estados Unidos. Também na Rússia, a Franco-Maçonaria foi julgada subversiva; e, de fato, era, algumas vezes. Pushkin, por exemplo, escreve acerca de sua filiação a uma Loja em Kishinev, cujas atividades na conspiração decembrista de 1825 levaram a um banimento a todas as Lojas do país. Desnecessário dizer que a proibição se mostrou inexequível, mas levou muitos russos radicais ao exílio, onde acabaram se envolvendo lentamente com a Franco-Maçonaria estrangeira. Dostoiévsky registrou em crônicas esse processo em seu *The Possessed* ("O Possuído"). O equivalente dos revolucionários de Dostoiévsky, na "vida real", era, certamente, Bakunin.

Basicamente, no entanto, a realidade da situação era mais complexa e menos claramente definível. Se os franco-maçons eram ativos nos movimentos revolucionários do século XIX na Europa, eles eram igualmente ativos em regimes tais como, por exemplo, o de Metternich na Áustria, ou na Prússia de Friedrich Wilhelm III e IV. Aqui, a Franco-Maçonaria estava tão entrelaçada com a instituição quanto estava na Grã-Bretanha, onde a Grande Loja continuava a exemplificar as virtudes vitorianas de sobriedade, temperança e moderação. Mesmo na França, existiam tantos franco-maçons conservadores quanto os radicais e os revolucionários.

Uma lista de franco-maçons europeus do século XIX é esclarecedora pela sua simples falta de consistência. Por um lado, ela inclui personagens como Manzzini, Garibaldi, Bakunin, o jovem Alexander Kerensky na Rússia, e Daniel O'Connell e Henry Grattan na Irlanda. Por outro lado, ela também inclui dois reis da Prússia do século XIX, três presidentes franceses (Doumer, Faure e Gambetta) e o causador de intranquilidade política Talleyrand. Na Grã-Bretanha, a lista de franco-maçons do século XIX inclui George IV, William IV, Edward, príncipe de Gales (posteriormente Edward VII), Canning, Lorde Randolph Curchill, o marquês de Salisbury e Cecil Rhodes. A maioria dos marechais de Napoleão era franco-maçom; porém, também eram franco-maçons os seus mais proeminentes adversários: Nelson, Wellington e *Sir* John Moore na Grã-Bretanha, Kutuzov na Rússia, Blücher na Prússia, bem como Scharnhorst e Gneisenau, os fundadores do *Prussian General Staff*. Nas artes, estavam entre os franco-maçons britânicos: *Sir* Walter Scott, Rider Haggard, Bulwer Lytton, Conan Doyle, Trollope, Kipling e Wilde. No Continente, a Franco-Maçonaria radical de Pushkin na Rússia era compensada pela Franco-Maçonaria na Alemanha do arquiconservador Johann Wolfgang von Goethe.

Essa lista é, necessariamente, seletiva e, de forma alguma, definitiva. No entanto, ela serve para ilustrar a impossibilidade de atribuir qualquer tipo de orientação política, ou mesmo qualquer consistência política, à Franco-Maçonaria. E aquilo que se aplica na Europa, aplica-se igualmente em qualquer outro lugar. Na América Latina, por exemplo, tal como na Espanha, na Itália e em outros países católicos, a Franco-Maçonaria ofereceu um foco de oposição à força opressora da Igreja. Em consequência, a maioria dos personagens associados com a Independência latino-americana, tais como Bolívar, San Martin e, mais tarde, Juarez, era composta de ativos franco-maçons. Mas também o eram vice-reis espanhóis, aristocratas e latifundiários de quem eles arrebataram as suas emergentes repúblicas, modeladas zelosamente nos padrões dos Estados Unidos. No Brasil, tanto o império de Pedro II como a República que o suplantou eram dominados pela Franco-Maçonaria.

Ao norte, pelo menos uma dúzia de presidentes americanos, além de Washington, eram, sabidamente, franco-maçons: Monroe, Andrew Jackson, Polk, Buchanan, Andrew Johnson, Garfield, Theodore Roosevelt, Taft, Harding, Franklin D. Roosevelt, Truman e Ford. A guerra do Texas pela independência do México foi, efetivamente, encabeçada por franco-maçons, tais como Sam Houston. Davy Crockett, Jim Bowie e os outros defensores do Álamo eram membros da mesma Loja da Estrita Observância. Durante a Guerra Civil Americana, a Franco-Maçonaria era predominante em ambos os lados; entretanto, ela teve um papel particularmente mais importante nas instituições, especialmente no exército, dos Confederados. Tudo isto, porém, apondo-lhe um clichê, é outra história. Assim também são as origens da Klu Klux Klan* — a qual não era, inicialmente, a nociva e doentia organização em que se transformou mais tarde, mas sim uma instituição de benemerência, planejada para proteger viúvas e órfãos das depredações dos "arrivistas" oriundos do norte após a Guerra Civil.

É na América que a nossa história completa o círculo, por ter sido lá que os Cavaleiros Templários receberam a maior homenagem jamais prestada em qualquer outro lugar do mundo. Essa homenagem é representada por uma organização juvenil, patrocinada pela Franco-Maçonaria, chamada Ordem De Molay. A Ordem De Molay foi criada em Kansas City, Missouri, em 1919, por um certo Frank Sherman Land, e:

> "... tem o seu nome em homenagem a Jacques de Molay, o último Grão-Mestre dos Cavaleiros Templários medievais, que foi cremado em fogueira numa ilha do Rio Sena, próximo à Catedral de Notre Dame, em 18 março de 1314, por sua fidelidade e integridade aos membros de sua Ordem."[362]

A Ordem De Molay soma cerca de 85 Capítulos em todos 50 Estados dos Estados Unidos, no Distrito de Columbia, e em 12 países do exterior. A partir de seu quartel-general em Kansas City, a Ordem é governada por um Supremo Conselho Internacional, o qual opera sob os auspícios da Grande Loja da Flórida, e se compõe de 250 "eminentes maçons do mundo inteiro". Cada capítulo local deve ser patrocinado por um Corpo Maçônico, e o Corpo governante, ou Conselho Consultivo, de cada Capítulo deve ser composto por Mestres Maçons. Os membros da Ordem são jovens rapazes, com idades entre 14 e 21 anos.

"Pela iniciação, De Molay ensina sete virtudes; quais sejam: Amor Filial (amor aos pais), Reverência (reverência pelas coisas sagradas), Cortesia, Companheirismo, Fidelidade, Pureza (pureza de pensamento, de palavra e de ação) e Patriotismo."[363]

Podemos apenas imaginar o que é ensinado aos jovens na Ordem sobre Jacques de Molay, os Templários e as transgressões das quais eles foram acusados. Tanto quanto sabemos, não há menção alguma disso na literatura da Ordem. No entanto essa literatura, embora contendo algumas imperfeições de sintaxe, elabora alguns dos objetivos da Ordem:

---

* N. E.: Sugerimos a leitura de *Notre Dame vs. a Klan — Como os Lutadores Irlandeses Derrotaram a Ku Klux Klan*, de Todd Tuccer, Madras Editora.

362. Hollis, *Allied Masonic Groups and Rites*, p. 19.

363. Ibid., p. 20.

"A Ordem De Molay tenta suplementar os ensinamentos recebidos no lar, na igreja e na escola, assim melhor preparando um jovem para os seus deveres e obrigações de cidadania, que compõem a herança à qual tem direito. Um De Molay sempre permanece inabalável a favor da igreja, da escola e do governo civil, protegido por um só teto. Ele acredita que essas três Liberdades são a causa da grandiosidade de nosso país e devem existir baseadas em seus próprios alicerces."[364]

Ao que sabemos, não há nada, em qualquer sentido, que possa ser pernicioso ou condenável sobre a Ordem De Molay. Ao contrário, ela faz um louvável trabalho e, provavelmente, oferece um saudável corretivo para alguns dos males aos quais a América está exposta, tal como o fundamentalismo militante. Mas tudo isso está muito distante dos místicos guerreiros, com os seus mantos brancos, que procuravam assaltar os céus com as suas espadas, 700 anos atrás. E talvez haja uma leve qualidade "García Marquesista" sobre a existência dessa organização, partindo do âmago do "meio americano", dedicada a criar e a promover as virtudes cívicas e pessoais nas gerações de juventude Americana, apesar de terem o seu nome emprestado de um Cavaleiro medieval francês, executado por blasfêmia, heresia, sodomia, necromancia e diversas outras formas de desvios que haveriam de horrorizar até mesmo os Ewing de Dallas, os Carrington de Denver e todos os depravados habitantes de Peyton Place. Sentimo-nos tentados a imaginar o próprio velho barbudo Grão-Mestre Templário contemplando lá de cima — ou lá de baixo — a Organização que hoje leva o seu nome. Estaria ele emocionado, lisonjeado, feliz, ou simplesmente mistificado?

364. Ibid., p. 19-20.

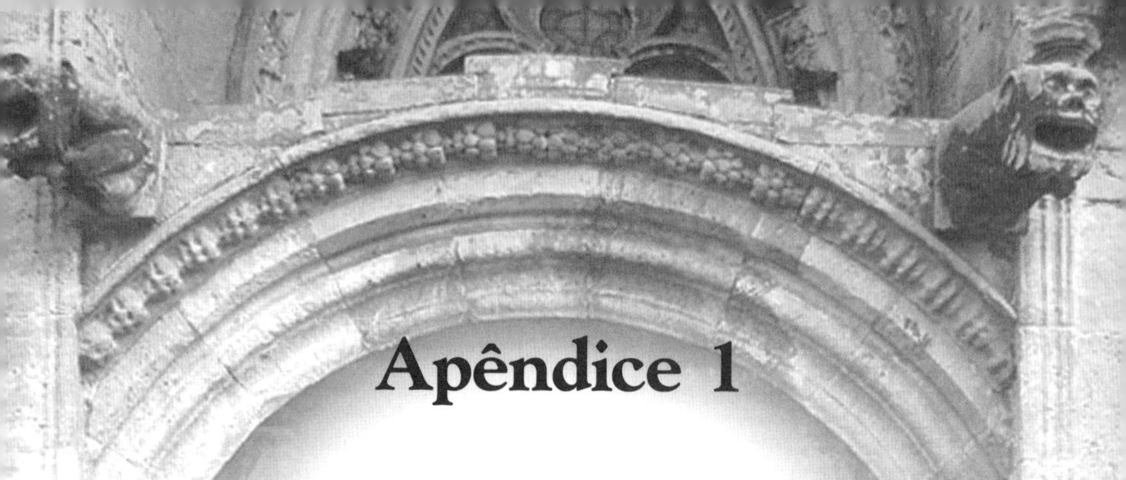

Apêndice 1

Lojas Maçônicas de Campo, nos Regimentos em ação sob o comando do General-de-Divisão Amherst: América, 1758.[365]

Regimento:	Loja:
1º Foot	nº 11, Grande Loja irlandesa
15º Foot	nº 245, Grande Loja irlandesa
17º Foot	nº 136, Grande Loja irlandesa
22º Foot	Sem Loja (mais tarde, em 1767, Loja nº 132, Grande Loja escocesa)
27º Foot	nº 24, Grande Loja irlandesa
28º Foot	nº 35, Grande Loja irlandesa (Capitão Span, novembro de 1760, Grão-Mestre, Quebec)
35º Foot	nº 205, Grande Loja irlandesa
40º Foot	nº 42, Grande Loja dos Antigos
42º Foot	nº 195, Grande Loja irlandesa
43º Foot	Sem Loja (mais tarde, em 1769, Loja nº 156, Grande Loja escocesa)
44º Foot	Sem Loja (mais tarde, em 1784, Loja nº 467, Grande Loja inglesa)
45º Foot	Sem Loja (mais tarde, em 1766, Loja nº 445, Grande Loja irlandesa)
46º Foot	nº 227, Grande Loja irlandesa
47º Foot	nº 192, Grande Loja irlandesa (1759, Lt. Guinet, Grão-Mestre, Quebec)
48º Foot	nº 218, Grande Loja Irlandesa
55º Foot	1ª Loja Militar escocesa; sem nenhum número registrado
60º Foot	Sem Loja (mais tarde, em 1764, Loja nº 448, Grande Loja inglesa)
78º Foot	Anteriormente o *Fraser Highlanders* (em 1760 nomeado Grão-Mestre de Quebec)

365. Fontes: Gould, *The History of Freemasonry*, vol. VI, p. 400-403; Milborne, *The Lodge in the 78th Regiment*, p. 23-24; Fortescue, *A Hystory of the British Army*, vol. II, p. 196, 300, 316, nota 2, 323,325, 361.

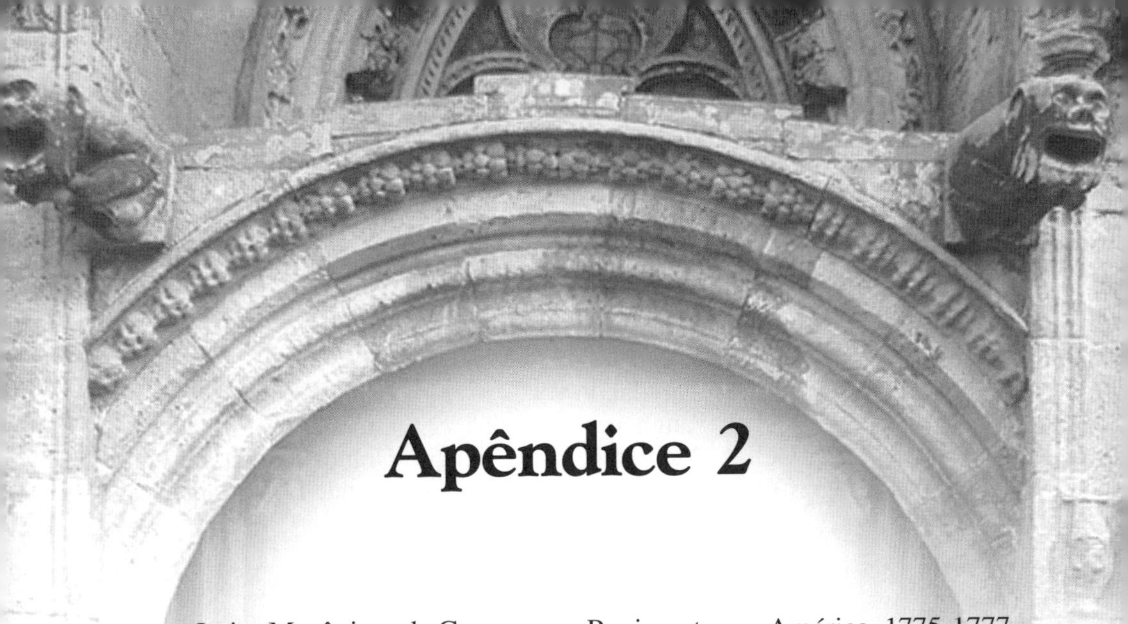

Apêndice 2

Lojas Maçônicas de Campo, nos Regimentos na América, 1775-1777 (excluindo as do Canadá).[366]

Regimento:	Comandante:	Loja:
16º Dragoons	Cel. John Burgoyne	Nenhuma
17º Dragoons	Cel. John Preston	nº 478, Grande Loja irlandesa
4º Foot	Cel. S. Hodgson	nº 147, Grande Loja escocesa
5º Foot	Cel. conde Percy	nº 86, Grande Loja irlandesa
7º Foot	Cel. R. Prescott	nº 231, Grande Loja irlandesa
10º Foot	Cel. E. Sandford	nº 299 e nº 378, Grande Loja Irlandesa
15º Foot	Cel. conde de Cavan	nº 245, Grande Loja irlandesa
16º Foot	Cel. J. Gisborne	nº 293, Grande Loja irlandesa
17º Foot	Cel. R. Monckton	nº 136, Grande Loja irlandesa
22º Foot	Cel. T. Gage	nº 251, Grande Loja irlandesa
23º Foot	Cel. *Sir* W. Howe	nº 137, Grande Loja escocesa
26º Foot	Cel. Lorde Gordon	nº 309, Grande Loja irlandesa
27º Foot	Cel. E, Massey	nº 205, Grande Loja irlandesa
28º Foot	Cel. C. Grey	nº 35, Grande Loja irlandesa
33º Foot	Cel. conde Corwallis	nº 90, Grande Loja dos Antigos
35º Foot	Cel. H. F. Campbell	nenhuma
37º Foot	Cel. *Sir* E. Coote	nº 52, Grande Loja dos Antigos
38º Foot	Cel. R. Pigot	nº 441, Grande Loja irlandesa

366. Fontes: *A List of the General and Staff Officers and of the Officers in the Several Regiments Serving in North America* (New York, 1778); Gould, *The History of Freemasonry*, vol VI, p. 400-403; Milborne, *British Military Lodges in the American War of Independence*, em *Transactions of the American Lodge of Research*, vol. X, nº 1, p. 22-85.

40º Foot	Cel. R. Hamilton	nº 42, Grande Loja dos Antigos
42º Foot	Cel. Lorde J. Murray	nº 195, Grande Loja irlandesa
43º Foot	Cel. G. Cary	nº 156, Grande Loja escocesa
44º Foot	Cel. J. Albercrombie	nº 14, Grande Loja Provincial de Quebec[367]
45º Foot	Cel. W. Haviland	nº 445, Grande Loja irlandesa
46º Foot	Cel. J. Vaughan	nº 227, Grande Loja irlandesa
49º Foot	Cel. A. Maitland	nº 354, Grande Loja irlandesa
52º Foot	Cel J. Clavering	nº 370, Grande Loja irlandesa;
e nº 226,	Grande Loja da Inglaterra	
54º Foot	Cel. M. Frederick	nenhuma
55º Foot	Cel. J. Grant	nº 7, Grande Loja de Nova York
57º Foot	Cel. *Sir* J. Irwin	nº 41, Grande Loja dos Antigos
60º Foot (3 Batt)	Cel. Dalling	nenhuma
60º Foot (4 Batt)	Cel. A. Prevost	nenhuma conhecida, mas talvez pertencente ao Rito Escocês Antigo e Aceito[368]
63º Foot	Cel. F. Grant	nº 512, Grande Loja irlandesa
64º Foot	Cel. J. Pomeroy	nº 92, Grande Loja escocesa
71º Foot	Cel. S. Fraser	nº 92, Grande Loja escocesa

367. 44º Foot, fundada em 1760, em Quebec, e que ressurgiu como nº 18, em 1784. Não se sabe qual era o seu *status* em 1775-1777.

368. 60º Foot, 1º Batalhão, Loja nº 448, Grande Loja da Inglaterra.

Índice Remissivo

A

B

C

D

E

F

G

H

L

M

N

Bibliografia

Abstract of the Charter and Other Paper Recorded in the Chartulary of Torphichen from 1581 to 1596, ed. James Maidment, Edimburgh, 1830.
ADAMS, R. G., *The Pape of Lord George Germain*, San Marino, 1928.
ADAMSON, H., *The Muses Threnodie*, Edinburgh, 1638.
ADDISON, C. G.,*The History of the Knights Templars*, London, 1842.
AGRIPPA, H. C., *Three Books of Occult Philosophy*, London, 1651.
AITKEN, R., *The Knights Templars in Scotland, The Scottish Review*, vol. XXXII, 1898 p. 1f.
ALLEN, C. M., *Memoir of General Montgomery*, Philadelphia, 1912.
AMIABLE, L., *Une Loge Maçonnique d'Avant 1789: la R... L... Neuf Soeurs*, Paris, 1897.
ANDERSON, A. O., *Early Sources of Scottish History*, 2 vols., London, 1922.
ANDERSON, J. A., *Sermon Preached in Swallow-Street, St. James, on Wednesday Jan 16, 1711/12 being the National Fast-Day*, London, 1712.
———. *The Constitutions of the Freemasons,* London, 1723.
———. *Royal Genealogies,* London, 1732.
———. *New Book of Constitutions of the Freemasons,* London, 1738.
———. *The Anglo-Saxon Chronicle*, tr. James Ingram, London, 1912.
BAIGENT, M., Leigh, R. e Lincoln., H., *The Holy Blood and the Holy Grail*, London, 1882.
BANNERMAN, J., *Studies in the History of Dalraida*, Edinburgh, 1974.
BARBER, R., *The Knight and Chivalry*, 2 ed. Ipswich, 1974.
BARBOUR, J., *The Bruce*, tr. e ed. Archibald A. H. Douglas, Glasgow, 1964.
BARKER Cryer, N., *A Fresh Look at the Harodim, Ars Quatuor Coronatorum*, vol. XCI (1978), p. 116f
———. *Drama and Craft*, London, 1974, uma versão resumida editada em *Ars quatuor coronatorum*, vol. LXXXVII (1974), p. 74f.
BARRINGTON, M. J., *Grahame of Claverhouse, Viscount Dundee*, London 1911.
BARROW, G. W. S., *Robert Bruce and the Community of the Realm of Scotland*, London, 1965.
———. *Robert the Bruce and the Scottish Identity*, Edinburgh, 1965.
BASSLER, R. E., *Military Masonic Hall of Fame*, n.p.p., 1975.

BATHAM, C. N., *A Famous French Lodge (Les Neuf Soeurs), Ars quator coronatorum*, vol. LXXXVI (1973), p. 312f.
BEDFORD, W. K. R., e Holbeche, R., *The Order of the Hospital of St John of Jerusalem*, London, 1902.
BELLOT, H. H. L., *The Inner and Midle Temple*, London, 1902.
BLACKETT-ORD, M., *Hell Fire Duke*, Windsor Forest, 1982.
BOTHWELL-GOSSE, A., *The Knights Templars*, London, 1912.
BRADLEY, M., *Holy Grail Across the Atlantic*, Willowdale, 1988.
BRITTON, J., *The Architectural Antiquities of Great Britain*, 5 vols. London, 1807.
BRYANT, A., *The Age of Chivalry*, London, 1963.
BURNES, J., *Sketch of the History of the Knights Templars*, Edinburgh, 1840.
BYRNE, F. J., *Irish Kings and High Kings*, London, 1987.
———. *Calendar of the Close Rolls Preserved in the Public Record Office: Edward II, A.D. 1307-1313*, London, 1892.
———. *Calendar of Documents Relating to Scotland*, ed. Joseph Bain, 4 vols, Edinburgh, 1881-8.
CAMERON, A. L., *The Scottish Correspondence of Mary of Lorraine,* Edinburgh, 1927.
CAMERON, C. A., *On the Origin and Progress of Chivalric Freemasonry in the British Isles, Ars Quatuor Coronatorum*, vol. XIII, 1900, p. 156f.
———. *Notes on the Earliest References to the Masonic Knights Templars Degree, Ars Quatuor Coronatorum*, vol. XVI, 1903, p. 79f.
CAMPBELL, M., *Mid Argyll, a Handbook of History,* Oban, 1974.
CARDINALE, H. E., *Orders of Knighthood, Awards and the See*, ed. e rev. Peter Bander van Duren, Gerrards Cross, 1985.
CARLILE, R., *Manual of Freemasonry,* London, n.d.
CARR, H., *Mother Kilwinning, Lodge Nº 0,* London, 1961.
———. *(ed.), The Early French Exposures*, London, 1971.
CASE, J. R., *Roll of the American Union Lodge, Transactions of the American Lodge of Research,* vol. VI, 1952-6, p. 356f.
———. *Fifty Early American Military Freemasons,* Bethel, 1955.
CERZA, A., *The Boston Tea Party, Colonial Freemasonry,* ed. Lewis C. Wes. Cook, Missouri, 1973-4 (vol. 30 de *Transactions of the Missouri Lodge of Research*).
———. *The Boston Tea Party and Freemasonry, Ars Quatuor Coronatorum,* vol. XCVIII, 1985, p. 207f.
———. *The American War of Independence and Freemasonry, Ars Quatuor Coronatorum,* vol. LXXXIX (1976), pg. 169f.
———. *Colonial Freemasonry in the United States of América, Ars Quatuor Coronatorum,* vol. XC (1977), p. 218f.
CHANNING, E., A *History of the United States*, 6 vols, New York, 1977.
CHARPENTIER.J., *L'Ordre des Templiers*, Paris, 1977.
CHETWODE CRAWLEY, W. J., *General George Washington and Lodge No. 227 (I.C.), Ars Quatuor coronatorum,* vol. XXIII, 1910, p.95f.
———. *The Templar Legends in Freemasonry, Ars Quatuor Coronatorum,* vol. XXVI (1913), p. 45f, 146f, e 221f.
———. *The Sackville Medal: The Earl of Middlesex and Irish Freemasonry, 1733, Ars Quatuor Coronatorum,* vol. XIII, 1900 p. 142f.

CHEVALLIER, P., *La Première Profanation du Temple Maçonnique,* Paris, 1968.
———. *Les Ducs sous l'Acacia,* Paris, 1964.
———. *Histoire de la Franc-Maçonnerie Française,* 3 vols. Paris, 1974.
CHRÉTIEN DE TROYES, *Le Conte du Graal,* tr. William Roach, Paris, 1959.
———. *The Story of the Grail,* tr. R. W. Linker, 2 ed. Chapel Hill,1952.
———. *The Chronicle of Walter of Guisborough,* ed. Harry Rothwell, London,1957.
CLARK, G. N., *The Later Stuarts 1660-1714,* Oxford, 1934.
CLARKE, J. R., *The Establishment of the Premier Grand Lodge, Ars Quatuor coronatorum,* vol. LXXXI, 1968, p. 1f.
CLARKE, W., *Bicentenary History of the Grand Lodge of Ireland,* Dublin, 1925.
CLAUSEN, H. C., *Masons Who Helped Shape Our Nation,* Washington, 1976.
———. *Close Rolls of the Reign of Henry III Preserved in the Public Record Office,* London, 1902.
———. *The Complete Peerage,* por G. E. C., 13 vols., London, 1910-59.
COOK, L. C. W., ed. *Colonial Freemasonry,* Missouri, 1973-4.
———. *The Correspondence of King George the Third,* ed. John Fortescue. 6 vols., London, 1928.
COUNTRYMAN, E., *The American Revolution,* London, 1986.
COWAN, I. B., Mackay, P. H. R., e Macquarrie, A., *The Knights of St John of Jerusalem in Scotland,* Edinburgh, 1983.
CROSSLE, P., *Irish Masonic Records,* Dublin, 1973.
CROWE, F. J. W., *The "Charta Transmissions" of Larmenius, Ars Quatuor Coronatorum,* vol. XXIV (1911), p. 185f., E. E., Curtis *The Organization of the British Army in the American Revolution,* New Haven, 1926.
CURZON, H. De, *La Règie du Temple,* Paris, 1886.
CUTTS, E. L., *The Sepulchrai Slabs and Crosses of the Middle Ages,* London,1849.
DAILLIEZ, L., *Les Templiers: Ces Inconnus,* Paris, 1972.
DANIEL, G., *Histoire de La Milice Françoise,* 2 vols., Amsterdam, 1724.
DART, J., *Westmonasterium or the History and Antiquities of the Abbey Church of St Peters, Westminster,* 2 vols. London, 1723.
DEACON, R., *A History of British Secret Service,* St. Albans, 1980.
DENNISTOUN, J., *Memoires of Sir Robert Strange,* 2 vols., London,1855.
DENSLOW, R. V., *Freemasonry and the Presidency,* n.p.p., 1952.
DENSLOW, W. R., *10,000 Famous Freemasons,* 4 vols., Missouri, 1959.
DEWAR, J., *The Uniocked Secret,* London, 1966.
———. *Dictionary of National Biography,* ed. Leslie Stephen e Sidney Lee, 63 vols. London, 1885-1900.
DILWORTH, M., *The Scots in Franconia,* Edinburgh, 1974.
DONALDSON, G., *Scotland: James V - James VII,* Edinburgh, 1987.
DORAN, J., *London in the Jacobite Times,* 2 vols, London, 1877.
DRUMMOND, J., *Sculptured Monuments in Lona and the West Highlands,* Edinburgh, 1881.
DUNCAN, A. A. Am., *Scotland: The Making of the Kingdom,* Edinburgh, 1975.
DUNKAN, J., *Alexander Dickson and S.T.C. 6823', The* Bibliotheck, vol. III, nº 5, 1962, p. 183f.
EASON, D. E., *Medieval Religious Houses: Scotland,* London, 1957.

EDGE, J. H., *A Short Sketch of the Rise and Progress of Irish Freemasonry, Ars Quatuor Coronatorum,* vol. XXVI, 1913, p. 131f.
EDWARDS, J., *Rent-Rolls of the Knights of St John of Jerusalem in Scotland*', *Scottish Historical Review,* vol. XIX, p. 3, (1922), p. 202f.
EDWARDS, L., *Three Early Grand Masters, Ars Quatuor coronatorum,* vol. LVIII, (1947), p. 226f.
EINSTEIN, L., *Divided Loyalties*, London, 1933.
EVANS, R. J. W., *Rudolf II and His World* (Oxford, 1984).
FERRIS, E., *The Financial Relations of the Knights Templars to the English Crown, The American Historical Review,* vol. VIII, 1903, p. 1f.
FINKE, H., *Papsttum und Untergang des Templerordens*, 2 vols, (Münster, 1907).
FITZMAURICE, LORDE, *Life of Wililiam, Earl of Shelbume, 2* vols., London,1912.
FLEMING, A., *The Four Maries,* Glasgow, 1951.
FORBES-LEITH, W., *The Scots Men-at-Arms and Life-Guards in France,* Edinburgh, 1882.
FORREST-HAMILTON, J., *The Order of St John,* Glasgow, 1950.
FORTESCUE, J. W., *A History of the British Army,* 13 vols., London,1899-1930.
FRAZER, J. G., *The Golden Bough,* ed. Resumida, London, 1976.
FULLER, R., *Hell-Fire Francis,* London, 1939.
GORDEN, J. H. van, *Modern Historical Characters in Freemasonry*, Lexington, 1985.
GOULD, R. F., *Military Masonry, Ars Quatuor Coronatorum*, vol. XIV, 1901, p. 42f.
————. *The History of Freemasonry*, 6 vols. London, n.d..
GREENHILL, F. A., *Incised Effigial Slabs in Latin Christendom*, 2 vols. London, 1976.
GREEVES, R., *The Galloway Lands in Uister, Transactions of the Dumfriesshire and Galloway Natural History and Antiquarian Society*, 3 ser., vol. XXXVI (1959), p. 115f.
GRISWOLD, W. S., *The Boston Tea Party,* Tunbridge Wells, 1973.
GROOME, F. H., *Ordance Gazetteer of Scotiand: A Survey* of *Scottish Topography*, nova ed., 6 vols. London, 1894-5.
GRUBER, I., *The Howe Brothers and the American Revolution*, Williamsburg, 1972.
GUYOT (CHEVALIER), *Manual of the Knights of the Order of the Temple,* nova ed., Liverpool, 1830.
GWYNN, A., e Haddock, R. N., *Medieval Religious Houses: Ireland,* London, 1970.
HAMILL, J., *The Earl of Moira, Acting Grand Master 1790-1813, Ars Quatuor Coronatorum,* vol. XCIII, 1980, p. 31f.
————. *The Craft*, Wellingborough, 1986.
HANNAH, W., *Darkness Visible,* Chulmicigh, 1984.
HARRIS, R. B., *History of the Supreme Council, 33º*, Washington, 1964.
HAY, R. A., *Genealogie of the Saint claires of Rosslyn,* Edinburgh, 1835.
HAYE, A. O., *The Persecution of the Knights Templars*, Edinburgh, 1865.
HEATON, R. E., *Masonic Membership of the Founding Fathers*, Silver Spring,1974.

HENDERSON, G. D., *Chevalier Ramsay,* London, 1952.
HEXTALL, W. B., *The "Lord Harnouester" of 1736-1738,* ARS *quatuor coronatorum,* vol. XXVI 1913, p. 22f.
HOLLIS, W. M., *Ailied Masonic Groups and Rites* n.p.p., 1966.
HORNE, A., *The York Legend in the Old Charges,* Shepperton, 1978.
HUGHAN, W. J., *Origin of Masonic Knight Templary in the United Kingdom,* ARS *quatuor coronatorum,* vol. XVIII 1905, p. 91f.
————. *The Jacobite Lodge at Rome*, Torquay, 1910.
HUME, D., ed. FredCrick Watkins, *Theory of Politics* McGiĺl University, Montreal, 1951.
HUTIN, S., *Les prophéties de Nostradamus*, Paris, 1981.
JACKSON, J., *Historical Tales of Roslin Castie*, Penicuik, 1837.
JAMES, J., *Chartres: The Masons Who Built a Legend,* London, 1985.
JAYNES, H. H., *The Boston Tea Party — December 16, 1773, Militaiy Masonic Hall of Fame,* ed. R. E. Bassier n.p.p., 1975.
JOHNSON, M. M., *Freemasonry in America Prior to 1750*, n.p.p., 1917.
JOINVILLE, J., *Life of St Louis,* Harmondsworth, 1976.
KEMP, B., *Some Letters of Sir Francis Dashwood, Baron Le Despencer, as Joint Post-Master General, 1766-81, Bulletin of the John Rylands Library,* vols. XXX-VII, nº 1 setembro, 1954, p. 204f.
————. *Sir Francis Dashwood*, London, 1967.
KNOWLES, D., e Hadcock, R. N., *Medieval Religious* l. *Houses: England and Wales*, London, 1953.
LABAREE, B. W., *The Boston Tea Party* Oxford, 1964.
LAFONTAINE, H. T. C., De, *Benjamin Franklin, Ars Quatuor coronatorum,* vol. XLI, 1929, pg. 3f.
LARKING, L. B., *The Knights Hospitallers in England,* London, 1857.
LAVER, J., *Nostradamus,* London, 1942.
LEES, B. A., *Records of the Templars in England in the Twelfth Century*, London, 1935.
LE FORESTIER, R., *La Franc-Maçonnerie Templière et Occultiste aux XVIIIe et XIXe siècles,* 2 ed., 2 vols., Paris, 1987.
LENMAN, B, *The Jacobite Cause*, Glasgow, 1986.
LEPPER, J. H.,*"The Poor Common Soldier", A Study of Irish Ambulatory Warrants, Ars Quatuor Coronatorum*, vol. XXXVIII, 1925, p. 149f.
————. *The Earl of Middlesex and the English Lodge in Florence, Ars Quatuor Coronatorum,* vol. LVIII, 1947, p. 4f.
————. e CROSSLE, P., *History of the Grand Lodge of Free and Accepted Masons of Ireland*, 2 vols., Dublin, 1925.
LESLIE, N. B., *The Succession of Colonels of the British Army from 1660 to the Present Day,* London, 1974.
LEWIS, S., *Topographical Dictionary of England,* 7 ed., 4 vols., London, 1849.
————. *A Topographical Dictionary of Ireland,* 2 vols., London, 1837.
————. *A List of the General and Staff Officers and of the Officers in the Several Regiments serving in North America,* New York, 1778.
LYON, D. M., *History of the Lodge of Edinburgh* Edinburgh, 1900.
————. *The Mabinogion,* tr. Jeffrey Gantz Harmondsworth, 1976.

MACBEAN, E., *The Master Masons to the Crown of Scotland, Ars Quatuor Coronatorum,* vol. VII, 1894, p. 101f.
MCCORMICK, *The Hell Fire Club,* London, 1958.
MACDONALD, C. M., *The History of Argyll*, Glasgow, 1951.
MACDONALD, M., *The Land of Knapdale*, Oban, 1986.
———. *Loch Awe and its Environs*, Oban, 1987.
MACKAY, J. A., *Robert Bruce, King of Scots,* London, 1974.
MACKENZIE, W. M., *The Battile of Bannockburn,* Glasgow, 1913.
———. *The Bannockbum Myth,* Edinburgh, 1932.
MAKEY, A. G., *Encyclopaedia of Freemasonry,* ed. revisada, 2 vols., Chicago, 1929.
MACKIE, D., A *History of Scotland,* Harmondsworth, 1964.
MCLYNN, F., *The Jacobites,* London, 1985.
MACPHERSON, D., *Rotuli Scotiae in Turri Londinensi et in Domo Capitulari Westmonasteriensi Asservati*, 2 vols., London,1814-19.
MACRITCHIE, D., *Scottish Gypsies under the Stuarts*, Edinburgh, 1894.
MAGGIOLO, M., *Memoire sur La Correspondence Inédite de Dom Calmet, abbé de Senones, Extrait du Journal de son Sejour à Paris, mai 1706 à Juillet 1715, Memoires lus* à la *Sorbonne*, Paris, 1863, p. 101f.
MAIDMENT, J., *A Rental of All the Annual Rents and Temple lands Founded throughout the Whole Kingdom of Scotland Beginning from the Boundaries towards England and so Descending through the whole Kingdom, from the Said Boundaries All the way to the Orkneys,* Ms, aprox. 1823,1839 e sem data, National Library of Scotland, no. acc. 8090.
———. *Templaria*, Edinburgh, 1828-30.
MAIER, M., *Themis Áurea: The Laws of the Fraternity of the Rosie Crosse,* London, 1656.
MAIER, P. R., *From Resistance to Revolution,* London, 1973.
MAITLAND, R., *The History of the House of Seytoun,* Glasgow, 1824.
MAJOR, R. H., *The Voyages of the Venetian Brothers Zeno to the Northern Seas in the Fourteenth Century*, Boston, 1875.
———. *The Manuscripts of his Grace the Duke of Portland: The Historical Manuscripts Commission,* 13º Relatório, Apêndice, Parte II, London,1893.
MARTIN, E. J., *The Templars in Yorkshire, The Yorkshire Archaeological Journal,* vol. XXIX 1929, p. 366f.
MAZIÈRES, M-R., *La Venue et le séjour de templiers du Rousillon à La fin du XlIIme Siècle et au Début du XIVme Dans La Vallée du Bézu (Aude), Memoires de La société des Arts et des Sciences de Carcasonne,* 4ª série, tomo III, 1957-9, p. 229f.
MEEKREN, R. J., *Grand Lodge, Ars Quatuor Coronatorum*, vol. LXIX (1957), p.87f.
MELVILLE, M., *La Vie des Templiers*, Paris, 1974.
MENZIES, G., *Who are the Scots?*, London, 1971.
MILBORNE, A. J. B., *British Military Lodges in the American War of Independence, Transactions of the American Lodge of Research,* vol. X, nº 1 1966, p. 22f.
———. *The Lodge in the 78th Regiment (Fraser's Highianders), Ars Quatuor Coronatorum*, vol. LXV 1953, p. 19f.

———. *The Minutes of Grand Lodge, Quatuor Coronatorum Antigrapha,* ed. W. J. Songhurst, vol. X 1913.
MIZZI, J., *Catalogue of the Records of the Order of St John of Jerusalem in the National Library of Malta*, Malta 1964, etc.
MORISON, S. E., Commager, H. S., e Leuchtenburg, W. E., *The Growth of the American Republic,* 2 vols., Oxford, 1980.
MORRIS, J. E., *Bannocockburn*, Cambridge, 1914.
———. *Morte Arthure and Le Morte Arthur,* ed. Brian Stone, Harmondsworth, 1988.
MOSS, W. E., *Freemasonry in France in 1725-1735, Ars Quatuor Coronatorum, vol.* XLVII (1938), p. 47f.
NEILL, E. D., *The Fairfaxes of England and America* Albany, 1868.
NERVAL, G. De, *Journey to the Orient*, London, 1972.
NICHOLSON, R., *Scotland: The Later Middle Ages* Edinburgh, 1978.
———. *No King-Sellers: Or, a brief Detection of the Vanity and Villany in a Sermon entitul'd. No King-Killers,* London, 1715.
ONAHAN, W. J., Scotland's Services to France, *The American Catholic Quarterly Review,* vol. XXI janeiro-outubro, 1896, p. 321f.
———. *The One Hundred and Fiftieth Anniversary of the Lodge of St Andrew 1756-1906,* Boston, 1907.
OURSEL, R., *Le Procès des Templiers*, Paris, 1959.
PAINE, L., *Gentleman Johnny: The Life of General John Burgoyne,* London, 1973.
PARKER, T. W., *The Knights Templars in England* Tucson, 1963.
PARTNER, P., *The Murdered Magicians* Oxford, 1982.
PERKINS, C., *The Trial of the Knights Templars in England, The English Historical Review,* vol. XXIV 1909, p. 432f.
———. *The Knights Templars in the British Isles, The English Historical Review,* vol. XXV 1910, p. 209f.
PHILO-ROSKELYNSIS, *An Account of the Chapel of Roslin*, Edinburgh, 1774.
PICK, F. L., e Knight, G. N., *The Pocket History of Freemasonry,* ed. revisada, London, 1983.
PIQUET, J., *Des Banquiers au Moyen Age: les Templiers* Paris, 1939.
PLATO, *Timaeus*, tr. R. G. Bury, London, 1929.
PLATTS, B., *Scottish Hazard,* London, 1985.
PLOT, R., *The Natural History of Staffordshire,* Oxford, 1686.
POHL, F., *Prince Henry Sinclair,* London, 1974.
POLLARD, R. J., *One Nation Under God,* Washington, 1972.
PORTER, W., *A History of the Knights of Malta*, 2 vols., London, 1858.
PRESTON, W., *Illustrations of Masonry* (facsimile da edição de 1804), Wellingborough, 1986.
———. *Proceedings of the Grand Lodge of Massachusetts 1733-1792*, Boston, 1895.
REANEY, P. H., *The Origin of English Place Names,* London, 1969.
RICHESON, C., *The Aftermath of Revolution, A Tug of Loyaltie,* ed. Esmond Wright, London, 1975.
RITCHIE, R. L. G., *Chrétien de Troyes and Scotland,* Oxford, 1952.
ROBBINS, A. F., *The Earliest Years of English Organised Freemasonry, Ars Quatuor* Coronatorum, vol. XXII 1909, p.67f.

ROBERTSON, C. G., *England Under the Hanoverians,* London, 1949.
ROBERTSON, W., *An Index Drawn up About the Year 1629, of Many Records of Charters Granted by the Different Sovereigns of Scotland Between the Years 1309 and 1413*, Edinburgh, 1798.
ROGERS, N., *Lancashire Military Lodges*, *Ars Quatuor coronatorum,* vol. LXXVI 1963, p. 101f.
ROLLESTON, T. W., *Myths and Legends of the Celtic Race, 2 ed*, London,1922.
RONEN, A., e Olami, Y., *Atlit Map*, Jerusalem, 1978.
ROSSLYN, EARL OF, *Rosslyn*, Kirkaldy, n. d..
ROTHES, JOHN, conde de, *A Relation of Proceedings Concerning the Affairs of the Kirk of Scotland from August 1637 to July 1638,* Edinburgh, 1830.
ROWAN, A., *Northwest Ulster* (Harmondsworth, 1979).
———. *The Royal Commission on the Ancient and Historical Monuments of Scotland: Argyll*, 5 vols. (Glasgow, 1971-84).
RUVIGNY E RAINEVAL, MARQUÊS de, *The Jacobite Peerage*, Edinburgh, 1904.
RYLANDS, W. H., *The Mason Word: the Earls of Roslin and Freemasonry*, *Ars Quatuor Coronatorum*, vol. VII 1894.
SAINT CLAIR, L-A de, *Histoire Généalogique de La Famille de Saint Clair*, Paris, 1905.
SANDRET, L., *Recueil Historique des Chevaliers de l'Ordre de Saint-Michel*, *Revue Historique, Nobiliaire et Biographique*, 3e Série, tome IV Paris 1879, p. 193f., 344f., 466f., 505f.; vol. V, Paris, 1880, p. 67f., 257f., 334f.
———. *The Scots Peerage,* ed. J. Balfour Paul, 9 vols., Edinburgh, 1904-11.
SCOTT, S. D., *The British Army,* London, 1880.
SETON, G., *History of the Family of Seton*, 2 vols., Edinburgh, 1896.
SEWARD, D., *The Monks of War* St. Albans, 1974.
SHELBY, L. R., *Medieval Masons' Templates*, *Journal of the Society of Architectural Historians*, vol. XXX, nº 2 1971.
SKENE, W. F., *The Coronation Stone*, Edinburgh, 1869.
SLEZER, *Theatrum Scotiae*, London, 1693.
———. *Statutes des Chevaliers de l'Ordre du Temple*, Brussels, 1840.
———. *Statutes of the Teligious and Military Order of the Temple as Established in Scotland with an Historical notice of the Order*, Edinburgh, 1843.
STEER, K. A., e Bannerman, J. W. M., *Late Medieval Monumental Sculpture in the West Highlands,* Edinburgh, 1977.
STEVENSON, D., *The Origtns of Freemasonry,* Cambridge, 1988.
STOKES, J., *Life of John Theophilus Desaguliers*, ARS *quatuor Corunatorum*, vol. XXXVIII 1925, p. 285f.
STUART, J., *Sculptured Stones of Scotland*, 2 vols., Aberdeen, 1856.
TAYLER, A. N., e H., *John Graham of Claverhouse,* London, 1939.
TERRY, C. S., *John Graham of Claverhouse*, London, 1905.
THORP, J. T., *The Rev. James Anderson and the Earls of Buchan*, *Ars Quatuor Coronatorum*, vol. XVIII 1905, p. 9f.
THORY, C. A., *Acta Latomorum ou Chronologie de l'Histoire de La Franche-Maçonnerie Française et* Étrangère, 2 vols., Paris, 1815.
TOWERS, E., *Dashwood: The Man and the Myth,* Weilingborough, 1986.

TREVELYAN, G. M., *England under the Stuarts,* London, 1938.
TRIMEN, R., *The Regiments of the British Army,* London, 1878.
TUCKETT, J. E. S., *The Origin of Additional Degrees, Ars Quatuor Coronatorum,* vol. XXXII 1919, p. 5f.
———. *Dr. Begemann and the Alleged Templar Chapter at Edinburgh in 1745, Ars Quatuor Coronatorum,* vol. XXXIII 1920, p. 40f.
———. *The French-Irish Family of Walsh and the Lodge in the French-Irish Regimen of Walsh, Ars quatuor coronatorum,* vol. XXXVIII 1925, p. 189f.
TUNBRIDGE, P., *The Climate of European Freemasonry 1730 to 1750, Ars Quatuor Coronatorum,* vol. LXXXI (1968), p. 88f.
———. *United Grand Lodge of England (GLUI), Grand Lodge 1717-1967,* Oxford, 1967.
VITRUVIUS, *De Architectura,* tr. Frank Granger, 2 vols., London,1970.
WAITE, A. E., A *New Encyclopaedia of Freemasonry,* ed. revisada, 2 vols., New York, 1970.
WALKER, D. P., *The Ancient Theology,* London, 1972.
WALLACE, J., *Scottish Swords and Dirks,* London, 1970.
WAPLES, W., *An Introduction to the Harodim, Ars quatuor coronatorum,* vol. LX 1950, p. 118f.
———. *The Swalwell Lodge, Ars Quatuor Coronatorum,* vol. LXII 1951, p. 80f.
WARD, E., *Eariy Masters' Lodges and their Relation to Degrees, Ars quatuor coronatorum,* vol. LXXV 1962, p. 124f.
WARD, J. S. M., *Who Was Hiram Abiff?,* Shepperton, 1978.
WATERTON, E., *Roll of the English and Irish Knights Hospitallers Copied from MS by Edmund Waterton circa 1860,* London,1903.
———. *Webster's Guide to American History,* ed. Charles van Doren e Robert McHenry (Springfield, 1971.
WILKINS, D., *Concilia Magnae Britanniae et Hibemiae,* 4 vols., London,1737.
WILLIS, P., e LEA-JONES, J., *The Legacy of the Knights Templar and the Knights Hospitaller (The Order of St John) in Bristol, Temple Local History Group Newsletter,* vol. III 1987, p. 15f.
WOOD, H., *The Templars in Ireland, Proceedings of the Royal Irish Academy,* vol. XXVI 1906-7, p. 317f.
YARKER, J., *Notes on the Scientific and Religious Mysteries of Antíquity,* London, 1872.
YATES, F., *The Rosicrucian Enlightenment,* St. Albans, 1975.
———. *Astraea,* Harmondsworth, 1977.
———. *The Art of Memory,* Harmondsworth, 1978.
———. *Giordano Bruno and the Hermetic Tradition,* London, 1978.
———. *The Occult Philosophy in the Elizabethan Age,* London, 1979.
———. *Lull and Bruno,* London, 1982.
———. *Renaissance and Reform: The ltalian Contribution,* London, 1983.
———. *ldeas and Ideals in the North European Renaissance,* London, 1984.
———. *Theatre of the Word,* London, 1987.

Este livro foi composto em Times New Roman, corpo 11/12.
Papel Offset 75g
Impressão e Acabamento
Orgrafic Gráfica e Editora – Rua Freguesia de Poiares, 133
Vila Carmozina – São Paulo/SP
CEP 08290-440 – Tel.: (011) 2522-6368 – email: orcamento@orgrafic.com.br